これならできる！

DIYでリフォーム＆メンテナンス

山田芳照［著］

ナツメ社

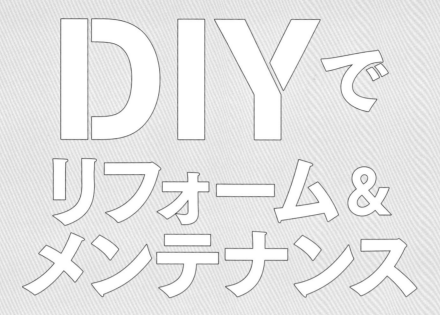

これならできる! DIYでリフォーム&メンテナンス

CONTENTS

WORK CHAIR

第6章　建具・家具のメンテナンス

第7章　補修テクニック

撮影・取材協力社一覧

ブラックアンドデッカー
〒171-0022 東京都豊島区南池袋1-11-22 山種池袋ビル4階
TEL:03-5979-5677

株式会社カラーワークス
〒101-0031 東京都千代田区東神田1-14-2 パレットビル
TEL:03-3864-0810

ターナー色彩株式会社
〒532-0032 大阪市淀川区三津屋北2-15-7
TEL:06-6308-1212

株式会社ダイナシティコーポレーション
〒101-0051 東京都千代田区神田神保町1-22　NTビル4F
TEL:03-5282-2848

はじめに

本書では、これからDIYリフォームをはじめる方のために、プランニングから実践まで、ていねいに解説しています。

長く住み慣れた家で、いつまでも快適に暮らすためには、10年から15年を目安に、リフォームを検討しましょう。壁や床のキズ、汚れなどが気になったら、壁の塗り替えや貼り替え、床は新しい素材で張り替えて、部屋全体を新しくすることをおすすめします。賃貸でもリフォームは可能です。現状復帰可能な材料を組み合わせることで、生活はさらに快適になります。日常的に使う水栓やドア、窓まわりなども、定期的にメンテナンスすることで、大きなトラブルを未然にふせぐことができます。家族構成が変化し、部屋の用途を変えるのもアイデアしだいです。古い家具のリメイクや、快適に暮らすための家具作りなど、DIYで簡単にできるテクニックやアイデアをていねいに詳しく解説しています。ぜひ本書をDIYリフォームの参考書としてご活用ください。

DIYリフォーム実践例

大切な植物と暮らすことを第一に考えたリフォーム

高窓から日差しが差し込む明るいお部屋。カリフォルニアスタイルの壁の羽目板は佐田さんと友人たちの手で一枚いちまいリフォームしたもの。風合いのある白いペイントが光をやわらかく反射してくれます。

西海岸の海風を感じさせるおしゃれな部屋づくり

閑静な住宅街に建つおしゃれなマンションの一室。玄関のドアを開け、リビングに足を踏み入れると、目の前にはまるでカリフォルニアのような、日差したっぷりの白く明るい空間が広がります。この部屋のリフォームを手掛けたのは持ち主である都内にお住まいの佐田正樹さんです。

まず目にとまるのは風合いたっぷりの白のペイントが施された板張りの壁です。そして暖かな日差しが差し込む大きな窓にマリンランプやシーリングファンといった西海岸の海風を感じさせるようなディテールも凝っています。明確なコンセプトにまとめたおしゃれな空間を見れば手掛けた佐田さんの技術の高さと、センスの良さが垣間見えます。

リフォームされたお部屋の完成度にも目を見張りますが、気になるのが大きな窓の前に並んでいるいくつもの見たことのないユニークな植物の鉢です。

「ここに並んでいる植物は塊根《かいこん》植物というんです。広いくくりでは多肉植物の仲間ですが、アフリカから輸入された植物でとても希少なものなんです。不思議な見た目ですが育てるのがとてもたいへんで、こんな風に発根させるのはプロの方でもとても難しいんですよ」

と、うれしそうに大切な植物のことを語る佐田さん。なんでもこちらのお部屋を選ぶ時にも、一緒に暮らす大切な植物たちのことを考えて、日当たりのよさを第一に選んだのだとか。

DIY 用の金具で柱を立ててからそこに下地用の板を設置。そしてその上から一枚いちまい手作業で白くペイントした壁板を張っています。そのため原状復帰もできるのだとか。天井が高い上に斜めになっているため作業は大変だったそうです。

壁には佐田さんの使いたかったというマリンランプが埋め込まれています。配線は壁の裏を通りコンセントにつながっているため見た目もスッキリ。電源の ON ／ OFF はすべて一つの赤外線リモコンで行え、リモコン受光部も目立たないように工夫されています。

古材のような独特の味わいのある質感が印象的なテレビボードは佐田さんが DIY で初めて作った作品なのだとか。独特の風合いは建設現場で足場などに使用されていた板を使っているからなのだそうです。

ダイニングスペースに並べられたチェアのコレクションも佐田さんの趣味です。アンティーク調のチェアたちはリフォームされた部屋の雰囲気ととてもマッチしています。

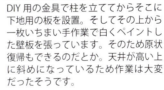

ダイニングスペースにもいくつもの植物の鉢が並んでいます。チェアのコレクションや壁のインテリアなどとてもおしゃれな印象。ここには自然光がたっぷりと注ぎ、冬でも暖かくとても居心地の良い空間になっています。

DIYはやればやるほど新たなテーマに挑戦したくなる

昔からモノ作りが大好きだったという佐田さんはＤＩＹによるリフォームの経験も豊富。床に壁、キッチンや照明などあらゆる場所を自らの手でリフォームしています。

「最初は床のクッションフロアから手を入れました。そして一枚一枚木材を張り、ペイントを施した壁の板張りを手掛け、ウッドデッキなども作りました。この板壁には前から使いたかったマリンランプも埋め込んでいます。」

今見れば板壁などは木目などにこだわってもう一度やり直したいという思いもあるそうですが、この仕上がりにはたいへん満足しているそうです。

DIYには完成形はない。好きなモノを好きなだけ作り続けていきたですね

こちらのお宅のご主人が都内に在住の佐田正樹さん。昔からモノ作りが趣味で、紹介したご自身のお部屋のリフォームだけでなく、同じ趣味を持つ仲間と共に数々のリフォームを手掛けているそうです。手にしている鉢は佐田さんが大事に育て発根させた塊根植物のパキプスです。

ダイニングテーブル横に置かれたアイアンのラックも友人から譲ってもらったものなのだとか。大切な植物のためのラックとして使っています。こちらにも希少な塊根植物が置かれています。

ターンテーブルの下にあるレコードラックはデザインもマッチしていて一見市販のセットにも見えます。しかしこれもDIYによるもの。ターンテーブルの木目と色見や素材感があっていてとても自然な仕上がりです。

植物だけでなく生き物も好きだという佐田さん。お部屋の一角には立派な金魚が泳ぐ水槽が置かれています。この水槽を支える台もDIYによるもので、木材を使った装飾も、お部屋のイメージとうまくマッチしています。

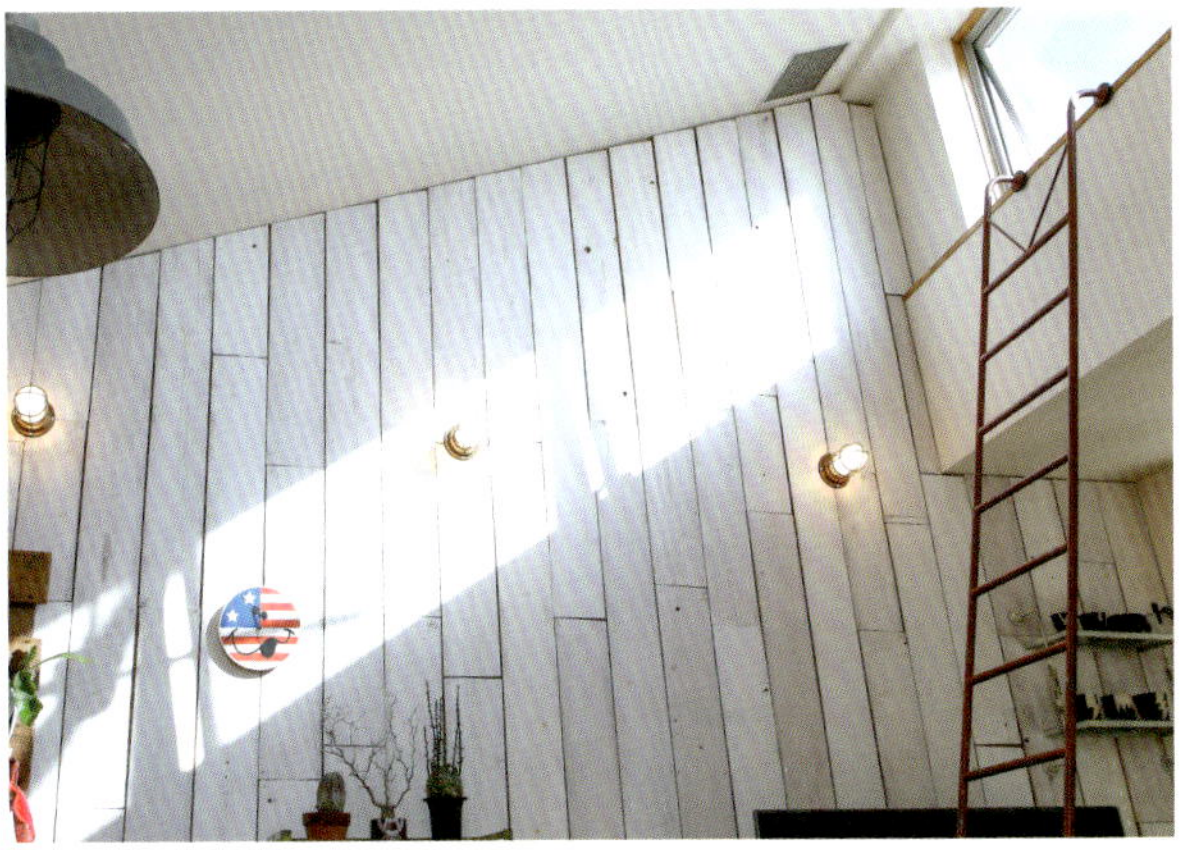

高窓の開閉のためのアイアンの梯子は、もともとこの部屋に設置されていたものではありません。溶接が得意だという知り合いに頼んで作ってもらったもの。市販の脚立ではこの雰囲気は出せません。

壁にさりげなく設置されたアイアンのマガジンラック。こちらもDIYによるもので、ワイルドな溶接跡が独特の味わいが目を惹きます。

白い壁のアクセントになっている木製の壁飾り。こちらの枠自体は市販のものですがアレンジは佐田さんの手によるもの。手作りのバッファローのような装飾の中にはインテリアとして人気の高いシダの仲間、コウモリランという植物が飾られています。

ＤＩＹでのリフォームの魅力は、自分が好きなように好きなことができ、また好きな物をこだわりを持って作ることができるということだといいます。

また、やればやるほど新しいこと、別のテーマに挑戦したくなるのだそうです。次は植物のために温室を作りたいとのこと。佐田さんにとってＤＩＹによるリフォームは部屋づくりの手段なのではなく、モノづくりを楽しむという目的の一つになっているようです。

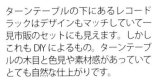

ダイニングスペースとリビングを隔てていた壁を取り除き、フェンスドアを設置したことで解放感が大きく増しています。あえて板材をランダムに配置したフローリングの床がとてもおしゃれ。

かかった費用はわずか20万円。DIYならここまでできる

予算がないなら自分の手でリフォームをしてしまおう

都内の一軒家に奥さまとお子さんと暮らす中村岳人さん。拝見したご自宅のダイニングとリビングは木の温もりを感じさせるログハウス調で、とても温かなイメージです。これらのリフォームは、中村さんがはじめて手掛けたものというから驚きます。友人の手を借り、すべて自分達で作ったのだそうです。

そもそも中村さんがＤＩＹによるリフォームを考えたきっかけは費用をかけずに理想の住まいを手に入れたかったから。

こちらのご自宅を購入する際にリフォームの予定はあったのですが家の購入費用が当初の予算をオーバー。それならば自分でやってしまおうと考えて自らの手でリフォームをはじめました。ＤＩＹやリフォームの経験豊富な友人が身近にいたというのも大胆な決断に踏み切るきっかけでした。

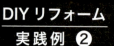

普通の木製ドアをダークトーンのネイビーカラーでペイント。ブレーカーの配電ボックスも合わせてアイアン風ペイントを施すことでブルックリンスタイルのテイストをうまく取り入れています。

元は白壁にクッションフロア。このままでも明るくて清潔感のあるお部屋ですが、部屋を仕切る壁が少し窮屈な雰囲気。そこで中村さんは気になる壁を壊し、残った柱を生かしてオリジナルのフェンスドアを取り付けています。

リビングの一角にある壁の張り出し。ここには壁と同様に杉板を張り圧迫感をなくしています。また机を置くスペースが確保できなかったということで折りたたみ式の棚受けを利用した作業台を作製。寄木風の柄はなんとマジックを使って手書きペイントしたものです。

ダイニングのテーブルは今のご自宅に引っ越しする前に作った作品です。配管用パイプを組み合わせたものを脚として、板材を繋いだ木製の天板を乗せたというもの。初期の作品ということで天板には隙間などもありますがそういった点もむしろ今は気に入っているのだそうです。

「最初に手掛けたのは床とこの板壁ですね。経験を積んだ今の視点であらためて見れば完璧なでき映えではありません。けど、自らの手で作り上げたものだから、わずかな隙間やちょっとしたデコボコにさえ、今はむしろ愛着を感じます」

予算を節約するため、木材など材料自体にはあまり費用をかけられなかったそうですが、着色ワックスなどにはこだわって雰囲気満点に仕上げられています。

こちらのモールディングを使ったクオリティの高い装飾は市販のパネルを貼ったモノではなく、木製のモールディングを使い、サイズを測りカットして組み合わせて作ったというお手製の逸品です。落ち着いた雰囲気は高級感を演出します。

引っ越し後に黙々と作業を進めて完成させたという見事なトイレスペース。棚を設置するなど機能性も高めていますが、フローリング風のクッションフロアに腰壁風のペイントやマリンランプなど、元のトイレと比べると格段におしゃれなスペースにアップデートしています。

自ら手掛けたからこそ家への愛着がさらに増した

ダイニングとリビングを仕切る解放感満点のフェンスドアも中村さんのオリジナルアイデア。壁を抜いた際に出てきた柱を生かし金網を使ったフェンスドアを作り設置。空間を広く見せる効果とさらにキッチン用品をかけておける収納としての機能を持つアイデアはお見事です。

「リフォームの際は、友人や知り合いに手伝ってもらい、またペンキや材料なども一部分けてもらったのもありますが、かかった予算はたった20万円ほどです。ＤＩＹだからこそこの予算でここまでできたんです。本当に好きなようにリフォームできたし、仕上がりにもとても満足しています。それに、我が家への愛着もより増しましたね」

まだまだ完成ではないとのことですが、現状でこのリフォームに満足度の点数を付けるとすると何点かと尋ねると、

「100点中満点です。いや、それ以上かな。とにかく気に入っています」と、笑顔で答えてくれました。

リフォームのアイデアのストックも豊富とのこと。中村さんのご自宅がどのように進化していくのか、大いに期待できます。

**はじめてなのに
ここまでできたのは
仲間の助けが
あったおかげです！**

奥さま、お子さんと都内で暮らしている中村岳人さん。DIYによるセルフリノベーションはなんとこちらのご自宅が初めての経験。友人や仲間の手を借りて作り上げたご自宅は愛着もひとしおです。まだまだご自宅は完成形ではなくこれからも続けていきたいとのことでした。

ダイニングスペースにはもともと、ごく普通のシーリングライトが取り付けられていました。しかし、リフォームした部屋のイメージに合わない、ということで、市販のレールタイプのスポットライトに交換しています。個々のスポットライトは好きな向きに調節が可能です。

上階へ続く階段スペースを仕切るために取り付けられた重厚な吊り戸。もともとここには普通の開き戸が取り付けられていましたが、リフォームした部屋のイメージに合わせて木製のデザイン性の高いドアを取り付けています。

こちらはワインの入っていた木箱を利用した工具入れ。着色ワックスやペンキでペイントし、キャスターを取り付けて作業の際にも移動しやすくしています。

ウォーターサーバーも部屋のイメージと合わないということで手作りの木製カバーで覆いました。風合いたっぷりのエイジングが施された木材の組み合わせのセンスが素晴らしいです。

お気に入りだという収納スペースの木製ルーバードア。もともと一般的な収納扉だったものを、中村さんが自分の好みに合うドアを見つけてきて交換。ただし幅が微妙に合わなかったため、隙間に2×4材を入れてカバー。合わせて着色ワックスでエイジング加工を施し風合いを出しています。

吊り戸のスライダーはレトロで重厚で非常にスタイリッシュ。ドアを吊り下げる構造なので重いドアでも取り付け可能。好きなデザインを組み合わせることができます。開閉が重そうにも見えますがスムーズでかつソフトクローズ機能もありお子さんにも安心です。

ないのなら作る！初DIYでお部屋のリフォームに挑戦

リフォームで特に変わったのがキッチンまわり。棚やラックの追加、ワゴンなどによる作業スペースの確保、タイルを使いリフォームしたシンクなど、わずか３カ月という短期間で使い勝手も大きく向上しています。

はじめはホームセンターのお客様工房を徹底的に活用

都内の下町、賃貸マンションにお住まいの鈴木ちひろさんは、なんとＤＩＹをはじめてまだ3カ月というビギナーです。しかし、リフォームされたお部屋を見せていただくと、はじめたばかりとは思えないほど見事な作品が目に入ります。

そもそもＤＩＹの経験がほぼなかった鈴木さんが、なぜＤＩＹでのリフォームに挑戦しようと思ったのでしょうか。

「きっかけは単純です。昨年更新したこの部屋、収納が少なくて使い勝手がよくないんです。部屋の隙間に合う家具も探したのですが見つからない。それなら自分で使いやすくリフォームすればいいじゃないかって思ったんです」

『考える前に行動する』がモットーの鈴木さんは、すぐに近所のホームセンターに足を運んだそうです。そこで目にしたのが作業スペースや工具を借りることのできるお客様工房。これなら自分でもできる！ そう考え、ホー

こちらがDIYではじめて作ったというゴミを分別するためのスタンドです。しっかりとした作りでガタつきもありません。また天板を乗せるとダイニングテーブルとして使えるというアイデアもグッド。

このようにコンパクトに折りたたむことができます。狭いスペースにも収納できるという工夫が見事です。

ここに苦心の跡が。簡単に折りたためる構造ですが、フレーム部分の切り込みが微妙にずれてしまい、うまくたためなかったので、あとからヤスリで磨いてなんとか微調整したのだそうです。

ムセンターに足しげく通うことになったとか。

「はじめて作ったのが、ゴミ分別用の木製スタンドです。ビンと缶を分けることができて折りたためる。天板を付ければ小さなダイニングテーブルにもなります。部品同士の組み合わせとか、材料の厚みを計算してなかったので予想とはちょっと違いましたが大満足です。点数を付けるとしたら78点」

見せていただくとはじめての作品にしてはかなり複雑。どうせなら達成感を味わいたいからと、あえて難しい物に挑戦したのだとか。計算外だったのはお客様工房の使用料。なんと7000円もかかってしまったのだとか。以後は少しずつ工具もそろえはじめているそうです。

キッチンとお部屋の間の壁にちょっとした作業に使えるデスクが設置されています。天板部分をスマートに折りたたむことができます。DIY用の図面なども、こちらのデスクでPCを使い作っているのだそうです。

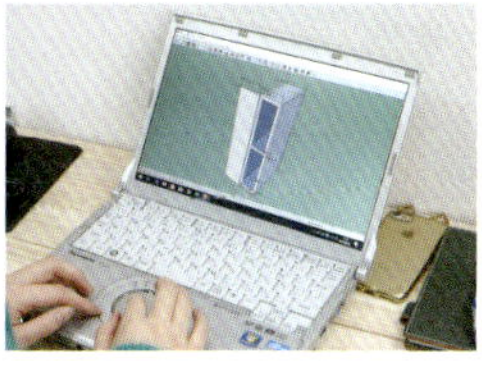

コンロ脇の調味料棚も鈴木さんの手作り。こちらは残ってしまった端材を組み合わせて作ったもの。シンプルな作りですが、とてもセンス良くまとめられています。

白いタイル張りのキッチン。もともとはステンレスのシンクに合板製のキャビネットでしたが、DIY によるリフォームによって清潔感あふれる印象に一変しました。また収納スペースが足りなかったので DIY 用の大型突っ張り棒を使って棚を取り付けています。

キャビネットの扉には木目のカッティングシートを張り、取っ手も陶器製のものに交換されています。鈴木さんは基本的にシンプルなデザインが好みのようですが、このようにディテールにもこだわっています。

タイルは。カッティングシートを張った上から一枚一枚ていねいに並べられています。タイルのサイズの微調整にはタイルカッターを使用したそうですが、カット枚数が多かったため、1 本目のタイルカッターは破損してしまったのだとか。

DIYは勢いではじめましたが
やってみると初心者でも意外に簡単。
それに達成感も味わえます！

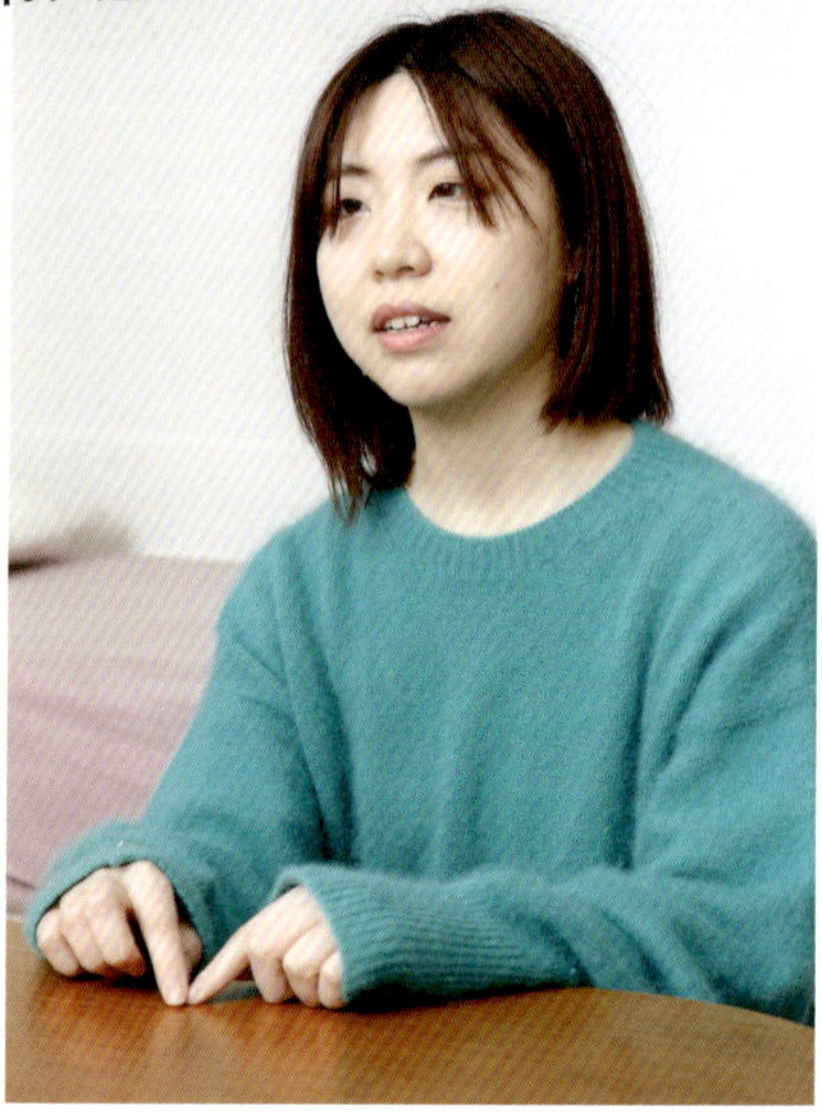

都内のマンションで一人暮らしをしている鈴木ちひろさん。過去にオーダースーツ系の企業に在籍しており、モノづくりにはその頃から興味はあったそうです。本格的に DIY を始めたのはわずか 3 カ月前。今ではすっかりはまり、休みのたびに近所のホームセンターに通っているそうです。

考えるよりもまずは行動 DIYはやってみると意外に簡単

そして、わずか3カ月でキッチンのリフォームや隙間家具を作製。ベランダのウッドデッキや折りたたみデスク作り、さらにトイレのリフォームなど、意欲的にリフォームを完成させました。

どれも、デザインに統一感があって女性らしいセンスの良さを感じます。またよく見ると細かなところに苦心の跡なども見られ、そんなところからDIYを楽しんでいる様子がうかがえます。

「自分で作った家具がピタっと隙間にはまった時、『これは決まった！』と達成感が得られます。基本は自分だけで作るので時間はかかりますが、一度製作をはじめれば、進むしかなくなる。やってみれば意外と簡単です。もしDIYをやってみたいけど難しそうだからとちゅうちょしている人がいるなら、何事も勢い、考えるよりもまず行動すると何とかなりますよ、と教えてあげたいです」

その前向きな姿勢はぜひ見習いたいところ。次に作りたい物もすでに計画中で着々と準備を進めているとか。完成した暁にはまた拝見したいですね。

右側のキャビネットは市販のものですが、それに合わせて左のカウンター部分を作製。上部にはシンクと同じ白いタイルが貼られており、引き出し式の天板の上で簡単な作業ができる工夫が見事です。

シンクと冷蔵庫の隙間にぴったり収まるキッチンラック。炊飯器置はこのように引き出し式になっています。このレール用パーツは以前使っていたテレビボードを処分した際、取っておいたものなのだとか。廃材をうまく生かしています。

木材で棚を作るなど明るくナチュラルなイメージにトイレもリフォームされています。クッションフロアは寸法を測るのを失敗するなど少し苦労したそうです。ブリックタイルの装飾はお気に入りなのだとか。

ベランダのウッドデッキは隙間もなくオイル仕上げも丁寧でとても初心者が作り上げたとは思えないほどの完成度です。作業したのが1月だったので寒さはとてもつらかったそうです。使用されている工具は、ご近所への騒音を配慮して手工具が中心です。

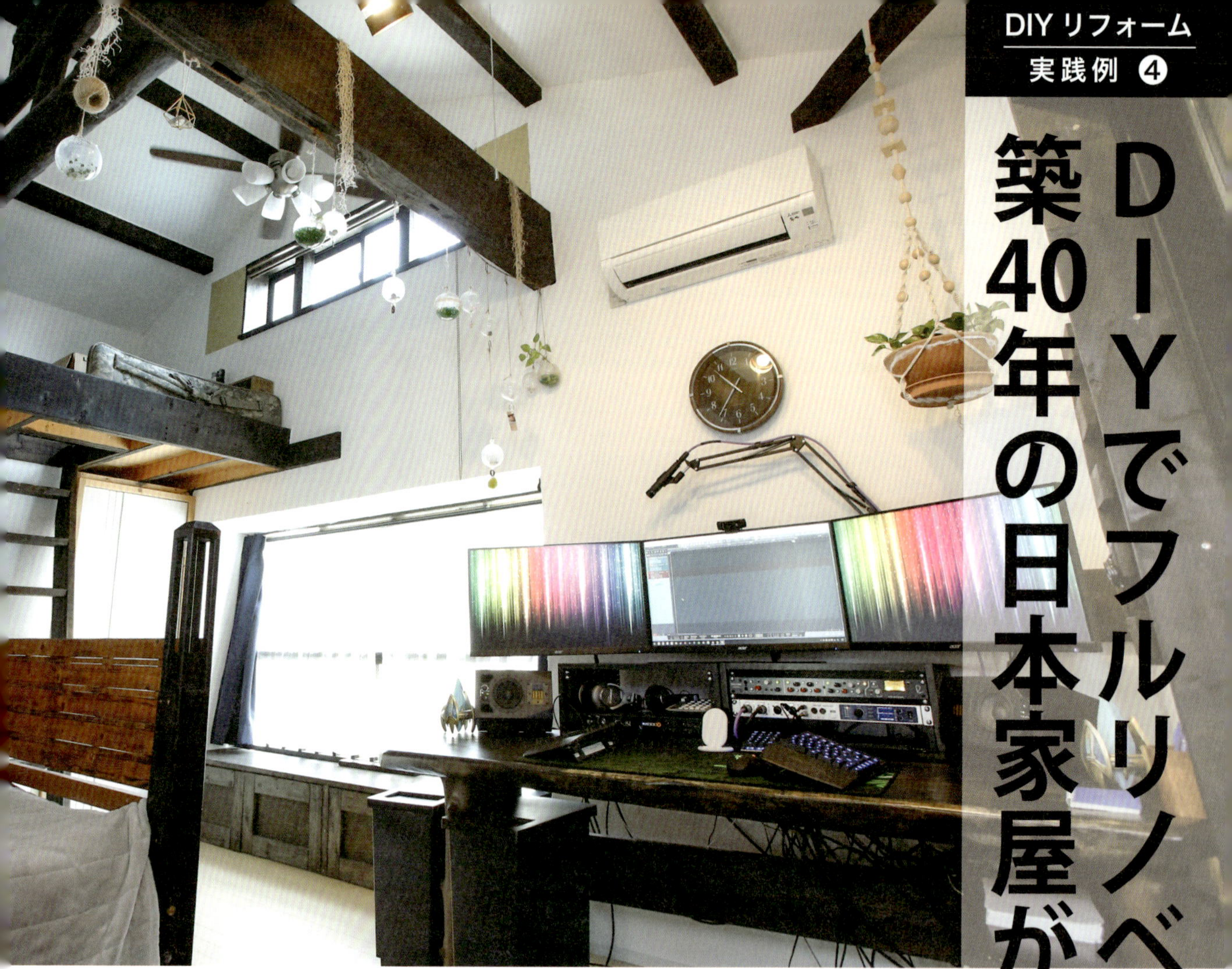

DIYでフルリノベーション築40年の日本家屋が大変身！

2階のベッドルームの頭上には天井裏まで生かした広々とした空間が広がります。
今ではなかなか手に入らない貴重な太い梁は、もともとのこの家で使われていたものです。

DIYでのリフォームを前提に基礎がしっかりした家を選んだ

千葉の閑静な住宅地。その一角にある昔ながらの日本家屋の玄関を開けると、目の前には真っ白の漆喰の壁や天井に、無垢の木材を使用したしっかりとした家具類、驚くほどモダンな空間が広がります。この家の住人がダニエル・ダンカンさんです。

築40年のこの家のリフォームは、ほぼすべてダンカンさんと、友人の手で行ったのだそうです。とてもDIYとは思えないほど完ぺきな仕上がりです。

「もともと、木工が趣味の父の影響で10代のころから物作りが好きだったんです。この家はリフォームを前提に、基礎がしっかりしているか、シロアリは大丈夫かなどを徹底的に調べ、できるだけ広い家を、ということで選びました」

最初に手を入れた2階には広々としたサンルームに解放感満点のベッドルーム、そして本格的な防音の録音ブースが。これも全てダンカンさんが手がけたものです。

こちらがリフォーム中の２階の様子。
スペースは十分ですがさすがに築40年、
古さが目立つ和室でした。

隣のお部屋には梁を利用したブランコが。漆喰の天井を優しく照らすLEDの照明もとてもおしゃれ。

こちらが現在の姿。ほぼ同じ角度から撮影していますが、全く面影がありません。壁を作り、廊下部分を生かして奥に録音用ブースが設置されています。

電話やFAXが置かれたキャビネットもお手製。他の家具との統一感がある丁寧なオイルステイン仕上げ。

巨大なベッドはシングルのマットレス２枚が敷けるオリジナルサイズ。ベッド横の板は、一時的に取り付けたベビーガードです。

本格的な防音ブースも本人がリフォーム。分厚い壁にしっかりとした扉。市販の防音ブースよりも作りがしっかりしています。

変わった形のベッドの柱は無垢材の柱を丁寧に加工したもの。丸ノコでくり抜き、中にはスピーカーとLEDが内蔵されてています。

プロのナレーターだけに機材も凄い。防音室用の材料は一部個人輸入などもしたとのこと。ナレーションの仕事も、一部こちらで録音しているそうです。

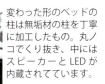

真っ白な漆喰の壁と、白い吊り戸棚が清潔感満点のキッチン。もとの姿からは想像できません。システムキッチンはアウトレット品を活用しアイランドキッチンとして仕立てています。カウンターとのコントラストがとてもきれいですね。

デザインも仕上げもDIYならではの、徹底したこだわり

ベッドルームに置かれた大きなPCデスクや、たっぷりとしたサイズのベッドも全てDIY。こだわりの細工やオイルステインによる美しい仕上げは見れば見るほど見事。まるでプロの仕事です。

「無垢材などDIYなら使う材料も吟味でき、サイズやデザインも自由自在です。それに自分で作ればより愛着も湧く、というのもDIYの良い点ですね」

数少ない後悔は、厚さ5㎝の断熱材を使ったこと。「長期的にみると光熱費や断熱効果などが大きく変わってくるので、10㎝は使っておきたかったですね」とダンカンさん。とはいえ十分に快適に暮らして満足しているようです。

考えているだけで終わらせず とにかくやってみる。失敗も DIY の楽しみのひとつです。

千葉県で奥さま、お子さんと暮らすダニエル・ダンカンさん。現在はバイリンガルナレーター、フリーの通訳として活躍中。物作りに目覚めたのは木工好きのアメリカ人であるお父さんの影響から。今のご自宅は知人の手を借り、基礎から全てご自身の手でリフォームを行っています。

最近完成したばかりという広いサンルーム。日差しがたっぷりと差し込みとても暖か。ベランダだったスペースを改造し、ウッドデッキにしつつ大幅に手を入れ増築しています。

こちらがもともとのコンクリートのベランダ。面影はもはやなくスペースも拡大されていることがわかります。

自宅の離れにはダンカンさん専用の工房が。工具類の充実ぶりが凄い。整理された工具が几帳面な性格を伺わせます。

広々としたウッドデッキももちろん DIY。こんな大型の机を作る作業スペースにもぴったり。見る見るうちに組み立てられていきます。

こちらが以前のキッチン。窓などにわずかに面影がありますが別物ですね。シンクなどの水周りはもともと壁際にあったモノを移動しています。

カウンターには見事な一枚板が。しかし、実はこれは B 級品で、裏に丸のこなどで細かく切れ込みを入れ、まっすぐに矯正したもの。見事な技です。

キッチンの白いワークトップと、黒い無垢材によるカウンター部が精密に組み合わされています。こういった工作の精度の高さはスキルのなせる技でしょう。

こんな小技も。カウンターの裏に LED 照明が配置されています。配線がキチンと隠されているのがさすが。

こちらは奥さまの仕事部屋。大きなデスクに作り付けの本棚があり使いやすそう。おしゃれな地球儀はリサイクルショップで手に入れたものだそうです。

DIYリフォームでもここまでできるという良いお手本

どのお部屋を見せていただいても、そのレベルの高さに感心するばかり。このような立派な工房まで持つダンカンさんのレベルに達するには、相当な経験とスキルが必要でしょう。

さすがに初心者にはここまでのものはとても真似できません。でも、極めればDIYでもここまでのリフォームができる！ という良いお手本といえるのではないでしょうか。

もともと部屋にあった柱を残し、オイルステインで仕上げていますが、おしゃれなオブジェのようにも見えます。作りつけの本棚ともデザインがうまくマッチしていますね。漆喰の天井に埋め込まれたLED照明の仕上がりも、とても見事です。

リビングの正面には、大きな無垢板を使った収納スペースと大型のテレビが設置され、AV機器やPCをうまく隠しています。よく見るとテレビの裏にまでLEDの間接照明が配されているのがわかります。

扉のサイズが微妙に小さかったという数少ないミスがこちら。枠部分に薄い板材を貼りうまくリカバリーしています。

リビングの一角には収納式のバーカウンターが隠されていました。今はあまり使っていないとのことですが、中にはLED照明なども配されとてもムーディです。

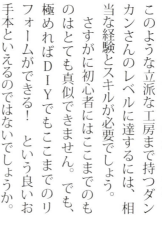

01

第1章
リフォームプラン基礎知識

リフォームのプランニング

目的を明確にして計画を立てる

まずは家の不満や、リフォームの目的を明確にして現実的なプランを立てましょう。

家族で話し合い、個々の不満点をリストアップ

「部屋の作りや設備に不便を感じる」「壁や床の汚れが目立って気になる」「収納スペースが少なくてものが溢れてしまった」このような不満を、今住んでいる家やお部屋に感じ始めたらDIYリフォームのタイミングかもしれません。

リフォームは家の不便や不満を解消し、快適な暮らしをかなえてくれる有効な手段です。DIYで行えば自分の思い通りの理想がかなえられますし、また費用の節約も可能です。

しかし、理想的なリフォームをかなえるにはまず家族全員が、どんな点が不便なのか、今の家や部屋の何に不満があるのか、キチンと話し合う必要があります。

また、リフォームするならどのようなことがしたいのか、など具体的な希望についてもしっかり話し合いましょう。

そしてそれらをリスト化し書き出し、その中からできること、できないこと、またコスト的に厳しい物、リフォーム後の完成形をイメージしながら具体的な形にプランを練っていきます。

当然DIYではできることにも限界があります。あまり理想を追い求め過ぎず、本来の目的に見合ったリフォームプランを立てましょう。

リフォームタイミングの目安

床		壁	
畳	3〜5年（裏返し） 5〜8年（表替え）	ペンキ	5年 （塗り替え）
クッションフロア	10年 （貼り替え）	壁紙	10年 （貼り替え）
カーペット	10年 （貼り替え）	塗り壁	15〜20年 （塗り替え）
フローリング	20年 （張り替え）	タイル	20年 （貼り替え）

交換タイミングを把握して無駄な出費は抑える

DIYリフォームはコストパフォーマンスも重要です。プロに頼むのではなく、DIYで行うのは費用を節約できるというメリットがあるからでしょう。理想を追い求め過ぎ無駄にコストをかけるのは適切とはいえません。床材や壁材など耐用年数があるものは、適切なタイミングで交換するのがおすすめです。

例えば壁紙なら10年、塗り壁なら15年から20年が、貼り替えや塗り替えをする目安とされています。

もし数年前に壁紙を変えたばかりという場合は、無理にリフォームせず、お手入れをして汚れを取り除くだけでも十分かもしれません。そのほうが無駄な出費を抑えられます。

ただし、耐用年数を超えて、長く使い続けるのも避けるべきです。壁紙や床材などは劣化が進むとかえって撤去が難しくなり、リフォームの際の手間が増えてしまいます。今のタイミングでどこを替え、何に手を入れるべきか、キチンとまとめて把握しておくといいでしょう。

集合住宅でできることと

分譲のマンションや団地などの集合住宅は勝手にリフォームしてはいけない部分があります。基本的にリフォームをして良い場所が「専有部分」で、リフォームしてはいけない部分は「共有部分」になります。主な共有部分とは、ベランダや窓のサッシ、バルコニーなどです。またコンクリートの壁や天井、柱や梁などへの穴開けなども多くの場合禁止されています。事前に管理規約を確認し、管理会社などに問い合わせておくと良いでしょう。

予算を検討する

材料だけでなく道具も必要 限りある予算は賢く使おう

ＤＩＹリフォームは人権費などがかからないので予算の圧縮ができます。しかし材料代などの負担は小さくありません。

まずは使える予算に合わせリフォームのプランを選択するか、やりたいリフォームを決めてから、必要な予算を割りだすか、先に決めておきましょう。

完成形に理想ばかりを追求すると、せっかくのＤＩＹリフォームなのにかえって費用が高くついてしまうことにもなりかねません。注意しましょう。

主なＤＩＹリフォームの平均的なコストは左のようになります。これは６畳間を想定したもので、主に材料代です。使用する材料や、部屋の広さによって変わってきます。さらに、道具や工具なども別途必要です。その分の費用も予算に組み込むことを忘れないでください。

予算オーバーも想定して 作業の優先順位を決める

作業をはじめてみると想定外の費用負担を強いられる場合もあります。例えば材料のカットミスや、古い壁紙や床材を剥がしてみたら、痛みが激しく大幅な補修が必要になってしまったなどのケースです。

その場合には材料のグレードを落としたり、作業の優先順位を決めておき、予算内に収まらない場合は次回に延期するなどという判断も時には必要です。

あとで後悔しないよう何を優先するかは事前に家族でしっかり話し合っておきましょう。

DIY リフォームの平均予算

壁塗装（30㎡）

平均的な６畳間の壁を塗料で塗った場合の予算。シーラーなどの下地が必要な場合は費用がさらにプラスとなる。
● 10,000 円〜

壁紙（30㎡）

手ごろな生のり付きビニール壁紙を使用した場合。壁紙はデザインや種類によって材料代に大きな幅がある。
● 20,000 円〜

タイル（1㎡）

壁や床全面ではなく、1㎡当たりの予算。タイルの種類や大きさによっては目地材や接着剤などの予算がさらにかかる。
● 12,000 円〜

塗り壁（30㎡）

壁塗りに珪藻土を使用した場合。珪藻土は比較的高価な壁材だが、珪藻土風塗料を使えばさらに予算を節約できる。
● 15,000 円〜

クッションフロア６畳

一般的なクッションフロアを床に直接貼った場合の平均的な費用。機能性クッションフロアの場合材料代がさらにかかる。
● 17,000 円〜

フローリング６畳

無垢材フローリングではなく、費用が抑えられ DIY でも手軽に施工できる置き敷きフローリングを使用した場合。
● 50,000 円〜

プロの手を借りるＤＩＹサポート

難しい作業に挑戦し、失敗してしまった場合、せっかくＤＩＹリフォームなのにかえって費用がかさんでしまうこともあります。難しい作業や手間のかかることは、その部分だけ業者やＤＩＹサポートサービスの利用を検討しましょう。平行で他の部分も作業を進めれば作業効率も上がり、予算を節約できることもあります。一つの手段として検討してみてください。

リフォームのプランニング

部屋別・場所別おすすめリフォーム

いきなり作業を開始するのではなく、まずは正確に採寸をして、図面を作ることから。

部屋や建具を採寸して図面を書き起こす

リフォームでやるべきことや優先順位、使用できる予算などが具体的になると、次は部屋の採寸をしましょう。

壁紙や塗料などといった材料を購入するにあたって、必要な量の概算を割り出すためには正確な情報が重要です。

だいたい6畳間だからこれくらい、などといった、不正確なデータは当てになりません。同じ畳でも団地間（1.4㎡）、江戸間（1.5㎡）、京間（1.8㎡）など1畳の面積には差があるので注意が必要です。

壁や床、天井、ドアやサッシなど建具のサイズをメジャーや定規などを使って正確に測り記録しましょう。

また、床や壁などの各辺は微妙に差があることも珍しくないので一辺だけでなく全ての辺を必ず測ってください。辺が測れたら面積も計算します。

さらに計測したサイズを元に簡単でいいので図面を書いておきます。手書きでもPCでもかまいません。材料を購入する際には、その書き起こした図面を参考にしてそろえます。

主な畳・建具類のサイズ

室内用ドア	180cm×80cm
トイレ用ドア	180cm×65cm
ふすま	180cm×90cm
畳・団地間	170cm×85cm
畳・江戸間	176cm×88cm
畳・中京間	182cm×91cm
畳・京間	191cm×95.5cm

実物を見て色味や質感を確かめる

壁紙、床材、塗料など、リフォーム用の材料の種類はとても豊富です。ネットを使用するとさまざまな種類、価格の物が簡単に検索でき、家に居ながらにして購入が可能です。

しかし、色味や質感、風合いや強度などは実物を見てみないと実際のところはわかりません。情報収集の第一歩としてネットを検索するのは良いですが、購入は実物を確かめてみてからの方が間違いないでしょう。

一度に様々な材料、道具などを見ることができるのはホームセンターです。実際に手で触れてみることができ、画面ではわからない質感なども確かめることが可能です。

また、ホームセンターのスタッフはその道のプロですから、おすすめの材料や、作業に便利な道具などについても質問してみてもよいでしょう。

店舗によって価格などにも差があるので、できれば複数店舗を巡り、一番お得な店舗で買うと費用を節約できます。

もし、店頭に目当ての商品の在庫がない場合は、あらためてネット通販を利用すると良いでしょう。店頭価格がわかっていれば、より賢くお買い物もできるはずです。

ホームセンターならリフォーム用の材料や道具の種類も豊富。材料運搬用に軽トラックなどを借りることも可能です。

ネットや雑誌の情報をお手本にしよう

リフォームの作業に移る前に、実際のでき上がりイメージをつかむために、ネットやインテリア雑誌なども参考にしてください。

違った視点のアイデアや、失敗談、同じ材料を使った良い見本などが見つかるかもしれません。積極的に情報収集をしてみてください。

準備～作業開始

家具の撤去や再搬入もスケジュールに組み込む

　プランを練り、予算を算出し、材料を手に入れたら次にスケジュールを立てましょう。リフォーム作業には思いのほか時間がかかるものです。壁紙やクッションフロアを剥がし、下地の処理をするだけでも半日から1日は最低必要です。

　また、騒音などでご近所に迷惑をかけないよう、作業する時間帯も、早朝や夜間を避けなくてはなりません。気をつけましょう。

　部屋の広さや、実際に作業する人数、作業スピードによって工期は変わってきますが、ある程度余裕を持ってスケジュールを組むようにしてください。

　接着剤や壁材、塗料などは乾燥する時間も必要なのでその分の時間も予定に入れておきます。

　さらに、家具の撤去や再搬入の予定もスケジュールに組み込んだうえで、全体の作業工程表をあらかじめ作っておくと良いでしょう。

道具類は作業の前日に用意しておきます。足りないものがあると、作業が中断してしまうのでしっかり確認しておきます。

作業の順番の基本は高い所から低い所です。天井からはじめ最後に床の作業を行うことでゴミなどをまとめて処分できます。

作業ミスを考慮して材料は多めに用意する

　作業開始の前日には、すべての材料と作業用の道具や工具をそろえておきましょう。材料に関してはある程度余裕を持ち、多少多めに用意しておくと、ミスで材料を無駄にしてしまった際にも素早くリカバリーすることができ、作業も中断せずに済みます。

　特に塗料や塗り壁材などは、塗り方によって厚みができてしまうなど、途中で足りなくなる可能性があります。最低でも1.2倍ほどの量を用意しておくと安心です。

　作業の順番ですが、一部屋丸ごとリフォームする場合は、基本は上から下です。天井から作業をはじめ、壁、最後に床のリフォームを行います。こうすることで完成した面を汚すことなく効率よく作業を進めることが可能です。

作業スケジュール例

1日目	2日目	3日目	4日目	5日目	6日目
家具の搬出					家具の搬入
	壁の養生と下地調整				
		珪藻土塗り	乾燥		
		床の養生と下地調整			
			クッションフロア張り		
				後片付け	

リフォームのプランニング

情報を収集し、プランを練る

部屋の用途や特徴に合わせて、適したリフォームは何かじっくり検討しましょう。

キッチンなどは耐水性や耐火性などを重視する

リフォームと一口にいっても、劣化した壁紙を交換する、部屋の模様替えをしたいなど、リフォームの目的や、その部屋の用途によって、それぞれに適した材料や、リフォームの、メニューがあります。

キッチンや浴室まわりなど水や火を使用する場所には、耐水性や防カビ機能、さらに耐火性を持つ材料などが適しています。

子供部屋なら、騒音を抑えるクッションフロアなどを検討するのが良いでしょう。

また、健康に特に注意しなくてはならない乳幼児や高齢者が暮らす部屋なら、シックハウス対策済みの材料を使い、さらに有害物質を含まない塗料や塗り壁材などを使うのがおすすめです。

部屋別・場所別のおすすめリフォームメニューと、リフォームの見直しのタイミングなどは下段の一覧になります。それぞれの作業の手順については各ページを参考にしてみてください。

子供部屋のリフォーム

子供が暮らす部屋は汚れやすく、キズなどのダメージを負いやすいという難点があります。そのため耐久性や手入れのしやすさ、騒音にも考慮したリフォームが必要です。また子供の健康を考えシックハウス対策も大切です。

壁紙を貼る ⇨ P.70

子供部屋の壁は落書きやいたずらで汚れやすく傷が付くのを前提に考慮します。そのため、手入れがしやすく耐久性が高くてコストもあまりかからないビニール壁紙が適しています。子供が喜ぶ柄を一緒に選ぶのも楽しいでしょう。

クションフロアを貼る ⇨ P.96

活発な子供の生活を考えると、床材には汚れや傷に強く、滑りにくい上、走り回っても音が響きにくいものが適しています。おすすめは防音機能を持つクッションフロアです。成長に合わせて交換できるものを選びます。

玄関のリフォーム

家の中と外をつなぐ場所の玄関は、土足による汚れも気になる空間です。できるだけ清潔に保てるようなリフォームを心がけましょう。また段差による転倒などのトラブルを避けるための、効果的なリフォームも検討してください。

タイルを貼る ⇨ P.100

外からの汚れがどうしても溜まりやすい玄関のリフォームには、水に強く、掃除や手入れのしやすいタイルが適しています。施工の手間とコストはある程度かかりますが、耐久性に優れ長持ちするメリットも期待できます。

段差を解消する ⇨ P.102

玄関の上がりかまちは、足を踏み外しやすく、乳幼児や高齢者がいる家庭では転倒のリスクが付きまといます。ステップやスロープの設置など段差を解消するリフォームが効果的でおすすめです。

キッチンの床・壁のリフォーム

日常的に調理を行うキッチンは、水はねや油汚れによって特に汚れや傷みが激しい場所です。そのため、リフォームの際は水や油汚れに強い壁紙や床材の使用がおすすめです。また手入れのしやすさや、キズを付けてしまった場合の補修のしやすさなども考えて材料をようにします。

タイルを貼る ⇨ P.100

タイルは吸水性がほぼなく、耐火性や耐久性に優れた素材です。キッチンなどの水を使う場所にとても適しており水拭きで簡単に手入れもできます。ただし、床に張る場合はクッション性がないので長時間の立ち仕事では疲れやすいので注意が必要です。

見直しのタイミング 10年

クションフロアを貼る ⇨ P.96

安価で施工性が高く、耐水性やクッション性も期待できるのがクッションフロアです。そのためキッチンの床材に適しています。ただし熱には弱いので、熱い食材や調理器具が誤って触れないように気をつけなくてはいけません。

見直しのタイミング 10年

壁紙を貼る ⇨ P.70

キッチンまわりは耐水性に優れ、汚れなどが拭き取りやすい素材を選びましょう。料理の匂いなども付着しやすいので抗菌・消臭効果などの機能を備えた壁紙もおすすめです。また輸入壁紙よりも防カビ機能を持つ国産壁紙の方がキッチンまわりは適しています。

見直しのタイミング 10年

漆喰を塗る ⇨ P.80

漆喰は耐火性に優れておりキッチンの壁としても適しています。経年劣化も少なく汚れても上から漆喰を薄く塗り重ねるだけでメンテナンスも簡単。ただし施工の手間とコストがかかるので予算や工期には注意が必要です。

屋外・ベランダのリフォーム

塀やベランダなどの屋外は紫外線や風雨などを直接受けるので特に劣化しやすい場所。もし塗装などが傷んでいると、印象が悪くなるだけでなく劣化がさらに進行してしまいます。耐久性を考えた塗料を使い、塗り直しをするべきでしょう。

ブロック塀の塗り替え ⇨ P.200

劣化対策には塗装が最適。ホコリや苔などを高圧洗浄機やブラシで落し、乾燥させてからシーラー→専用塗料で塗装します。塗膜の膨れやはがれが起きないよう塗装前にブロックをしっかり乾燥させます。

見直しのタイミング 10年

ウッドデッキの塗り替え ⇨ P.206

見直しのタイミング 3年

ウッドデッキは一般的に3～5年での塗り替えが必要とされています。古い塗料が残っていると塗料がのりづらいのでサンダーなどで丁寧に研磨して、塗料をはがしてから扱いやすい水性塗料などで再塗装します。

ペットにやさしい部屋づくり

家族の一員であるペットと一緒に暮らしているご家庭では、ペットの健康や安全に配慮した環境づくりを心がける必要があります。人間に快適な環境がイコール犬や猫たちにも快適だとは限りません。大切なのはペットの視点からみた快適さと安全性です。

例えば滑りやすい床材は、猫や犬の足腰に負担をかけます。滑りにくい素材を選ぶようにするべきです。

また、犬はできるだけ家族と一緒に過ごせるようハウスなどをリビングに設置し開放的な空間づくりを心掛けてください。

逆に猫は狭くて暗い場所や、高いところを好みます。区切られたスペースやストレス解消のキャットタワーなどの設置を検討しましょう。リフォームを機会に、ペットの視点に立ったリフォームも是非検討してください。

リビング・寝室のリフォーム

家族が過ごす憩いの場であり、お客様を招く家の顔でもあるリビングは、快適な空間づくりが大切です。明るく居心地良い空間を実現する壁紙や床材を、こだわりを持って選んでください。寝室は落ち着ける空間づくりを心掛けたリフォームを目指しましょう。

壁紙を貼る ⇨ P.70

リビングは、デザイン性が高く、柄のバリエーションも豊富な輸入壁紙がおすすめです。家具などのインテリアとのマッチングを考え、さらに一緒に暮らす家族の意見も参考に選びましょう。面積が広いので材料費に気を付けてください。

見直しのタイミング 10年

珪藻土を塗る ⇨ P.78

快適なお部屋づくりにぴったりの壁材が珪藻土です。珪藻土は調湿機能や空気清浄機能が期待できるので、快適な空間づくりに役立ちます。家族の集まるリビング、睡眠のための寝室、どちらにもおすすめです。

見直しのタイミング 15年

無垢板フローリングを張る ⇨ P.90

フローリングの中でも無垢板は自然本来のぬくもりを感じることができ、質感が高いのが特徴です。コストがかかり複合材よりも手入れに気を使いますが調湿作用や断熱効果によって部屋を快適に保つことができます。

見直しのタイミング 15年

置き敷きフローリングを張る ⇨ P.94

既存の床の上に並べておくだけで施工できるので短時間でリフォームが可能。無垢板タイプなら通常のフローリング同様に自然な風合いが楽しめます。置くだけなので賃貸物件でも施工可能です。

階段のリフォーム

転倒や落下の危険性の高い階段は、特に安全性を高めるリフォームをしておくべきです。手すりの取り付けや滑り止めの設置、また夜間の視界確保のために足元灯を配置するなど家族の意見を聞きながら、適切なリフォームを行いましょう。

手すりを取り付ける ⇨ P.104

階段の安全性を高めるのに非常に有効なのが手すりの取り付け。手すりの高さは実際に使用する人の高さに合わせて設置します。強度にも注意が必要。場合によっては壁の補強も検討を。

見直しのタイミング 15年

滑り止めを付ける ⇨ P.106

足を滑らせないよう階段の縁に市販の滑り止めテープなどを貼っておくと安全対策になります。さらに、夜間でも段差が判別できるよう、足元灯や、蓄光テープなども合わせて取り付けておくのも良いでしょう。

リフォームのプランニング

リフォーム用素材の特徴とコスト

家の印象を大きく左右する壁と床。デザインだけでなく重要なのはその素材の特徴です。

デザインだけでなく素材の特徴も見極める

リフォームをするにあたって、特に重要なポイントとなるのが壁と床です。共に面積が大きい上に常に目に入る部分だけにこだわりをもって納得できるリフォームを行いたいものです。

リフォームはデザインなど見た目も重要ですが、どんな素材を使用するのか、というのも大切なポイントです。

ビニール壁紙や樹脂製のクッションフロアならば、デザインは豊富ですが、高級感は低め。しかし無垢材のフローリングや、漆喰などの塗り壁なら高級感もあり自然な風合いもあります。

壁紙は種類が豊富でコストも比較的手ごろ。初心者でも安心してリフォームが行えます。

壁リフォーム用素材

	素材	コスト	特長	難易度
壁紙	シール壁紙	低	裏が粘着シールになっており裏紙をはがすだけで簡単に貼ることができる。ただし貼り直しができないので、施工には慎重さが求められる。	B
壁紙	のりなし壁紙	低	裏に壁紙用の専用ののりを塗ってから施工する。そのため他の壁紙よりも手間がかかる。紙製や織物など種類が豊富で独特の風合いを持ったモノなども選べる。	C
壁紙	機能性壁紙	中	「調湿機能」付き、「分解・吸着消臭機能」付き、「アレルゲン抑制機能」付きなどといった、壁紙自体に特別な機能を持たせたもの。部屋の特性に合わせて選ぶことができる。のり付き、のり無しがある。	C
塗料	室内壁用水性塗料	中	水性のため独特のシンナー臭が無く室内でも安心して使用可能な塗料。塗膜の強度も十分かつ壁紙の上からも塗れ、カラーバリエーションも豊富にそろっている。	C
塗料	浴室用水性塗料	中	通常の塗料よりも防カビ性を強化した水性塗料。浴室やキッチンの壁、天井などに適している。壁紙やビニール壁紙の上にも塗ることができる。室内用水性塗料よりもコストは高め。カラーはパステル系が多い。	C
塗り壁材	珪藻土	高	調湿や脱臭、耐火などの機能を持つ天然素材の壁材。漆喰と比べて色のラインナップが豊富。壁紙や繊維壁の上から直接施工することも可能。仕上がりはスキルに多きく左右される。	A
塗り壁材	漆喰風塗料	高	手軽に漆喰のような風合いが得られる水性塗料。漆喰ほどではないが調湿効果も期待できる。水で練る必要もなく、そのまま塗ることができ漆喰よりも施工が簡単。	C
塗り壁材	漆喰	高	消石灰を主成分とした壁材。ホコリがつきにくく断熱効果や消臭効果に優れている。調湿機能を持ち部屋の湿度を快適に調整してくれる。平滑な表面仕上げには十分なスキルや経験が必要。	A
塗り壁材	じゅらく壁（京壁）	中	和室に適した塗り壁材の一種で、キメの細かい上質の砂を使った茶褐色の土壁。独特の風合いを持ち、調湿機能や、防火、防音機能なども持つ。水で練り施工する。	B
塗り壁材	繊維壁	低	パルプや紙繊維、化学繊維などをのりで混ぜ、水で練った塗壁材。吸音性や調湿作用を持ち、施工性も高く安価。しかし、ホコリなどが付着しやすく耐久性があまり高くない。	B
タイル	内装タイル	高	水に強く、汚れもつきにくいため水を使用するキッチンやバスルームなどに適している内装材。接着剤を使って貼り、目地材で仕上げをする。	B
タイル	機能タイル	高	調湿や防汚、消臭などといった機能などをもつ内装用タイル。タイルに細かい孔を持ち、湿度などを調整してくれる。主に接着剤を塗って施工する。	B
タイル	ブリックタイル	低	レンガや天然石などを形どった薄いタイル状の壁材。接着剤や両面テープなどで貼り付ける装飾用タイル。軽くて施工性が良く壁紙の上から貼ることも可能。	D
その他	腰板	高	床から腰の高さほどの高さに張る、別仕上げの壁材。板材等を張りめぐらせキズや汚れから壁を守る。主に木材を使用し釘などで壁に固定する。	C
その他	キッチンパネル	高	水に強く、汚れもつきにくいため水を使用するキッチンやバスルームなどに適している内装材。接着剤を使って貼り、目地材で仕上げをする。	A
その他	カッティングシート	低	表面に様々な模様や色がプリントされたシート。シールのように裏紙をはがすと粘着シートになっておりそのまま壁に貼ることができる。壁に凹凸があるとうまく接着できない場合もある。	E

難易度 高いA⟷E低い

無理をせず自分のスキルに見合った素材を使用する

さらに扱いやすさも重要です。リフォーム用の素材はそれぞれ特徴があり、天然素材を使用したものは、施工の難易度が多くの場合高めになります。

自然な風合いや、特別な機能が欲しいからと、無理に背伸びをしてそういった素材を使用しても、扱えるだけのスキルがなければ思ったような結果は得られないでしょう。

自分のレベル見極め、スキルや経験に見合った、無理のない素材の中から、理想的なものを見つけるほうが現実的です。

もちろん価格も重要。ここでは、リフォームに使用する代表的な素材の特徴や施工難易度、さらに費用について大まかな目安を一覧にしました。リフォーム費用を検討する際の参考にしてみてください。

自然な風合いで感触もよいフローリング。しかし、施工難易度は高く手入れにも気を使う。

床リフォーム用素材

	素材	コスト	特長	難易度
フローリング材	無垢板フローリング	高	1枚の木材から加工して作られたフローリング材。柔らかく肌触りがいいなど木の風合いが味わえる。調湿効果もあり、経年で味が出るが反りや収縮により隙間ができやすく、メンテナンスも必須。	A
	複合フローリング（挽き板）	高	天然木を2mm程度の厚みにスライスした「挽き板」を基材に貼り合わせたフローリング材。表面材に厚みがあるため、無垢材のような質感を持つ。合板なので無垢材よりも反りやゆがみなどが起こりにくい。	A
	複合フローリング（突き板）	中	0.3〜1mm程度に薄くスライスした「突き板」を基材に貼り合わせたフローリング材。天然木化粧合板と呼ばれる。表面が薄いためキズが入ると、下の合板が見えてしまうこともある。挽き板タイプより多少安価。	A
	複合フローリング（化粧シート）	中	基材に木目模様をプリントしたシートを貼り合わせたフローリング。品質が均一で、施工性に優れている。また手入れも容易でコスト的にも安いのが特徴。	B
フロア材	置き敷きフローリング	中	床や接着剤などを使わず、床の上に直接敷くだけで簡単に施工できる床材。手軽にフローリングを楽しむことができ固定しないので原状復帰も比較的簡単。	D
	ウッドカーペット	低	ロール状でじゅうたんや畳の上から簡単に敷くことのできる木製のカーペット。施工が簡単な上、低コストでフローリング調のリフォームができる。ノコギリなどで簡単にカットも可能。	E
ビニール床材	粘着ビニール床材	中	粘着シートになっており、裏紙をはがし、並べるだけで施工できる置き敷きタイプのクッションフロア材。タイル状なので部分貼り替えも容易。	D
	クッションフロア	低	クッション性の高い、塩化ビニル製のシート状床材。水に強く、手入れが簡単なので水周りなどに適している。種類も豊富で施工費用もあまりかからない。	D
	Pタイル	低	塩化ビニル樹脂や炭酸カルシウムなどでできた、薄いタイル状の床材。摩耗や汚れに強く、耐水性、難燃焼性にも優れている。カッターで簡単にカットでき接着材で固定するだけと施工性も高い。	D
カーペット	タフテッドカーペット	中	基布にパイル糸を刺し込み、裏面に接着剤をコーティングしたカーペット。大量生産に向いており、価格も比較的手ごろ。施工は基本的に置き敷きなので簡単。	E
	カーペットタイル	中	タイル状のカーペットで、裏材には主に塩ビが使用されている。可搬性が高く、並べるだけで施工ができ、部分交換も簡単。ただし広い面積に施工する場合には費用がかさむ。	E
	パンチカーペット	低	繊維を針で刺して圧縮してフェルト状にした不織布タイプのカーペット。施工は両面テープで貼るだけなので簡単。価格が安く種類も豊富で耐久性にも優れている。	E
コルク床材	コルクタイル	中	天然素材のコルクを使用したタイル状の床材。施工は、専用の接着剤を使い床に直張りする。断熱性と保湿性、防音性があり、適度な弾力があるため、足もすべりにくい。	C
	コルクシート	低	コルクを薄いシート状にした床材。コルクタイルなどよりも薄いのでクッション性は低い。ロール状なので施工は簡単。価格もコルクタイルより手ごろで床材の下地材としても適している。	C
その他	床用タイル	高	玄関や水回りの床に適した床材。丈夫で汚れや水に強く手入れも容易。専用の接着剤で貼り、目地を埋めて仕上げる。施工後に目地の乾燥の時間が必要。	B
	リノリウム	中	天然素材でできたタイル状の床材。耐火性や耐水性が高いためトイレや洗面所、キッチンの床に適している。ビニールタイルよりも価格は高め。施工は接着剤で床に直に貼り付ける。	C
	ユニット畳	中	フローリングの上に簡単に設置できる置き畳。通常の畳よりも薄く軽いので移動や設置が簡単で干すこともできる。基本的に固定しない。	E

壁紙

貼り方で種類が異なる。はじめてなら「生のり」がおすすめ

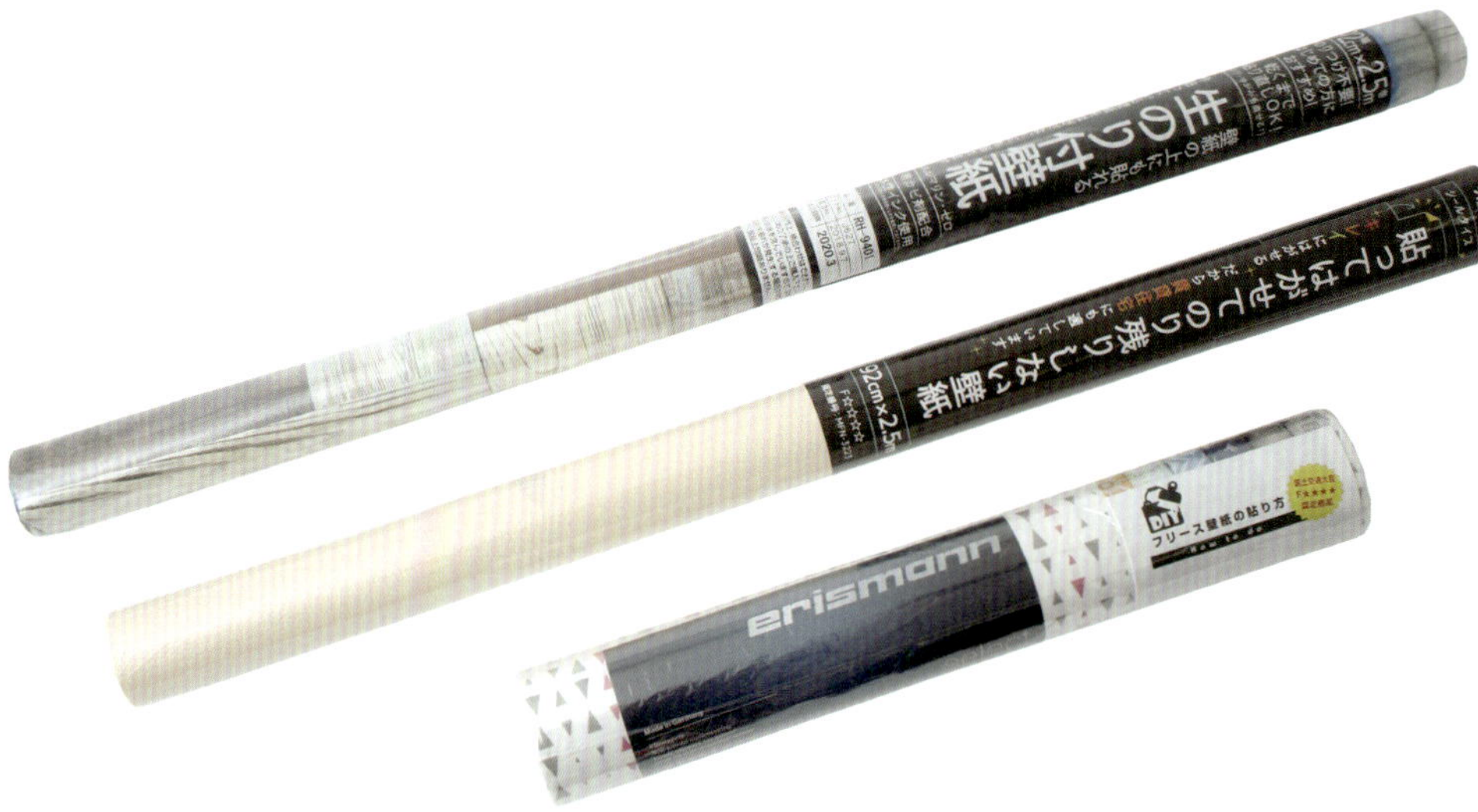

壁紙は、表面の材質、接着方法で種類が分かれます。表面の材質はビニール、紙、織物などがありますが、主流は汚れが拭き取れて手入れの簡単なビニール壁紙です。接着方法は、生のり、のりなし、粘着などの種類があり、初心者に扱いやすいのは、裏にでんぷん系ののりがつけてある「生のりタイプ」。一般的には白やベージュなどシンプルな色が主流ですが、色柄が豊富な輸入壁紙も増えています。こちらはのりなしタイプが多いです。他に現在の壁紙の上に貼ってはがせる粘着タイプもあります。部屋全体の壁紙を貼りかえるのは大仕事。まずは一部分の壁だけ色や質感の異なる壁紙にしてみてはいかがでしょうか。

■粘着タイプ

裏に粘着剤がついており、裏紙をはがして使用。壁紙の上に貼れて、さらにのり残しなしではがせる特殊な粘着剤を使ったものもあります。のりで手や壁を汚さずに済むお手軽なタイプです。

■のりなしタイプ

壁紙の裏、または壁に直接のりを塗って貼ります。輸入壁紙に多いタイプで、色や柄も豊富でインテリアを楽しむ方にはおすすめです。壁紙専用ののりを一緒にそろえてください。

■生のりタイプ

裏に生のりが塗られており、保護フィルムをはがして壁に貼る。のりが乾かないうちは、貼り直しができ、初心者でも扱いやすい。

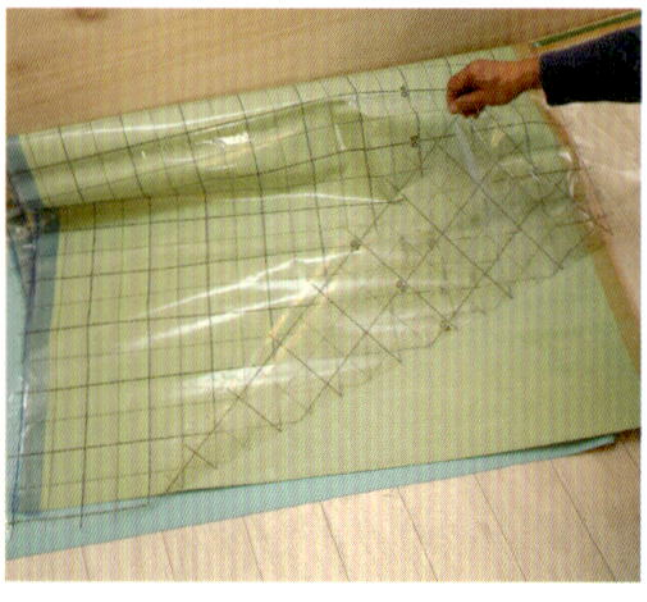

左官《さかん》壁材《かべざい》

塗りやすさと自然なぬくもりが魅力

健康への関心が高まるなか、珪藻土《けいそうど》や漆喰《しっくい》など、調湿や消臭、シックハウス症候群のひとつ、ホルムアルデヒドを吸着するといった機能をもつ自然系の左官壁材が人気です。コテで仕上がりに質感を出したり、多少の塗りムラもDIYの味として作業が楽しめます。

壁紙同様、購入するときは、現在の壁の上から塗れるのか確認してください。繊維壁や聚楽壁《じゅらくかべ》などの古壁に、珪藻土や漆喰を塗る場合、表面を固めるための下地剤、タバコのヤニ、アクなどが目立つときはアク止めの下地剤を塗りましょう。

基本的に粉末状なので水に混ぜて使います。水は記載された量を守って入れてください。漆喰や珪藻土などは、一般的に練ってある状態で容器に入っています。フタをあけたときは多少固くても、コテで数回練ることで柔らかくなります。これを練り戻しといいます。壁に塗るときはプラスチックゴテや左官ゴテを使って壁に塗りつけていきます。作業の際は、マスキングやマスカーなどで周囲や壁際などを養生してください。

■繊維壁

パルプや合繊綿に接着剤や染色木粉などを混ぜたもの。接着剤配合済みなので、水で練るだけで使える。板材、合板、漆喰など吸水性のある壁には塗れるが、プラスチック、化粧合板などの吸水性のない壁には使えない。

■聚楽壁

日本の伝統的な土壁のひとつで、聚楽土に、すき、砂、水などを混ぜて施工。DIYでは、珪砂や木粉などを混ぜ、本来の聚楽壁に似せて仕上げた壁を聚楽壁と呼ぶことが多く、繊維壁同様、吸水性のある壁のみに使用できる。

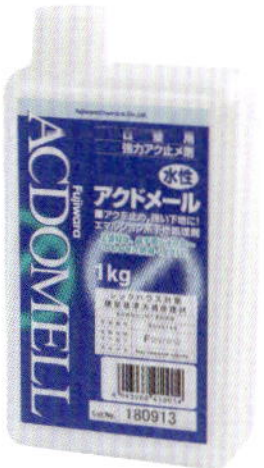

■アクドメール

アクやシミを止めるとともに下地も強くする。

■下塗り剤

壁をおさえ、せんい壁・砂壁のはがれ落ちを防ぐ。

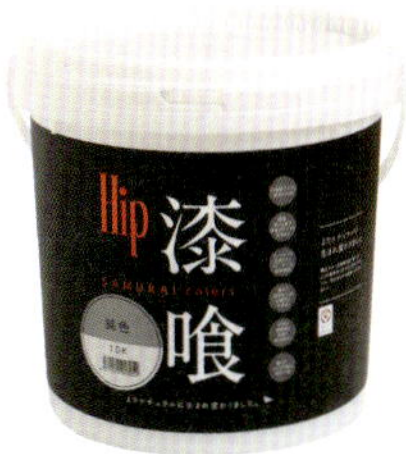

■漆喰

消石灰を主原料にのりや繊維質を加えて、水で練り上げた自然素材。不燃性で、かつては財産を守るため土蔵に使われた。調湿機能、ホルムアルデヒドの吸着除去、抗菌機能、においを吸着する働きもある。

■珪藻土

植物プランクトンが海底や湖底などに沈殿してできた堆積物からできた土が珪藻土。スポンジのように無数の小さな穴があり、調湿機能、保温・断熱効果、においを吸着するなどの利点をもつ。

屋内塗料

場所に合わせて選びましょう

塗料を選ぶ場合、好みの色に目がいきがちですが、まず、塗装するものの材質が何でできているか、それはどんな場所で使われるかを頭に入れておきましょう。迷ったり、部屋の壁と門扉を塗りたいなど、一つの塗料で違う素材や場所に使いたい場合は、さまざまな素材や使用環境に対応する多用途タイプが便利です。ただし求める用途に適しているか、容器の注意書きで確認してください。

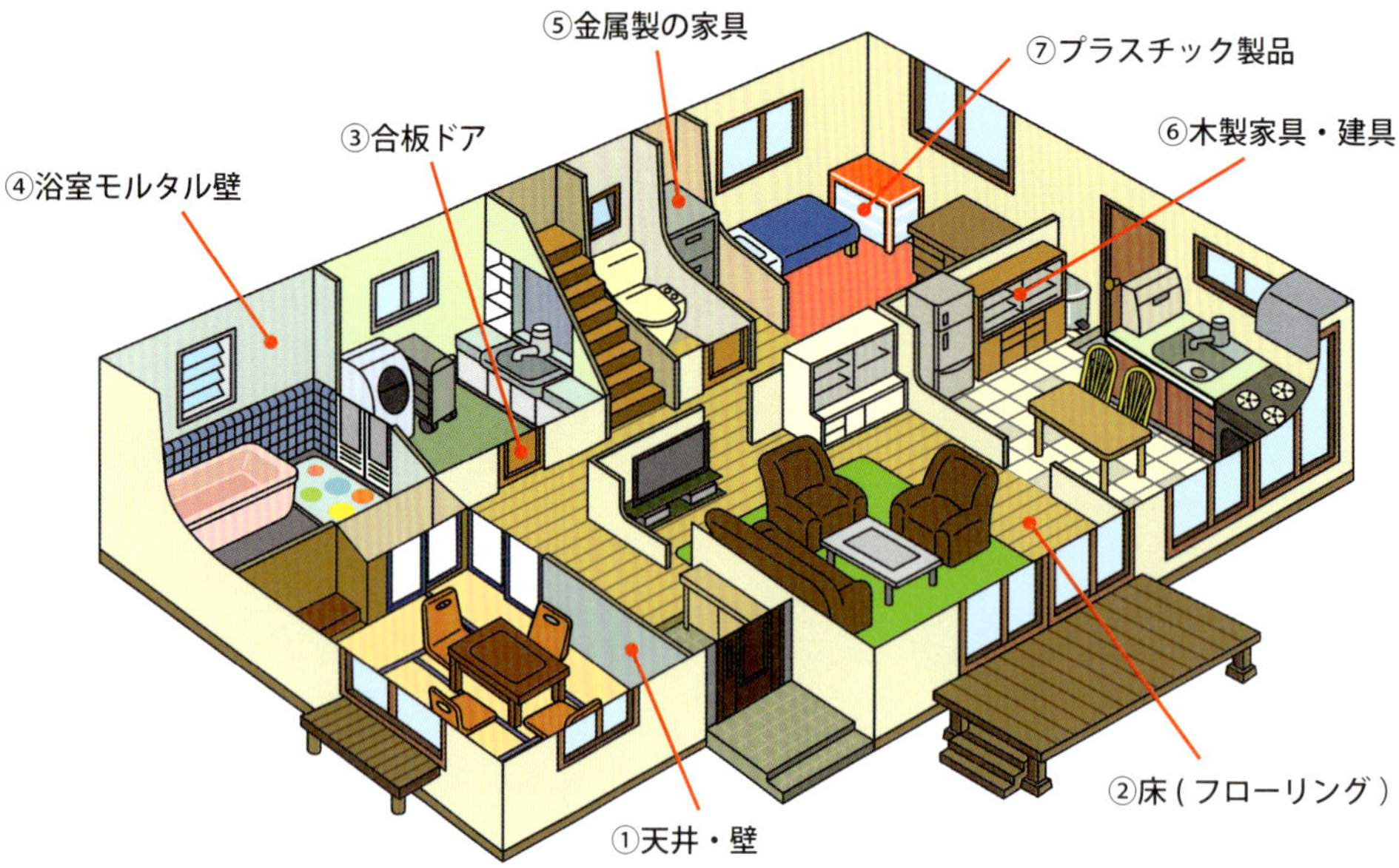

多用途タイプ塗料
木部、鉄部、屋内壁、屋外壁にも塗れる水性タイプ

①天井・壁

室内用塗料

室内用塗料の多くが、ビニール壁紙の上に塗れます。砂壁や繊維壁は塗料を吸い込みやすくはがれやすいので、表面を固めるための下地剤を塗ってから塗装します。表面がツルツルして塗料がのりにくいプリント合板には、塗料を密着させる下地剤を塗ってください。また、たばこのヤニやアクが目立つ場合はヤニ・アク止めの下地剤を塗ってください。

白系の壁紙に薄いブルーを塗ってみた。部屋が明るく見える。

フローリング床にワックス剤を塗った。

②床（フローリング）

ニス／ワックス

ニスとワックスの大きな違いは、塗膜の厚さ。ニスの膜はワックスより厚いので、一度塗れば１～２年もつ。ワックスのもちは種類によって異なるが、樹脂系のもは６か月程度。どちらも塗る前に、床面をきれいに掃除しておくこと。ニスの場合は密着させるためのサンディングが必要。またワックスを塗ってある床にニスを塗る時、古いワックスははがし剤などではがしてから作業する。

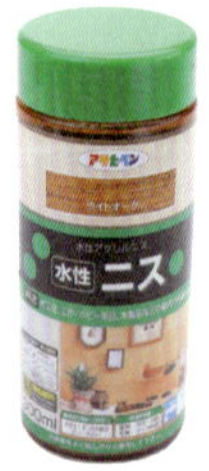

⑥木製家具・建具

ステイン、ニス、木部用塗料

大きく分けると、木目を生かすか、隠すかで塗料が違う。木目を隠す場合は、一般塗料を使う。木の地肌を活かす場合は無色透明のニス、木目を生かした着色にはステインを塗り、仕上げにニスを塗る。しっとりとウエットな質感に仕上げるなら、オイル&ワックス。木にオイルを染み込ませた後、ワックスを塗って磨きをかけると、濡れたような深みのある表情になる。ニスとの違いは表面に塗膜を作らないこと。そのため耐久性ではニスより劣る。

ウエットな質感を出す、オイル&ワックス

木目を生かす、水性木部着色剤

⑦プラスチック製品

プラスチック用プライマー

プラスチックの種類により、塗料との相性も変わり、塗料がのらない、表面が溶け出すなどのトラブルも少なくない。用途に合ったものを購入し、必ず見えないところで試し塗りをすること。塗料を密着させるためにプラスチック用プライマーで下地を作ることも重要です。

⑤金属製の家具

金属用プライマー、金属用塗料

スチールタイプのラックなど金属製の家具などには、塗料を密着させる下地剤を塗る必要がある。ハケやローラーを使ってもいいが、塗り跡が目立ちやすい。スプレーなら、ムラなく仕上がり、隙間部分も塗りやすい。スプレーは、屋外で風のない日がおすすめ、飛び散りがあるので周囲を養生してください。

ミッチャクロン
金属をはじめ、塗料がのりにくい素材の下地剤です。下地剤が乾いてから上塗りしてください。

③合板ドア

一般塗料

表面がツルツルした化粧合板は、塗料がのりにくい。塗料を密着させる下地剤をあらかじめ塗っておく。上塗り色は周囲の壁面と同色系にするか、アクセントになる色にするかで、部屋の印象が変わる。

④浴室モルタル壁

浴室用塗料

抗菌剤、防カビ剤などを配合し、「浴室用」と記されている塗料を使う。カビが発生している場合は、必ずカビ取り剤で除去しておくこと。カビの上から塗ると、一時的に見えなくなるが、時間がたつとカビが発生する。古い塗膜がはがれていたり、水を吸い込むタイプの壁は表面を固める下地剤を塗っておく。常に濡れている床面や、タイル、ユニットバスには塗れない。作業は、入浴後の湿気が多い状態ではなく、完全に乾燥させたあとに行う。

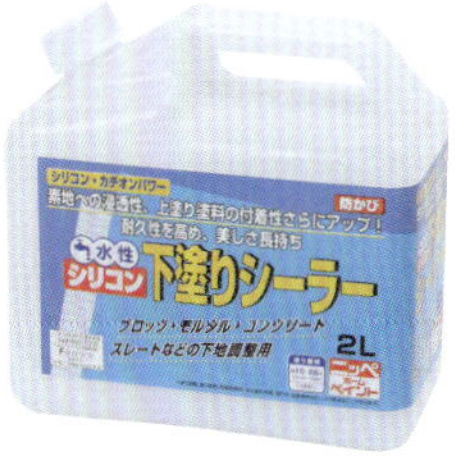

水性塗料用下塗り剤「水性シーラー」
上塗り塗料の密着性を高める。

フローリング、クッションフロア

フローリング材は、木質合板、無垢材、プラスチック製など材質によって分類があります。木質合板は複合フローリングと呼ばれ表面だけ無垢単板が使われています。無垢材は、単層フローリングと呼ばれ、木の味わいと温もりを楽しむことができます。プラスチック製は厚みが薄く、両面テープで貼れるので、既存の床面を簡単にリメイクすることができます。薄いのでドアの開閉にも支障なくDIYにおすすめのフローリング材です。

■クッションフロア

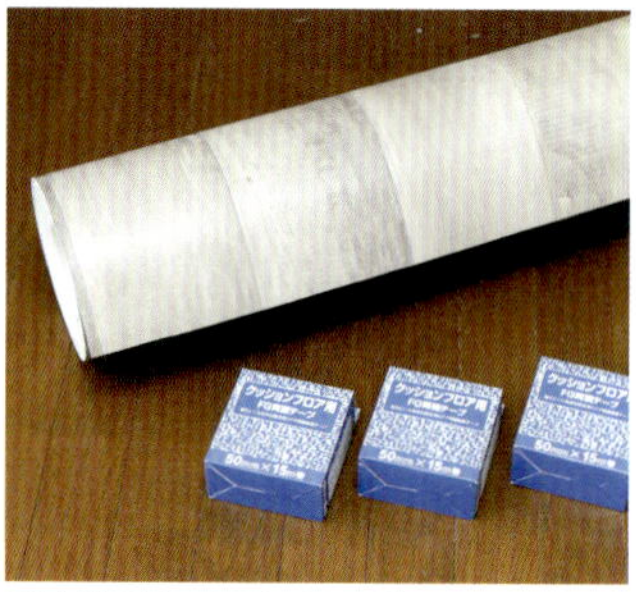

耐水性があり、汚れも落としやすいのでトイレや洗面所などにおすすめ。最近はデザインも豊富にあり、リビング床のリメイクにも多く使われている。適度な弾力性があり、価格も安い。施工は、クッションフロア専用の薄い両面テープを使用する。ロール状で必要な長さで購入できる。

■単層フローリング

無垢材の１枚板で、樹種により色合いや木目などが異なる。反りや割れなど自然素材特有の欠点もある。

■プラスチック製フローリング

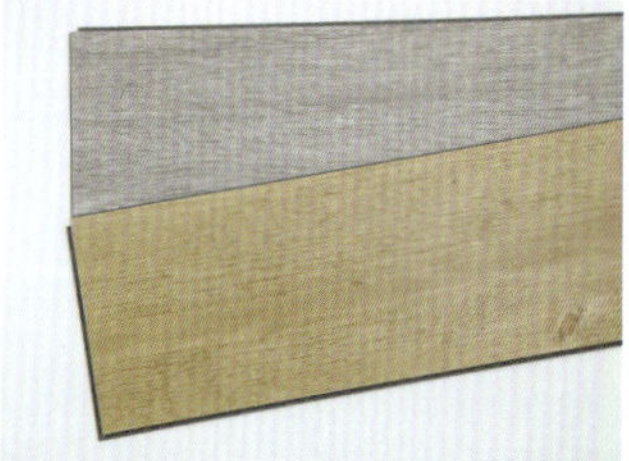

薄い基材の上にプラスチック素材を貼り合わせたもの。専用の両面テープで貼る。

■複合フローリング

明るいオーク調、濃茶など色調は各種、無垢より一定の質感が得られる。

複合フローリングを横に３枚貼り合わせたもの。広い床面を貼るときにおすすめ。

■フローリング材

フローリング材には、「さね加工」という、側面に凹凸の加工が施され、組み合わせて敷き詰めることができる。複合フローリングは、合板の表面に薄い単板を貼ったもの。単板には天然木や、UV 塗装、セラミック加工など特殊加工をした化粧板が使われている。

合板などの基材の上に化粧板を貼り合わせたもの。

基材の下に緩衝材を貼り合わせた遮音タイプ。

畳、カーペット、タイルカーペット

置き畳

リビングのコーナーに敷くだけで、和の空間にイメージチェンジできる。表に使われているいぐさには、空気浄化や調湿作用があるなど、機能面でも人気のアイテム。ヘリの有無、洗えるものなど、さまざまな種類がある。サイズは正方形が一般的。

カッターで簡単にカットできるので、部屋の形状に合わせて敷き詰めることができる。

カーペット

素材（ウールやシルクなどの天然素材やアクリル、ポリエステルなどの化学繊維など）、製造方法（糸と糸で織る、布に糸を刺すなど）、テクスチャ（素材や製造方法が同じでも、糸の形状、長さ、密度などの違い）などでも分けられ、さまざまな種類がある。

（上）糸がループ状になったもの
（下）糸をカットしたもの

カーペット押さえ、端をとめるもの

タイルカーペット

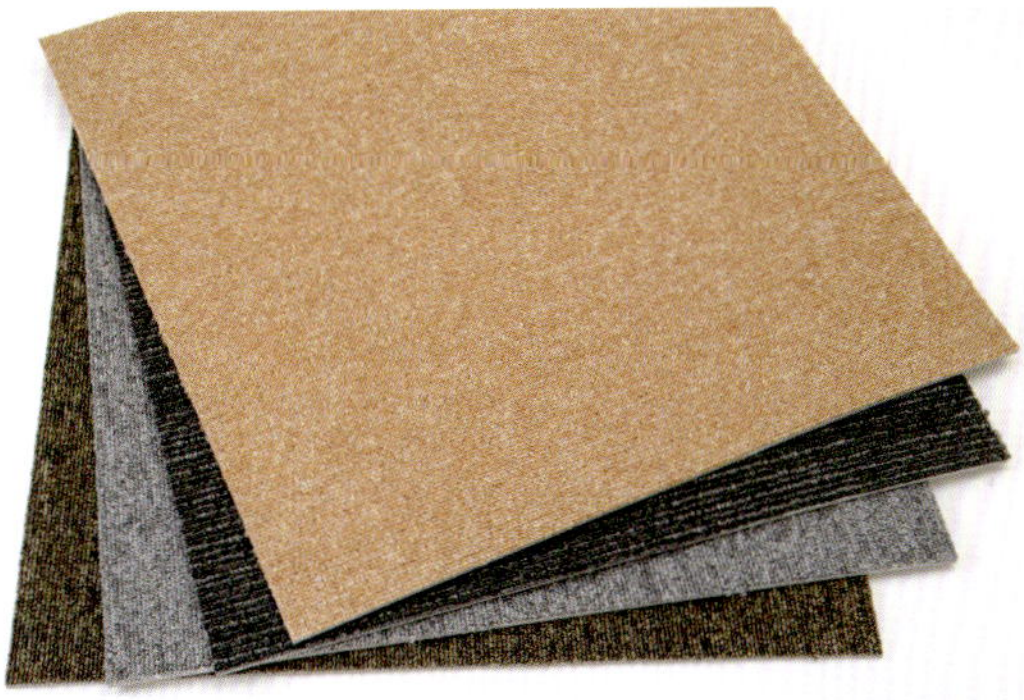

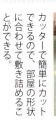

汚れが気になるキッチンや子ども部屋、ペットと暮らしている場合など、部分的に貼り替えできるので、メンテナンスも手軽です。柄や材質なども豊富です。滑り止めが付いてるものは置くだけ、付いてない場合は専用の両面テープで固定します。貼り合わせる場合は、折り目の向きを一枚づつ変えると織りムラや色の微妙な違いが目立たなくなります。

裏面に滑り止めが付いたもの

デコレーション素材

アクセントに使って、部屋を手軽に模様替え

壁の雰囲気を変えたい。小さい傷を隠したい。こうしたインテリアの部分的な装飾に利用できるのが、テープ状やパネル状のデコレーション素材です。センスよくデザインされ、柄のパターンも豊富なため、一部に貼って装飾するだけで、おしゃれな部屋づくりができます。

貼ってはがせるタイプの商品が多いところもポイントです。跡が残らないので、賃貸住宅での模様替え、季節のイベントやパーティーなどの一時的な飾り付けなどに、気軽に使える楽しさがあります。

マスキングテープ

貼って、はがせて、のり残りがないというマスキングテープの機能性を生かし、インテリアや雑貨を手軽にアレンジできる装飾テープとして、さまざまな使い方ができます。色、柄に加え、テープ幅のバリエーションも豊富にあり、用途はさまざま。幅広タイプなら収納棚のリメイクや、壁紙がわりの使用も可能です。

しっかり貼れるのに、シールはがしなどを使わずに簡単にはがせます。のりが残らないので、賃貸住宅の壁などにも安心して貼ることができます。

柄は単色のほか、パターン柄、絵柄など多彩。テープ幅も1cm以下から20cm以上まで、多くの種類があります。なかには床に貼れる特殊なタイプも。

ウォールステッカー

イラストのパーツがそれぞれ１枚のステッカーになっているので、自由に配置して壁にイラストを描くように楽しめます。子供部屋向けなども選べます。

ブリックタイル

レンガや天然の石を形どった、軽量で立体的な壁用装飾材です。取り付けは、両面テープで貼るだけと簡単。一部にアクセントとして使うのも効果的です。

壁紙ステッカー

壁紙を30cm角の貼ってはがせるステッカータイプにした装飾アイテム。扱いやすいので、ひとりで作業する場合や部分貼りをしたいときに便利です。

ふすま紙

ふすまの種類を確認して購入

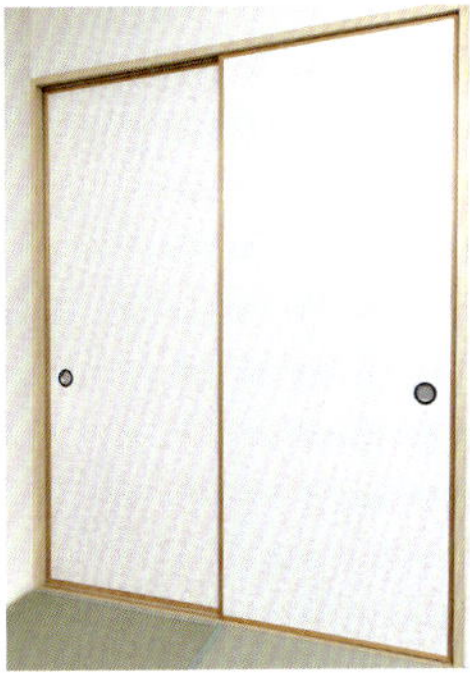

ふすま紙には、アイロンで貼るタイプ、裏に水をつけて貼る再湿タイプなどがあります。

手軽なのは、アイロンで貼るタイプ。枠を外さなくて作業できます。前面にアイロンをかけて接着するもの、まわりだけアイロンをかけて接着するものもあります。ふすま紙の中央がふっくらときれいに仕上がるのが特徴です。通常ふすま紙は3枚程度まで重ねて貼ることができます。

もとのふすま紙は無理にはがさず作業するほうが無難です。貼りかえる前にやぶれなどがある場合は、補修してから貼り替えてください。

■やぶれ補修

やぶれ穴よりひと回り大きく茶チリ紙を貼ります。

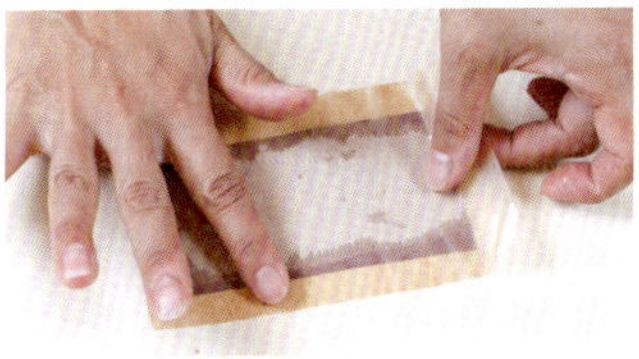

茶チリ紙よりさらにひと回り大きめに補修紙を貼って下地を作ります。

■両湿タイプ

裏面に水で溶けるのりが付いています。ふすま1枚に対して、300～400ccの水をスポンジに付けて全体をしっかり濡らします。

■アイロン貼りタイプ

裏にアイロンの熱で溶ける接着剤が付いています。ふすま紙の表からアイロンをあてて貼っていきます。枠の際はアイロンの先端を使っててていねいにかけます。

障《しょう》子《じ》紙

強度、明るさ、通気性など、素材により特性はさまざま

障子紙の素材は、伝統的な和紙のほかに、プラスチック加工品や化繊などをプラスして強度をアップしたタイプがあります。強度を求めると通気性は悪くなりやすく、素材により明るさ、白さ、日ざしによる変色具合なども異なります。貼り方により3タイプあり、アイロンタイプはゆっくりとアイロンで熱して接着します。はがすときもアイロンをあてるだけなので手軽です。のりタイプは、のりで貼り、はがすときははがし剤や水を使います。プラスチック製など硬質の紙は両面テープで貼ります。貼り替え頻度の高い家庭では、はがす作業の手間も商品選びの目安にすると良いでしょう。

■両面テープ貼り

桟の幅にぴったりな専用の両面テープを使います。はじめに縦の桟だけを貼り、両面テープの剥離紙を取ります。次に横桟すべてに両面テープを貼り、その上に障子紙をしわができないように貼っていきます。

■のり貼り

のりで貼る場合は、容器入りの専用のりを使うとつけすぎを防ぎ、塗りやすい。桟の中心につまようじ程度の太さになるようのりをつけます。塗り広げる必要はありません。

■アイロン貼り

裏にアイロンの熱で溶ける接着剤が付いています。障子紙の表からアイロンをあてて貼っていきます。枠の際はアイロンの先端を使っててていねいにかけます。はがす時もアイロンだけでOK。

棚《たな》受《う》け

壁空間を収納や装飾に有効活用

写真や小物を置く飾り棚、調味料棚、ストック棚など、壁付けの棚を作りつけると、空間を有効利用できます。作りたい棚の幅と長さに合う板を用意し、好みの棚受けで取り付ければ、部屋にぴったりのオリジナルの棚のできあがりです。

それぞれの商品には、安全に受け止められる重さの上限『耐荷重』が明記されています。用途に合う強度、サイズのものを選びましょう。また、取り付ける際は、壁裏に柱や桟が入っているところを探し、確実に固定することをお忘れなく。

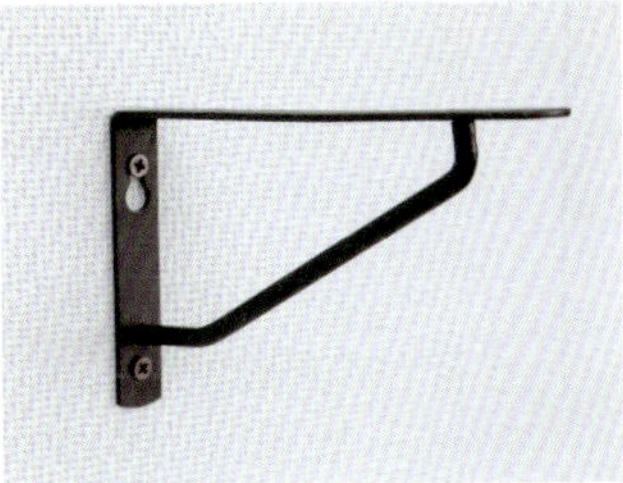

L 字棚受け

柱や桟に木ネジで取り付けるタイプで、金属製や木製などがあります。棚板の幅に合わせてサイズを選びましょう。

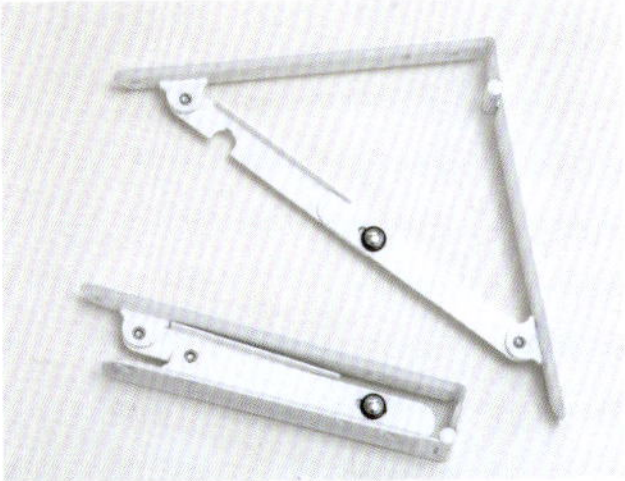

折りたたみ式棚受け

使用しないときは折りたたんでおけるので、壁付けで省スペースの物置き棚や作業台が欲しいときに利用できます。

取っ手

小さいながらも印象と機能を改善

収納家具についている引き出しや扉の取っ手は、インテリアの小さなリフォームポイント。材質や色、形の違うものに付け替えるだけで、簡単に印象を変えることができます。もし、日ごろ使いにくいと感じている取っ手があれば、つまみタイプをハンドルタイプに変えたり、大きさを変えたりしてみるのも効果的です。

取っ手を選ぶときは、取り付け場所に対して握りやすい大きさや、形状の出っ張りがじゃまにならないかなども、デザインと一緒に確認しましょう。

引き戸用

引き違い戸などに使います。取り付けには、彫り込み加工が必要です。

つまみタイプ

引き出し、棚の開き戸など、軽い力で開閉するところに。陶製や金属製など、装飾性の高いものも選べます。

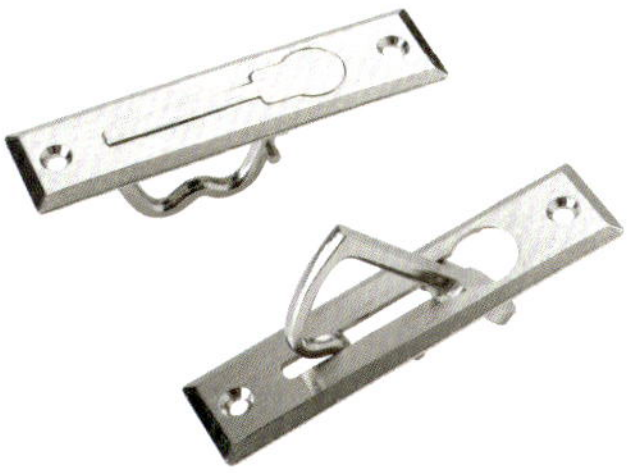

収納タイプ

フラットに収納されていて、使うときだけ取っ手が現れます。回転式のほか、プッシュ式つまみなどがあります。

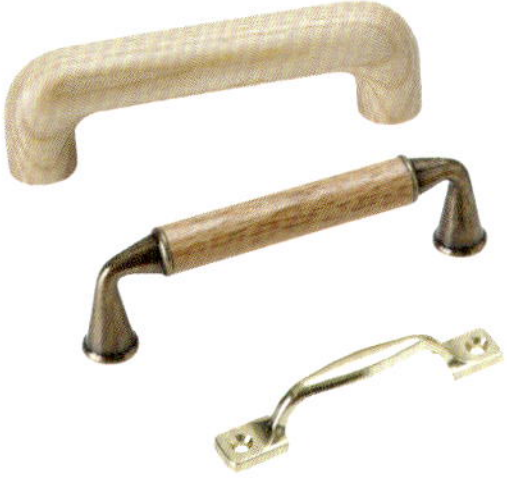

ハンドルタイプ

しっかりと指をかけられて開閉がラク。裏からネジどめするタイプは、すっきりとした仕上がりになります。

基本の道具

はじめにそろえたい役立つ手工具

ノコギリ

木材の端を切り落とすなど、細かな切断のために持っていると便利。刃の長さが 18 ～ 27cm で、横びきができる替え刃タイプがおすすめです。

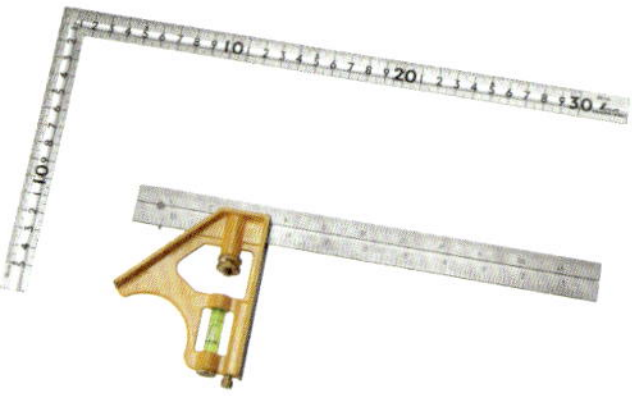

さしがね

垂直の線、45 度の線、等分する線など、さまざまな線を簡単に引ける定規です。長い側が 300mm のものを用意しておきましょう。

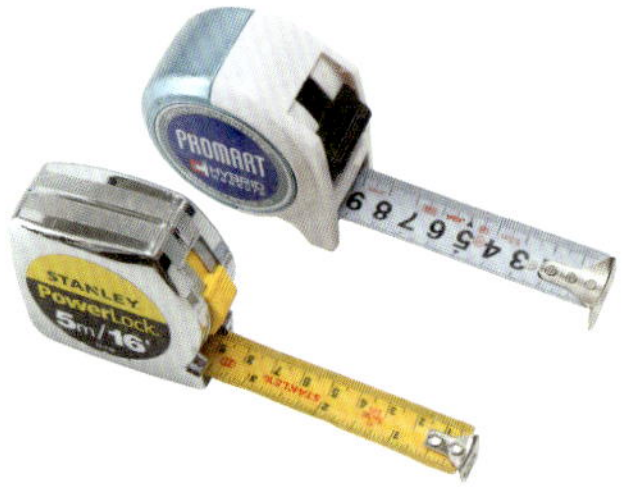

メジャー

木工はもちろん、室内各部の寸法を測るときに欠かせないツール。室内用途では、幅 20mm、長さ 3.5m のタイプを使うのが一般的です。

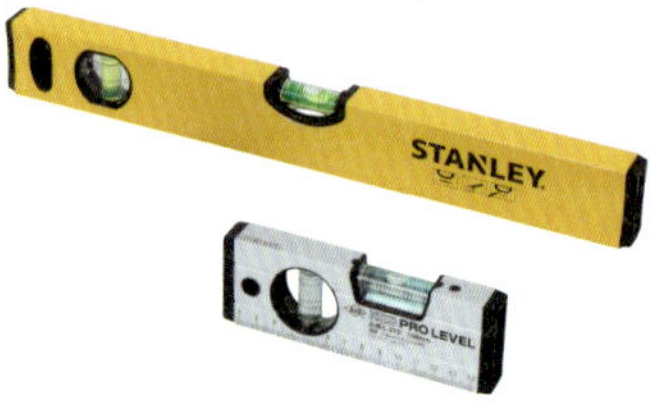

水平器

棚の取り付け、レンガ積み、ウッドデッキ作りなど、水平・垂直の確認が必要なシーンで、基準出しに利用します。まずは 30cm サイズのものを。

ドライバー

ネジを締めたり、緩めたりする作業の必需品。照明器具の取り付けなどにも活躍します。プラスとマイナスを大小２本ずつそろえておくと困りません。

金づち

クギを打つほか、部材同士がきついときに叩いてはめ込んだり、位置を微調整したいときなどにも重宝します。クギ抜き付きのタイプもあります。

サンドペーパー

塗装前の下地づくり、塗装はがし、木材のバリ取り、表面のキズ消しなど、研磨作業の基本ツール。作業に応じて種類や目の粗さを選びましょう。

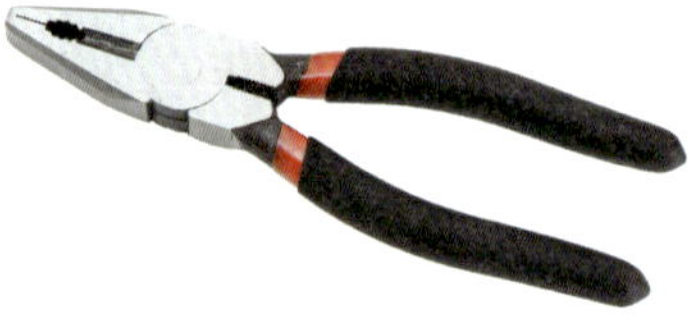

ペンチ

針金や薄板をしっかりとつかめ、製作や補修の作業でなにかと便利に使える万能工具です。細かい作業には、先細のラジオペンチがあると便利です。

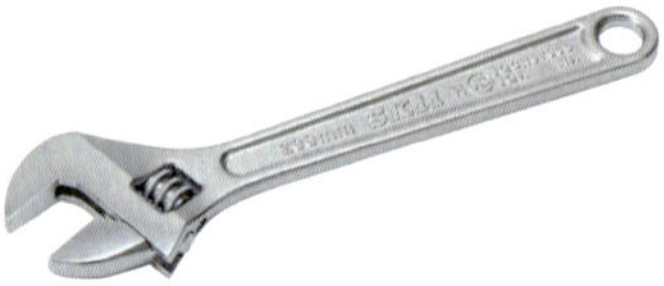

モンキーレンチ

開口幅を調整することができ、さまざまなサイズのボルトやナットを回すことができます。22mm 以上に開くものは、水まわり作業にも使えます。

住まいのリフォームやメンテナンスをするには、木材や壁材、床材など、さまざまな種類の材料をカットしたり、取り付けたりする必要があります。それぞれの加工を効率アップし、仕上がりをきれいにするなど、リフォームの役に立ち、ＤＩＹを楽しくしてくれるのが道具です。はじめから、あれもこれもとたくさんの種類をそろえることはありません。まずは採寸や加工になくてはならない基本の道具を用意しておき、必要に応じて増やしていくとよいでしょう。

壁・床・建具《たてぐ》を貼る道具

引手はずし

ふすまの引き手を取り外すための専用の道具です。これひとつあれば、引き手を浮かせたり、引き手釘を抜くといった細かな作業がスムーズに行なえます。貼り替える枚数が多いときなどは､効率アップができます。

ヘラで金具を持ち上げ、浮いたクギの頭をつかんで引き抜きます。

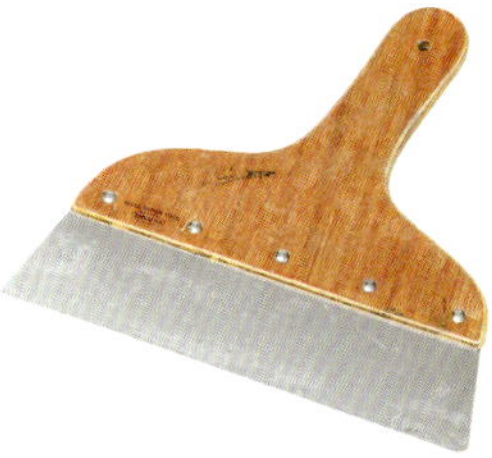

地ベラ

壁紙やクッションフロアー、ふすま紙の切りしろ（貼るときに端にできる余分）やつなぎ目を、まっすぐにカットするための定規です。切りたい線にあわせて押さえ、カッターのガイドとして使います。

片手で持ち、カッターと交互にスライドさせながら切り進めます。

なでバケ

壁紙、ふすま紙を貼るときに、上からこするようにして、中に残った空気を追い出すために使います。弾力のある毛で押さえるので、強めに力をかけても壁紙への負担が少なく、表面を傷めずに作業ができます。

壁紙の中心から外側に向けて、空気を押し出すように動かします。

カッター

壁、床、建具の貼り替え作業で、余分をカットするときに活躍します。薄い紙類には小型を、厚みのある床材には大型を使いましょう。

ジョイントローラー

つなぎ目などの壁紙がはがれないように、下地に圧着するために使います。こすらずに強い力で押さえることができ、壁紙を傷めません。

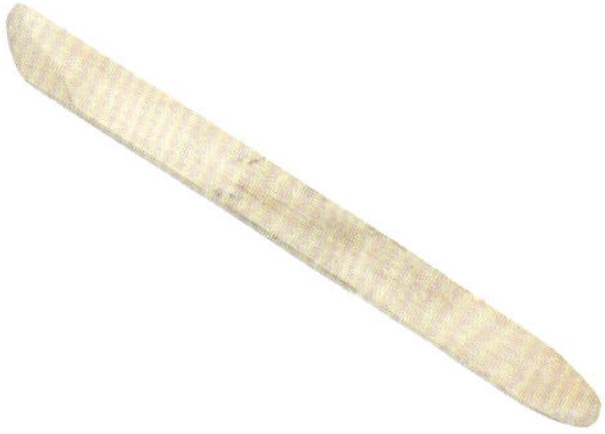

竹ベラ

壁紙の切りしろをカットする前に、角や巾木との段差の部分を強く押さえて、壁紙にカットするための線（折り目）をつける道具です。

きれいに仕上げるために

面積が大きく目に触れやすい壁、床、建具などのリフォームは、あとから修正することが難しいため、ていねいに仕上げることに気を使います。空気を残さずぴったりと貼り、はがれないようにしっかり押さえるという作業を、材料を傷めないように行う必要があります。その点で優れているのが、プロが使う専用の道具です。なでバケや地ベラ、ローラーなど、実際に使ってみると作業のしやすさははっきりわかります。ＤＩＹで利用しない理由はありません。

木工の道具

本格的な製作には電動工具を活用

サンダー

パッドに取り付けたサンディングペーパーを振動させて、木材の表面を磨く研磨工具。塗装の前に木材の表面をきれいに整えたり、切断面にできたバリを取ったりする作業を効率アップしてくれます。写真のオービタルサンダーは、パッド面があるていど広く、市販のペーパーをカットして使えるのが特徴です。

角を研磨するような細かい作業には、小型のマウスサンダーが便利。

広い面積を研磨する場合は、パワフルなランダムサンダーが向いています。

ジグソー

本体の下から出ている細いノコ刃で材料をカットします。直線カットの精度とスピードは電動丸ノコに見劣りしますが、扱いが簡単で直線と曲線のカットができるので、より初心者向きです。刃を取り替えることで、木材の粗切りや仕上げ切り、金属やプラスチックのカットとさまざまに使えます。

円形や波形などの曲線カットを得意としています。

材料のまん中を切り抜くなど、特殊な切断加工も可能です。

電動ドリルドライバー

木材の組み立てには、クギよりも接合力が高い木ネジを使うのが一般的。そのための下穴あけ、ネジの締め付けや緩めを1台でできる、木工でもっともよく使う工具です。電源は取り回しのよいバッテリー式が断然おすすめ。実際に手に持って、扱いやすい大きさ、重さのものを選びましょう。

市販の家具や木工作品の組み立てでは、電動ドリルドライバーが大活躍。

ドリルビットを使えば、大きいサイズの穴あけも簡単です。

切断する、削る、つなぐ。木工の基本的な作業をすべて手工具で行おうとすると、収納棚ひとつ作るにも、かかる時間と手間は相当のものです。木工を続けていくのなら、加工を大幅に効率よくして、作品づくりを楽しくしてくれる電動工具を利用することをおすすめします。先に紹介した基本の道具とともに、まずは組み立て作業に欠かせないドリルドライバーを。自分で材料のカットをしたくなったら、ジグソーや丸ノコをそろえていくとよいでしょう。

手工具では難しい加工が簡単、きれいに

クランプ

材料をはさんで固定する工具です。主な用途は、切断や穴あけをする材料を作業台に固定したり、接着する材料同士を圧着したりなど。さまざまな形状、サイズのものがあるので、必要なもの、使いやすいものをそろえていくとよいでしょう。写真のバークランプは、素早く着脱ができておすすめの種類です。

材料をしっかり固定しておくと、電動工具を使う作業が安定します。

ネジ打ちするときの仮どめ、接着剤が乾くまでの圧着固定にも活躍します。

トリマー

木材の角を装飾的に面取りしたり、溝を彫ったりする工具です。取り付ける刃を交換することで、両方の作業で多様な形状の加工が可能。使いこなせるようになると、ドアや窓枠、額縁などの装飾、板をはめ込む溝や丁番をはめる穴を彫る作業など、手の込んだ加工を簡単にできるようになります。

材料の角に、手作業では難しい複雑な装飾加工を施すことができます。

V字やU字など、形の異なる溝を彫る作業も簡単です。

電動丸ノコ

円形の刃を高速回転させて、直線をカットする工具。必要な寸法にあわせて、自分でいくつもの部材を切り出すような作業に最適です。大きな板材のカットや、45度までの角度をつけたカットも、スピーディにきれいに行えます。切る木材の厚みを考えて、用途に適したサイズを選びましょう。

直角定規や丸ノコ定規を使うと、簡単に直角を切ることができます。

傾斜角度を調整すれば、角度をつけたカットも正確に行えます。

バッテリーモデルの選び方

電動ドリルドライバー、インパクトドライバーを筆頭に、サンダーやジグソー、電動丸ノコなど、電動工具のコードレス化が進んでいます。バッテリーモデルを選ぶ際は、性能の目安になるバッテリー電圧をチェックしましょう。バッテリーモデルは、電圧＝V（ボルト）が高いほど大きい力を出すことができますが、その分、バッテリーは大きく重くなります。パワーと取り回しのしやすさを考えて選びましょう。

壁《かべ》裏《うら》探知機

壁裏に隠れた柱や間柱《まばしら》の位置を特定

カーテンレールや手すり、耐震用の補強金具など、ある程度の重さがかかるものは、壁裏が中空のところに取り付けたのでは強度が足りません。そのため柱などの下地材を見つけて、ネジを打つ必要があります。

最近の住宅は柱や間柱が壁の裏に隠れていて、どこに入っているのかが見ただけではわかりません。しっかりとネジを利かせたいときには、壁裏にある間柱などを探せる「下地センサー」や「下地探し」と呼ばれる探知用の機器を使いましょう。探知機には、電気的に探知するタイプと針で探すタイプがあります。

どちらを使う場合も、下地材の位置を確定するためには、繰り返し探知作業をする必要があります。高さを変えて2か所以上で作業し、上から下まで垂直に入っていることを確認しましょう。また、柱の厚みがわかるように、横方向の測定もしてください。

センサータイプ
走査面についている電極で、壁裏の状態の違いを読み取って、柱や間柱の有無を判定します。

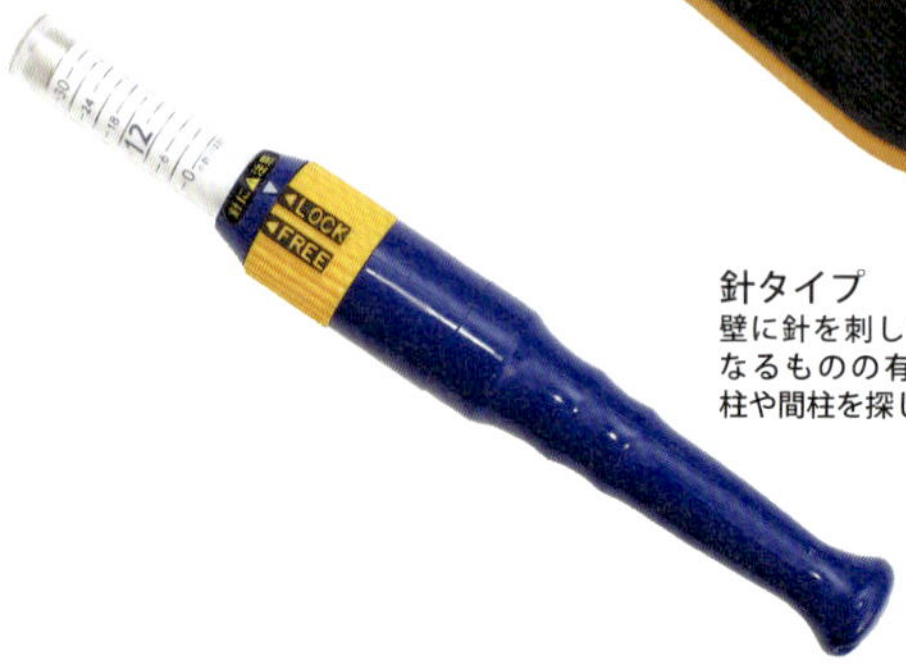

針タイプ
壁に針を刺して、抵抗となるものの有無により、柱や間柱を探します。

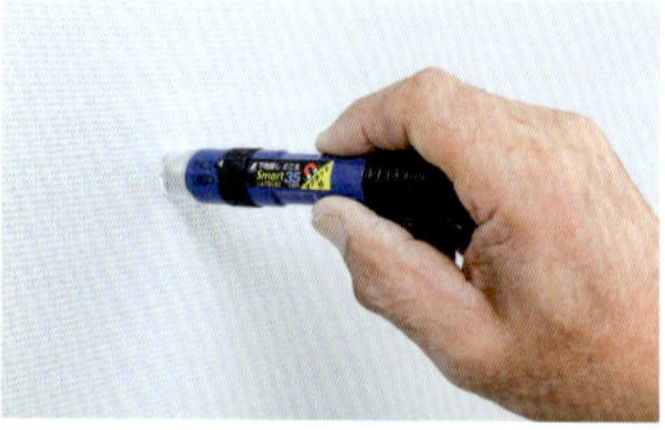

壁に強く押し付けると、先端に仕込んである針が突き刺さります。中空の部分は針が深く刺さりますが、柱や間柱があるところは、手応えがあって針が止まります。横に移動しながら数か所に刺して、柱と中空部分との境目を探します。

■センサータイプの使い方

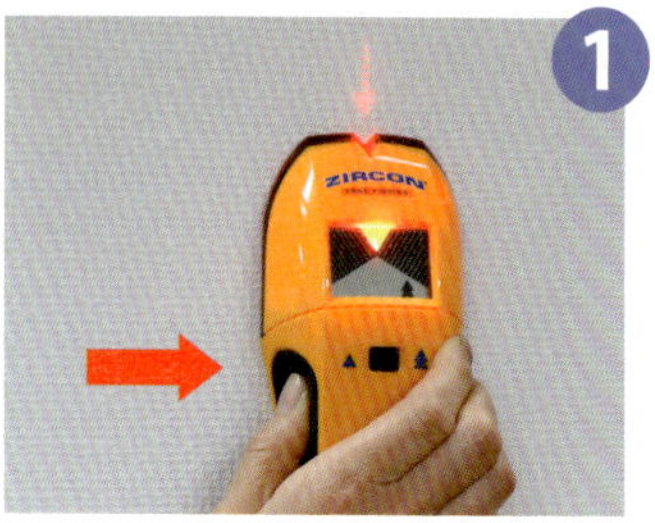

壁に当てて電源を入れ、横方向にゆっくり滑らせます。柱や間柱があると表示と音で知らせるので、その位置に鉛筆やテープで印をつけます。

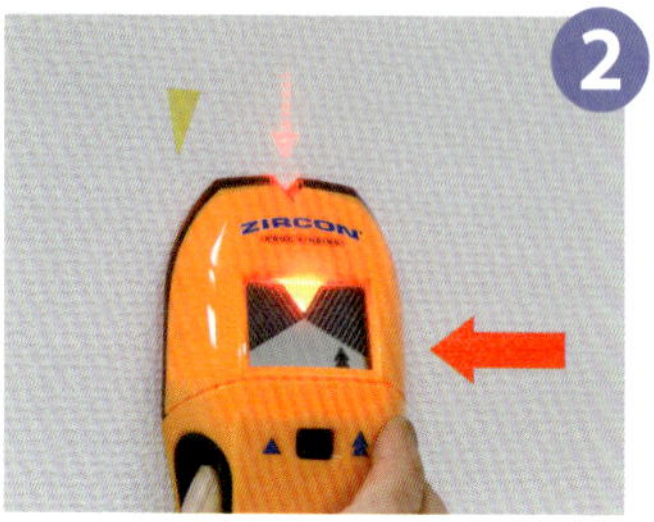

次に反対側から本体を滑らせ、同じように探します。センサーが反応した位置に印をつけます。

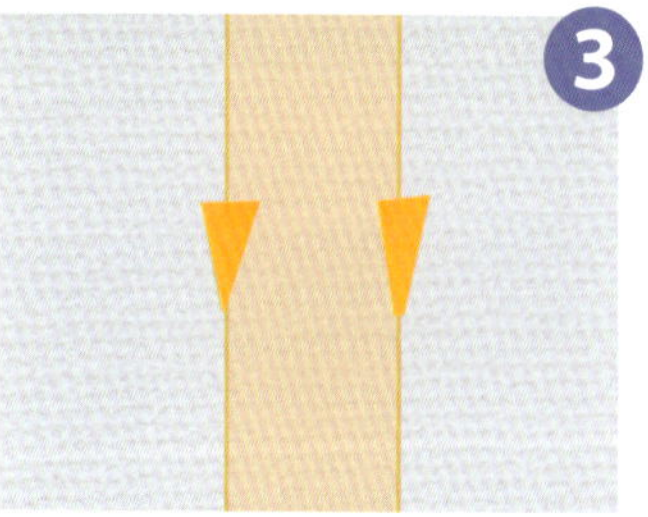

２回の作業で印をつけたところが、柱や間柱の両端です。針タイプを使う場合も、両端を見つけて印をつけておきましょう。

２つの目印の真ん中あたりにネジを打つと確実です。壁材の厚さを計算に入れて、間柱に十分に食い込む長さのネジを使ってください。

室内壁の構造

壁に設備を取り付けるとき、見えない柱や間柱に対してネジを打つのは不安なものです。確実に作業ができるように、事前に壁裏の構造を知っておきましょう。

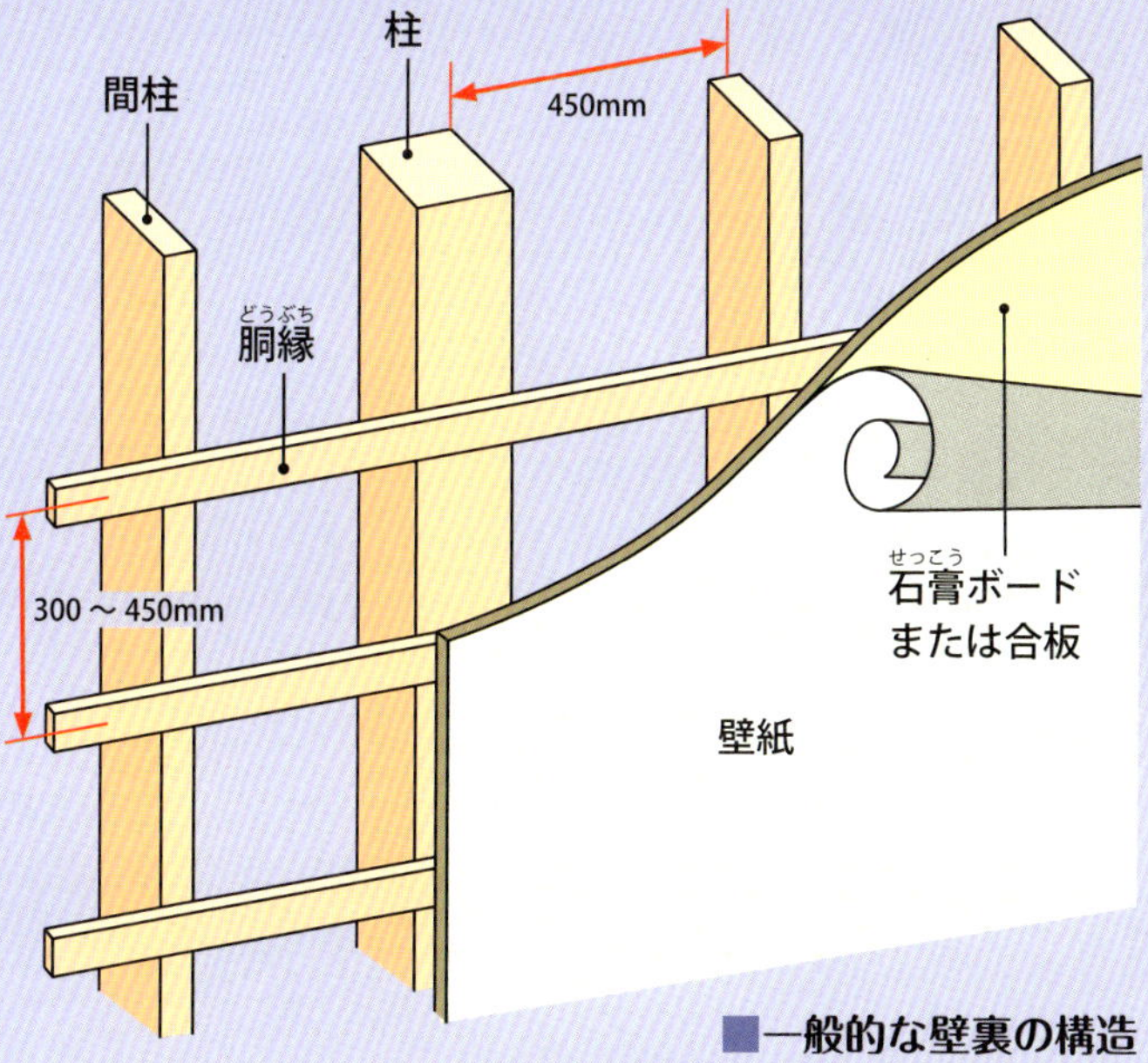

■一般的な壁裏の構造
木造在来工法の場合、壁裏の柱と間柱はおよそ450mm 間隔で立っており、水平方向には 300～450mm 間隔で胴縁が入っています。ツーバイフォー工法の場合は、450mm 間隔で縦枠があり、横方向の胴縁はありません。また、マンションなどのコンクリート住宅では軽量鉄骨の柱が使われていることが多く、壁材がコンクリートに直接張られていることもあります。

住宅の室内壁で多いのが、石膏ボードや合板の壁材に、壁紙を貼って仕上げたものです。この場合、壁の内部は空洞になっていて、縦方向に柱や間柱、横方向に胴縁という下地材が入っている構造が一般的です。

壁に収納棚や手すりなど、重さのかかるものを取り付ける場合は、これらの下地材を探してネジで固定する必要があります。あらかじめ下地材がどのような方向、間隔で入っているかがわかっていると、取り付け位置を決めるとき、下地を探すときに役立ちます。作業をするときは、おおよその位置関係を頭に入れて取り掛かりましょう。

■補強板のつけ方
棚などを取り付けたい位置に柱や間柱がない、また手すりのブラケットを取り付けるために間柱の幅が足りないといった場合は、補強板を利用する方法があります。まず下地のあるところに必要な長さの補強板をネジで固定し、その板に棚などを取り付ければ、下地からはずれた場所でもネジどめが可能です。

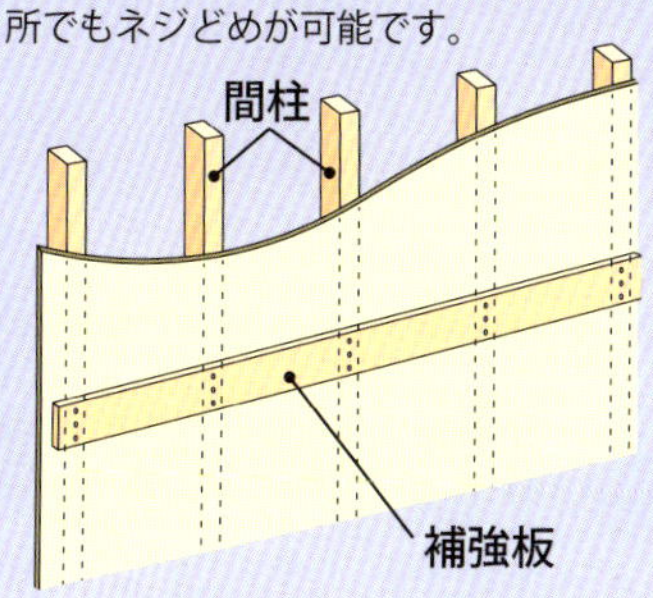

塗装道具

塗るものに応じて使い分ける

目地バケ
せまい目地の間や溝、細かな部分などを、きれいに塗れる小回りのきくタイプです。

筋かいバケ
毛の部分に対して柄が斜めについているのが特徴です。壁や床の隅、木工作品など、細かい部分を塗りやすいハケです。幅は 30mm、50mm、70mm などがあります。

平バケ
平坦な場所をムラなく塗りやすい形状のハケです。毛幅や毛足の長さ、厚さの違うさまざまな種類があります。

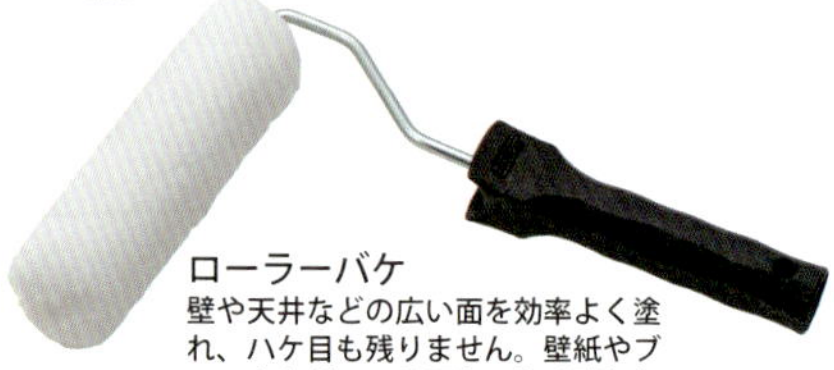

ローラーバケ
壁や天井などの広い面を効率よく塗れ、ハケ目も残りません。壁紙やブロックなどの凹凸面も、塗り残しなくきれいに仕上がります。

すきま用ハケ
金属の板にパイルがついていて、ウッドデッキやフェンス、すのこなどのすき間を塗るときに便利です。金属の部分を曲げても使えます。

コテバケ
平らな面を効率よく塗るのに適しています。スピードではローラーバケに劣りますが、塗り上がりはコテバケのほうが滑らかです。パッド部分を交換できるタイプもあります。

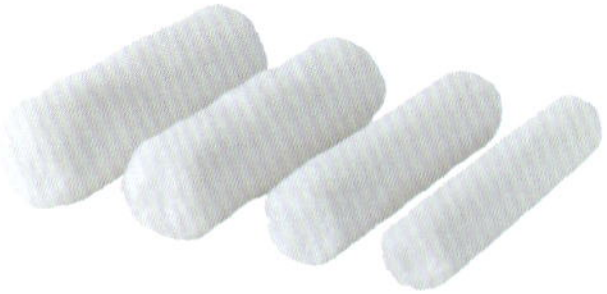

ローラーの毛の長さは、長毛、中毛、短毛などがあり、一般的な作業は万能タイプの中毛、仕上げは短毛などと使い分けます。

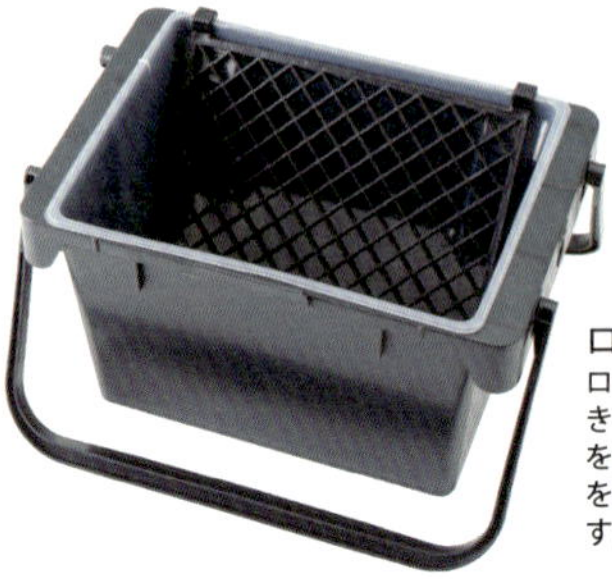

ローラーバケット
ローラーバケで広い面を塗るときに適した塗料容器です。ハケをしごく網や交換できる内容器を取り付けられるものもあります。

ローラートレー
ローラーバケットに比べてコンパクト。塗料が少ないときに、手軽に使えます。

塗装をきれいに仕上げるには、塗る場所に適したハケを使い分けることが大切です。

小さいものを塗るには、筋かいバケが向いています。細かいところでも楽にハケを動かせるので、広い面を塗るときでも、ローラーバケで塗りにくい隅を作業する場合などに使います。水性用、油性用、ニス用と毛質の異なる3種類があり、塗料にあわせて選びます。

広い面積を効率よく塗れるのはローラーバケです。ローラーは塗料もちがよいうえ、凹凸面でも一気に作業できるため、壁やブロック塀などの塗装がスピーディに行えます。ローラーは幅、太さ、毛の長さの違いで種類があるので、塗料の種類や塗装面の広さ、凹凸などに応じて使い分けましょう。

ハケを使うときの基本

ハケの使い方

ハケは鉛筆のような持ち方をし、あまり強く握らず、楽に動かせるようにします。塗る面に対して毛を立てて使うと、塗料がきれいに伸びます。

■持ち方

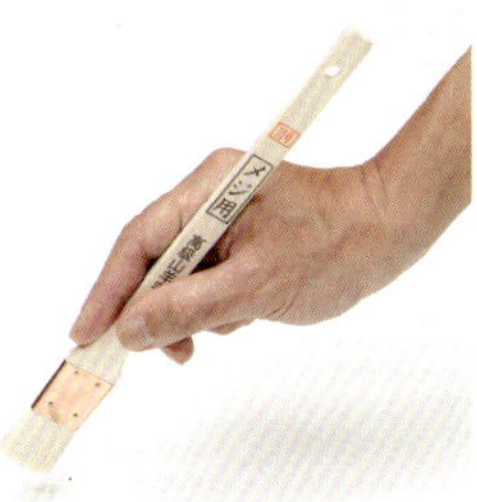

平バケは、首の近くを軽く握って動かします。

筋かいバケは、柄の後ろ側を持つようにします。

■隅の塗り方

筋かいバケで隅やコーナーを塗るときは、ハケを縦に使うと塗りやすくなります。

■塗料のつけ方

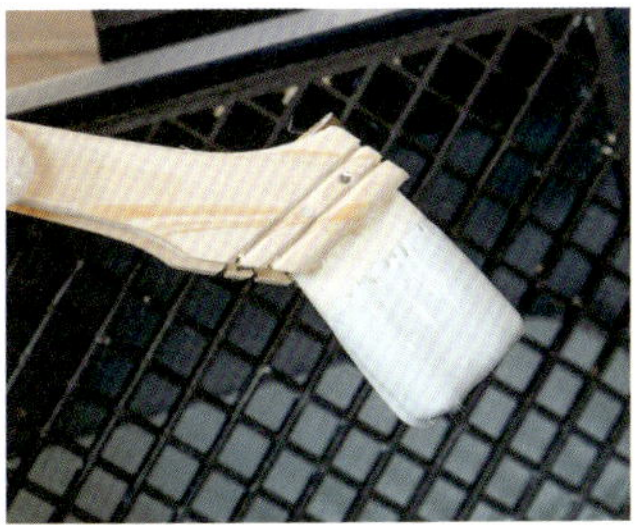

塗料をつけるのは、毛の半分から３分の２まで。余分な塗料をしごき落としてから塗ります。

■ハケの準備

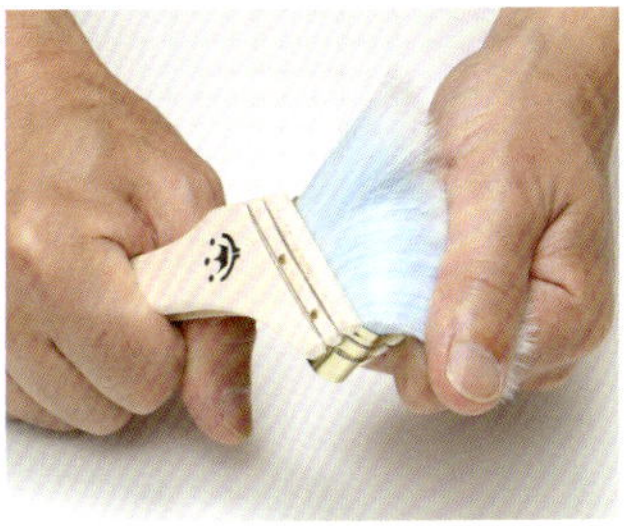

新品のハケは毛が抜けやすいので、手でしごいて浮いた毛を取っておきます。

ローラーバケの使い方

■壁を塗る順序

壁の場合は上から順に、ローラーの幅の３分の１程度が重なるようにして塗り広げます。

■塗料のつけ方

ローラーに塗料を含ませたら、網の上で一方向に転がして、余分な塗料を取ります。

■継ぎ柄の利用も

天井や壁の高いところは、別売の継ぎ柄をつけると、足場を使わず安全に作業できます。

■転がし方のコツ

塗料が多いうちは軽く押し付け、減ってきたら力を入れて転がすのが、きれいに塗るコツです。

ハケの後片付け（水性塗料の場合）

ハケは正しく洗わないと、乾燥したときに毛が固くなり、使えなくなります。まず、ハケを新聞紙などにこすりつけて塗料を取ってから、流水で洗い流します。次に台所洗剤かぬるま湯を使って、毛束の奥の塗料を残さないように、よくもみ洗いをします。最後に洗剤や汚れを洗い流し、毛を下に向けて陰干ししてください。

作業を中断するときは、ハケや容器をビニールやラップで包んで乾燥を防ぎます。

左官《さかん》道具

モルタル塗り、漆喰、壁塗り作業の必須ツール

トロフネ
モルタルやコンクリートを作る時に、使われる容器。モルタルはセメント1、砂を3で作り、コンクリートはセメント1、砂3、砂利6の比率です。

レンガ・ブロックゴテ
ハート型がレンガ積み用（上）で、材料を多くのせることができます。三角の形状が特徴なのがブロック用（下）で、材料を細長くすくうことができます。

左官《さかん》ゴテ
モルタルなどをならして壁に塗るときに使います。サビに強いステンレス製を選ぶのがおすすめ。種類が豊富なので用途に合わせて使い分けをします。

コテ板
モルタルや壁材を必要量だけすくって手元に置く板。材料が落ちにくく表面が滑り止め加工されたタイプが、手入れも簡単でおすすめです。

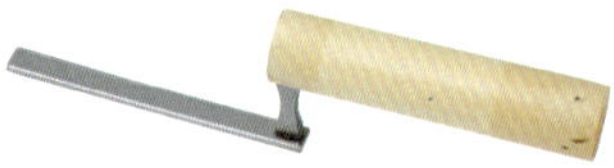

目地《めじ》ゴテ
レンガやタイルなどの目地の、モルタルの塗り込み仕上げに使います。目地幅に合わせて種類が揃っているので、使い分けるようにします。

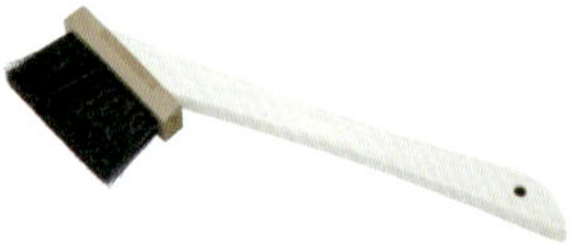

左官《さかん》ブラシ
ハケが長く、軽くてしなやかにできているので左官作業に適しています。モルタル塗りの前の水打や仕上げの拭き取りなどに利用します。

練《ね》りクワ
主にモルタルやコンクリートを作る際、材料を混ぜるときに使います。

モルタルの作り方

水を入れずにセメントと砂だけを、練りクワでよく混ぜ（空練り）ます。

均一に混ざったら、水を少しずつ加えてさらに練ります。

固さの目安は、コテですくって落ちない程度です。

建物の壁や床に加え、外構やガーデン施工で使われているのが左官道具です。元々は、壁塗りを専門にする左官職人が使用していましたが、近年のＤＩＹブームで欠かせない道具として定着しています。

左官道具はさまざまな種類があります。壁塗りに必要なコテだけでも、用途に合わせて種類が充実しているのでＤＩＹ初心者は最初に迷ってしまいます。しかし、コツを掴んで使い慣れてくると模様付けが可能になり、美しく仕上げることができます。自然素材で注目を集める漆喰や珪藻土のリフォームにも欠かせないので揃えておきましょう。

02

第2章
下地調整テクニック

壁紙補修

小穴も大穴も目立たないよう元どおりに

小穴を埋める

画びょうやネジを抜いてできた小穴は、小さいものでも目立ちます。壁紙の色にあわせて選べる専用の補修剤を使って埋めておきましょう。小穴のほか、尖ったもので引っかいた小キズ、つなぎ目のすき間などを目立たなくすることができます。

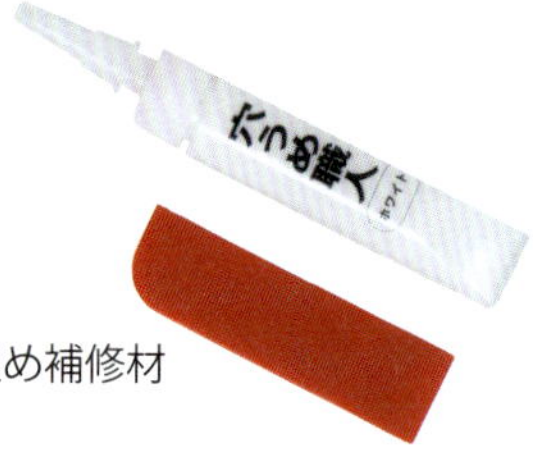

■穴埋め補修材

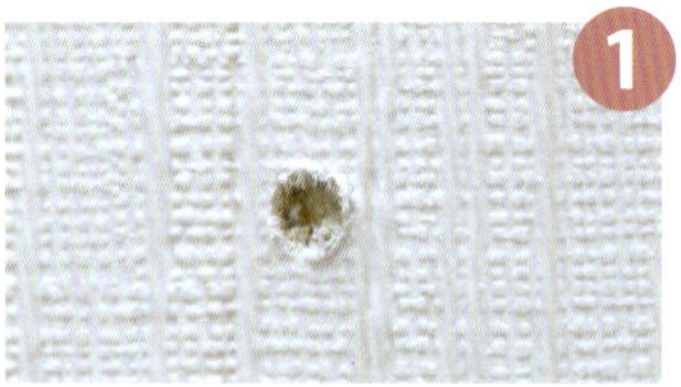

数色ある種類のなかから、壁紙に近い色を選ぶのが上手に跡を隠すポイントです。

補修材のノズルの先端を穴にあて、少し盛り上がるくらいまで押し出します。

付属のヘラを使って凸凹をつけたりして、壁紙の表面となじむように整えます。

シミ・汚れを隠す

壁紙の表面についたシミ、落書きなど、通常の拭き掃除では落とせない汚れには、塗って隠す補修材が有効です。つや消しタイプで色の透けも押さえられるので、周囲と比べて違和感がない状態に補修できます。

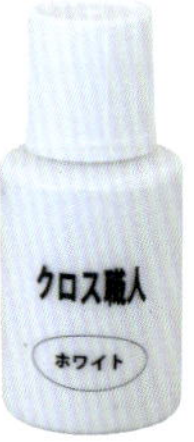

■着色補修材

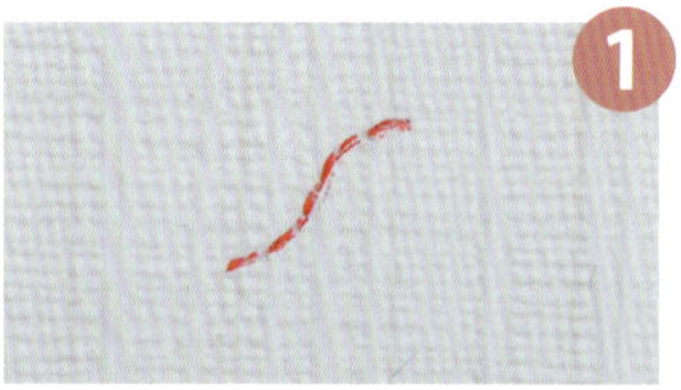

油性ペンやクレヨンなどの汚れは、洗剤を使ってもきれいに落ちない場合があります。

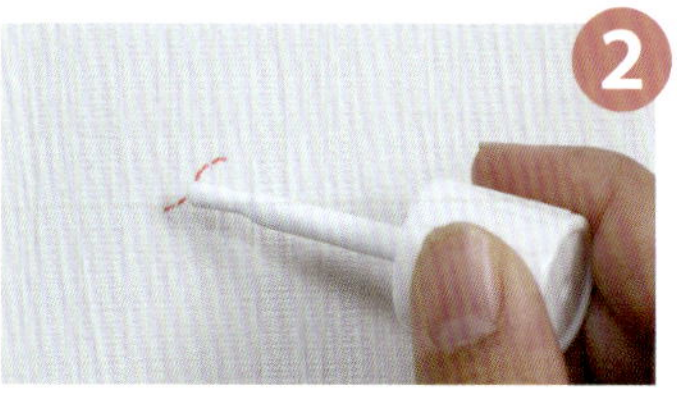

フタについているハケを使い、汚れの上に置くようにして均一に色をのせます。

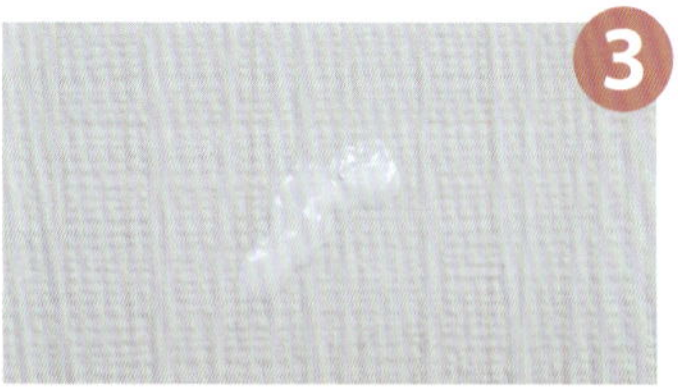

透けやすい濃い色の汚れでも、3～4回重ねて塗ると、隠すことができます。

はがれを貼りなおす

壁紙がはがれてきたのを、そのままほうっておくと、どんどん範囲が広がってしまいます。人がよく通る場所の場合、引っかけて破いてしまうこともあるので、気づいたら壁紙用接着剤を使って早めに補修しましょう。

■はがれ補修キット

はがれた壁紙がそったまま硬化している場合は、霧吹きなどで湿らせて柔らかくします。

接着面についたホコリを取ってから壁紙の裏側に接着剤を塗り、2～3分乾燥させます。

貼り直した部分にローラーをかけて接着し、はみ出した接着剤はふき取っておきます。

壁にあいた大きい穴を補修する

補修シートでなおす

石こうボードの穴をふさぐ

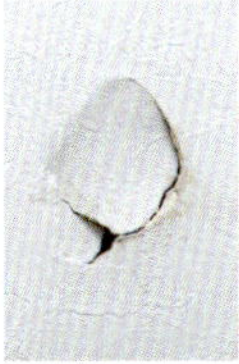

壁材の石こうボードが破損している場合は、まずその穴をふさぐ必要があります。

<材料・道具>
補修用シート、補修用パテ、ヘラ、地ベラ、カッター、ローラー、サンドペーパー

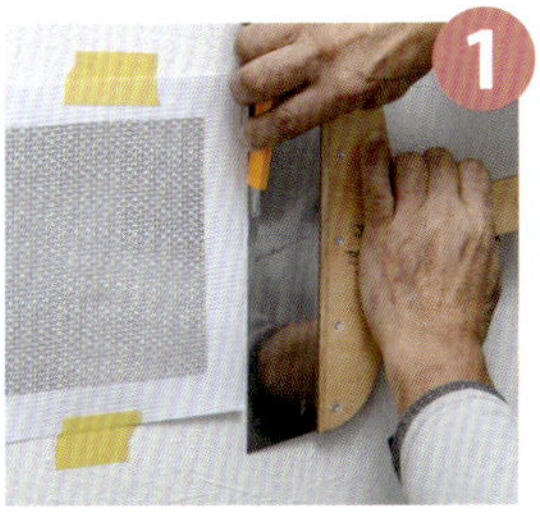

1 穴をカバーするように補修用シートを仮どめし、その縁に沿って下の壁紙をカットします。

2 カットした部分の壁紙をはがし、破損した石こうボードを取り除きます。

3 補修用シートを貼り、ローラーをかけてよく接着します。

4 シートの周囲をマスキングテープで養生し、厚みが均一になるように補修用パテを伸ばします。

5 半日以上パテを乾燥させ、凹凸がなくなるようにサンドペーパーで磨きます。

壁紙を貼りなおす

壁紙が破れただけの場合も同じ方法で補修できます。

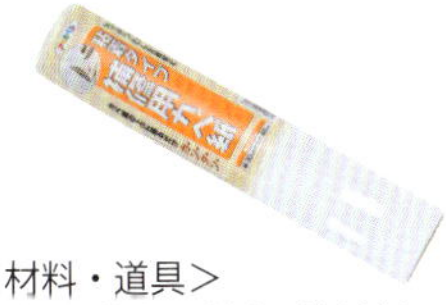

<材料・道具>
補修用壁紙、壁紙用接着剤、地ベラ、カッター、ローラー

1 補修する場所がわかるように、マスキングテープを貼って目しるしをつけます。

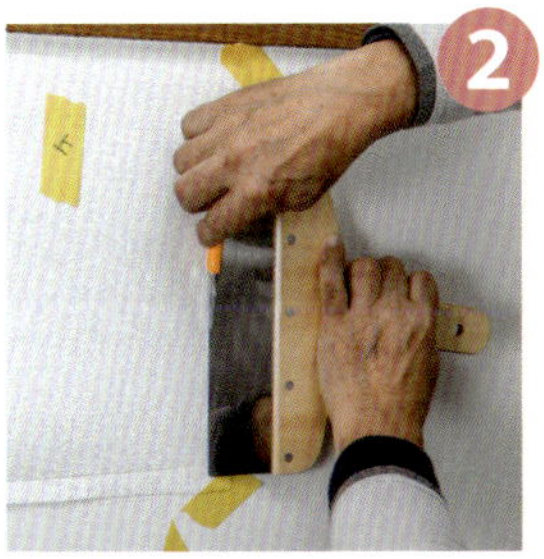

2 補修箇所より一回り大きくした補修用壁紙を仮どめし、下の壁紙と重なる部分をカットします。

3 既存の壁紙のカットした部分をはがします。

4 補修用壁紙の剥離紙を上から10cm程度はがし、位置をあわせてから全体を貼ります。

5 壁紙の端が浮かないように、ローラーをかけてしっかり接着して補修は完了です。

石こうボード補修する

固いものをぶつけて下地の石こうボードまで破損してしまった壁の大穴も、自分で補修できます。補修には、壁に使われているのと同じ厚さの石こうボードと同じ柄の壁紙が必要です。定番以外の壁紙は入手しにくい場合があるので、貼り替えのときなどの余りをストックしておくことをおすすめします。

石こうボードの裏側を見てみると

表面の紙が残っていても、穴の周囲は石こうが崩れていることがほとんど。

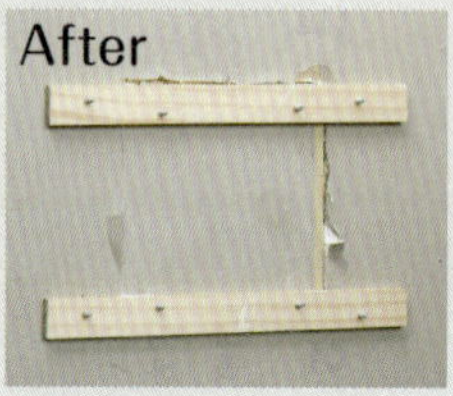

強度がない部分を含めて大きめに切り取り、新しいボードに貼り替えます。

石こうボードで穴をふさぐ

1 石こうボードを切り取る線を、マスキングテープで引きます。穴の縁から 5 cm 程度の余裕があるようにし、角を直角にしておきましょう。

2 定規とカッターを使い、マスキングテープに沿って石こうボードをカットします。切りにくい材料なので、繰り返し刃を入れて切り取りましょう。

3 補修用の石こうボードを穴より 2 mm 程度小さいサイズに切り出し、縁を斜めに切り落とします。つなぎ目にV字溝ができるように穴の縁も斜めにします。

4 石こうボードを固定する当て木を用意します。幅 3 cmX 厚さ 1 cm 程度の木材を、穴の横幅より 4 ~ 5 cm 長い寸法で 2 本カットしておきます。

5 切り出した当て木を石こうボードの裏に当て、石こうボードビスを打って穴の上下端に固定します。ビスはボードの表面よりも少し深めに打ち込んでおきます。

6 補修用のボードをはめ込み、石こうボードビスを打って当て木に固定します。穴とボードの角を直角にしておくと、形をあわせやすく、簡単にはめ込めます。

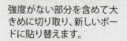

パテを塗って下地を整える

1

ボードのつなぎ目やビス頭のへこみを、下地用パテで埋めます。パテ埋め作業ができるように、補修範囲よりひと回り大きく壁紙をカットします。

2

つなぎ目の溝、ビス頭の段差を埋めるように、パテを出します。部分的な補修には、練り済みでチューブからそのまま使える補修用パテがおすすめです。

3

ヘラを使ってパテを伸ばします。パテは乾燥するとやせるので、少し盛り上がるくらいにしておき、段差ができないようになだらかに仕上げましょう。

4

パテが完全に乾燥したら、100～240番程度のサンドペーパーで研磨して、平滑な面を作ります。端材などに巻くと作業しやすくなります。

ここが ポイント!

パテでの段差処理は少し盛り上げ気味に

壁紙をきれいに貼るには、平滑な下地づくりが肝心です。そのため下地用のパテを使って段差をならすのですが、塗る段階でボードの表面と平らにすると、乾燥したときに少しへこんで段差ができてしまいます。最終的にサンディングペーパーで研磨して平面に整えるので、ヘラでならすときには、埋めたところがなだらかに盛り上がるくらいにしておきましょう。

壁紙を貼る

1

新しい壁紙を重ねたときに補修範囲がわかるように、マスキングテープなどを使って、上下、左右の端に目しるしをつけておきます。

2

補修用に用意した壁紙から、補修箇所と同じ柄の部分を少し大きめに切り出しておき、柄をあわせてマスキングテープで仮どめします。

3

目しるしを参考にして、2枚の壁紙が重なっている部分にマスキングテープで切り取り線を引き、カッターで2枚を一緒にカットします。

4

上側の壁紙を一旦はずしてから、カットした線に沿って下側の壁紙をはがします。貼り直しに使う壁紙には、上下がわかる目しるしをつけておきましょう。

5

すき間ができないように注意して、先ほど切り出した壁紙を貼ります。最初に位置をあわせて上部を貼ってから、シワができないように全体を貼ります。

6

つなぎ目をジョイントローラーでしっかり押さえて圧着します。のり貼りタイプの壁紙の場合は、濡らしたスポンジではみ出したのりをふき取りましょう。

養生《ようじょう》・マスキングの基本

現状復帰ができるので賃貸住宅にオススメ

養生とは、塗りたくないところ、汚したくないところをテープやシートで覆って、塗料の付着を防ぐことです。塗装部分との境目になるところにきちっとマスキングテープを貼ると、キワがきれいに仕上がりますし、はみ出しに神経質にならず、手早く塗装できます。

広い面は養生用のシートや新聞紙を使って汚れから保護します。動かせる家具は移動し、動かせないものはシートなどで覆うようにしましょう。

マスキングテープ
塗るところ、塗らないところの境目を作る、保護用の粘着テープです。はがすことを前提としているため粘着力が弱く、のり残りもほとんどありません。テープ幅は数種類あります。

マスカー
テープに折り畳んだビニールシートがついたもので、貼ってから広げると広い範囲を養生できます。シート幅の広いサイズは、ドアや家具などをカバーするときにも使えます。

壁を塗装するときの養生

1

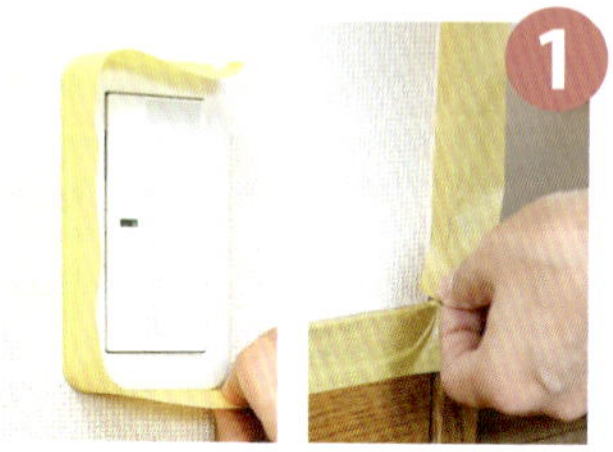

塗装面との境目に、すき間ができないようにマスキングテープをまっすぐに貼ります。

2

マスキングテープの上に、塗装面にはみ出さないように気をつけてマスカーを貼ります。

3

マスカーのシートを広げて床を養生します。シートは軽く押さえると静電気で張り付きます。

4

塗り終わったら、塗料が乾いて固まる前に、テープ類をはがしてください。

小物を塗装するときの養生

色を塗り分けるときは、マスキングテープで境目を作って塗装します。

マスキングテープを利用すると、塗装で形や模様を作ることが簡単にできます。

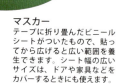

難易度★★

壁紙のはがし方

壁紙をはがす際、石膏ボードの下地を傷めないように要注意

壁のリフォームを行なう場合、古い壁紙の上から新しい壁紙を貼ることも可能です。しかし、仕上がりの美しさや、耐久性を考えると、古くなった壁紙はいったんはがし、下地を整えてからリフォームを行うのがベスト。

キレイに整えた下地の上からなら、新しい壁紙貼りや塗装、漆喰塗りでもより美しい仕上がりが期待できます。

ただし、古くなった壁紙はそのままはがすと裏紙ごとはがしたり、石膏ボードの下地ごとはがれてしまうことがあります。誤って石膏ボードの下地をはがしてしまうと補修作業という余計な手間もかかり面倒。

そうならないよう壁紙をキレイにはがす正しい手順と方法を紹介します。

壁紙の裏紙は残す

古い壁紙をはがすと、裏紙が付いてます。フリースと呼ばれる薄い紙です。これは、基本的に残します。せっこうボード表面を傷めないための裏紙でもあります。裏紙ごとはがれる場合もありますので、その場合は、裏紙のある部分と無い部分をパテで平らに処理してください。

1

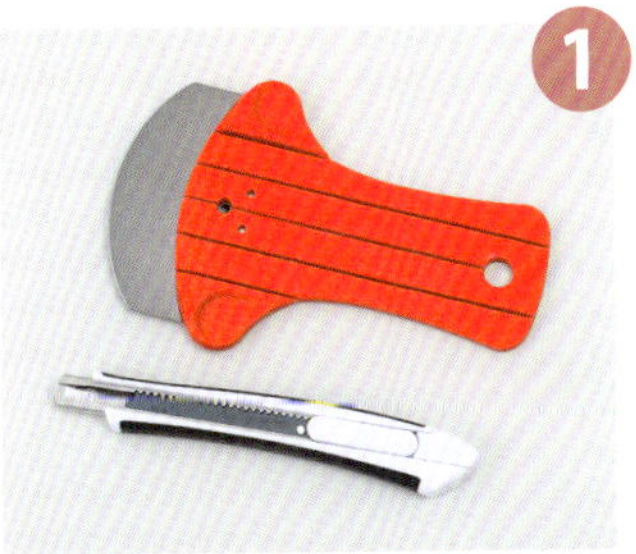

壁紙はがしに使う道具はとてもシンプルです。古い壁紙をカットするカッターと壁と壁紙の間に差し込んで壁紙をはがし取るスクレーパーです。

2

まずはスクレーパーやカッターで傷などがつくのを防ぐため、コンセントのカバーを取ります。端にマイナスドライバーを入れると簡単に取れるはずです。

3

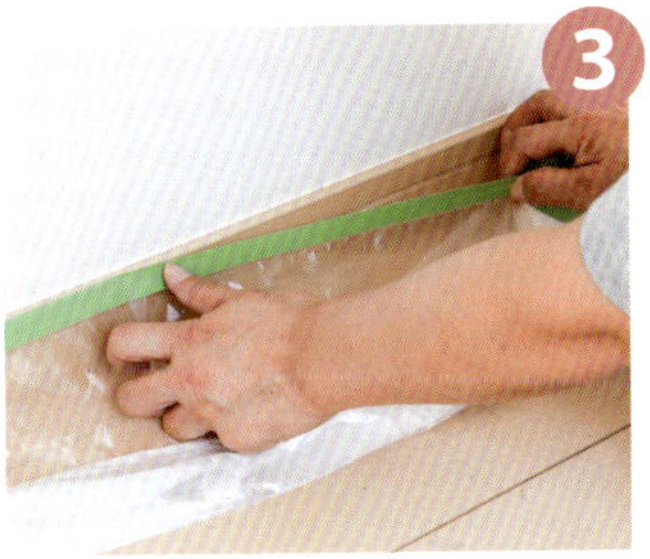

次に床などを養生します。広めにマスカーなどで床を覆っておき、そこにはがした古い壁紙などをまとめます。こうするとあとで処分するのが楽になります。

4

壁の角など、端部分にカッターで浅く切り込みを入れます。あまり深く切らないよう注意してください。石膏ボードなどの下地を傷つけてしまいます。

5

切り込みから壁紙の端をつかみゆっくりはがします。スムーズにはがれるようならそのまま引っ張りましょう。

6

部分的に壁紙が残ってしまった場合はスクレーパーで丁寧にこそぎ取ります。裏紙は残すようにしてください。

難易度★★☆☆☆

砂壁《すなかべ》・じゅらく壁の下地作り

表面強化剤で固めれば、壁紙やペイントに適した下地が作れる

独特の風合いや質感を持つ和室にぴったりの壁材が砂壁やじゅらく壁（土壁）です。日本の気候風土に合った調湿機能を持ち、また有害物質を吸収してくれたり、優れた耐火性を持つなどとその良さが最近見直されつつあります。

　しかし、長く使用していると経年によって劣化が進み、手で触れるだけでボロボロと砂や土がはがれ落ちてしまうことも。

　さらに砂壁やじゅらく壁は吸水性があることから、その上に壁紙張りや塗装がやりづらく、リフォームには厄介な壁材とも言われています。

　そんなやっかいな砂壁やじゅらく壁を、新たなリフォームの下地として使えるよう、整える方法をご紹介します。

砂壁、じゅらく壁用の表面強化剤とは？

壁用表面強化剤とは、砂壁やじゅらく壁、繊維壁などの表面にスプレーすると内部に浸透。アクリルシリコン系樹脂で表面を覆い固めてくれます。古い砂壁や土壁に使うと表面がはがれにくくなります。

1

砂壁は古くなると手で触れたただけでボロボロとはがれてくるようになります。新たな壁材の下地として使用できるように一旦表面を処理しましょう。

2

まずは砂で部屋が汚れないように壁の周囲や床などをマスキングテープやマスカーで養生します。砂などが飛び散る可能性があるので床は広めに覆ってください。

3

ホウキなどで優しく砂壁を撫で、軽く砂を落とします。そして表面強化剤をよく振り、壁面から40㎝ほど離して全体に均一にスプレーしてください。

4

24時間ほど乾燥させたら下地として使用可能です。その上から新たに漆喰などを塗ってもいいでしょう。ペンキによる塗装も可能ですが砂壁の凹凸が残ります。

5

その上から直接壁紙なども貼ることが可能です。ただし砂の凹凸によって粘着力が弱くなるので、すぐにはがれてしまう可能性があります。

6

壁紙やペイントしやすいよう表面の凹凸の影響を無くすには、砂壁の上に、薄いベニヤを使い全面に貼ってしまうのが確実でおすすめです。

難易度★★☆☆☆

ブロックの欠け補修

ヒビや欠けを放置しておくと雨水や振動で強度が低下する

コンクリートで出来た、耐久性に優れているブロック。基本的にはとても頑丈なものなのですが、長年、塀などに使用していると、紫外線や雨水、経年やアクシデントによって欠けやひび割れが生じてしまう場合があります。

ブロックの欠けやひび割れは、それを放置しておくと、振動などによって被害がさらに広がったり、隙間から雨水などが侵入して中の鉄筋をサビさせてしまうこともあります。最悪の場合はそこから崩壊してしまうことも。安全を確保し美観を保つためにも補修はやはり必要でしょう。

ブロック塀の欠けやひび割れは、大きな場合にはブロック自体の交換が必要ですが、少しの欠けであればモルタルなどで比較的簡単に修復することも可能です。その作業のやり方と手順を紹介するので是非挑戦してみてください。

材料

■インスタントモルタル
■水　■小石

道具

■左官ブラシ
■ワイヤブラシ
■レンガコテ
■左官ゴテ
■目地コテ

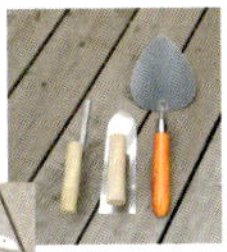

1
まずは欠けて穴となっている部分を掃除します。ワイヤブラシを使い穴の中の割れを取り除いてから、左官ブラシで穴の中をきれいにしてください。

2
次に大きな穴になっている部分に小石などをつめます。使うモルタルの量が多いと割れやすくなるので小石を入れてそれを基礎に使用します。

3
インスタントモルタルをバケツに入れ、水を少しずつ入れながら混ぜていきます。水の量は目分量ではなく、説明書の配合率を正しく守ってください。

4
モルタルが練りあがったらすぐに穴に詰めず、まずは左官ブラシに水をつけて穴の中と周囲を水で濡らします。こうすることでモルタルの付きがよくなります。

5
そして、左官ゴテを使い、モルタルで穴を埋めていきます。穴の中だけでなく周囲にもモルタルを付けていき、表面はコテで平らにならします。

6
穴が完全に埋まったら、そのままでは周囲のブロックとなじまないので、目地ゴテを使って目地を作ります。モルタルが乾いたら補修完了です。

難易度 ★★★☆☆

自由な壁

現状復帰ができるので賃貸住宅におすすめ

材　料

- ■2×4材
- ■ベニヤ板
  1820×910×4mm厚
- ■巾木
- ■壁紙
- ■アジャスター金具
- ■タイプレート（2×4材用）
- ■L字金具

道　具

- ■電動ドリルドライバー
- ■レーザー距離計
- ■水平器
- ■モンキーレンチ
- ■ノコギリ
- ■パテ
- ■ヘラ
- ■なでバケ
- ■地ベラ
- ■壁紙ローラー
- ■カッター
- ■ハサミ
- ■サンドペーパー（＃400）
- ■マスキングテープ
- ■マスカー
- ■メジャー

賃貸住宅の場合、壁のクロスを貼り替えたり、壁に色を塗ったりするなど、何か加工したりするのは難しいとあきらめていませんか？ そんなインテリア好きな賃貸派の悩みを解決してくれるのが、「自由な壁」です。

「自由な壁」は本来の壁をそのままにした状態で、2×4材を使った柱を立てて新しい壁を作ることで、今とはまったく違った雰囲気にリフォームできるのが魅力です。既存の壁はそのままの状態なので、退去時に新しい壁を分解すれば、現状復帰で退去することができます。設置場所は強度の高い梁下《はりした》がおすすめですが、天井が持ち上がらずある程度しっかりした場所であれば設置可能です。

好みの壁紙を貼ったり、棚やフックを取り付けるなど自由にアレンジができることはもちろん、お子さんがいる家庭で悩める汚れの心配がいらないので、まさに自由に楽しめます。

基本フレームの柱を立てる（1本目）

1

レーザー距離計を使って、天井の高さを正確に測ります。使い方は簡単で、床に置いてレーザーを当てるようにボタンを押すだけです。高さは 2.152m です。

2

アジャスター金具を木材に差し込み、金具の高さを測ります。金具の高さを考慮して全体の長さを測っておくと、天井との隙間をなくして立てることができます。

3

2 × 4 材の基本の長さは 1800mm です。木材をつなぎ合わせた全体の長さが、天井の高さと同じにします。別の 2 × 4 材を足らない長さ分にのこぎりでカットします。

4

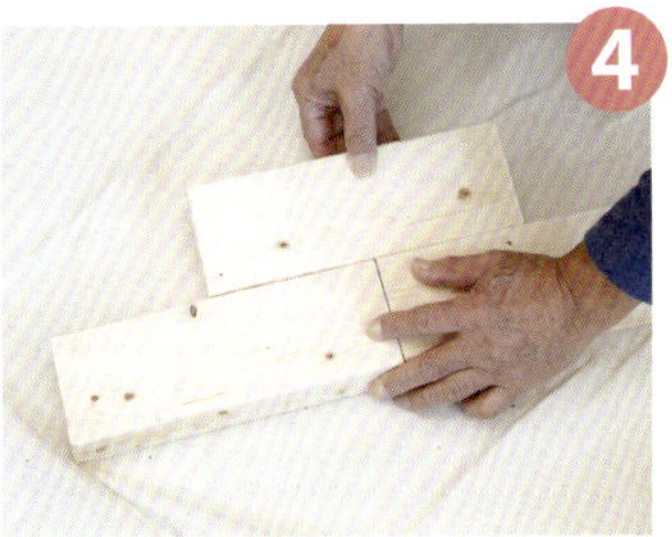

カットした木材の表面をサンドペーパーで磨きます。そして、1800mm の 2 × 4 材とカットした木材の横を合わせて面が一つになるように添え木を当て調整します。

5

2 × 4 材用金具のタイプレート 2 枚で上下に挟むようにして連結させます。電動ドリルドライバーで 35mm のビスでとめて固定します。すべてとめなくても固定できる範囲内で OK です。

6

電動ドリルドライバーを使って 35mm のビスを打ち込み、アジャスター金具を取り付けます。残りの 2 本の柱もここまでと同じ工程で加工します。

7

2 × 4 材の柱を壁に沿って立てます。上部を天井に当ててから立てると、床面に傷が付きにくくなります。ジョイント金具の連結部が下になるようにします。

8

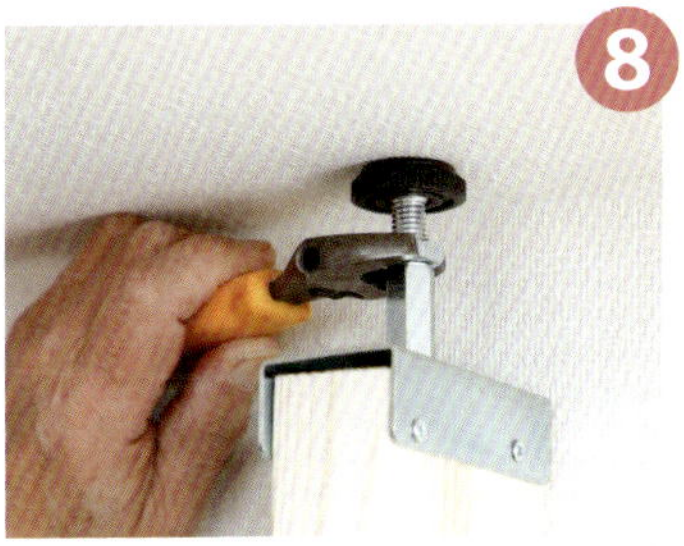

柱を天井と床に突っ張らせるため、天井に締め付けるようにネジを回して調整します。次にモンキーレンチで下の緩み留めに密着させるようにナットを締めます。

ここがポイント！

基本となる柱に使用する専用部品は自由な壁の強い味方

突っ張って木材を柱として立てられる専用部品は、タイプが充実しています。どれも簡単に取り付けられるので、自由な壁の製作に強い味方です。

ラブリコ

アジャスター付きタイプ。バネとネジの力で突っ張るのが特徴で、ネジを回して固定します。

ディアウォール

突っ張り棒の原理を活かしたバネ付きタイプ。上パッドに内蔵されたバネの力でしっかりと突っ張ります。

壁の基本フレームを作り、ベニヤ板を張る

柱と柱の間隔を測り、しるしを付けます。900mm 辺りのところに真ん中に柱を立てられるようにし、壁際に 2 本目の柱を立てます。

両サイドの柱を立てたら、真ん中の柱を立てます。水平器を使って立てると、垂直に立てられます。両サイドも水平器を使って微調整するとバランスを保てます。

サイドと中央の間のサイズにカットした梁を床面にセットして L 字金具をビスで取り付けます。ビスが入りにくい場合は、斜めどめになるよう打ち込みます。

真ん中の梁の位置を決めて、中央の柱にしるしを付けます。2 × 4 材の当て木を使い、しるしの中心になるようにして、L 字金具の位置を決めます。

L 字金具を柱の面に合わせます。次に柱の側面からビスをねじ込むように打ち込み、L 字金具を取り付けます。逆サイドの L 字金具を同じように取り付けます。

真ん中の補強材を両サイドの L 字金具に乗せます。下からビスをねじ込むように打ってとめます。ビスが入りにくい時は床面と同じ手法で打ち込んでください。

上部の補強材をビスを打ち込んで取り付けていきます。上部から 2 段目の位置は、高さ 910mm のベニヤ板を使用するので、それに合わせるようセットします。

逆サイドも同じ工程で補強材を取り付けると、壁の基本になるフレームができあがります。下から上に取り付けるようにし、サイドが平行になるようにします。

ベニヤ板を貼ります。壁面積に合わせたベニヤ板がない場合などは、事前にホームセンターでカットしておくと作業がラクです。

2 枚目も同じサイズのベニヤを貼った後、足りない上部はベニヤ板をカット（332mm）して貼ります。ビスは少し深めに打ち、ビスの頭が出ないようにします。

板の継ぎ目やビスの段差をなくすため、パテ剤で平らに埋めます。パテが乾いたらサンドペーパーでさらに平らに仕上げてください。

巾木《はばき》を取り付けて、壁紙を貼る

壁を守る役割を果たし、インテリアのアクセントにもなる巾木を取り付けます。壁の上下、左右のサイズに合わせ、ノコギリでカットします。

ネジをしっかり打ち込み、床面に巾木を取り付けていきます。その後、天井と壁の側面も同様に、ネジを打ち込んで取り付けます。

巾木に打ち込んだクギ頭にもパテ剤を流し込み、パテ埋めをしていきます。1時間ほど乾燥させてください。

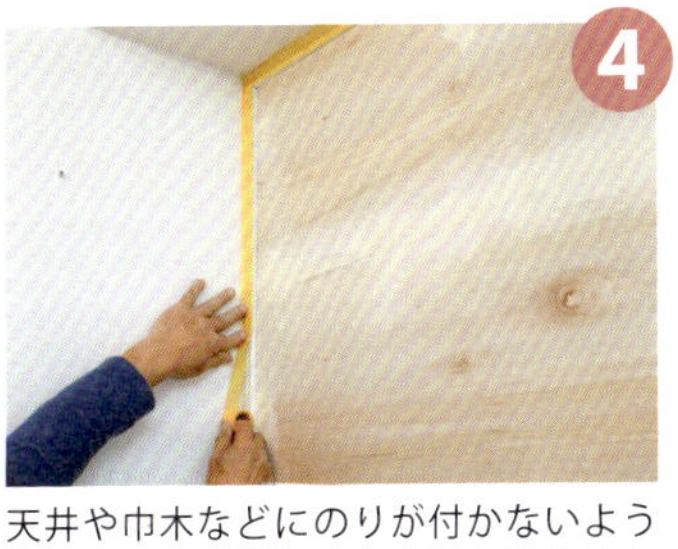

天井や巾木などにのりが付かないように、マスキングテープを貼って養生をします。床はマスカーを広げて養生します。のりなどが飛び散ることも考慮して、広い面積をカバーするようにします。

壁全体を一度に貼るのは難しいので、2枚に分けて必要な長さから約10cm（上下5cm）余分にカットします。壁紙はのり付きがおすすめです。

壁紙のフィルムを20cm程度はがし、上から貼ってなでバケで空気を押し出して密着させていきます。残ったフィルムを垂直にはがし、下も貼って密着させます。

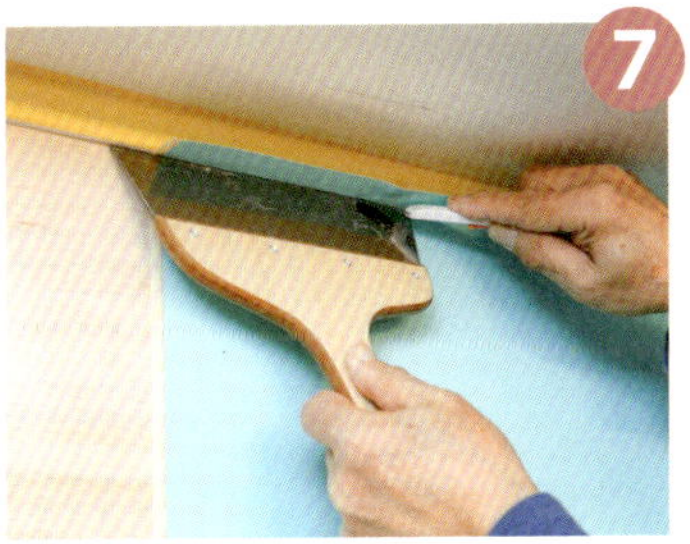

しわや空気を押し出した後、地ベラにカッターの刃を当てて、壁紙をまっすぐにカットします。カッターナイフは途中で刃を浮かさないようにします。

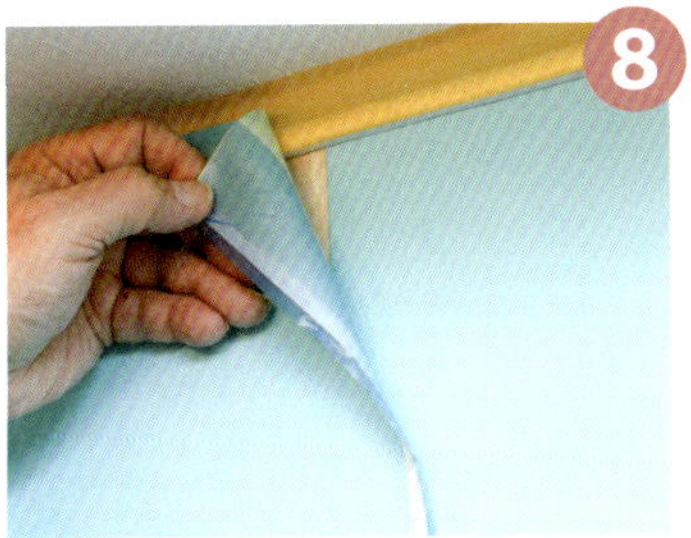

2枚目も同じように20cm程度剥がし、上から貼って密着させます。青テープ分を1枚目に重ねるようにして貼るのがきれいに貼れるポイントです。

フィルムを剥がして下の部分も貼った後、青いテープの中心を狙うように、地ベラにカッターナイフの刃を当ててカットしていきます。

1枚目の余分な紙をはがし、2枚目の青いテープをはがします。1枚目と2枚目をなでバケで貼り合わせます。合わせ目が目立たないように貼るようにします。

壁紙ローラーで密着させます。合わせ目部分は、しっかり密着させないと壁紙がはがれる原因になるので、入念に密着させるようにしましょう。

余分な壁紙をカットし、空気の抜けなどを確認し養生をはがして完成です。壁紙のさらに詳しい貼り方は、P70をチェックしてください。

ホームセンター活用術

材料の調達から製作まで サポートサービスを賢く利用

聞く

商品選びに迷ったら専門知識が豊富なスタッフに相談

木材などの主材料からネジ・クギ、各種の補修用品まで品ぞろえが充実しているのがホームセンターの特徴ですが、それだけに自分の用途に適した商品を選ぶのは簡単ではありません。選び方や必要な道具などがわからないときは、迷わずホームセンターのスタッフに相談しましょう。住まいの修繕や木工作など、求めている条件に応じて豊富な商品知識で答えてくれます。できれば、使い方や付随して必要になるものなどについても、じっくり聞いておきましょう。

利用のポイント

補修したいものの材質や状態、作りたいものの大きさなどをできるだけ詳しく、具体的に相談を！　取り外せるものは店頭に持参すると、より確実な対応をしてもらえます。

運ぶ

マイカーに積めない資材はトラックをレンタルして運搬

長いまま使いたい資材、背の高い花木、まとめ買いのブロックなど、マイカーに積めないものを購入するときには、運搬用車輌の無料レンタルを利用しましょう。これは購入物の運搬に限定して、軽トラックなどを1時間を目安に貸し出してくれるサービス。即日利用が可能ですし、自動車保険に加入しているので安心して利用できます。ただし、店舗によっては、決められた利用時間をオーバーすると使用料が発生する場合があるので注意しましょう。

利用のポイント

使いたいときに車輌が出払っている可能性があります。資材の購入前に、貸し出し状況を確認しておくと安心です。

加工する

買った材料の切断は加工サービスで速く正確に！

材料を調達するときに積極的に利用したいのが、店舗で購入した木材や金属などを指定どおりに加工してくれるサービス。木材の水平、垂直カット（直線のみ）が基本ですが、設備が整った店舗では曲線のカットや穴あけ加工、またパイプや鉄板、プラスチック板の加工にも対応しています。有料サービスとしつつ、『会員は10カットまで無料』などの特典を設けている場合があるので、加工内容とともに確認するとよいでしょう。

利用のポイント

1枚の板から複数の部材を切り出すときは、カット位置がわかりやすい木取り図を書いておくと、依頼がスムーズです。

作る

音や汚れを気にせず作業に集中できるレンタル工房を活用

DIY への関心が高まり、最近はお客さん向けのレンタル工房を設置している店舗が増えています。自宅に作業スペースを確保できない場合などに、利用してはいかがでしょうか。たいていは、店舗で資材を購入していれば1～2時間は無料で使用でき、超過しても1時間の使用量は数百円程度です。店舗によっては工具を無料貸し出ししたり、スタッフが常駐しているので、初心者でも手ぶらで来店して、音や汚れを気にすることなく製作に没頭できます。

利用のポイント

工房はワークショップなどで使用されていることがあるので、利用するときは事前に予約状況を確認しておくと確実です。

借りる

使用頻度の低い工具は低料金でレンタル

ホームセンターには、各種電動工具のレンタルサービスを実施している店舗がたくさんあります。電動ドリルドライバーやジグソー、サンダーなどの使用頻度の高い工具はもちろん、コンクリートミキサーや発電機といったプロ向けの機材までレンタルしている店舗もあります。たまにしか使わない工具、試用したい工具などは、このサービスを利用するのがおすすめです。レンタル料は1泊2日で300円程度からと、利用しやすい設定になっています。

利用のポイント

ノコ刃のブレードやドリルなどのビット、サンドペーパーなどの消耗品は、購入するなどして自分で用意するのが原則です。

なおす

故障、破損、交換で困ったときには修理をおまかせ

突然のトラブルや修理する自信がない故障などが発生し、自分で対処するのが難しいときには、ホームセンターのサポートサービスをチェックしてみましょう。店頭で行う包丁研ぎや自転車の修理・部品交換、合鍵作成などのほか、水漏れなどの修理や水まわり器具、ドア・窓のカギ類の交換、インテリアの取り付けなど、さまざまな出張サポートのメニューが用意されている可能性があります。経験が求められる作業におすすめです。

利用のポイント

出張サポートは、サービス地域を限定したり、出張料金が発生する場合があります。確認し、納得して利用しましょう。

体験する

アドバイザーと一緒に補修や製作に挑戦

物を販売するほかにホームセンターが力を入れているのが、体験する機会を増やすことです。週末にあわせて、壁・床の補修、塗装、網戸張り替えなどの実演、木工などのワークショップを開催。経験豊富なスタッフや資格を持つアドバイザーが指導するかたちで、DIY の後押しをしています。夏休みには親子向けの企画なども実施されるので、ポスターやホームページで興味のあるテーマを見つけて、参加してみてはいかがでしょうか。

利用のポイント

修繕などに必要な知識をまとめた無料のハウツーリーフレットを配布しています。こうしたツールも利用しましょう。

このページで紹介したサービスの有無、内容は、店舗により異なります。利用する際は、来店予定の店舗にご確認ください。

専門店紹介

日曜大工に役立つ道具と資材

BLACK+DECKER　ブラック・アンド・デッカー

アメリカ生まれの電動工具。アタッチメントを交換することで、ドリルドライバー、ジグソー、サンダー、丸ノコなど、1台で何役もの工具として使えるマルチエボは、DIY ユーザーに人気のシリーズになっています。

http://bdkshop.com

TURNER Colour Spice　ターナー・カラー・スパイス

DIY で人気の高いミルクペイントやアイアンペイント、オールドウッドワックスを製造・販売するターナー色彩のオンラインショップ。商品を使った DIY 実例や初心者講座などの参考ページも充実しています。

https://www.rakuten.ne.jp/gold/turner/

WALPA ワルパ

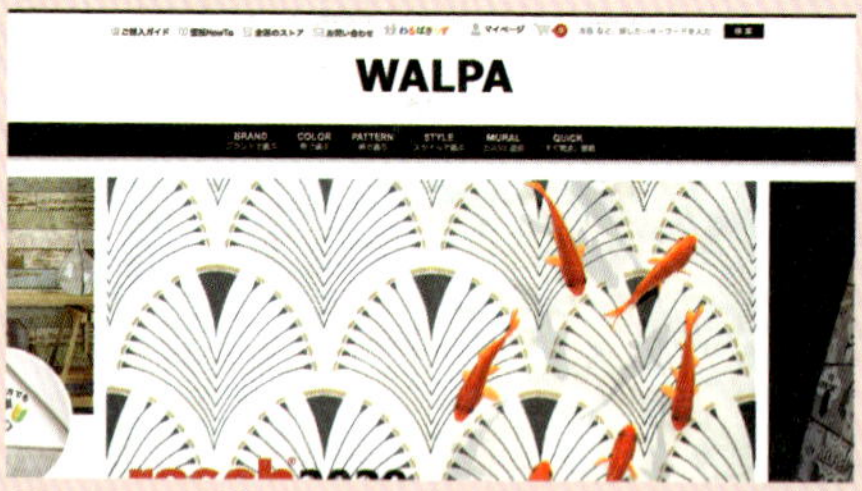

フランス、イギリス、アメリカ、ドイツなど、海外の人気壁紙を豊富にそろえる輸入壁紙専門のオンラインショップ。色、柄のほか、ビンテージ、フレンチシャビー、ポップなどのスタイルでも商品検索ができます。

https://walpa.jp

ロイモール

ロイヤルホームセンターが運営し、約7万点の商品を常時ラインナップ。日用品や園芸用品はもとより、修繕や製作に必要な資材、工具、金物など、さまざまな商品をネットで探して取り寄せられるのが魅力です。

http://www3.roymall.jp

COLORWORKS PAINT SHOP　カラーワークス・ペイントショップ

人や環境に優しい水性塗料をメインに、個性的な輸入塗料や塗装専用の下地壁紙などを扱うペイント専門ショップ。1488 色と色数豊富な水性塗料、漆喰、珪藻土など、オリジナル商品も多数あります。

http://paint-shop.colorworks.co.jp

03

第3章
壁のリフォーム実践
基礎テクニック

難易度 ★★★☆☆

壁紙の貼り方

デザイン豊富で重ね貼りもできる不織布素材の輸入壁紙

部屋のしるし象を大きく変える壁紙は柄や素材、貼り方などでさまざまな種類があります。そして壁紙の中でもデザインが豊富ということから人気なのが輸入壁紙です。そんな輸入壁紙には裏が紙のものと不織布（フリース）でできたものがあります。

不織布は丈夫で水にぬれても伸びにくいうえ、柄あわせも端をぴったりつなぎ合わせるだけで良くDIYでの施工も難しくありません。ただし、裏にのりが塗られていないのでのりを塗る作業が必要です。接着力に優れた専用ののりを使えば古い壁紙の上から重ね貼りも可能です。

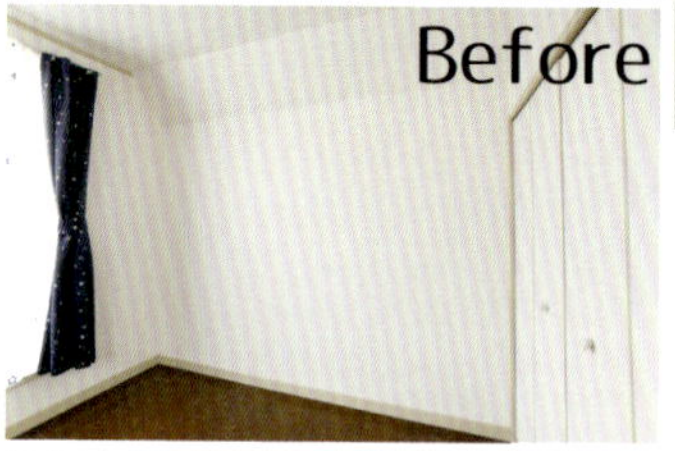

元々は白一色のシンプルな壁紙。カラフルなチェック柄の輸入壁紙を貼ることで明るいしるし象に一変しています。

不織布の輸入壁紙は伸びないので扱いが簡単

デザインの種類が豊富な輸入壁紙には主に裏の材質として紙を使用したものと不織布（フリース）を使ったものがあります。おすすめは不織布です。のりを塗ってしっかりと伸ばしながら貼ります。古い壁紙の上からも簡単に貼ることができます。貼ってはがせる専用ののりを使えば原状復帰も可能です。

道　具

- ■ローラー
- ■ローラーバケット
- ■筆
- ■地ベラ
- ■竹ベラ
- ■カッターナイフ
- ■マスキングテープ
- ■ジョイントローラー
- ■なでバケ
- ■マスカー
- ■はさみ
- ■メジャー
- ■下げ振り

材　料

- ■壁紙（不織布タイプ）
- ■壁紙用のり

壁紙を貼る準備

1

古い壁紙の表面を固く絞ったぞうきんで拭き汚れをとりのぞきます。そして天井や床などにのりがつかないようにマスキングテープで養生しましょう。

2

巾木にものりが付着しないようにマスキングテープでしっかりと養生してください。はがれないように上からしっかり押さえて密着させましょう。

3

次にマスカーを使って床部分にのりが付着しないように養生します。マスカーはマスキングテープの上に貼るようにするとしっかり密着します。

4

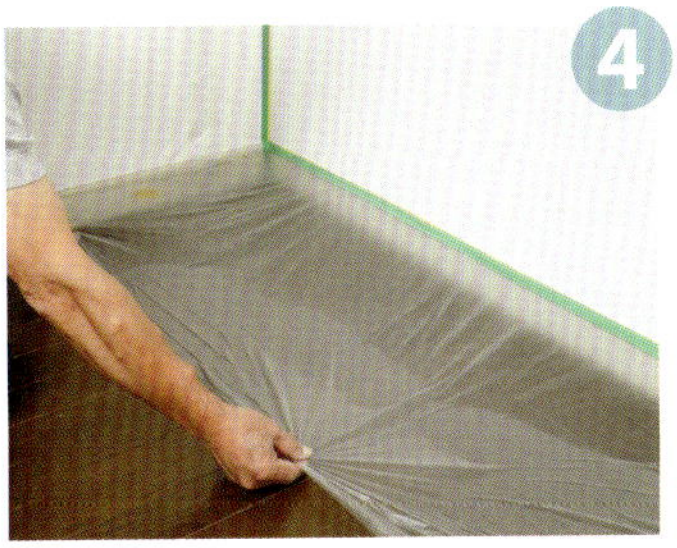

マスカーを広げて床を養生します。のりなどが飛びちる場合も考慮してある程度広い面積をカバーするように大きめに養生してください。

5

天井部分もマスカーでしっかりと養生してください。このように古い壁紙に貼るのでなくマスキングテープの上から貼るとしっかり密着します。

6

広げたマスカーの端はマスキングテープを使って固定します。マスカーが落ちてこないように固定用のマスキングテープは少し多めに使用しましょう。

7

最初に貼る壁紙がまっすぐに貼れるように、下げ振りを使って床と天井に対して垂直なラインをしっかりと出しておきましょう。

8

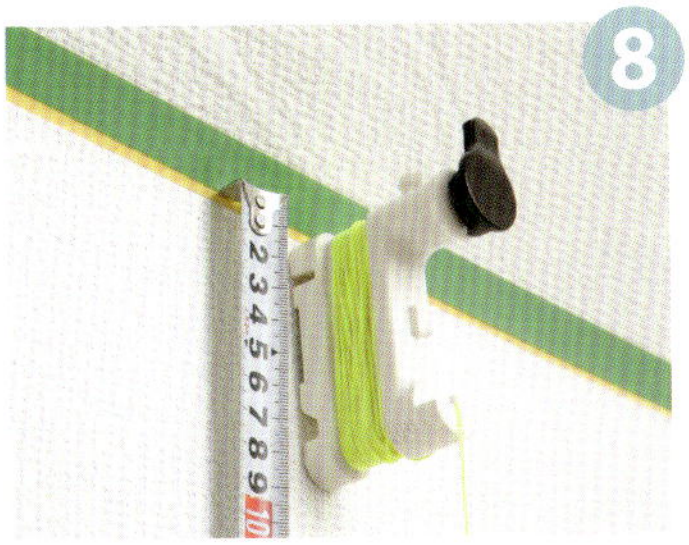

下げ振りの垂直線を目しるしにして必要な壁紙の長さを測ります。壁紙は壁の中央部分から貼っていくので計測も壁の中央で行ってください。

9

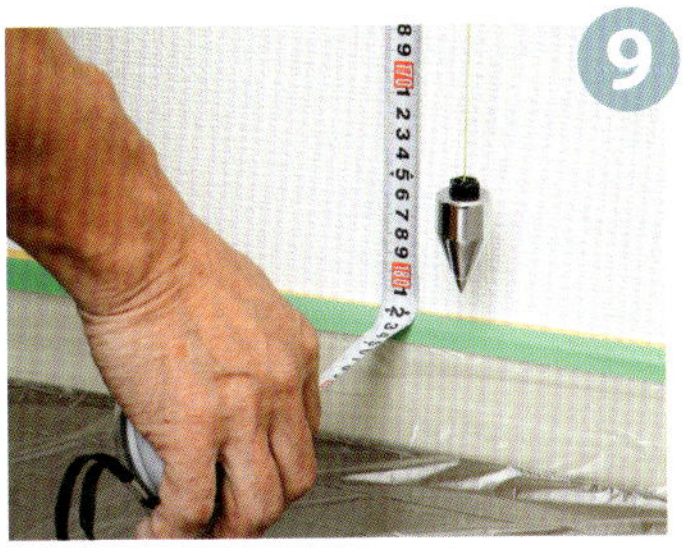

壁紙の長さは実際に貼るために必要な長さよりも上下 5cm ずつ長めにします。つまりプラス 10cm ほど長めにします。

10

必要な長さがわかったら壁紙をカットします。メジャーを使い正確に長さを測ります。カットの際は裏に書かれているマス目を目安にしてください。

11

輸入壁紙の幅は基本的に 50cm と国産のものよりも細くできています。壁全体に貼るには何枚必要になるかはあらかじめ計算しておくといいでしょう。

12

カットできたら裏に壁のどこに貼るためのシートなのか迷わないように “右 1” などメモを書いておきます。柄の上下にも注意が必要です。

1枚目の壁紙を中央に貼る

1

ローラーバケットに壁紙用ののりを入れます。希釈が必要なのりの場合は、作業前に水を混ぜ、しっかりと攪拌して少し時間をおいておきます。

2

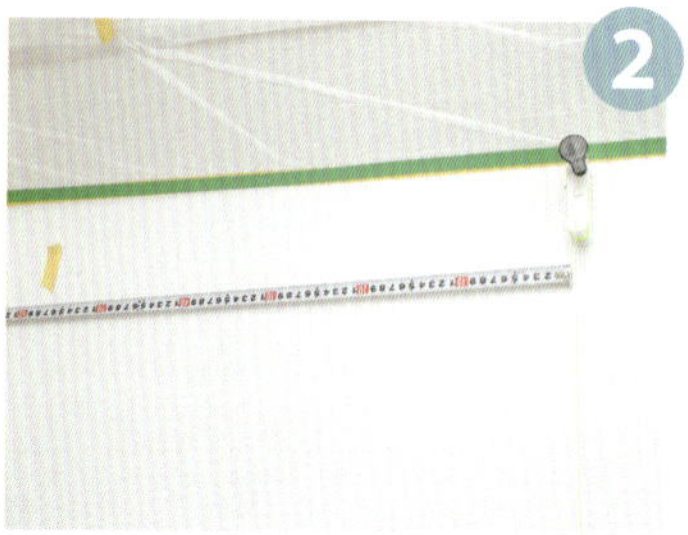

壁紙の幅である50cmを測り、壁の中央にマスキングテープで目安となるしるしを付けておきます。この幅の中をはみ出さないようのりを塗っていきます。

3

ローラーバケットにローラーをつけてのりをとります。ローラーに必要以上ののりをとってしまうと塗る際に床などに垂れてしまうので注意してください。

4

ムラにならないように注意しながらしるしを付けた幅分だけ壁にのりを塗っていきます。のりはできるだけ均一に薄く塗り伸ばしてください。

5

のりが万べんなく塗れたら一枚目の壁紙を貼っていきます。切りしろを壁の縁より5㎝ほどはみ出させ、垂直を確認しつつ貼っていきます。

6

壁紙は上から下に貼っていきます。なでバケで中央部の空気を押し出し密着させていきます。

7

中央から左右になでバケで空気を押し出してください。上から下まで万べんなく空気を押し出してしっかりと密着させます。

8

巾木との境界部分は竹ベラを使ってしっかりと密着させてください。さらに竹ベラで強くなぞって切り取るための折り目を付けておきます。

9

天井との境界部分にも同じようにカットラインとなる折り目を付けます。竹ベラを使って密着させ、まっすぐな折り目を付けてください。

10

折り目ができたら地ベラにカッターの刃を当て壁紙をまっすぐに切り取ります。途中で刃を浮かすと切り口がガタガタになるので、浮かさず切り進めます。

11

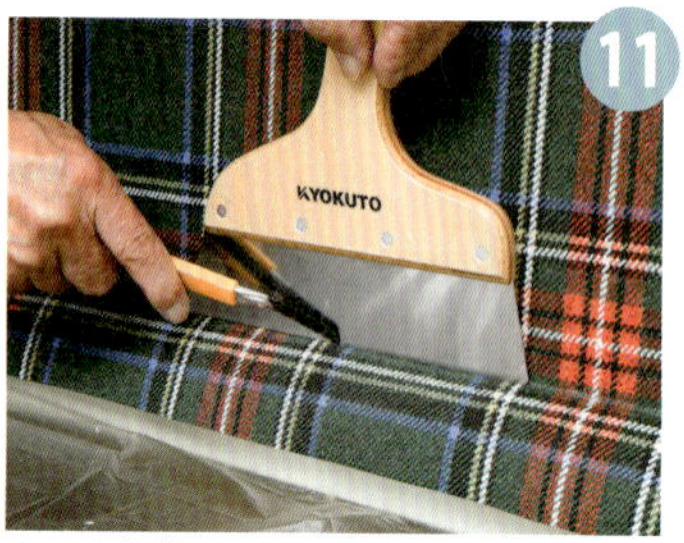

カット作業の際、カッターナイフに壁紙ののりが付着すると切れ味が鈍ってしまいます。こまめに刃を折りながら作業を進めるようにしてください。

12

カットができたらカットした端部分をジョイントローラーでしっかりと密着させます。空気が入った場合はハケなどで慎重に押し出しましょう。

2枚目以降の壁紙を、柄を合わせて貼る

1

壁の中央部分に一枚目の壁紙が貼れました。まっすぐ貼れているかどうか確認してください。この一枚目を基準に左右に二枚目以降の壁紙を貼っていきます。

2

二枚目に貼る壁紙は中央部に貼った壁紙の柄と合うように貼っていきます。輸入壁紙は端部分をぴったりと合わせるだけで柄が合うので簡単です。

3

壁ののりを壁紙の幅分だけ万べんなく塗ったら、一枚目の壁紙と同じように上から下へ二枚目の壁紙を貼っていきます。余分な壁紙を同じように切り取ります。

4

巾木との境界部分もまっすぐ切り取ります。地ベラを使ってしっかりとカットします。柄が上下にずれていないか確認してください。

5

なでバケやジョイントローラーで密着させます。合わせ目部分はしっかりと密着させておかないとあとではがれる原因になるので念を入れて密着させましょう。

6

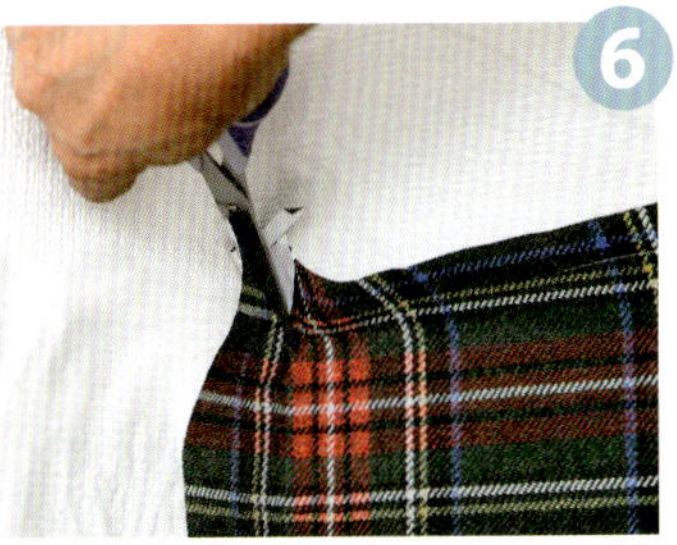

壁の隅や、天井部分などの角に壁紙が当たって密着できない場合は、一度壁紙の上の余分な角に当たる部分の真ん中にはさみで切りこみを入れます。

7

切りこみを入れたら壁紙を角部分にしかかりと密着させます。竹ベラを使って角に押し込むようにしながら強く密着させてください。

8

角までしっかり密着できたら余った部分を切り取ります。地ベラをガイドにしながらまっすぐにカッターで切り取りましょう。

9

壁全面に貼り終えたら空気などが抜け切れているか確認します。また端部分がはがれていないかもチェックしましょう。問題なければ養生をはがします。

10

これで壁紙貼りは終了です。一面を変えただけですが、伝統的なタータンチェック柄にしたことでお部屋のしるし象がシックなものになりました。

ここがポイント!

端の部分がはがれたら筆を使って補修しよう

壁紙と壁紙の境目部分は作業中にヘラやハケなどが当たりめくれてしまうことがあります。そんな場合は筆で補修しましょう。少量の専用のりを筆ではみ出さないように壁に塗り、壁紙を貼り直したら空気を抜きローラーでしっかり密着させます。のりがはみ出したら固く絞った雑巾で拭き取りましょう。

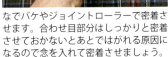

難易度★★★★☆

砂《すな》壁《かべ》のリメイク

砂壁でも下地を固めることで、簡単にリメイクすることが可能

昔ながらの和室によく使われている砂壁。ザラザラとした独特の質感や、趣のある風合いが特徴ですが欠点は経年によって、ヒビが入ってしまったり、ボロボロと崩れてしまうこと。傷んだ砂壁は、はがして新しく施工することも可能ですがそれには大変な手間がかかります。DIYでリメイクするなら珪藻土や壁紙を使うのが簡単でおすすめです。

練り済の珪藻土なら扱いも簡単なのではじめてでもスムーズに塗ることが可能。また、壁紙なら洋風のインテリアにも合う柄に簡単にリメイクできます。ポイントは古い砂壁がはがれないようしっかり下地の処理をすること。また珪藻土は施工時の気温や湿度にも気をつけましょう。

材　料

- ■珪藻土
- ■生のり付き壁紙
- ■横木用木材
- ■ベニヤ（3㎜）
- ■マスキングテープ
- ■マスカー
- ■ウッドパテ
- ■補修パテ
- ■下地補強剤（砂壁抑え）

道　具

- ■コテ
- ■コテ板
- ■なでバケ
- ■地ベラ
- ■ジョイントローラー
- ■カッターナイフ
- ■サンドペーパー
- ■ヘラ

砂壁の表面を固めるのに必要な下地処理スプレー

古い砂壁の上に直接珪藻土などを塗る場合、砂壁が崩れないように下地を処理しましょう。シーラーなどもありますが簡単なのはスプレー式の下地補強剤です。スプレーするだけで砂壁の表面を固め、はがれおちるのを防止します。もし砂壁にアクやシミなどある場合は、アク、シミ防止効果のある下地補強剤を使用してください。砂壁に浸透し珪藻土の密着力も強化します。

砂壁を珪藻土で塗り替える

古くなりボロボロとはがれ落ちてきた砂壁を珪藻土で塗り替えます。古い砂壁ははがさず下地補強剤で固定しその上から練り済の珪藻土でリメイクします。

砂壁の上半分に珪藻土を塗ってリメイクします。まずは横木をビスで固定しましょう。これを境として上下を別の壁材でリメイクを進めていきます。

柱や砂壁のまわりの木枠などをマスキングテープで養生します。マスキングは珪藻土の厚みが出る分を考慮して2～3mm 余裕をもって貼りましょう。

下半分には珪藻土を塗らないのでマスカーを使って全面を養生します。珪藻土は床にこぼれる場合もあるので床も広く養生しておきます。

砂壁の下処理をします。スプレー式の下地補強材のボトルをしっかり攪拌し 30～40cm 離して均一にスプレーします。1 時間以上乾燥させます。

珪藻土を塗るには左官用のコテとコテ板を使います。片手に持ったコテ板にいったん珪藻土を取ってから、コテで薄く塗りのばしていきます。

練り済の珪藻土なら、フタを開けすぐに使用することが可能です。お玉などで 2～3 杯ほど珪藻土を取りコテ板に乗せてください。

コテ板に珪藻土を取ったらコテ裏を使ってしっかりと練り返しをします。こうすることで珪藻土がなじみ柔らかくなって塗りやすくなります。

珪藻土の取り方は、左手に持ったコテ板を少し立てつつコテを上向きに滑らせコテ裏で珪藻土をすくい取ります。

まずは下塗りです。壁の上段を下から上へと進めていきます。珪藻土を取ったコテを壁に当て、進行方向に少し浮かせ、伸ばしていきます。

コテは進行方向（この場合は下から上）側がわずかに持ちあがるよう角度をつけ浮かせます。一定の角度を保ちながらのばしていきます。

最初にコテ板に乗せた分を全て縦方向に塗ることができたら、次は横方向にコテを動かし薄く広げます。この時コテに珪藻土は取りません。

二度塗りして仕上げる

1

このような壁の角部分はコテの先端部分を使って塗っていきます。あまり厚くなりすぎないよう一定の厚みになるように注意してください。

2

端部分は、コテのエッジを付けるようにに持ち、珪藻土を押さえながらならしていきます。進行方向に対して少しコテを浮かすのは同じです。

3

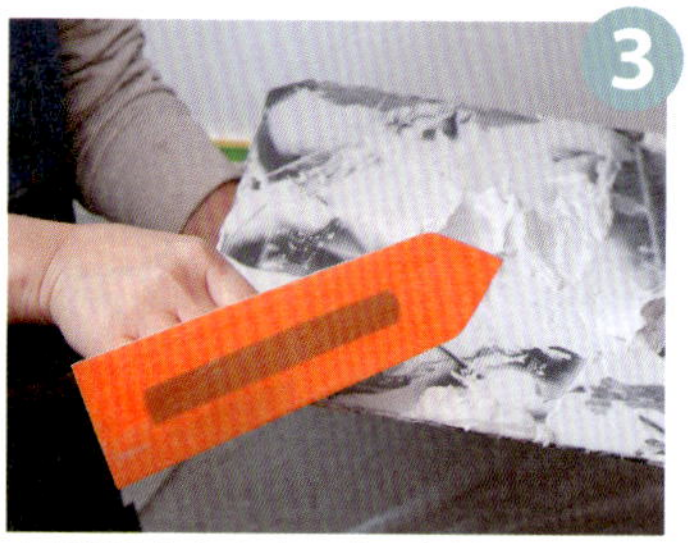

上段が塗れたら次は壁の中断を同じように左から右へと塗り進めていきます。コテが汚れてきたら、コテ台でこし取り、きれいにしてください。

4

下塗りは下地が透けていてかまいません。壁全面に下塗りができたら二度塗りをはじめます。同じように塗り表面を仕上げます。

5

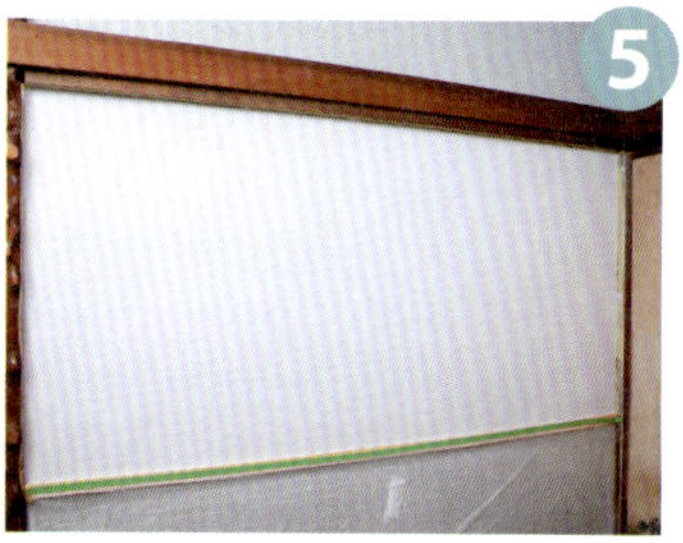

二度塗りの際に一定の厚みになるよう調節してください。多少塗りムラができてもコテ跡を模様として使えば目立たなくなります。

6

半乾燥状態でマスキングテープをはがし終了です。完全に乾燥させてしまうと珪藻土がテープごとはがれてしまうことがあるので注意しましょう。

壁紙用の下地作り

1

砂壁の下半分に壁紙を貼ります。最初に、木ネジで固定している横木のネジの頭をウッドパテで埋めます。これは見た目をきれいに仕上げるためです。

2

ウッドパテを適量付属のヘラで取り穴を埋めるようにパテを盛っていきます。乾燥すると多少痩せるので少し厚めに盛っておきましょう。

3

次に3㎜のベニヤを砂壁に貼ります。これが壁紙の下地になります。砂壁を完全に覆えるよう必要なサイズ、枚数を用意しておきましょう。

4

ベニヤは25㎜の細ネジを使い直接砂壁に固定してかまいません。複数枚使う場合は繋ぎ目をぴったりと密着させてください。

5

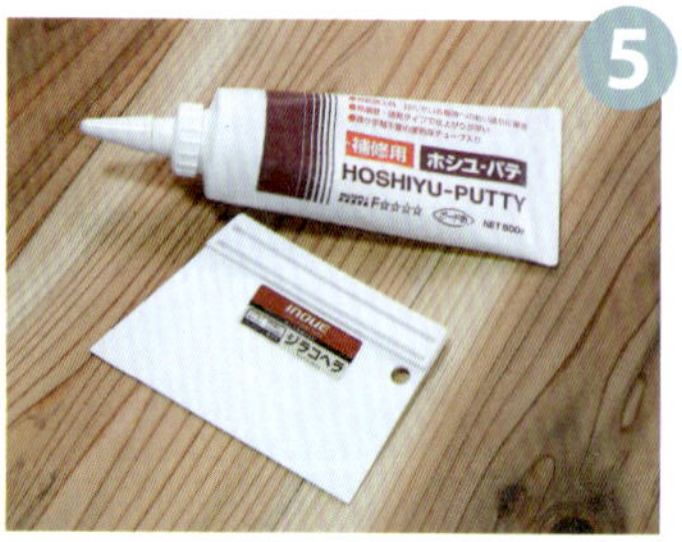

繋ぎ目は段差となり、その上から壁紙を貼ると段ができたり、はがれやすくなります。補修パテを使って繋ぎ目をきれいに埋めましょう。

6

チューブから直接繋ぎ目にパテを注入します。そしてヘラを使って、ベニヤを撫でるようにしながら隙間を埋めるようパテを平らにならします。

砂壁に壁紙を貼る

次にあとで片付けやすくするためにマスカーで床を養生します。壁紙のは剥離フィルムなどはこの上にまとめておくと良いでしょう。

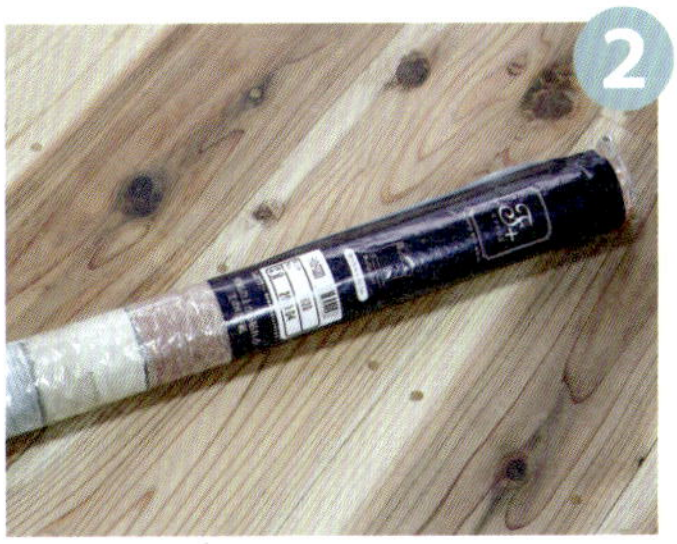

今回使用するのは生のり付きの壁紙です。貼り直しもできるので扱いが簡単です。部屋のイメージに合わせて好みの柄のものを用意してください。

使用する道具はこちらです。なでバケ、地ベラ、カッターナイフ、ジョイントローラー。必要な壁紙のサイズを測るメジャーなども用意しておきましょう。

必要な壁紙のサイズを測ったら、上下5cmほど余裕をもたせハサミやカッターなどでカットします。その際、裏面のマス目を目安にすると良いでしょう。

カットできたら裏側のは剥離フィルムを上から2cmほどだけはがします。壁紙の上端を壁の横木より3～4cmほど上にはみ出させながら貼り付けます。

壁紙の上部20cmほどを、貼り付けることができたら、なでバケを使い表面をなでて、空気を抜きしっかりとベニヤに密着させます。

上端を最初に貼り付けることでズレなく貼り付けることができます。あとは残りのは剥離フィルムをはがして壁紙全面を貼り付けください。

余らせておいた壁紙の上端をカットします。地ベラを定規にしてカッターの刃を一度入れたら抜かずに最後まで切り進めるとまっすぐカットできます。

2枚目の壁紙は、1枚目とぴったり合わせるために、裏面にある端の保護フィルムの分だけを1枚目と重なるようにしながら貼ります。

柄などにずれがないのを確認したら、壁紙が重なった部分の中心を、上から下へまっすぐカットします。

カットできたら、裏面に残った保護フィルムをはがしてしっかり貼り付けます。なでバケで空気を抜き、ジョイントローラーでしっかりと密着させます。

これを繰り返します。最後に横木のウッドパテを400番のサンドペーパーで平らにならし、フィルムなどのゴミをマスカーでまとめ処分し終了です。

珪藻土《けいそうど》を塗る

機能素材である珪藻土で壁をアレンジ

珪藻土は、壁に塗ることでざらっとした質感に仕上がり、部屋にナチュラルなアクセントを加えてくれます。また、調湿性能が高く、部屋の湿度を絶妙な状態に保つという機能も兼ね備えています。不快感の原因にもなる室内の余分な湿気を吸収し、冬場は結露なども防ぐ素材です。また、臭いを吸収し、抑える働きも期待できますので、ペットを飼っている家庭では重宝するでしょう。塗る前は非常に滑らかで柔らかい状態ですので、広い壁に塗る作業もスムーズに行えます。快適、かつ健康的な部屋作りのために、ぜひ導入を検討したい素材です。

好みの模様を付けてみる

珪藻土の壁には、ブラシなどを使って模様を付けることもできます。乾く前に手早く作業しましょう。

壁の隅々までまんべんなく

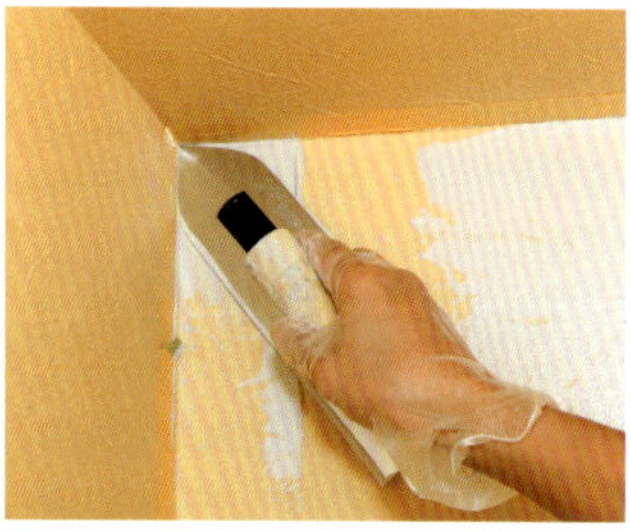

角になっていて塗りにくい部分も、コテの先や後ろを使って、しっかりと塗り付けましょう。

材　料

■珪藻土　■プライマー

道　具

■タッカー　■マスカー
■コテ　■コテ板
■おたま
■プライマー用トレイ
■マスキングテープ

コテ塗り2回で仕上げる

既存の壁紙の上に塗るため、珪藻土の重みで壁紙がはがれないようにタッカーで壁紙を補強する。

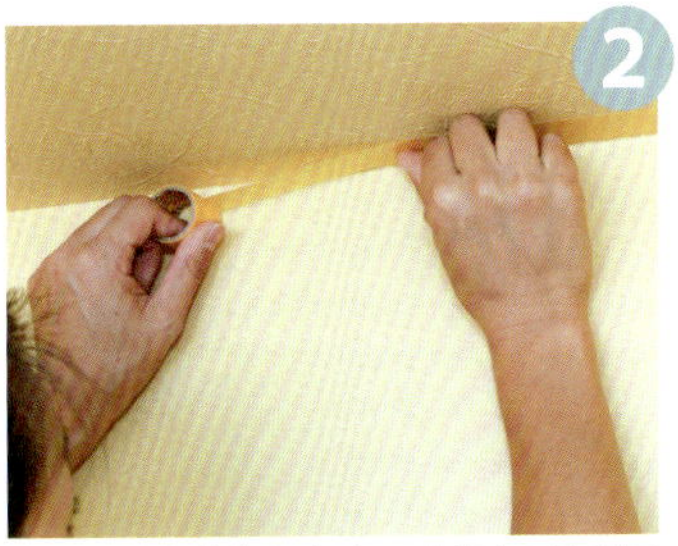

壁の周囲を養生します。珪藻土の塗り厚みを考慮して壁際から3mm程度離したところにマスキングテープを貼ります。

今回は塗らない腰壁部分と床面をマスカーで養生します。

壁紙の吸い込みで仕上げにムラができないように、プライマーを下塗りします。

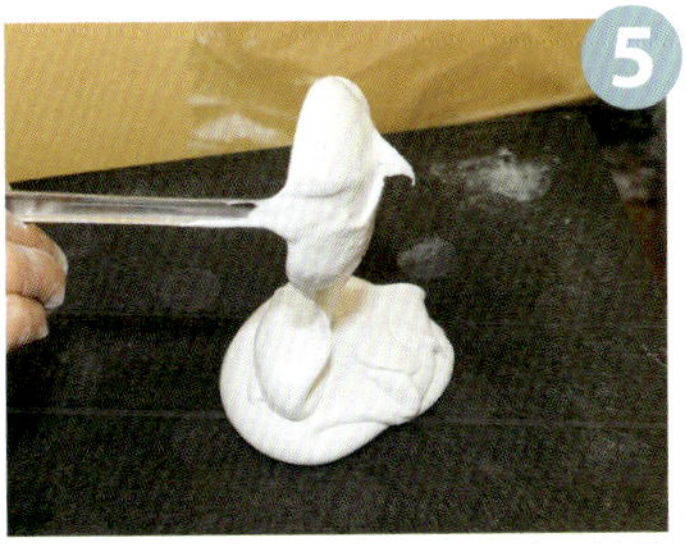

おたまを使って、珪藻土をコテ板に適量とります。

コテ板の上で、コテを使って練ると少し柔らかくなります。コテ板の横に適量のせます。

始めに下塗りです。壁に軽くあて、下から上に珪藻土を塗っていきます。コテはトを少し浮かせて動かすとなめらかにいきます。

次にコテを横に動かしながら、壁全体、均一に塗っていきます。下塗りでは下地が薄く見える程度で良いです。

壁全体にまんべんなく塗れたら、いったん乾かします。

下塗りが乾いたら、仕上げ塗りをします。下塗りと同じ要領で、下地が隠れるように均一に塗ってください。

均一に塗りができたか、少し離れて全体を見ます。気になる凹凸や、下地が見えるところがあれば乾く前に修正してください。

表面が乾く前に、マスキングテープをとります。テープの上に珪藻土が付いてる箇所は珪藻土をとらないように丁寧にとってください。

漆喰《しっくい》を塗る

和風、洋風問わず映える、伝統素材

漆喰は、古くから日本の建築物の壁や天井に使用されている、伝統的な素材です。断熱性、防火性、調湿性に優れ、壁の凹凸やひび割れを隠すのにもってこいの優れた建材として知られています。白を基調としたものが主流ですが、最近はカラフルな商品も数多く発売されていますので、部屋の雰囲気や好みに合わせて選ぶことも可能です。平らに塗るだけでなく、あえて凹凸を作るように塗れば、和室にも洋室にもマッチする、デザイン性に富んだ壁を演出することもできるでしょう。乾燥して固くなると扱いにくくなりますので、事前に作業手順をしっかりと把握し、手早く、効率よく作業することがポイントになります。

コテの使い方の注意点

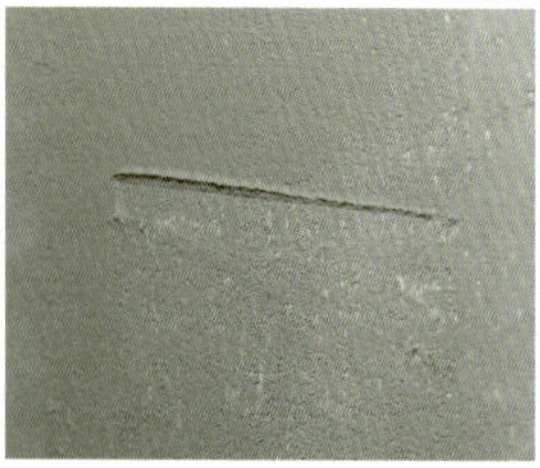

コテを壁に当てる際、エッヂが立ちすぎると筋ができやすくなるので、極力面の部分を使うようにします。

コテは洗いながら使う

コテについた漆喰が固まってしまう前に水で洗い流します。1度目の塗りが終わったら必ず洗いましょう。

材料

- 漆喰

道具

- コテ
- マスカー
- 地ベラ
- コテ板
- おたま
- 塗りバケ
- マスキングテープ
- プライマー用トレイ

薄く2回塗りで仕上げる

1

壁の周囲をマスキングテープで養生します。塗り厚みを考慮して壁際から 3mm 程度離してテープを貼ります。

2

床面はマスカーを貼って、広めに養生します。

3

下地の吸い込みを防ぐために、プライマーを壁全体に塗ります。

4

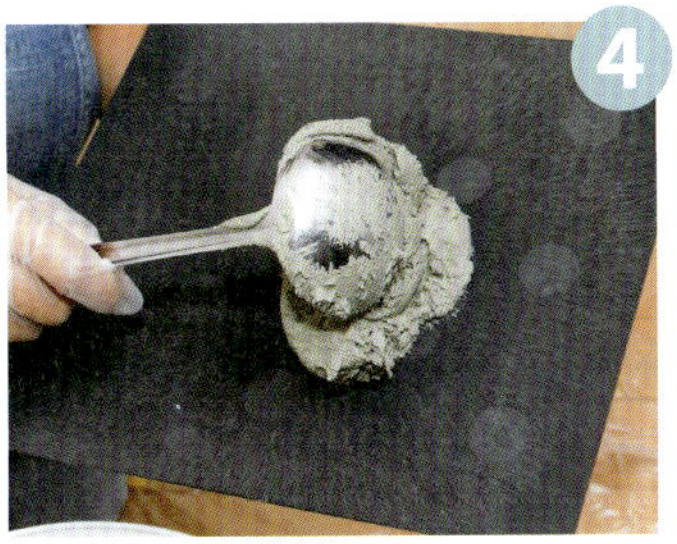

おたまを使って、コテ板の上に漆喰を適量のせます。

5

コテを使って練りを加えるとやわらかくなります。練りやすい固さに調整します。

6

コテの面の約半分程度を目安に漆喰をのせます。

7

1回目は下地塗りです。コテを壁に軽くあてて、下から上に向かって塗っていきます。コテの上を少し上げるとなめらかに塗れます。

8

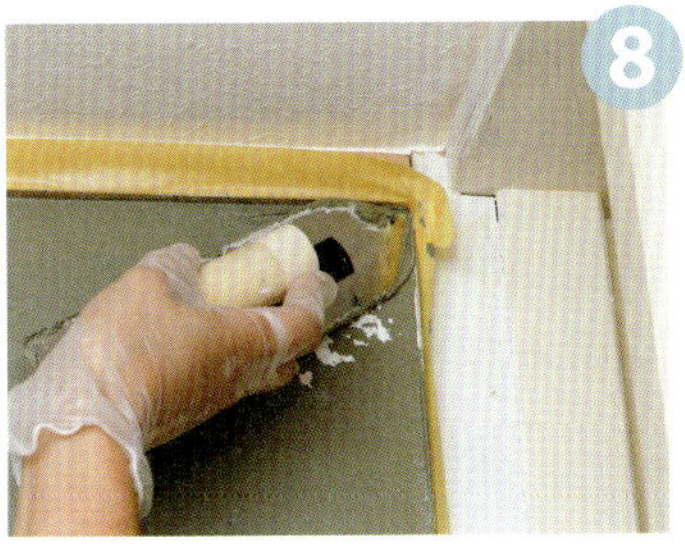

壁の隅は、コテの先端を利用して塗ります。下地が見えないように塗ってください。

9

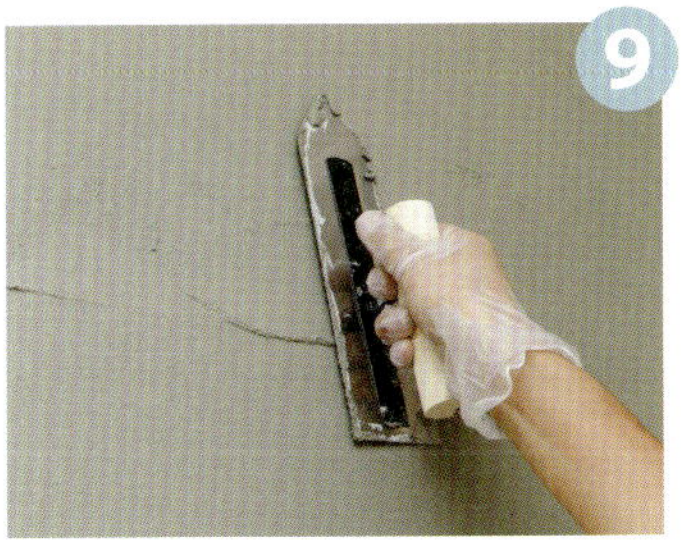

凹凸ができたり筋が入ったところは、コテを左右、上下に動かして均一になるように塗ってください。

10

1回目が塗り終わったらいったん乾燥させます。表面のしっとり感がなくなり色が少し変わってきたら乾いた状態です。

11

2回目は、下地が隠れるように全体を均一に塗っていきます。コテを少し強めにあてて表面をこするように動かすときれいに仕上がります。

12

最後に細かな凹凸を地ベラを使ってならします。漆喰が乾く前に養生テープを外します。

難易度★★★☆☆

腰《こし》板《いた》を張る

腰高の装飾壁で効果的にイメージチェンジ

室内壁の下部に、腰の高さほどに板材などを張った装飾壁を腰壁といいます。腰壁には単調になりやすい壁に変化をつけるとともに、傷や汚れがつきやすい場所を、壁紙よりも丈夫な素材で補強する効果があります。室内の雰囲気を変えたいときはもちろん、壁紙の傷んだ部分をカバーする目的で取り付けるのもおすすめです。

羽目板などを張ってウッディに仕上げるのが一般的ですが、粘着シールなどで簡単に貼れるパネルタイプやシートタイプの腰壁材もあります。手軽さを求める方におすすめです。

木材のほかに機能性素材もあり

昔からある木材のほかに、塩化ビニール素材などの腰壁材も販売されています。こちらはクッション性や防水性など、機能性を高めたタイプも選べるので、小さい子供や高齢者がいるご家庭、トイレに腰壁を張りたい方などは、チェックしてみてはいかがでしょうか。

道具

■ノコギリ
■金づち
■電動ドリルドライバー
■クギしめ
■サンディングペーパー

材料

■羽目板（厚さ 13 ×幅 117mm）
■巾木材（厚さ 15 ×幅 38mm）
■壁見切り材（厚さ 20 × 32mm）
■隠しクギ
■細クギ
■ウッドワックス

腰壁《こしかべ》は3種類の部材で構成

A 腰板

腰壁の主役。板同士をはめ合わせてパネル状に連結でき、表面にクギが見えない羽目板という加工材を使うのが一般的です。はめ合わせる部分を「サネ」といい、凸側を「オザネ」、凹側を「メザネ」と呼びます。

C 巾木

壁と床との仕切り材です。溝などを加工した専用材もありますが、好みの板材を使ってもOKです。

B 壁見切り材

上部の壁と腰壁を仕切るパーツで、入ると見た目が引き締まります。腰板にかぶさるようにL字型になっています。

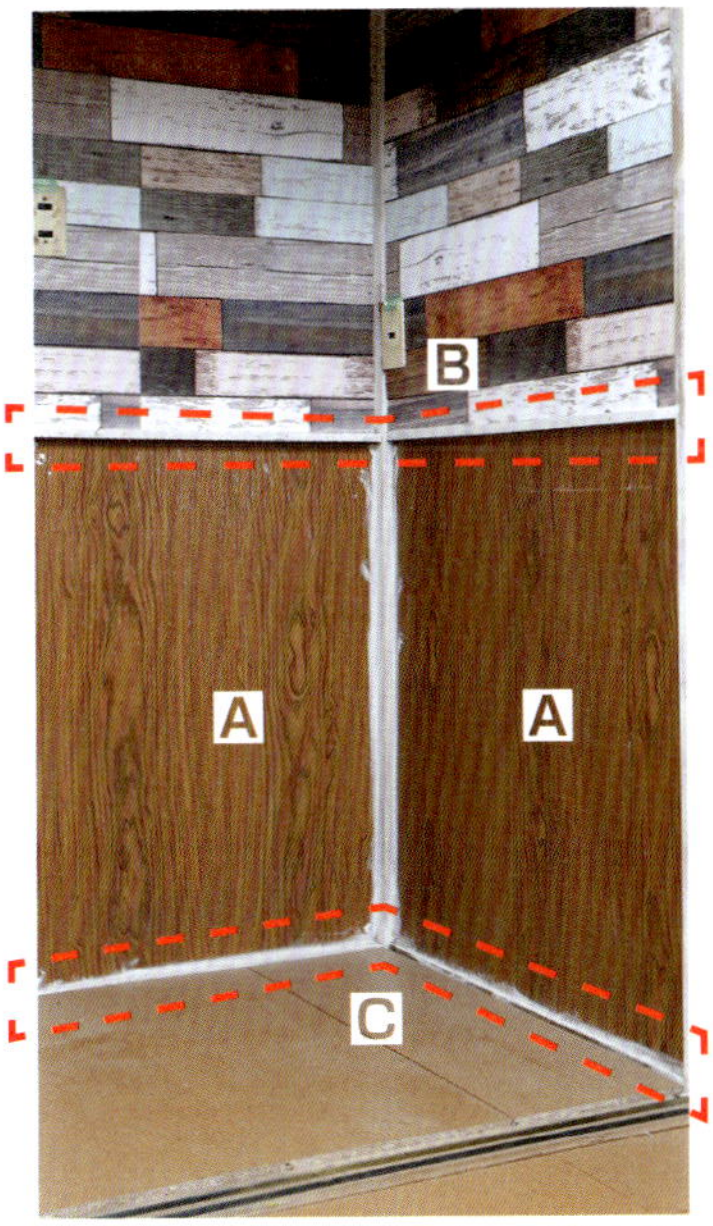

腰壁を張ると壁の上部や床との境目で仕上げ材が変わることになります。腰板の上下に「見切り材」や「巾木」を入れると境目にできる隙間を隠してきれいに見せることができます。

巾《はば》木《き》を取り付ける

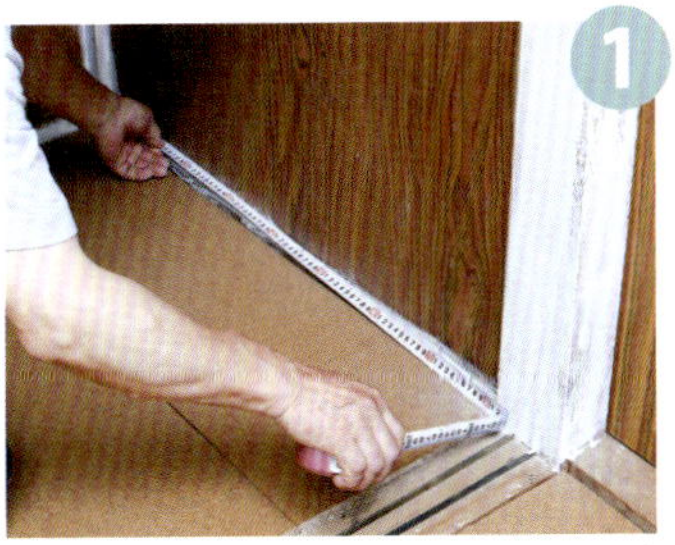

メジャーを使って、巾木を取り付ける壁の横幅を測ります。複数の面に張る場合は、1面の作業ごとに計測すると測り間違えがありません。

ノコギリで巾木材をカットします。すき間ができないように、寸法に合わせてまっすぐ切りましょう。

240番程度のサンディングペーパーで磨いて、切り口に出たバリを落とします。

頭の小さい極細の木ネジを打って、巾木を壁に固定します。ネジ頭が気になる場合は、隠しクギを使って取り付けましょう。

先に両端をネジどめし、その間は巾木が浮かないよう20cm程度の間隔で木ネジを打っておきます。

石こうボード壁に腰壁を張るには

壁材が石こうボードの場合、木ネジやクギが利かず、そのまま木材を取り付けることはできません。腰壁を張る範囲の壁に、先に厚さ2～3mmのベニヤを張って下地を作る必要があります。寸法にカットしたベニヤを壁裏にある間柱を探してネジどめし、その上に巾木や羽目板を固定してください。

羽《は》目《め》板《いた》を張りはじめる

1

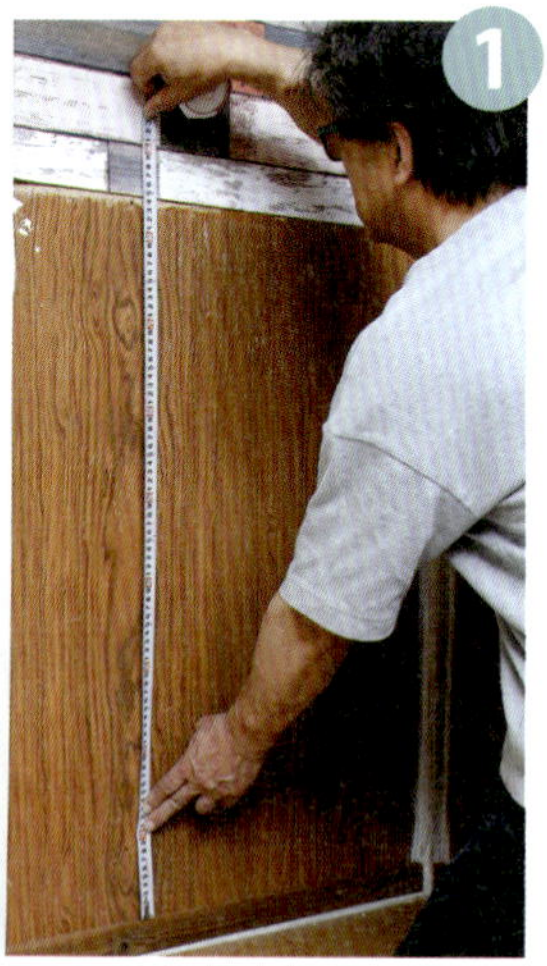

腰壁の仕上がりの高さを決めます。今回はもとの壁の境目を基準にしていますが、90cm 前後にするのが一般的です。

仕上がりの高さから見切り材の取り付け幅を引いた分が羽目板の寸法になります。

2

必要な寸法にカットした羽目板を、好みの室内用水性塗料で塗って乾燥させます。写真ではグレー系のウッドワックスを使っています。

3

羽目板を連結した状態で壁の前に仮置きし、端にできる半端な幅を確認します。極端に狭い場合は、最初の１枚をカットして見栄えをよくしましょう。

4

最初に張る羽目板をカットする場合は、最後の１枚とだいたい同じ幅にそろえます。切り落とすのはメザネ側です。間違えないように注意しましょう。

5

メザネ側を端にして、最初の羽目板を張ります。隣の壁や巾木とのすき間ができないように、気をつけて位置を決めましょう。

6

最初の１枚は、端に近い側に隠しクギを打って固定します。はじめに上下をとめ、その間を 15 ～ 20cm の間隔で板が浮かないように固定します。

7

２枚目以降は、前の板とサネをはめ合わせ、オザネに細クギを打って固定します。上から下まで均一にはまるようにしましょう。

ここがポイント!

オザネにクギを打つときは、サネの根もとに斜めに打ち込んでください。まっすぐに打って、サネの下にクギが飛び出したり、木が割れたりすると、次の板が奥まで入らなくなります。

クギは頭が沈むまで深く打ち込んでおきます。頭が出ていると、これもサネが入らない原因になります。

サネの段差が邪魔をして金づちで打てなくなったら、クギしめをあてて最後まで打ち込んでください。

腰板を仕上げて、見切り材を取り付ける

きついときはあて木をして叩くなどして、残りの板を張っていきます。最後から２枚目の板は、最後の板をはめるためにクギどめしないでおきましょう。

最後は半端に残った隙間を測り、板のオザネ側を切り落とします。測るのは、壁の端から羽目板の仕上がり面までです。サネで測らないように注意。

最後の板は、手前の板を浮かせてサネをはめ合わせるか、上からスライドさせて入れます。無理に押し込んで板を割らないようにしましょう。

最後の板は壁の端の方に隠しクギを打って固定します。

張り終えた羽目板を確認して、壁から浮いているところがあれば、隠しクギを打って押さえておきます。

打っておいた隠しクギの頭を折ります。クギの頭に斜めに木をあてて叩くと、金づちで板を傷めません。

もう一方の面も同じように張ります。１枚の広い壁に張るときは、途中、上下２カ所で残りの距離を測り、差ができていたらその後の張り方で調整します。

巾木と羽目板を張り終えたところです。羽目板の上側が切りっぱなしで寂しい感じになっています。ここに見切材を取り付けます。

羽目板の上の高さで壁の幅を測り、寸法に合わせて見切り材をカットします。

切断面をサンドペーパーで磨いたら、好みの塗料で見切り材を塗ります。ここでは巾木と同じダークブラウン系のウッドワックスを選んでいます。

羽目板にかぶせるようにして見切り材を取り付けます。

目立たない溝の部分などを選んで、隠しクギを打って固定します。最後にクギの頭を折って作業は完了です。

天井のリメイク

木の温もりを感じさせる杉板で天井をログハウス風にリメイク

　清潔感のある白い天井は照明を効率よく反射し、部屋を明るいしるし象にしてくれます。しかし、壁や床などを、木目を生かしたイメージにリフォームした場合、白い天井がお部屋の雰囲気とマッチせず違和感が生じてしまうこともあります。

　できれば合わせて天井もリフォームするのが理想的ですが、DIYで天井の張り替えは簡単ではありません。そこでオススメなのが元の石膏ボードの上から羽目板などを張る、というリフォームです。

　木材を使いログハウス風の天井にすればお部屋のしるし象も大きく変わります。手始めに作業しやすいロフトなどの天井から始めてみるのがおすすめです。脚立なども不要で手が届くので作業も簡単です。

　注意点は、施工後に頭上から板材が落下しないよう、羽目板はタッカーやビスなどと合わせて、木工用接着剤も使い、しっかり固定することです。

元の白い天井は清潔感がありますが少し冷たい雰囲気です。杉板を張り、ログハウス風にすると一気に木の温もりが感じられる暖かな空間に変わりました。

道　具

- ■電動タッカー
- ■電動ドリルドライバー
- ■木工用接着剤
- ■ノコギリ
- ■さしがね
- ■メジャー

材　料

- ■杉のサネ材
- ■下地用ベニヤ板（5mm）

天井に下地を固定し杉のサネ材を張る

天井をはがさず石膏ボードの上から羽目板を張っていきます。まずは石膏ボードの上に5mm厚ベニヤ板を、木ネジを使って固定します。

ベニヤを固定する木ネジは、石膏ボードの裏にある下地部分に打っていきます。下地は目視できないので下地センサーなどを使ってください。

天井に張っていくのはこちらの杉のサネ材です。腰壁などに使用する軽量な木材で羽目板となっているので板材同士をしっかりと組わせることが可能です。

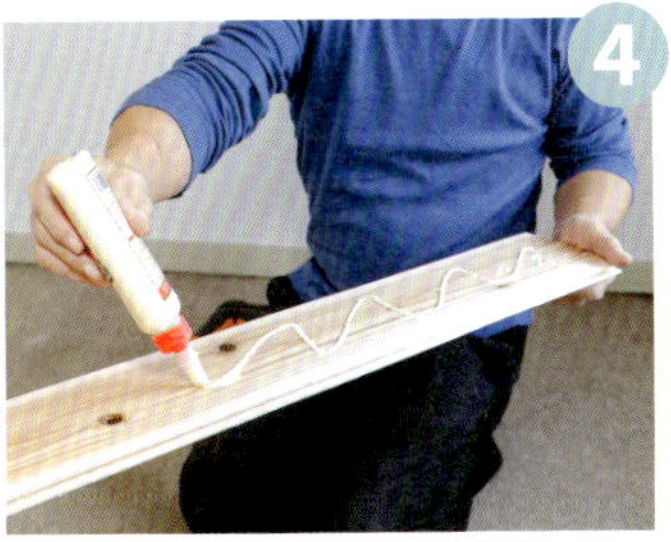

天井のスペースを測り必要な枚数、長さの杉板を用意します。杉板を張っていく際、タッカーや木ネジだけで固定するのではなく木工用接着剤も使用します。

木工用接着剤を塗り上から順に固定しますが、木口のつなぎ目が一直線に並ばないように配置しましょう。天井の最上部は表面からネジを打ち、下は凹型の溝の奥にタッカーを打ちます。サネの凹凸に影響が出ないようタッカーが表面に飛び出さないように注意してください。

大量のタッカーを使用するのでタッカーが便利です。もしタッカーがない場合は電動ドライバーと木ネジを使って固定してもかまいません。

木ネジを打つ際も、タッカーと同様に凹となっている部分のなるべく奥側に打ち込むようにしてください。ネジが飛び出していると木材同士に隙間ができます。

タッカーやネジの頭が見えない、このような状態が理想です。この部分に斜めにネジやタッカーを打ち、下地となっているベニヤ板にしっかり固定します。

サネ材の凹凸を組合わせながら下側に次々と板材をつなげていきます。凹凸でしっかりつながるのでタッカーや木ネジは板の下側だけの固定でかまいません。

杉板をカットし細かな部分を仕上げる

窓の周辺など、スペースが狭い部分はこのようにあらかじめサイズ通りに切断しておいた短い杉板を並べます。この場合は木口を無理にずらす必要はありません。

窓の張り出しの下など、微妙な隙間ができてしまう場合も、後から杉板をそのスペースに合わせ小さくカットし、表面からタッカーや木ネジで固定します。

傾斜の角度が急激に変わる窓の周囲などは、無理に全面に貼らなくてもかまいません。杉板を張りやすい適度なサイズにカットして前面から固定します。

杉板の下側からタッカーが打てない場合もこのように前面から固定します。この場合はタッカーよりも木ネジを使用したほうが目立たず作業もしやすいでしょう。

窓の周辺もこのようにきれいに仕上がりました。張り出しの部分の周辺には、木目のバランスなども考慮した上、スペースに合わせ細かくカットした杉板を張っています。屋根の傾斜部分にだけ杉板を張っていますが、これだけで雰囲気が大きく変わります。

屋根に、このような柱が立っている場合には、先に柱のサイズをメジャーなどで正確に測っておき、杉板に柱が通るようなカットを施しておきます。

メジャーなどで測った柱のサイズを杉板に鉛筆で書き込みます。ノコギリで正確に切り取ったら、サンドペーパーで切り口のバリはとっておきましょう。

柱部分に杉板を張り木ネジで前面から固定します。裏面に木工用接着剤を塗るのを忘れないでください。これで屋根部分がきれいに杉板で覆われました。

ロフトがログハウス風に一変しました。杉の無垢材ならではの良い匂いが漂います。杉板は、経年によって徐々に見た目が飴色に変化していくのも楽しみです。

04

第4章
床のリフォーム実践基礎テクニック

無《む》垢《く》板《いた》フローリングを張る

天然木の味わいを感じられる床に

木質フローリングへの張り替えというと、古い床材を取り外して下地を作るなど、ＤＩＹではハードルの高いリフォームです。ただ、敷き込みカーペットからの張り替えや、古いフローリングへの重ね張りであれば、作業は比較的容易です。

　フローリングへのリフォームでおすすめしたいのが無垢材です。合板を使ったフローリングに比べると費用はかかりますが、見た目の質感は高まりますし、木が本来持っている性質を肌で感じることができます。

　張り替え作業のポイントは、床面から逆算して下地の高さを決めること、ジョイント部分を確実にはめ合わせること、フローリング材の伸縮に備えて壁とのすき間を設けること、の3点です。無垢材には節抜けや反りがつきものですから、不良部分は潔く切り落としながらきれいに仕上げましょう。

道　具

■電動丸ノコ（ノコギリ）■金づち
■クギしめ　■サンドペーパー
■定規　■スクレーパー

材　料

■無垢フローリング材
（厚さ 15 ×幅 135mm）
■合板　■フロアークギ

フローリング材のつなぎ方

フローリング材は『サネ』という側面のジョイント部分をはめ合わせて連結します。サネの重なり方が浅すぎても深すぎても不具合の原因になるので、無理に押し込まないで素直に入る位置で合わせます。

準備をして1列目を張る

下地となる合板を、カーペットなどを取り外したところに敷きます。フローリング材との合算がドアや窓の段差と同じになる厚さの材料を選びましょう。

フローリングを張る向きを決め、最後に張る列の板幅が狭くないか、床の幅を測って確認します。狭すぎる場合は、最初の列をカットして調整します。

材料を数列ずつ仮置きし、つなぎ目の位置、色や木目を見て、板の配置を検討します。隣りの列とつなぎ目がそろわないようにするのが基本です。

下側のサネを張っていく側に向けて置き、サネの根もとに金づちでフロアークギを打って固定します。板が割れやすい場合は、下穴をあけましょう。

無垢材は湿度が高いと水分を吸って膨張します。板が傷むのを防ぐために、壁際には 2 ～ 5 mm 程度のすき間をあけておくようにしましょう。

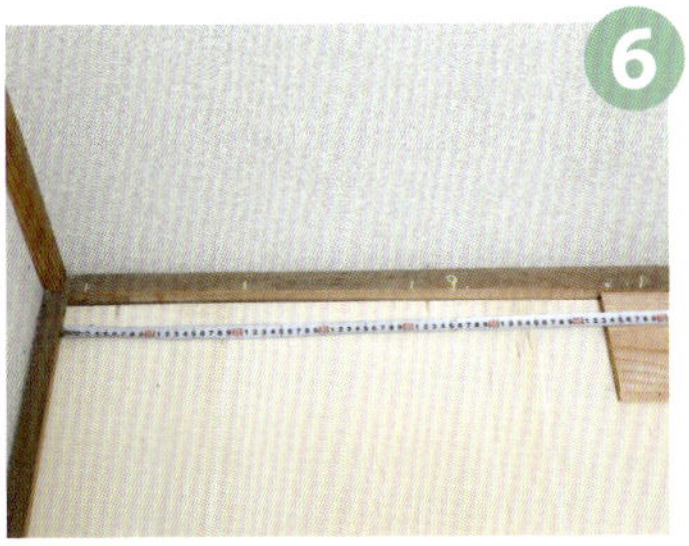

列の最後に張る 1 枚は、足りない長さを測って板をカットします。壁とのすき間を設けるため、実際の長さから 2 ～ 5 mm 短くします。

板を必要な長さにカットします。定規などを使って直角にカットし、切り口の荒れをサンドペーパーで磨いて整えます。

1 列を張り終えたところで、下地から浮いているところがないかを確認します。気になるところにはフロアークギを打ち足しておきましょう。

フロアークギは斜めに深く打とう

フローリング材を下地に固定するフロアークギは、次にはめ込む板のサネに干渉しないように、オザネの根もとの角に斜めに深く打ち込みます。最初は難しく感じますが、1 本ずつていねいに作業しましょう。

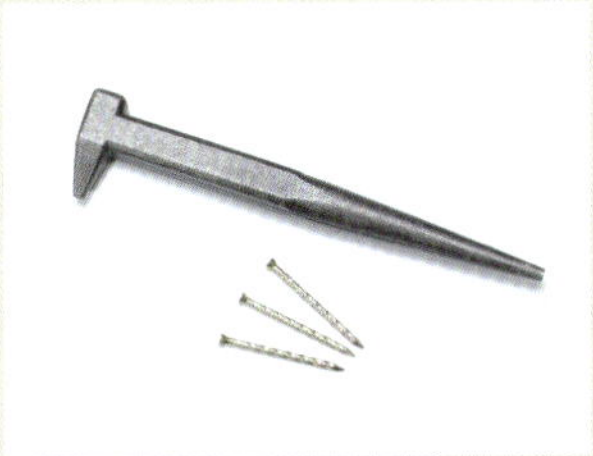

フローリング材の固定には、胴がねじ状に加工され、抜けにくく材料が浮きにくいフロアークギを使用します。

打ち方

フロアークギは床面に対して 30 ～ 45 度の角度で金づちを打ち込みます。

金づちで打てなくなったら、クギの頭にクギしめをあてて打ちます。

クギの頭が出ないように、最後は深く打ち込んでおきます。

残りの板を張って仕上げる

1

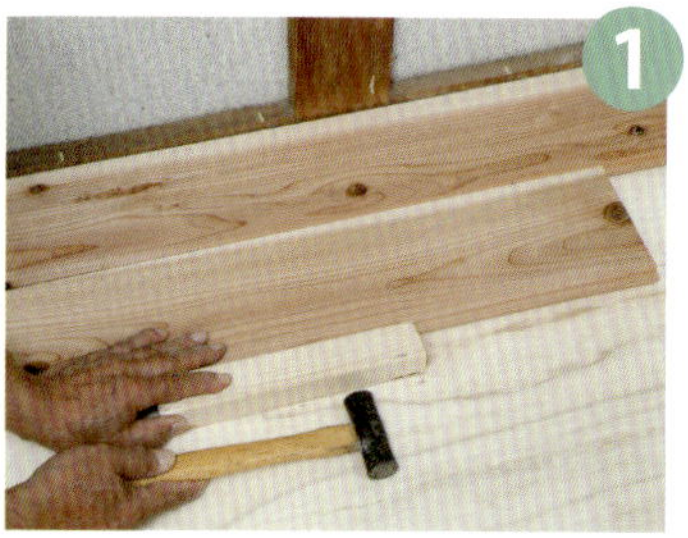

次の列のフローリング材を固定した列のサネにはめ込みます。あて木をして金づちで叩き、均等に詰めてからクギを打ちましょう。

2

すき間の微調整には、スクレーパーなどの平べったい道具が便利です。差し込んだら、テコを利用して少しずつ動かしてみましょう。

3

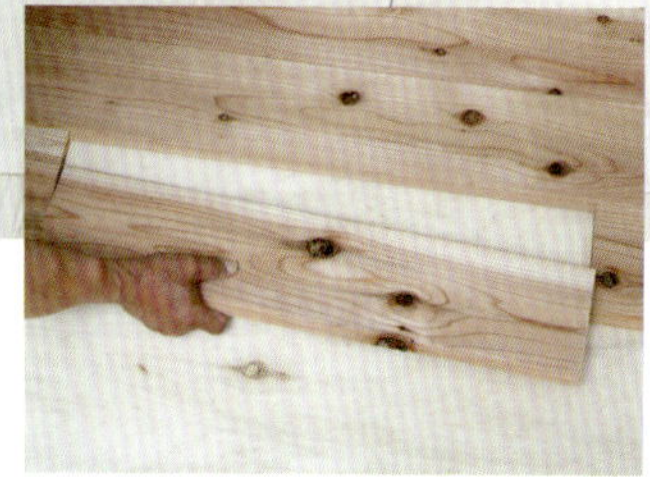

ランダムに張っているつもりでも、無意識に同じパターンを繰り返しがち。ところどころにカットした半端を入れるのも、リズムを変える方法です。

節が多く入っている無垢材を使う場合は、節が抜けないことを確認しましょう。すでに抜けている節、すぐに抜けそうな節は、切り落として使います。

4

同じようにどんどん張り、最後の前の列はクギを打たずにおきます。残った幅はたいてい板幅よりも狭いので、入れる板の調整が必要になります。

5

メジャーをあてて、壁からフローリング材の仕上がり面までの距離を測ります。サネとの距離を測らないように気をつけてください。

6

測った距離より2～5mm狭い幅になるように、1列分の板をカットします。ノコギリの場合は、縦びき刃か万能刃を使いましょう。

7

最後の列の壁側に、サネは不要です。カットするときは、下側にサネが出ているほうを切り落として使用します。

8

前の列を少し浮かせ、サネを奥まで差し込んだら、パタンと倒すようにしてすき間に板を入れましょう。端まで板を入れればフローリング張りは完了です。

9

壁とフローリングの境界に区切りの木材などが入っていない場合は、アクセントとすき間隠しを兼ねて巾木を取り付けると、きれいにおさまります。

無《む》垢《く》板《いた》フローリングの塗装と手入れ

無垢板のフローリングを張ると、その風合いを生かすために塗装をしないでおきたいと考える方もいらっしゃるでしょう。しかし無塗装の無垢板フローリングは、素材がまったく保護されていない状態。コーヒーやワインをこぼしたら、色素が染み込んでシミになってしまいますし、黒ずみ汚れもつきやすくなります。

時間とともに味わいが増し、愛着が深まるのが無垢板フローリングの魅力。インテリアと調和する色調に整え、美しい状態で変化を楽しむためにも、張り終えたらフローリングに適した塗装で仕上げることをおすすめします。

塗料の種類は、大きく分けて浸透性塗料とコーティング塗料の2タイプ。見た目と機能性を比べて、住まいに適したタイプを選んでください。

コーティング塗料

ウレタンニスに代表される、木の表面に透明な硬い塗膜を作るタイプの塗料。フローリングの塗装には、こすれに強い耐久性の高い種類を使用します。塗膜を作るので、耐水性や防汚性が高まり、傷がつきにくくなりますし、表面に光沢が出て高級感のある仕上がりになります。また、耐久性が高いため、塗装後は塗り直しなどのメンテナンスは不要です。一方で、硬くひんやりした触り心地になるなど、無垢材の温もりが損なわれるところはデメリットに感じられるかもしれません。

高耐久ウレタンニス
通常のウレタンニスよりも強い塗膜を形成し、床やテーブルでの使用に耐える高い耐熱性と耐久性を備えるタイプです。

浸透性塗料

木材の内部に浸透する塗料で、フローリング用としては植物油を主成分とした自然塗料やオイルなど、安全性や環境に配慮した製品がよく使われます。表面に塗膜を作らないため、無垢板らしい天然木の温もりや優しい質感を保ちながら、保護と着色をできるのが魅力です。コーティング塗料に比べると塗装作業が容易で、傷がついたときなどの塗り直し補修も簡単。ただ、防水性や耐久性はあまり高くないので、保護材として過度な期待はできませんし、定期的な塗り直しが必要です。

オイルフィニッシュ塗料
植物油を主成分とした塗料。木材の呼吸を止めずに湿度調整機能を保ち、木目や木肌の表情をいかせるのが魅力です。

ワックス&クリーナー

天然由来のロウを主成分としたワックス。水で薄めて水拭きに使うことで、掃除とワックスがけを一緒に行えます。

天然原料を 100%使用した、環境にも人間にも優しいワックスクリーナー。合成ワックスと違う落ち着いた光沢が特徴です。

無垢板フローリングのお手入れ方法

■日ごろのお手入れ

無垢板に水は大敵です。日ごろのお手入れは、掃除機がけと乾いたぞうきんやモップを使った拭き上げが基本です（ドライタイプのペーパーモップも使えます）。水拭きや薬剤を浸透させた化学モップを使用した拭き掃除はしないようにしましょう。また、コーティング塗料で塗装してある場合でも、シミを作らないためには、できるだけ水分が触れないようにすること。液体をこぼしたらすぐに拭き取るようにしましょう。

■汚れ落とし

から拭きをしても落ちない汚れがある場合は、固く絞ったぞうきんで水拭きをします。それでも落ちないときは、コーティング塗装なら薄めた中性洗剤を含ませて固く絞った雑巾を使い、浸透性塗装なら無塗装の室内木部に対応したワックス&クリーナーなどを使って掃除します。コーティング塗料は塗膜が長持ちしますが、浸透系塗料の場合は、はっ水性が落ちて保護力が低下したと感じたら、再塗装をしてください。

置《お》き敷《じ》きフローリングを張る

天然木の味わいを感じられる床に

置き敷きフローリングは、傷んだフローリングや板張り床のリフォームに適した樹脂素材の化粧シートです。この床材の特徴は、1.5～5㎜程度と薄く、今までの床に重ね貼りができるところ。古い床材をはがさなくていいため、作業時間が短く、廃材を処分する必要もありません。また、カッターで切って張るだけと、作業性がいいところも、ＤＩＹでのリフォームにぴったりです。

通常のフローリングのように、板状にカットしてある床材を順番に貼っていくため、クッションフロアに比べると、作業の手間はかかります。ただそのぶん、継ぎ目や木目模様がフローリングに近い雰囲気になるため、本格的な仕上がりを望む場合におすすめです。

耐久性や防汚性、防音性などの機能のほか、張り付け方法の違いで選ぶことができます。

材料

■置き敷きフローリング用床材
■専用両面テープ

道具

■カッター　■メジャー
■定規
■サンドペーパー
■ウェス

ここがポイント！

張り方もチェック

置き敷きフローリングは、張り方の違いにより、両面テープや接着剤で張るタイプ、裏面に粘着剤が付いているシールタイプ、滑り止め加工がしてある置くだけタイプがあります。浮かないようにしっかり固定したい場合は両面テープなどで貼るタイプを、賃貸住宅などの模様替えには置くだけタイプを選ぶといいでしょう。

薄型の両面テープ貼りタイプは、張り直しができず、作業の難易度が高くなります。

両面テープを使って貼る

ホコリやゴミがないように、床をきれいに掃除します。ワックスが塗ってある場合は、クリーナーで取り除きましょう。

床材を仮置きして、短い方の継ぎ目がそろわないように、列の両端が短くなりすぎないように位置を調整しましょう。

列の端で、短い床材を貼る必要があるところは、その場所に床材をあててカットする位置にしるしをつけます。

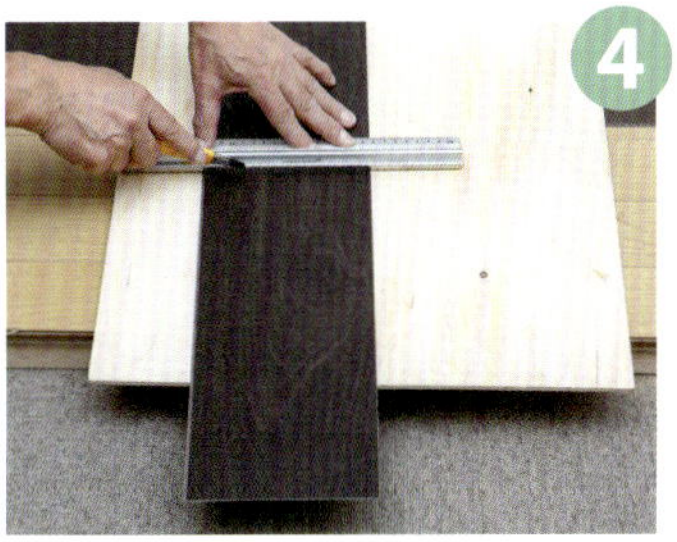

しるしのところに線を引き、カッターで切り込みを入れます。カッターの刃をこまめに折るのが、きれいに切るコツです。

切れ目を上から折って切り離します。切り口をサンドペーパーで磨き、バリを落としておきましょう。

部屋の周囲の壁際すべてに、両面テープを貼ります。この時点では、は離紙をはがさないでおきます。

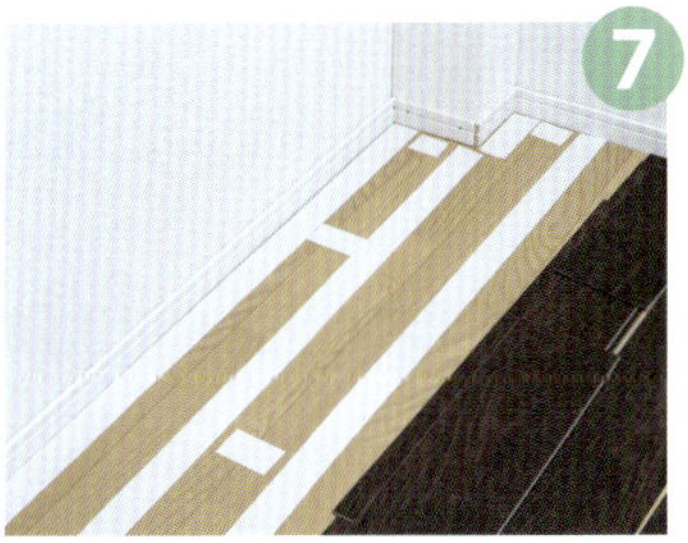

床材の継ぎ目がわかるようにしるしをつけておき、長い方と短い方、すべての継ぎ目のところに両面テープを貼ります。

部屋の隅から、１枚ずつ床材を張っていきます。両面テープのは離紙を１枚分だけはがします。

端同士を重ねて張るように、置き敷きフローリングの床材には、「サネ」という重ねシロが付いています。

貼り進めていく方向の２辺に下側のサネがあるように、床材の向きに気をつけて貼り始めてください。

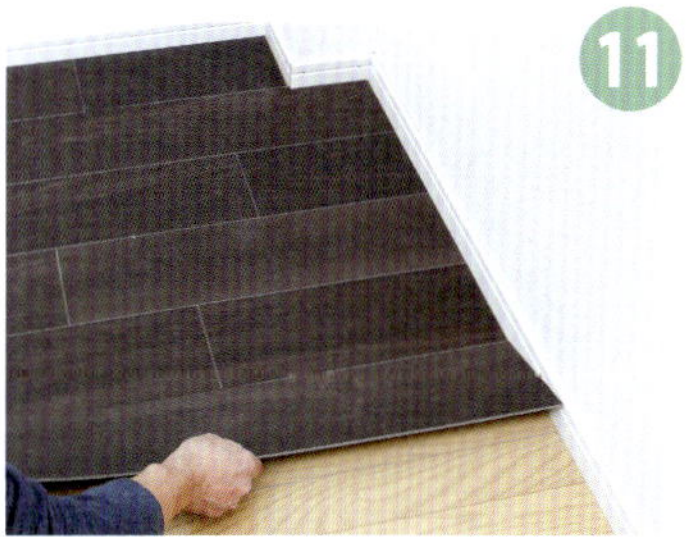

２辺のサネを重ね、浮きがないように確認しながら張り進めます。粘着力が強いので、慎重に位置合わせをしましょう。

全体を張り終えたら、浮いているところがないように、上から足で踏んで床材を圧着してください。

難易度 ★★☆☆☆

クッションフロアの貼り方

重ね貼りもできて、水に強くお手入れも簡単

ハサミやカッターなどで簡単に切断でき、両面テープで貼り付けるだけで施工ができるということから、リフォームや模様替えの際の床材として人気が高い塩化ビニール製のクッションフロア。

値段も比較的安価で足で触れた感触は木材よりもずっとソフト。また、樹脂でできているので水にも強く、水拭きができるのでお手入れも簡単。加えて模様のバリエーションも豊富というのも人気の理由です。

古いクッションフロアの上からでも重ね貼りができますが、きれいな仕上がりには模様をぴったりと合わせるのがポイントとなります。

クッションフロアの上に重ね貼りもできる

クッションフロアは重ね貼りすることが可能です。床の厚みが増すのでドアなどの開閉に問題がないか確認は必要ですが、重ねることでクッション性も増し、床の感触はさらにソフトになります。浮きや、凹凸ができないよう下地の補修やしっかりと密着させる必要がありますが、貼ってはがせる両面テープなどを使うと原状回復も比較的簡単です。

材　料

- ■クッションフロア
- ■クッションフロア用両面テープ
- ■シームシーラー

道　具

- ■幅定規
- ■カッター
- ■ハサミ
- ■目打ち
- ■定規
- ■マスカー
- ■メジャー
- ■油性ペン
- ■ぞうきん
- ■マスキングテープ
- ■ジョイントローラー

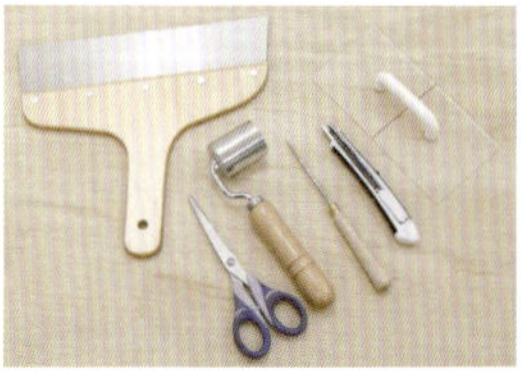

仕上がりを左右する大切な下準備

1

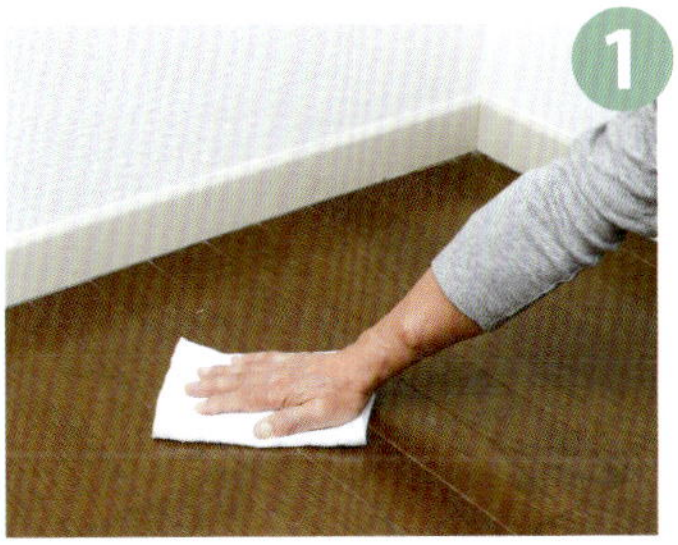

作業の前に床を掃除してください。古くなったクッションフロアの表面の汚れを住宅洗剤などでしっかり落とし水拭きをしてから完全に乾かします。

2

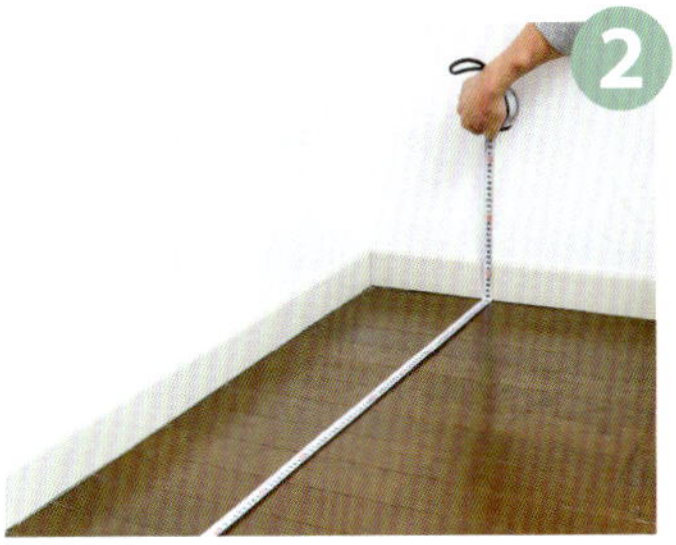

床の幅と奥行きを測ります。床全面に貼るには何枚必要となるか計算しましょう。模様合わせや切りシロのために幅、長さ共 5cm 程の余分をとっておきます。

3

クッションフロアの裏面に測ったサイズ通りに正確な線を引きます。裏紙の方眼マス目を目安にハサミかカッターで正確にカットします。

4

必要枚数カットできたら、次は床にクッションフロア用両面テープを貼ってください。はじめは壁際に添って貼っていきます。

5

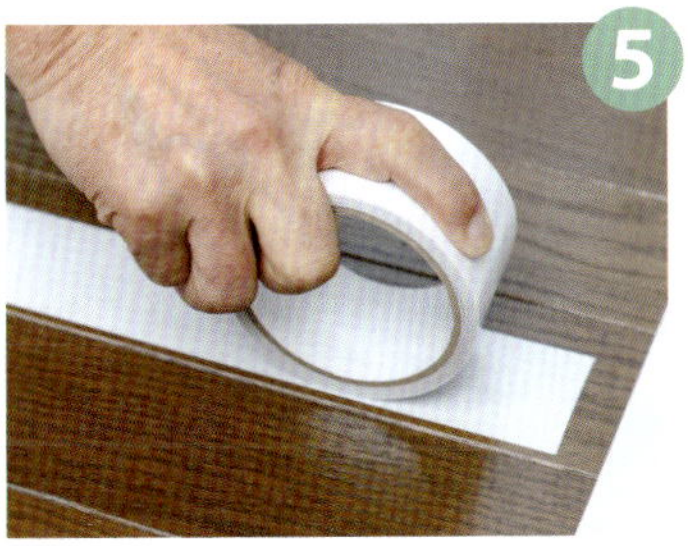

両面テープははがれないようにしっかりと床と密着させてください。このように両面テープのロールを使い剥離紙の上からこすると簡単です。

6

両面テープは床の全周と、その内側にも並べるクッションフロアと平行になるように貼っていきます。浮きがないか確認してください。

7

クッションフロアを床に仮置きしてください。カットしたサイズであっているか、必要枚数が足りているかなどをここでチェックしましょう。

8

仮置きしたクッションフロアがずれないように注意しながら両面テープの剥離紙を奥から手前に向かって少しずつはがしていきます。

9

クッションフロアの幅分の両面テープを20~30cm ほどはがしていきます。クッションフロアをめくる際、壁に引っかからないように注意しましょう。

10

めくったクッションフロアを慎重に戻していきます。あとでカットする 5cm ほどの切りシロをはみ出すことを忘れないでください。

11

壁際に向かってしっかりと押し込むようにしながら手を使って両面テープにクッションフロアをしっかりと密着させてください。

12

端部分を固定できたら、同じように両面テープの剥離紙を少しずつ手前にはがし、クッションフロアが浮かないよう注意しながら続きを貼っていきます。

しっかり密着させ、余分をカットする

クッションフロアを貼ったら、次に床と壁の境目に幅定規をしっかりと押しあて密着させて、カットするラインの型を付けます。

壁と床の間にクッションフロアの浮きができないように幅定規や地ベラなどを使ってしっかりと力を入れ押し込み折り目を付けてください。

部屋の隅には写真のように余った部分が浮いています。上から角をしっかり押さえて型をつけたら、浮かないように角の頂点に目打ちを打ち固定します。

床に密着していることを確認したら、余っているクッションフロアの角に、目打ちを打った部分に向かうように斜めの切り込みを入れます。

さらに同じようにもう一方からも目打ち部分に向かってハサミで切りこみを入れ、端を切り取ります。このような状態にしてください。

カットラインを作るために幅定規を使って部屋の隅にクッションフロアをしっかり押しこみながら密着させて折り目を付けます。

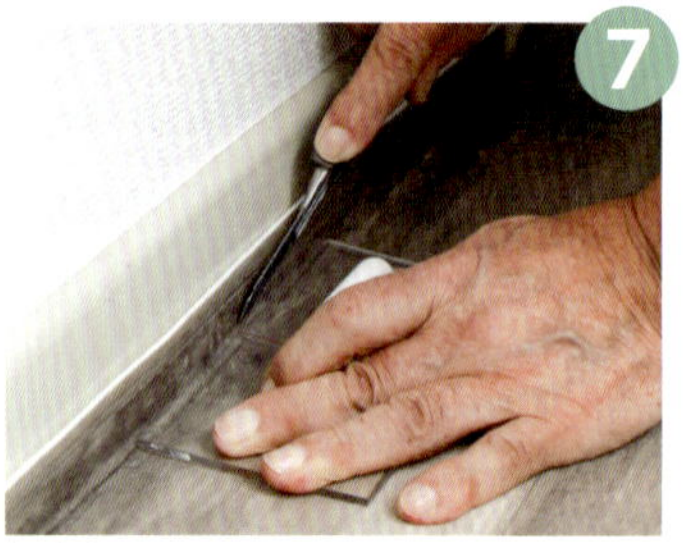

幅定規とカッターを使って余分なクッションフロアの端を丁寧にカットします。カッターの刃は寝かせすぎないように注意してください。

端部分がギザギザにならないようカットするコツは、一旦カッターの刃を入れたらそのまま切り進め、刃を切り口から離さないのがポイントです。

余分な部分をカットできたら、ジョイントローラーで周囲をしっかりと押さえ、クッションフロアを両面テープにしっかり密着させてください。

幅定規と一般のカッターでもクッションフロアはカットできますが、専用のクッションフロアカッターを使用すると、簡単かつきれいに仕上がります。

クッションフロアカッターとは

クッションフロアをカットする専用の道具がCF（クッションフロア）カッターです。床と壁の境目に押しあてながらスライドするだけでまっすぐにクッションフロアをカットできます。刃は市販のカッターの刃を折って使うので刃の交換も簡単に行えます。

シームシーラーでつなぎ合わせる

ドアのフレームや柱などがこのように床部分にはみ出している場合は部屋の隅と同様に余った部分にハサミを入れカッターで切り取ります。

壁際ギリギリになるように飛び出した形に細かく切り込みを入れカッターで丁寧に切り取ってください。切り取ったらジョイントローラーで密着させます。

柄が連続しているクッションフロアはぴったりととなり合わせることで柄が繋がります。繋ぎ目の下には両面テープが来るようにしてください。

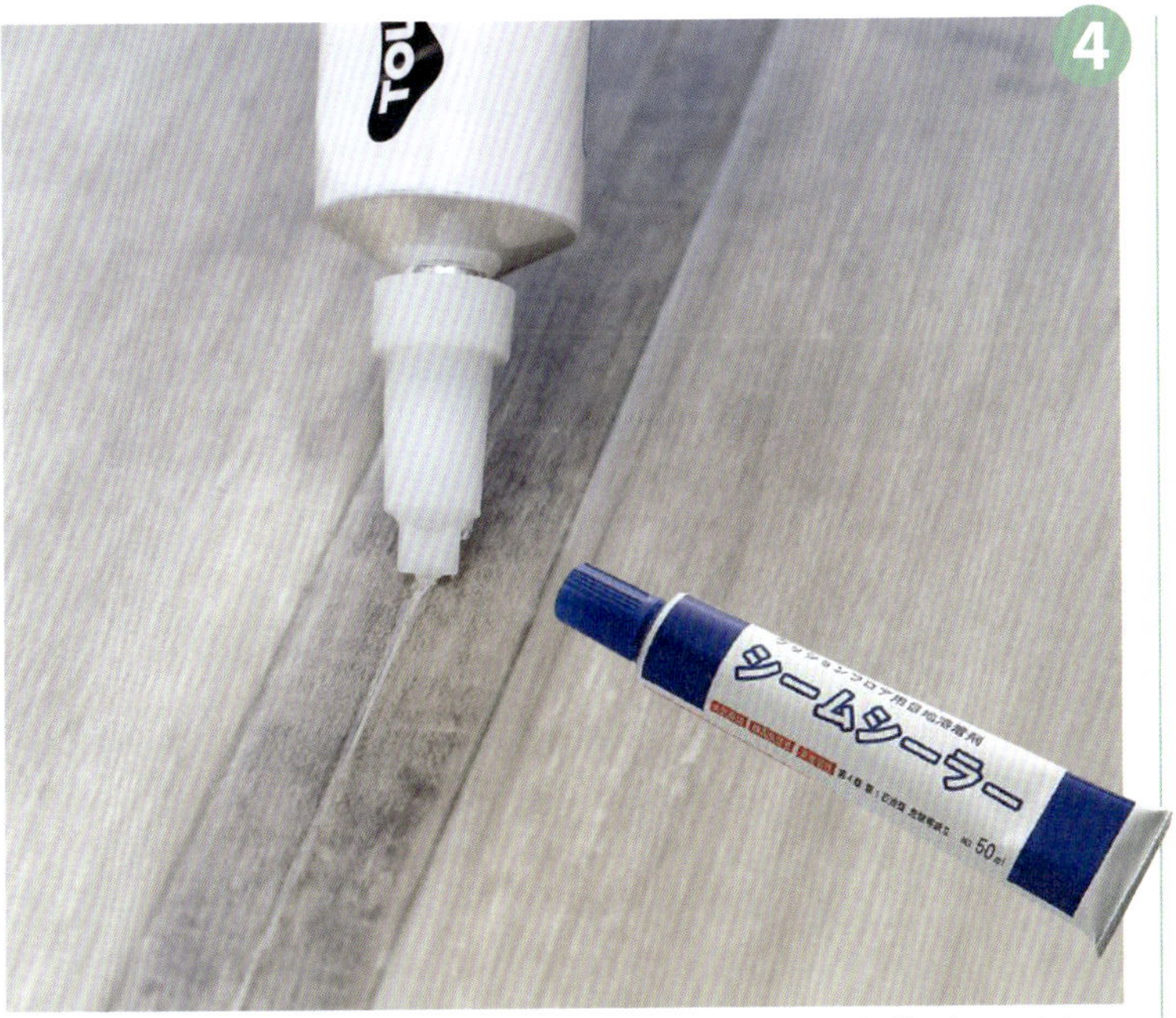

2枚のクッションフロアをぴったりと並べ、柄を合わせたら、つなぎ目をシームシーラーで溶着します。シームシーラーは専用の接着剤で、このようにチューブの先端がTの字になっています。このTのタテの棒をつなぎ目に合わせ、液が1.5㎜から2㎜程度浸み出すくらいに流し込みます。シームシーラーはクッションフロアを溶かしてしまうので表面など余計な部分にこぼさないように注意してください。

うまく繋ぎ合わせると、このように一枚のクッションフロアのようにキレイに仕上がります。シームシーラーは1時間ほどで乾燥します。それまで繋ぎ目に乗らないで下さい。

床全面にクッションフロアを貼り終えました。これで完成です。

ここがポイント!

クッションフロア購入の際に気をつけるべきこと

クッションフロアは、通常ロール状で販売されています。幅は狭い物から広い物までさまざまですが、182㎝幅のものが一般的です。クッションフロアをお部屋に貼る場合、メジャーなどで部屋のサイズを計測しておき、どれくらいの長さが必要となるかは計算しておきましょう。

目安として4.5帖なら1.8m×6mほど、6帖なら1.8m×6～8m、8帖なら1.8m×7～12mぐらい必要です。クッションフロアを貼る際には、上下左右に10㎝ほどの切りシロや、繋ぎ合わせのために柄のリピート（柄の繰返し）分も必要です。それらも考慮して、少し多めに用意しておきましょう。

難易度 ★★★★☆

玄関にタイルを貼る

「家の顔」を刷新したいリフォームに効果的

玄関ドアとともに、玄関のイメージチェンジに有効なのが、玄関床にタイルを貼るリフォームです。もともとタイルを使っている場合も多いでしょうが、古いタイルをはがさずに上に重ねて貼ることができ、この方法がDIYにおすすめです。汚れた床を一新したい、壁の塗り替えにあわせてイメージチェンジをしたいと思ったら、挑戦してはいかがでしょうか。

使用するタイルは、雨に濡れても滑りにくい屋外床用を選びましょう。表面がザラザラしている分汚れやすいですが、安全性が高まります。

ここがポイント!

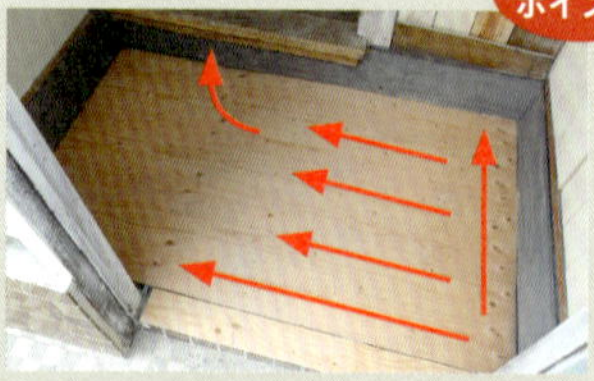

玄関にタイルを貼るときは、自分の逃げ道を考えて貼る順番を決めましょう。ドア側を基準にして貼りはじめる場合は、最後に室内側へ逃げるようにします。

ユニットタイル

タイルが紙などに貼って連結してあり、1枚ずつの目地そろえが不要。カッターなどでカットでき、枚数調整も簡単です。

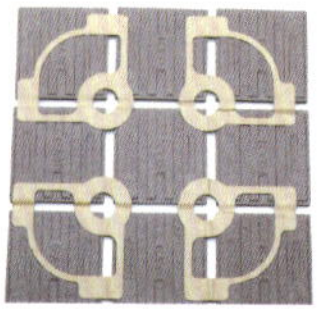

材　料

■床用タイル（1シート / 93mm 角×9枚）
■タイル目地材
■タイル用弾性接着剤
■合板（厚さ 9mm）

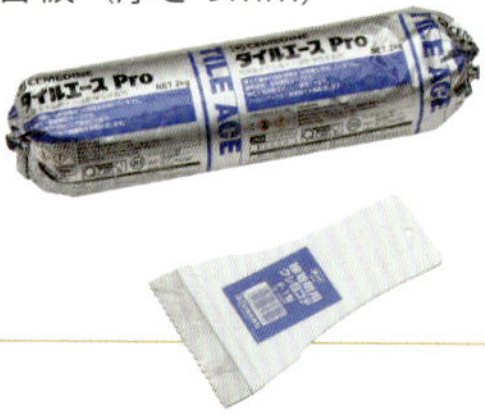

道　具

■クシ目ゴテ
■グラインダー
■マスキングテープ
■タイル用カッター刃
■スポンジ
■ゴムベラ
■バケツ
■ゴム手袋
■ビニール手袋
■ウエス

新しいタイル床が玄関を引き締める

床に合板を敷いて平らな下地を作り、その上にタイルを仮置きして配置を決めます。入るときに目に入りやすいドア側から並べ、カットする必要があるところはあけておきます。

下地の上にタイル用接着剤をのせ、クシ目ゴテを使って均一な厚さに伸ばします。一気に全体に広げず、一度に作業しやすい範囲だけに塗りましょう。

接着剤の上に位置を合わせてタイルをのせ、全体を手で押さえてしっかり密着させます。

２枚目以降は、ユニットの目地幅と同じ分の隙間をあけ、目地の位置を合わせて貼っていきます。

まずドア側と隣りの壁側をＬ字に貼り、そこに縦横の目地を合わせて貼り進めます。最後に室内側を貼れるように、遠いところから貼りましょう。

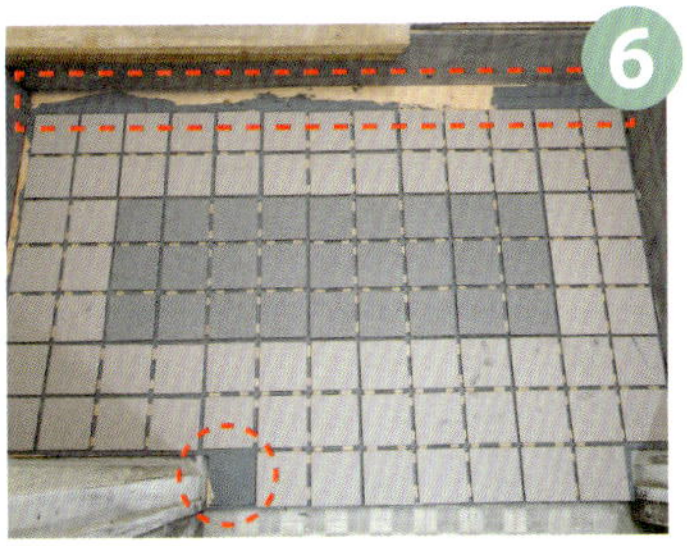

タイルをカットする必要がある最後の１列、ドア枠の部分を除いて貼り終わったところです。目地がきれいにそろっているのがわかります。

出っ張っているところにタイルをあて、カットする幅や深さがわかるように鉛筆で線を書き込みます。

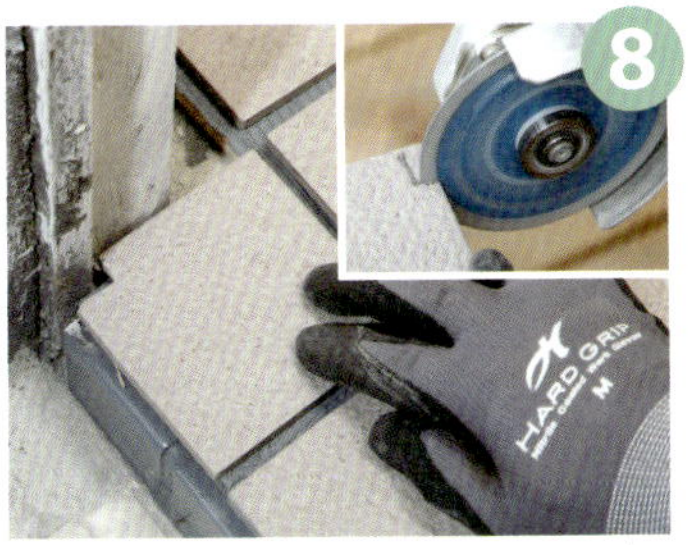

タイル用のカッター刃を取り付けたグラインダーを使い、目しるしの線に沿ってタイルをカットして貼ります。

最後の列は壁際に目地ができるように測り、タイルをカットして貼ります。接着剤が固まってタイルが動かなくなってから、次の目地詰めを行いましょう。

目地材をバケツに入れ、水を加えながら角材などでよく練ります。かき混ぜたときに跡が残るくらいを目安にし、やわらかくしすぎないようにしましょう。

マスキングテープで周囲の壁を養生し、目地をつめていきます。ゴムベラを押し付けるように目地材を塗りひろげ、目地の溝を埋めましょう。

半乾きの内に、固く絞ったスポンジで余分な目地材を拭き取ります。スポンジはひと拭きごとに洗って使い、最後にウエスで表面の汚れを取って完了です。

床の段差を解消する方法

家の中のちょっとした段差や出っ張りは、転倒やつまづいたりしてケガを引き起こし、ストレスになってしまいます。特に小さなお子さんや体力が低下して足腰の弱い高齢者にとって、ほんの数センチの段差でも危なくて見過ごせません。

そんな床の段差を解消して、転倒やつまづきを予防してくれるのが、段差スロープです。廊下やトイレ、部屋と部屋の敷居をはじめ、階段や玄関のような大きな段差もカバーしてくれます。

室内・室外の用途に合わせて、多様な種類が発売されていますが、どれも簡単な作業で施工できるのが魅力です。床の段差を気にしなくてすむバリアフリーの空間で、快適に過ごせるようになります。

カーペットタイプ

■への字押さえプレート（アルミ製）

カーペットなどの床の仕上げ材とフローリングの段差を解消するプレート。段差の解消に加え、仕上げ材のはがれも防ぎます。同じタイプで「ハの字」の形状は、ドア下に取り付けるのが最適です。

電動ドリルドライバーに皿取りビットを取り付けて下穴を開け、25mmのビスを打ち込みます。

20cm間隔にビスを打ち込んでいけば完成です。プレートが長い場合は、金ノコでカットして調整してください。

フローリングタイプ（段差大きい）

■やわらか段差スロープ

両面テープで簡単に取り付けられる段差解消スロープ。EVA樹脂を使用したやわらかい素材なので、素足でも心地よい感触で足のつま先をぶつけたときの衝撃をやわらげ、ケガを防ぎます。

長さに合わせてハサミやカッターでカットします。本体の裏面に付いている剥離紙をはがします。

フローリングに十分に圧着させて、取り付けたら完了です。水気のある浴室では使用しないでください。

ベランダタイプ

■ジョイントタイル用スロープコーナー

ベランダなどの室外で敷設するジョイントタイル専用のスロープ用部材。ジョイントタイルを組み合わせて敷設したコーナーや縁の段差をなだらかにします。連結させるだけなので、作業も簡単です。

敷いたタイルのコーナー部や縁にスロープ用の部材を取り付けます。凹用と凸用があるので連結させてください。

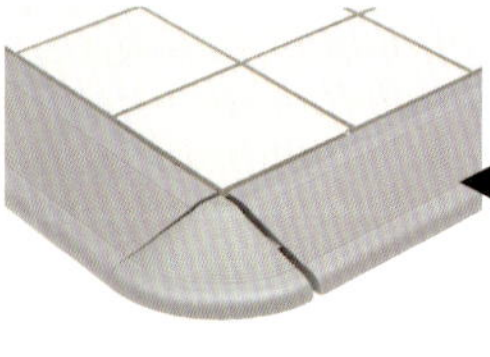

すべて敷いたら、木槌で軽く叩いて平らに調整して完了です。コーナー部の人工芝は避けてください。

フローリングタイプ（段差小さい）

■段差解消スロープ（木製）

クッションフロアやフロアタイルなどの床の仕上げ材を敷いた時にできる、小さな段差をなだらかにしてくれます。敷居に傾斜を付けることで直角の段差が足にあたって痛むのを防いでくれます。

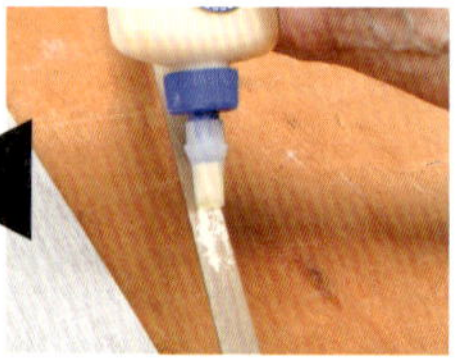

設置する場所の汚れやゴミを取り除き、きれいにします。スロープの裏面に、木工用接着剤を塗ります。

設置する場所にスロープを貼り付け、十分に圧着させます。長さはノコギリでカットして調整してください。

05

第5章
部位別基礎テクニック

階段手すりの取り付け

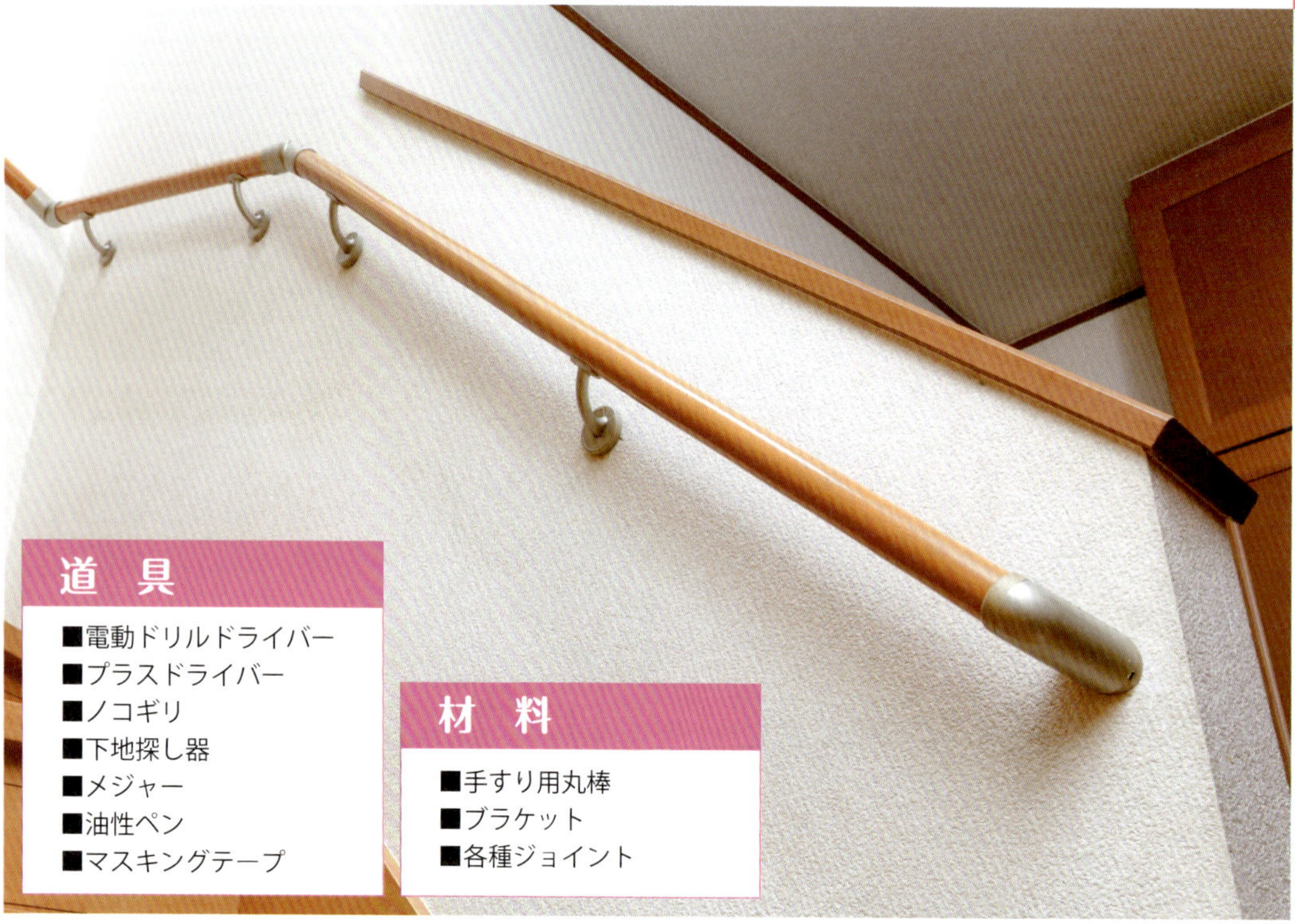

道具

- ■電動ドリルドライバー
- ■プラスドライバー
- ■ノコギリ
- ■下地探し器
- ■メジャー
- ■油性ペン
- ■マスキングテープ

材料

- ■手すり用丸棒
- ■ブラケット
- ■各種ジョイント

住まいのなかで事故の起こりやすい場所のひとつが階段です。昇降をサポートし、転倒や転落を防ぐ効果が高い手すりの設置は、優先して行いたい階段まわりのリフォームです。

市販の丸棒手すりや専用金具を利用すると、構成が複雑になる回り階段でも、確実に、見ばえよく設置できます。

階段の安全性アップに効果的

手すりの材料としては、シンプルな丸棒タイプが一般的です。太さは直径35㎜のものが標準ですが、子どもや小柄な方には直径32㎜の細めのものが握りやすいでしょう。公共の建物と違い、使用する人が限定される住まいでは、家族にあわせて太さや高さを決めることが、使いやすさにつながります。

■手すりの高さ

手すりは、一般的には図のような高さが使いやすいといわれていますが、住宅では使用する人、とくに手すりを頼りにする高齢者や子供が握りやすいことを確認して決めましょう。大人用と子供用を2段でつける方法もあります。

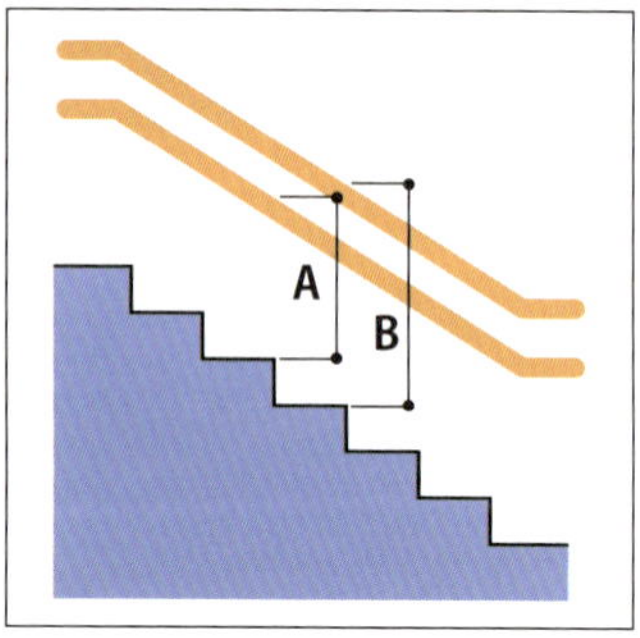

子供用の標準 600mm 程度 (A)。
大人用の標準 700 ～ 800mm 程度 (B)。

階段の安全性には滑り止めも有効

階段の安全性を高めるためには、滑り止めをつけるのも簡単かつ効果的です。角の部分にクッション性のあるタイプにすると、万が一の転倒時には衝撃を柔らげる効果があります。

裏紙をはがしてシールで貼るだけと、取り付けは簡単です。

取り付けの基本

階段の踏み面の後ろ側にメジャーを垂直に立て、手すりの高さに鉛筆でしるしをつけます。

手すりの高さと平行に、ブラケットの取り付け高さがわかるようにマスキングテープや糸を使ってしるしをつけます。

下地探し器を使って壁裏にある柱や間柱を探し、ブラケットを固定する柱の位置がわかるようにしるしを付けます。

丸棒の両端を支えるブラケットを、ぐらつかない程度にネジを締め付けて仮どめします。

両端のブラケットに手すりを渡して下穴をあけて、ネジどめしたら、ブラケットを本締めして壁に固定します。

間柱の幅が狭い場合

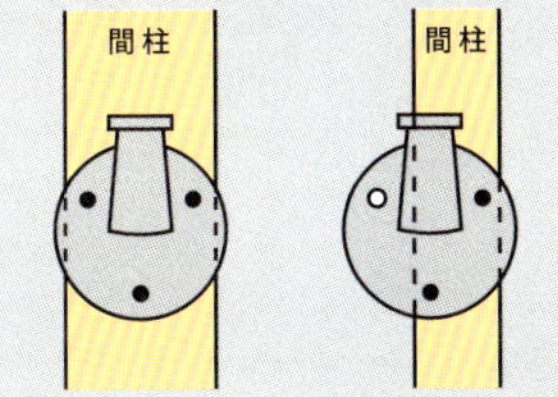

ブラケットのネジ穴の間隔より間柱の幅が狭く、すべてのネジを打てない場合は、上側と下側の１か所ずつで固定してください。

各部の取り付け方

エンド部の取り付け方

手すりをブラケットに仮置きし、油性ペンでカットしたいところにしるしをつけます。

ブラケットからはずし、しるしを付けたところをノコギリでカットします。

コーナーのつなぎ方

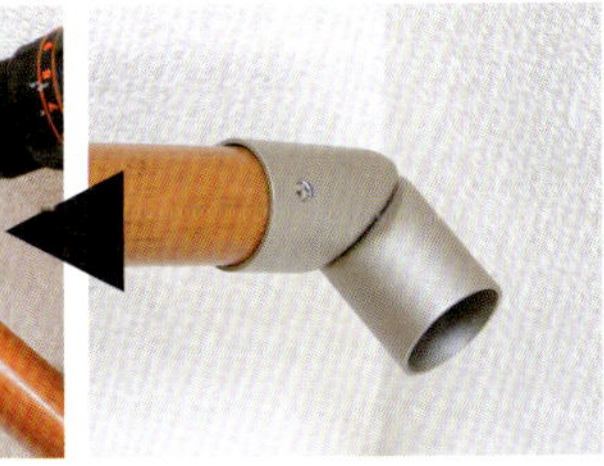

コーナー部分は、角度自在のフリージョイントや直角のエルボでつなぎます。

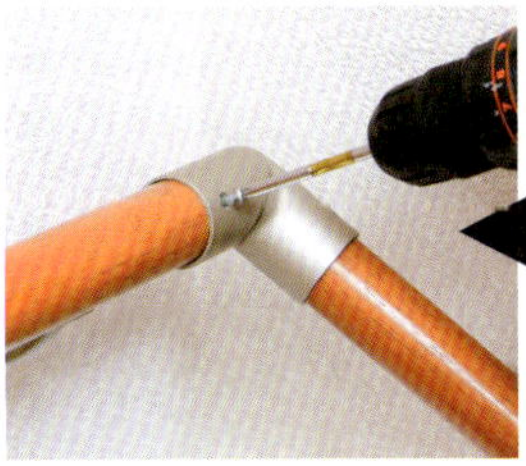

しっかり位置合わせをしてから、各部のネジを締めて手すりを固定します。

好きな位置にブラケットを取り付ける方法

ブラケットを取り付けたい位置に間柱がない場合は、補強板や専用の手すりベースを間柱に固定して、そこにブラケットを取り付ければＯＫです。

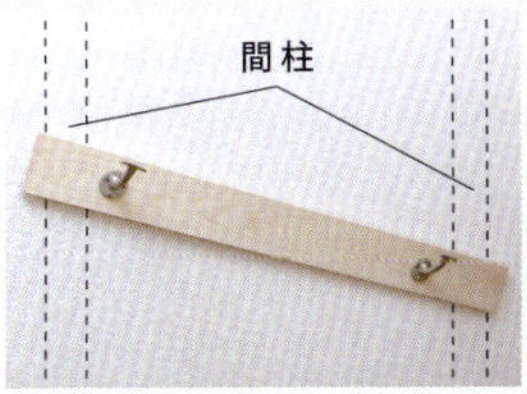

補強板には厚さ 15 ～ 20mm 程度の木材を使用しましょう。

エンド部の処理

エンドブラケットを使えない場合は、端部にエンドキャップを被せます。

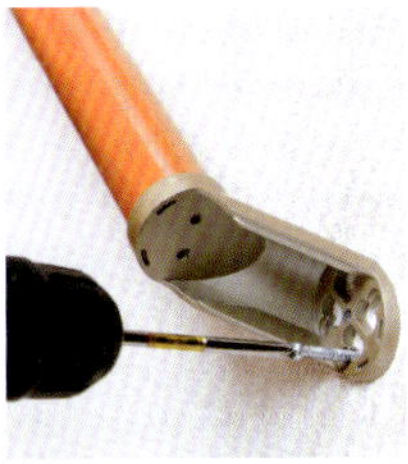

終端にちょうど間柱がある場合は、手すりの端部を隠すエンドブラケットで固定できます。

階段にすべり止めを取り付ける

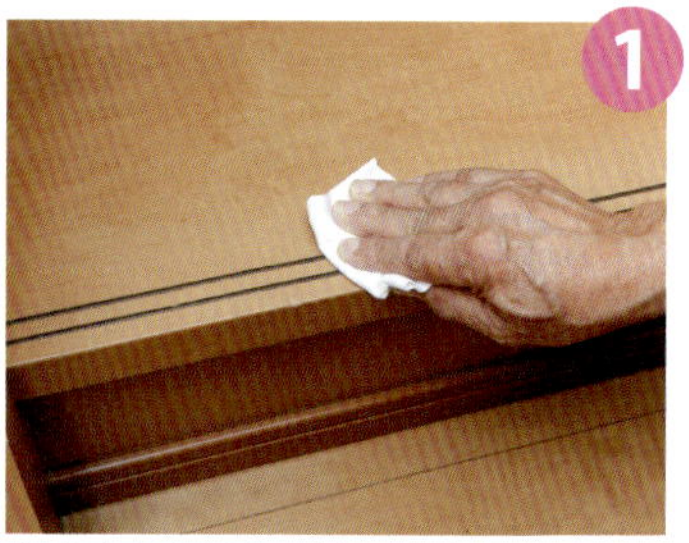

すべり止めを貼る踏板の汚れを、ぞうきんでしっかり拭き取ります。汚れがひどい場合は、水を濡らして固く絞ったぞうきんできれいに拭いてください。

階段の段差に合わせてすべり止めを揃えます。転倒しても当たりをやわらげる、コーナークッションタイプの「スベラーズ」がおすすめです。

すべり止めの裏面に付いている強力な両面テープを剥がして階段に貼ります。ワックスなどを塗っている場合は、油分を取り除いて貼ってください。

すべり止めは踏み板の中心に合わせて貼ります。指でしっかりおさえて密着させます。長尺タイプは、踏板の幅に合わせてハサミでカットして貼ります。

すべての階段に取り付けたら完了です。剥がす場合は、踏板の表面を傷めないようにドライヤーをあてて金属ヘラなどを差し込み、隙間を作って剥がします。

手すりにすべり止めテープを貼る

手すりの汚れをウエスや水を濡らして固く絞ったぞうきんで拭いてきれいにします。上り下りの際に、手すりを握った状態を確認し、貼る場所を決めます。

手すりの長さを測り、取り付け位置を決めます。すべり止めテープの剥離紙をはがします。テープはソフトな手触りのタイプを選びます。

テープを手すりに貼り、ハサミでカットします。手すりにしっかり圧着させるため、軽く叩いたり指でなぞるようにして貼り付けます。

すべての手すりに貼り終えたら完了です。間違って貼り付けてしまった場合は、テープの一端をヘラなどでめくって、ゆっくり剥がすようにします。

屋外のすべり止め対策

コンクリートや鉄製の階段に取り付けできるすべり止めシールは、玄関アプローチに最適。雨で濡れる場所やすべりやすい材質に効果的で、取り付けも簡単に行えます。

水で濡らしたぞうきんで汚れをしっかり落とし、サイズに合わせてシールをカットして貼ります。

▼

すべての階段に取り付けができたら完了です。多少の凹凸にもしっかり密着します。きわから少し離して貼るのがポイントです。

ドアノブをレバーハンドルに交換する

ドアの丸い握りのことを『ドアノブ』と言い、開閉や施錠・解錠するための機械を含めるときは『ドア錠』と呼びます。このドア錠には、その仕組みの違いによっていくつかの種類があります。ここでは室内ドアによく使われているチューブラー錠から、レバーハンドルへ交換する方法を紹介します。

レバーハンドルを用意する

レバーハンドルは、たいていラッチなど一そろいがセットになっています。トイレ用などに、内鍵付きのタイプもあります。

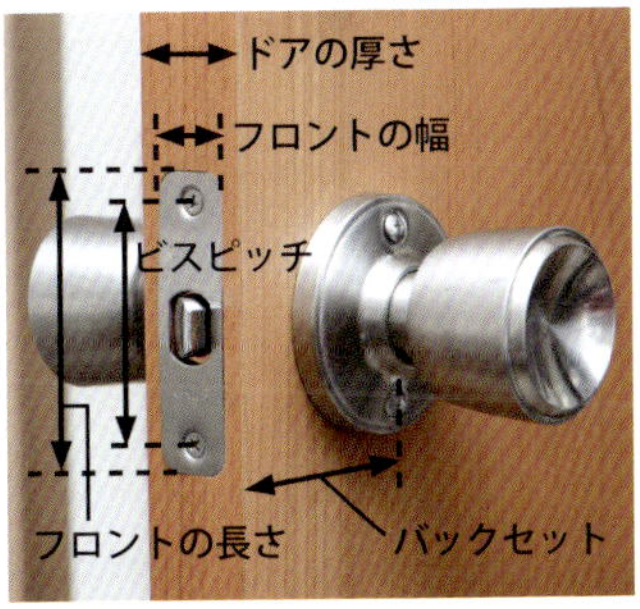

ドア錠は、メーカーや製品によってサイズが多種多様です。使用中のドア錠で写真で示した各サイズを測り、サイズが同一で取り付けが可能な新しいドア錠を用意してください。

台座部分のネジでドアに固定されているのが、チューブラー錠です。ドライバーでこの固定ネジを緩めます。

内側と外側のノブは、中心に通っている角芯でつながっています。それぞれのノブを引き抜いて取り外しましょう。

フロント（側面の金属板）を固定しているネジを緩めて、ラッチ（留め金）をドアから引き抜きます。

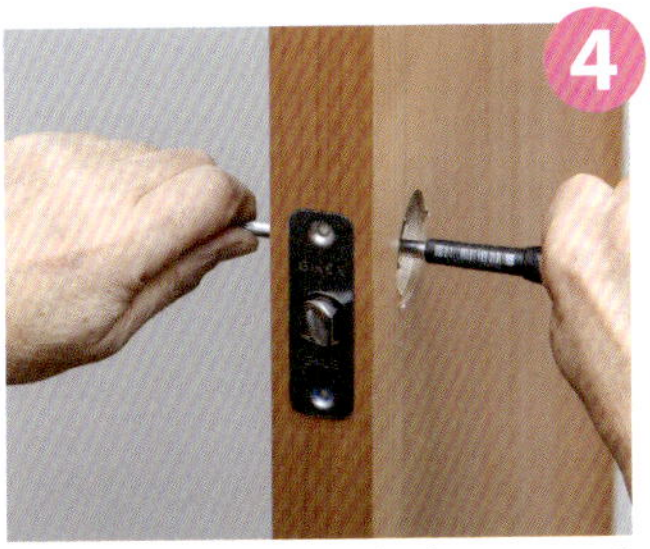

ラッチが手で抜けない場合は、ラッチの角穴にドライバーを差し込んで、両手で持って引き抜いてください。

新しいラッチを、丸みのあるほうが閉める方向を向くように取り付けます。次にドアの両側から台座をはめ合わせます。

ネジを締めて台座を固定します。この時点では仮どめしておき、ラッチの動きを確認してから、しっかり固定しましょう。

角芯がついている方のハンドルを、水平にしてラッチの角穴に差し込み、続いて反対側のハンドルを角芯に取り付けます。

ハンドルの首部分についている固定ネジを締め込んで、ハンドルが抜けないように固定します。

ハンドルを操作して、ラッチが引っかかりなく正常に動くことを確認します。これで交換は完了です。

難易度★★★★☆

収納《しゅうのう》ベンチの作り方

座り心地も快適で収納力もたっぷり

たっぷり収納できる収納ボックスとベンチを合体したのが収納ベンチです。大容量で、小物や生活用品などかさばるものもたっぷりと収納でき、また外からは見えないようにすっきりと片づけることが可能です。

単なる収納箱ではなく、快適に座ることもできるベンチを兼ねているので、お部屋の限られたスペースを有効に活用することができます。

基本的な構造はオープン型の箱の上にクッションを張ったフタを組み合わせるだけと簡単。ベンチの大きさはお部屋のスペースに合わせて自由にカスタマイズしてください。

道　具

■電動ドリルドライバー
■サンダー　■金づち
■クランプ　■メジャー
■ダボキリ
■ダボ切りノコ
■タッカー　■木ネジ
■木工用接着剤
■マスキングテープ
■ハサミ　■ウエス
■滑り止めテープ
■両面テープ

材　料

■ホワイトウッド集成材
　妻板：　562 × 431 × 19㎜ × 2 枚
　側板：1500 × 450 × 19㎜ × 2 枚
　底板：1462 × 562 × 19㎜ × 1 枚
　蓋　：1500 × 600 × 19㎜ × 1 枚
■ダボ　■丁番
■ウレタンチップスポンジ
■クッションカバー用布
■天開き用ステー
■着色ワックス

完成寸法

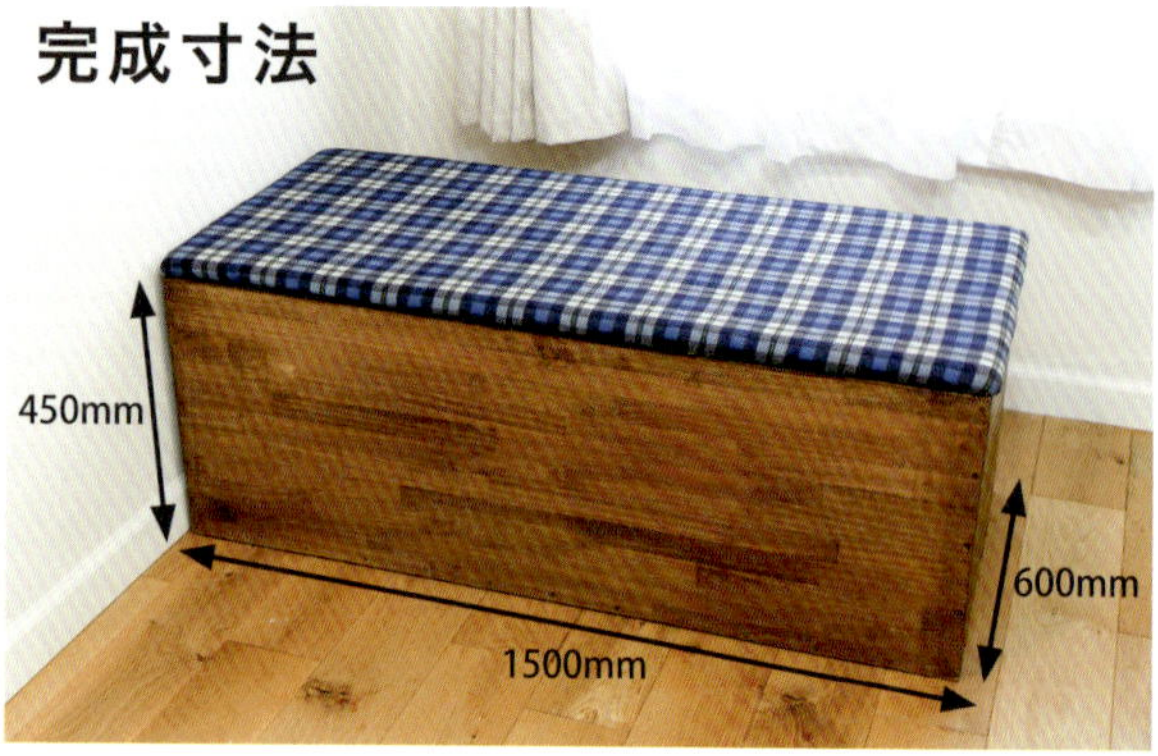

収納スペースとなるボックスを作る

1

材料となる板材はあらかじめ寸法通りにカットしておきます。まず側板となる板材に写真のようにマスキングテープを貼ります。

2

前後2枚の側板に5cm間隔のダボ穴用のしるしをつけます。ダボ穴を開けるのは底板と妻板との接続部分です。ダボキリを使ってダボ穴を開けていきます。

3

板厚と同じ幅のマスキングテープを貼っておくと穴の目しるしになります。加工したダボ穴からビスを打ち込み、あとからダボでビスの頭を隠します。

4

妻板にも底板との接続部分にダボ穴をあけておきます。そして妻板の小口に木工用接着材を塗り、クランプなど使って側板と仮固定しましょう。

5

仮固定できたら側板側のダボ穴から木ネジを打ち込み妻板としっかりつなぎます。側板と妻板が正確に直角を保つように注意してください。

6

もう片方の妻板を同様に繋いだら、次に底板です。底板の小口に木工用接着剤を塗り組み合わせたら妻板側から木ネジを使って固定していきます。

7

木工用接着剤がはみ出したら乾く前に素早く拭き取ります。はみ出したままにしておくと塗料やワックスが乗りにくいので注意しましょう。

8

後ろ側の側板も木工用接着剤と木ネジを使って固定したら、ダボ穴をふさぐためにダボを挿し入れ、ダボが割れないよう金づちで慎重に打ち込みます。

9

ダボはこのようにダボ穴から少しはみ出しますが、はみ出したダボは、ダボを切るための専用ノコギリ、ダボ切りノコを使ってカットします。

10

残ったダボはサンダーやサンドペーパーを使って周囲と段差ができないように削ります。また箱の角もサンダーなどで軽く面取りしておきます。

11

箱が組みあがりました。ボックスの内側の縁や外側の角部分などはサンダーやサンドペーパーをかけて面取りをして角を落としておきましょう。

補助具で材料同士を直角に仮固定

コーナークランプがない場合でも通常のクランプと写真のようなクランプ補助具を組み合わせることで材料同士を直角に仮固定できます。

座面となるフタを作る

次に収納ボックスのフタであり座面となる部分を作ります。まず足が当たっても痛くならないよう板材の角をサンダーで落としておきます。

次にクッション用のウレタンチップスポンジの上にフタとなる板材を置きます。そしてカットの目安となるようマスキングテープでしるしを付けます。

ウレタンチップスポンジはフタの板材を周囲から巻き込みながら固定するので一回り大きめ、フタよりも上下左右3cmほど大きくカットします。

一旦ウレタンチップスポンジからフタをはずし、板の裏面に両面テープを貼ります。クッションがずれないよう15cmくらいの幅で貼ってください。

貼った両面テープの剥離紙をはがしたらウレタンチップスポンジの中央にフタの板材を置きます。はがれないようにしっかりと密着させてください。

カバー用の布を裏返して広げ、ウレタンチップスポンジを下に向けてフタを置きます。周囲から布でくるめるよう中央にセットしてください。

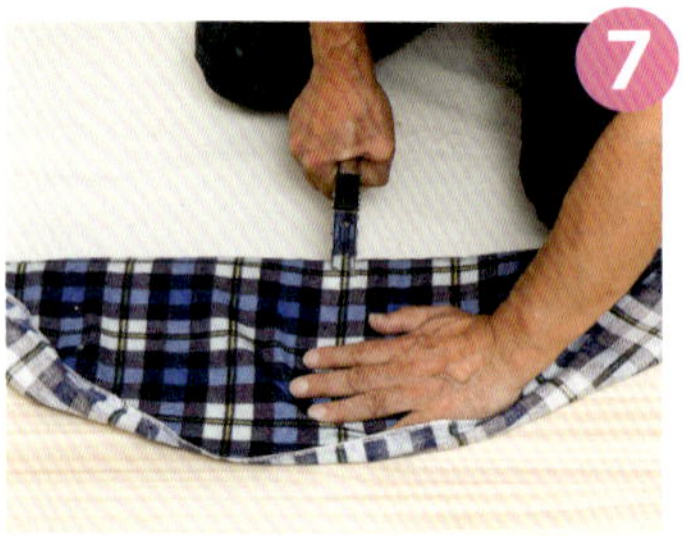

ウレタンチップスポンジとクッションカバーで板材の縁をくるむように巻き込み、タッカーでとめます。最初は起点となる長辺のまん中から固定しましょう。

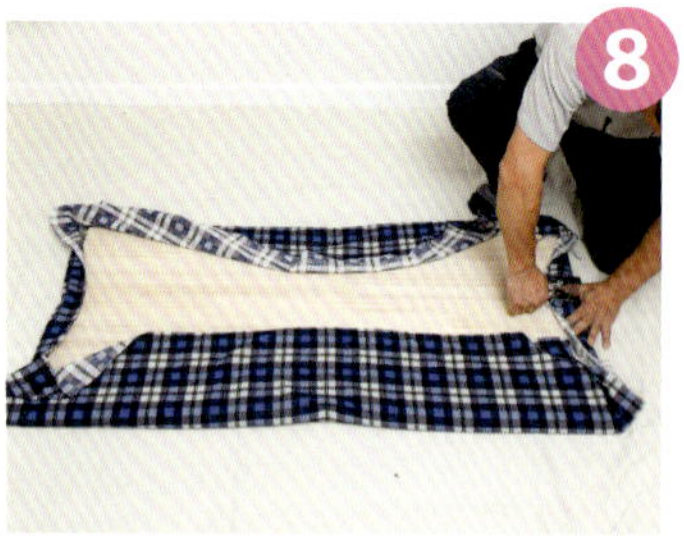

同様に各辺のセンター部分をタッカーで固定していきます。布を軽く引っ張りながらウレタンチップスポンジで板材の縁をカバーするようにしてください。

角はクッションカバーの布を内側に折り込むようにして頂点にタッカーを打ちます。はみ出した部分はさらに内側に折りこみ同様に固定します。

各辺のセンター、および角部分を固定できたら、残った部分もタッカーで固定します。タッカーはなるべく間隔をあけずに多めに打ってください。

全周にタッカーを打ち、ウレタンチップスポンジとクッションカバーでしっかりと板材をくるむことができたら余った布をハサミでカットします。

打ち込んだタッカーに浮きがなくしっかりとまっているかチェックします。浮いているようであれば金づちで軽く叩いて奥まで打ち込みます。

丁番でフタとボックスをつなぐ

1

クッションとなるウレタンチップスポンジと布のカバーを取り付け、フタ部分が完成しました。板の縁がクッションでカバーできているか確認しましょう。

2

表側はこのようになります。ウレタンチップスポンジのクッションを敷いているため手触りもソフトです。これを本体となる収納ボックスに取り付けます。

3

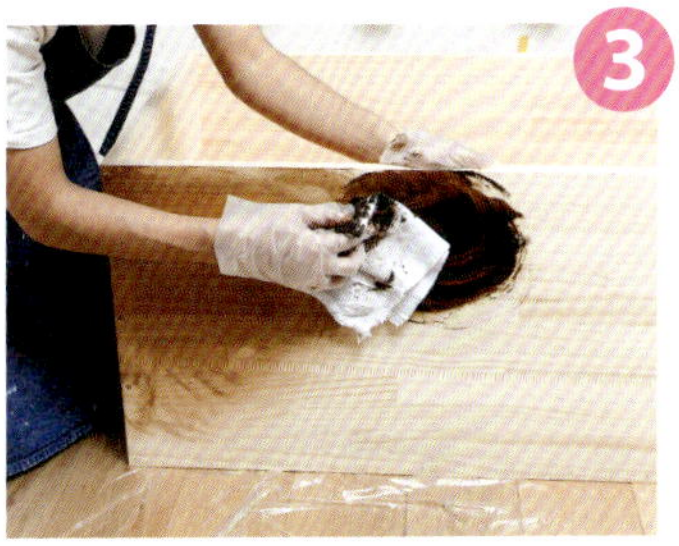

フタを繋ぐ前にボックス側を着色しておきます。ここでは着色ワックスを用い、チェックのクッションカバーと合うようアンティーク調に仕上げました。

4

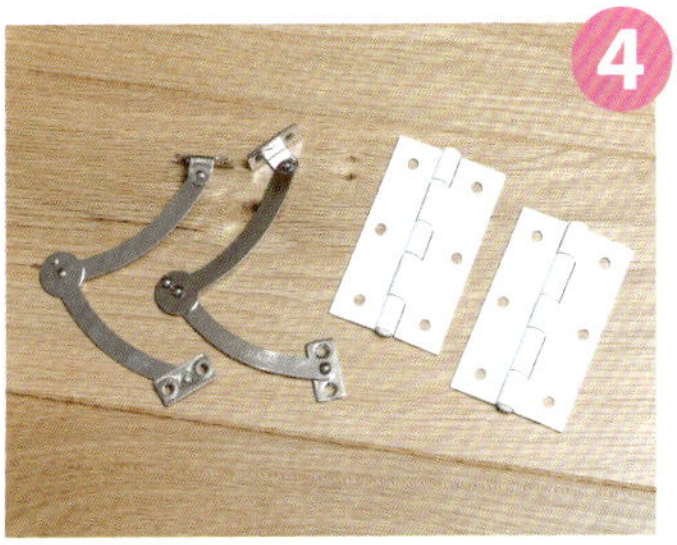

フタとボックスの接続には丁番と天開き用ステーを使用します。ステーには開き止め機能があるのでフタを特定の角度で固定することが可能です。

5

フタの裏側、片側の長辺の2か所に木ネジで丁番を取り付けます。長辺の両端から10cmほど内側に取り付けるとバランスが良いでしょう。

6

次に箱に丁番を固定しますが、フタを開けた際にフタの縁がボックスの縁と干渉しないよう余裕が必要です。丁番の下に小さな板をあて余裕を確保します。

7

ボックス本体と丁番の間に5㎜ほどのあて板を挟んだら木ネジであて板ごとボックス本体に丁番を固定します。できたら開閉できるか確認しましょう。

8

次に開けたフタ部分が勝手に倒れないように、開き止めのついたステーを取り付けます。フタを開け、ちょうど良い角度を探りながら位置決めをします。

9

取り付ける位置が決まったら木ネジでステーを固定します。しっかり支えられるようステーは一つではなく、左右両端に取り付けてください。

10

最後に箱の裏側にクッションの効果を持つ滑り止めテープを貼ります。こうすることでフローリングなどの床材が傷つくのを防ぎます。

11

収納ベンチの完成です。フタを開けるとこのように大容量の収納スペースが現れます。フタは一定の角度で固定されるので手を挟む心配もありません。

12

フタを閉じればアンティーク調のおしゃれなベンチに早変わり。クッションとして厚めのウレタンチップスポンジを使用しているので座り心地も快適です。

ワークチェアを作る

道具を収納できて作業台としても活躍する万能チェア

DIYで意外と困るのが、作業スペースの確保ではないでしょうか。そんな問題を解消してくれるのが、ワークチェア。

普段は椅子として使え、DIYのときは作業台として活躍します。材料をノコギリでカットしたり、金づちでクギを打ち込んだりする作業に最適です。クランプで材料を固定させることもできます。

しかも、使う道具を収納できるので作業がグッとはかどり、DIYがより楽しくなります。これで、テーブルや机に傷をつける心配もありません。

好みの塗料を塗って、このスグレモノの万能チェアを作ってみましょう。

使い方

木材を天板の上に置いて、安定した状態でノコギリなどの作業ができます。

ジグソーなど電動工具も、天板にクランプ止めして安全に作業ができます。

道具

- ■電動ドリルドライバー
- ■ダボビット
- ■ノコギリ
- ■ダボ切りノコ
- ■定規
- ■メジャー
- ■木工用接着剤
- ■サンドペーパー（120 番）
- ■金づち
- ■ハケ
- ■ステンシル専用ブラシ
- ■マスキングテープ
- ■ビニール手袋

材料

■ SPF1 × 12 材
　側板：長さ 450mm　2 枚
　座板：長さ 430mm　1 枚
　中板：長さ 360mm　1 枚
■ SPF1 × 2 材
　補強材：長さ 360mm　4 枚
■ネジ 長さ 35mm
■水性塗料
■ステンシル

側板で椅子の脚を作る

椅子の役割を担うために重要なのが、側板にV字のデザインカットをすることです。これは椅子としての安定性を高める工夫です。

例えば、椅子の脚を面で床と接地した場合、面の精度が正確でないと板が反ってがたついてしまい、安定性に欠けてしまいます。脚を点で床と接地することによって面よりも安定性が増すのです。

V字の角度を広げると椅子の安定感は増しますが、作業台の強度が低下します。また、V字のデザインは必ず左右同じにカットしましょう。

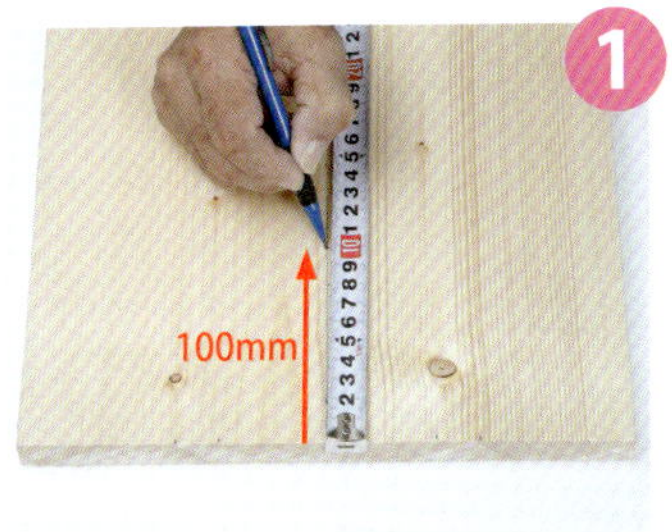

側板のセンターを決めるため、横幅140mmの位置にしるしをつけます。次に上から100mm下げた位置にしるしをつけ、直線を引きます。

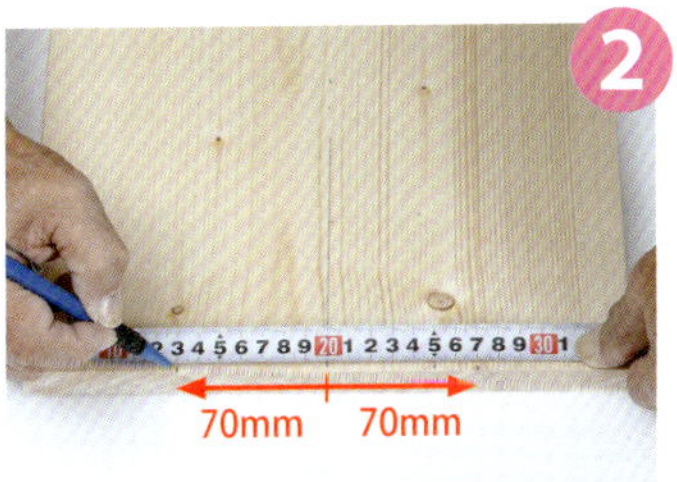

脚の斜めの角度を決めます。工程❶で決めたセンターから左右70mmにしるしを付けます。

工程❶と工程❷でつけたしるしを定規を使って線で結びます。

ノコギリでセンターのしるしまでカットします。ノコギリを使用する際、机など作業台を傷つけないように、下にあて木を添えましょう。

反対も同じようにカットします。斜めに切るコツは板をしっかり固定し、真上から見るようにします。そして、ノコギリを引くときに力を入れます。

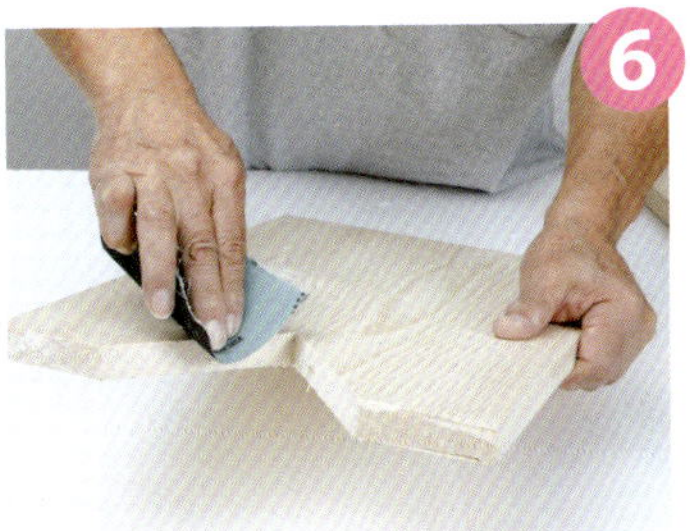

切断した面のバリとりをして、丸みをかけて仕上げるために、サンドペーパーで磨いていきます。サンドペーパーは120番を使用します。

中板、補強材をネジで取り付けるところにしるしを付けます。そしてダボ切り専用のドリルビットで、径8mmのダボ穴を開けます。

ダボビットの上部についてるツバがストッパーの役割を担い、設定した穴の高さにピタリと止まります。貫通を気にすることなく作業ができます。

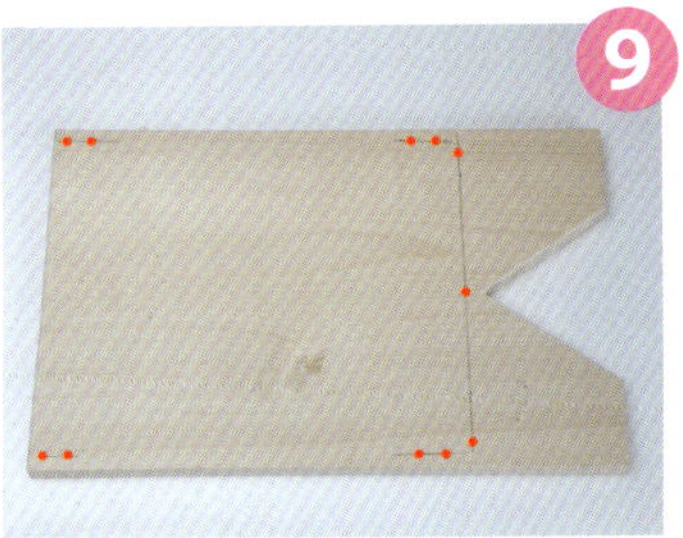

中板用に3カ所、補強材用に上下それぞれ縦2カ所にダボ穴をあけます。そしてもう一枚の側板も同じ工程で作ります。ダボ穴は同じ位置にします。

側板に中板と補強材を取り付ける

1

ダボ穴を開けた裏面に、中板を取り付ける位置にしるしをつけ、線を引きます。ダボ穴が中心にくるようにするため、1/2 ほど下げた箇所を目安にします。

2

中板の取り付け面に木工用接着剤を塗ります。側板に取り付けたときに接着剤がはみ出してしまった場合は、ウエスなどできれいに拭き取りましょう。

3

電動ドリルドライバーを使って、側板の3カ所にネジどめし、中板を取り付けます。ネジは35mm を使用します。ネジどめは、しっかりと板を固定させてください。

4

もう一枚の側板にも同じように、電動ドリルドライバーでネジどめをします。中板が線に沿って水平に取り付けができているか注意してください。

5

電動ドリルドライバーを使って、35mm のネジで側板の上部に 2 本の補強材をネジどめします。補強材が幕板の役目になり、座板の安定性を高めます。

6

下部にも上部と同じ補強材を電動ドリルドライバーを使って、左右 2 カ所ずつにネジどめをして取りつけます。ネジどめの前に木工用接着剤を塗ってください。

7

下部に 2 本目の補強材を取りつけます。下部の補強材はストッパーの機能として、物を収納したときに落ちないようにするためです。

8

上部の補強材は幕板として、下部の補強材は貫としての機能を担います。がたつきをなくし強度を高めて安定性を保ってくれます。

コレがあると便利!

ネジどめに失敗しない便利な押さえ金具を使おう

板を手で固定するのに慣れてない人におすすめなのが、押え金具を使ったネジどめです。この押え金具はT字タイプになっていて、板を溝に差し込めば、仮止めの役割を担います。金具が固定してくれるので、板がずれることなく簡単にネジ止めができます。溝のサイズは、SPF1 × 4 材の 19mm を選びます。

金具の溝に側板と中板をはめ込みます。これで板がずれてしまう心配もありません。はめ込んだ後に、中板を取り付ける線に合わせるよう調整します。

ネジ穴が開いているので、ネジを打つ場所をダボ穴にあわせるだけで簡単にネジどめができます。

座板を取りつけ、ペイントして仕上げる

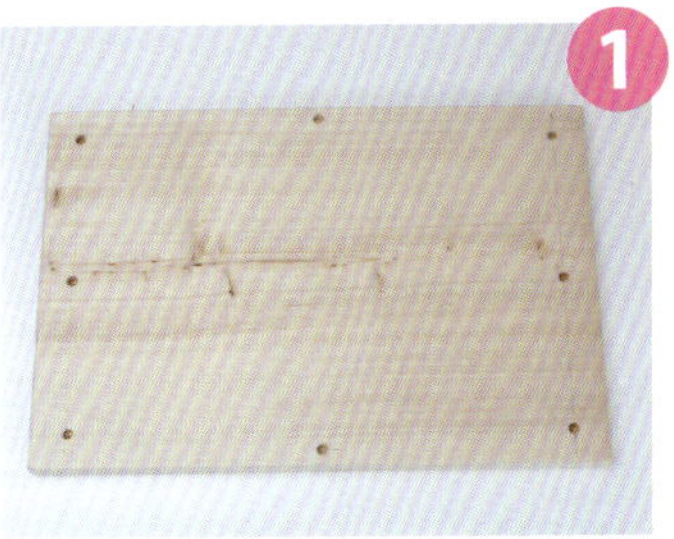

1

天板として使う座板に、ダボビットを使ってネジどめの位置にダボ穴をあけます。ダボ穴は、縦横それぞれに 8 カ所にあけます。

2

天板を取り付ける幕板と側板の面に、木工用接着剤を塗ります。ヘラなどを使って接着剤を均等に伸ばすと、はみ出る心配がありません。

3

天板を取り付けます。取り付けるときに、天板を側板の両サイドから 20mm 程度余分に出します。余分に出しておけば、持ち運びがラクにできます。

4

ダボ穴に 35mm のネジを入れ、電動ドリルドライバーでネジどめをします。ネジどめをしているときに天板がずれないように手でしっかり固定します。

5

ダボ穴に入れるダボの先端に、木工用接着剤を少量塗ります。使用するダボの径は、ダボ穴と同じ 8mm を選ぶようにしましょう。

6

金づちでダボを打ち込みます。ダボの代用として丸棒を使っても OK です。丸棒を使う場合は、入りやすいように先端を金づちで叩いて丸みを持たせます。

7

ダボ切りのこでダボをカットします。ダボ切りノコは刃の先端が両側に開いたあさりがないため、木材の表面に傷をつけずにダボ埋め処理ができます。

8

ダボ埋めしたところを中心に、天板の表面をサンドペーパー（120 番）で磨きます。添え木にサンドペーパーを巻いて磨くと、より作業が効率的です。

9

ハケで水性塗料をムラがないように塗ります。最初に内側を塗った後に外側を塗ると、きれいに仕上ります。使用しているカラーは、ピスタチオグリーンです。

10

アクセントに文字を入れる装飾をするにはステンシルを使います。好みの文字に加工してください。加工できない時は、市販のステンシルシートを使いましょう。

11

マスキングテープで貼ったステンシルに色を付けます。専用ブラシで軽く叩くような感覚で色を付けると、ステンシル独特の風合いが表現できます。

12

10 分ほど乾燥させてステンシルをはがすと完成です。パステルカラーに塗って、リーフなどのイラストをアクセントに入れるとかわいく仕上ります。

壁に棚を付ける

好みや用途に合った棚を設置して、整理整頓を快適に

部屋の壁の空いている部分に、棚を設置することで、デッドスペースを有効活用。プラスアルファの収納を手に入れることができます。新しい棚は、部屋の雰囲気にアクセントを加えてくれるでしょう。ここでは、基本となるシンプルな棚、コンパクトに折りたためる棚、デザイン性のある箱型の棚という、使い勝手や見た目のしるし象の違う3種類の棚を設置する工程をご紹介します。日用品を整理して収納するもよし、飾り棚としてデコレートするもよし。最も必要としている用途のために、最適な棚を設置しましょう。

壁に棚を設置する際は、壁の裏にある間柱を探し、そこに木ネジを打ちます（詳細は次ページ）。隠れた間柱を見つけるために必要なのが壁裏探知器などの下地探し工具。電子センサーで探すタイプ（上写真）のほか、針を壁に刺して探すタイプもあります。

材料

棚1
- ■棚受け金具
- ■棚板

棚2
- ■折りたたみ式棚受け金具
- ■棚板

棚3
- ■棚受け
- ■棚板
- ■側板／前板／底板

共通
- ■木ネジ

（棚受け金具に付属のものでは長さが足りない場合もあるので注意）

道具

- ■壁裏探知器
- ■マスキングテープ
- ■ドライバードリル
- ■水平器

間柱を探し、棚を設置する位置を決める

間柱は、部屋の角や扉の縁から約45㎝感覚で設置されていることがほとんどです。

壁裏探知器などを用いてその位置を特定し、マスキングテープでしるしを付けておきます。その位置が、棚受けを設置するために木ネジを打つ場所になります。

壁に石膏ボードが貼られている場合はコンセントプレートなどを外してボードの厚みを確認し、最適な長さの木ネジを選んでください。

棚１（基本の棚）

間柱の位置を確認したら、設置したい高さを決め、片側の棚受け金具を木ネジで固定します。

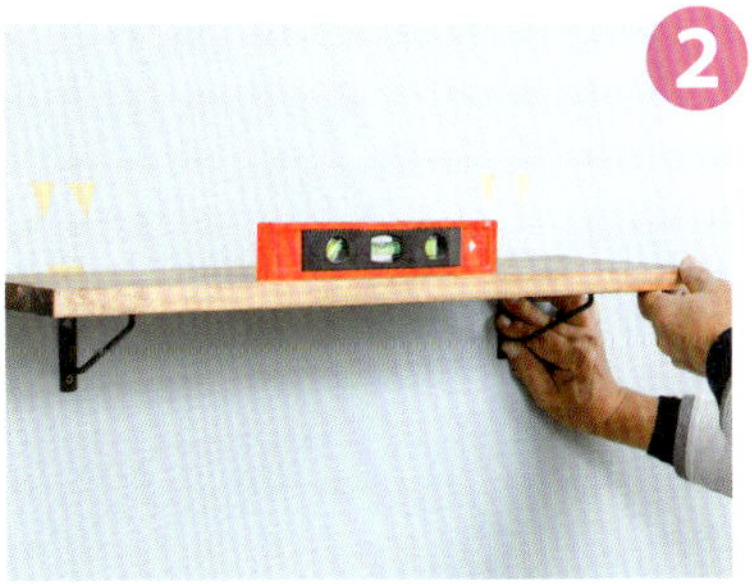

間柱の間隔に合った幅の棚板を用意し、棚受け金具に片端を乗せ、水平を取りながらもう片方の金具の位置を決めます。

左右両方の棚受け金具を壁に設置したら、木ネジで棚板を金具に固定して完成です

棚２（折りたたみ式棚）

不要な時は折りたためる棚を、簡易デスクとしても使えるよう、床から70㎝程の位置に設置します。

基本の棚と同様、水平を取りながら棚受け金具を設置し、棚板を固定します。

完成です。折りたためるタイプの棚は、不要の時は周辺スペースを広く使えるため便利です。

棚３（箱型の棚）

間柱の間隔に合った幅の棚板に、側板、前板を木ネジで固定します。

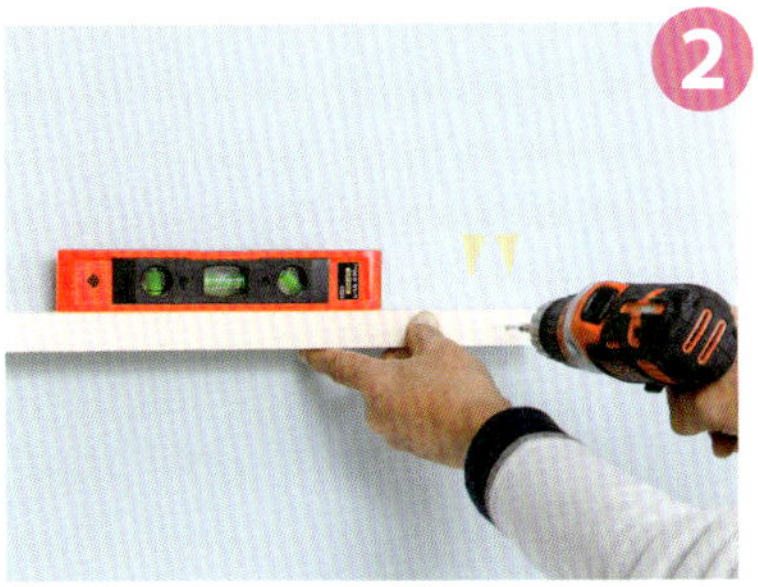

棚受けとなる材を間柱と間柱の間に渡し、水平を取りながら設置。木ネジで固定します。

棚板を棚受けに被せ、棚板の上から木ネジで固定します。

棚板と同サイズの底板を下からフタをするように木ネジで留めます。木ネジは、側板、前板、棚受けとの接地面に打ちます。

難易度★★★

おしゃれなドアにリメイク

板を一枚張るだけでおしゃれなドア表情を実現！

子供部屋のドアをリメイク。女の子が好きなピンクを基調に、花柄のイラストをアクセントに散りばめて、かわいいデザインに仕上げました。部屋の模様替えも楽しくなります。

材　料

- ■MDF(表面材) 1800×900×4mm厚 1枚
- ■隠しクギ
- ■木工用接着剤
- ■水性塗料

道　具

- ■電動ドリルドライバー
- ■胴付きノコギリ
- ■サンダー
- ■ドライバー
- ■さしがね
- ■メジャー
- ■金づち
- ■ペンチ
- ■くしベラ
- ■ローラー
- ■木工用ドリル 120mm
- ■木工用接着剤
- ■ローラーバケット
- ■マスキングテープ
- ■ビニール手袋
- ■マスカー

部屋に入るときに最初に目に入り、インテリアの入口ともいえるドア。部屋づくりのテーマを決めて、お気に入りの家具や小物などを揃えて自分好みの空間にしたとき、ドアも同じインテリアスタイルにしたいと思うものです。

ドアもちょっとしたアイディアで、おしゃれに変身できます。それが、DIYによるリメイクです。さまざまなリメイクの中から、今回は薄い板を一枚張るだけで好きなデザインに変えることができ、ドアの表情を劇的に変身させるリメイク術です。身近な道具で手軽にできるのが魅力です。

板を張ることで立体感のあるデザインになります。さらに、部屋に馴染む色をペイントすれば部屋全体のおしゃれ度がグッとあがります。

ドア本体を取り外す

1

ドアを開ききった状態にし、ドア側にある上下の丁番のネジをドライバーでゆるめて取り外します。

2

ドア下部に取りつけられているドアストッパーを、ドライバーを使ってネジをゆるめて取り外します。マグネットタイプの場合も同じ方法で取り外します。

3

ドアに固定しているレバーハンドルの丸座にある上下のネジをドライバーを使って外します。ラッチのフロント板は取り外さないので、ネジをゆるめなくて大丈夫です。

4

反対側のハンドルも同様にドライバーでネジをゆるめます。円筒錠のノブの場合は、丸座の切り込みにマイナスドライバーを差し込み、丸座を起こして外します。

5

内側のレバーハンドルを引き抜いた後、外側のレバーハンドルを引き抜きます。ドアノブの取り外しは、内側からの作業が基本です。

6

ドア本体にリメイク用の表面材を張り合わせるため、ドア本体の縦と横のサイズを測ります。マスカーで床を覆い、作業しましょう。

7

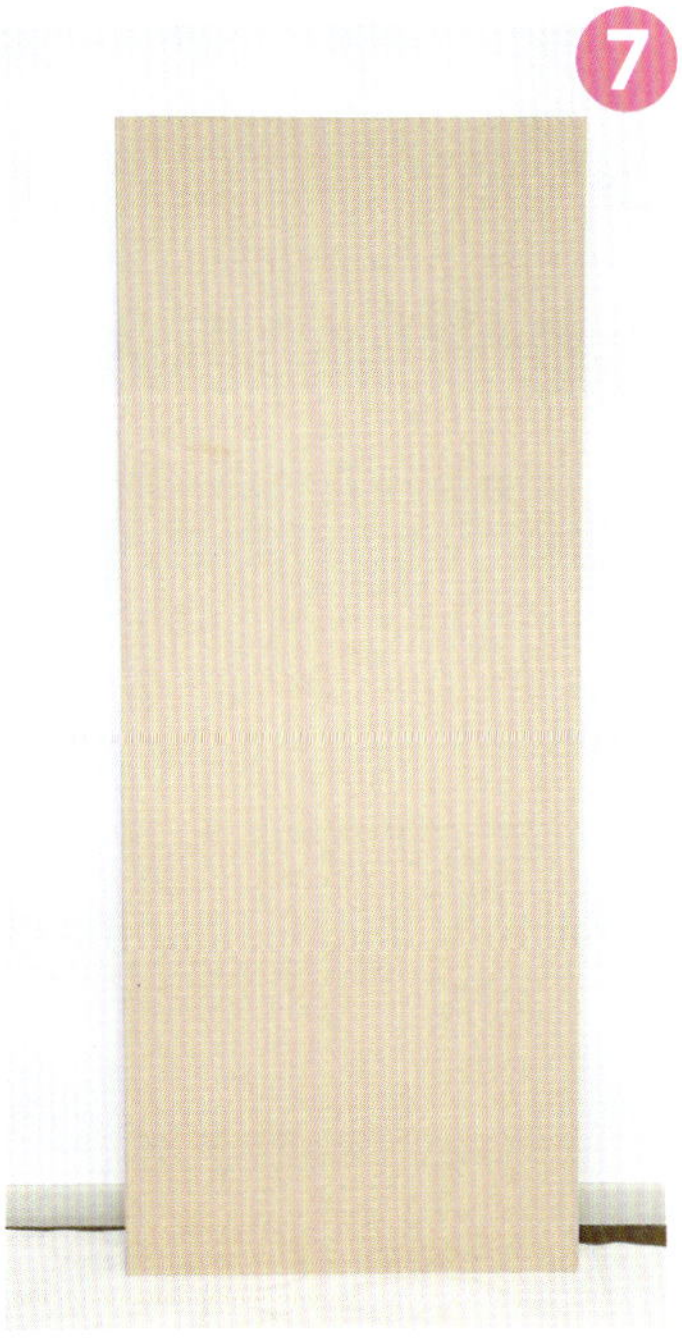

表面材をカットします。薄くて反りがないため、装飾加工に適している MDF を使用します。ホームセンターなどでカットしてもらうと便利です。

8

ドアに枠木がある場合は、枠木の内側からの実寸を測るようにしましょう。リメイク用の表面材を張り合わせたとき、浮かないようにするためです。

9

レバーハンドルの位置をさしがねで測ります。そして表面材に同じ位置のところにしるしを付けます。表面材をドアと重ねると、しるしをつけるのがラクです。

10

ドアの角からドアノブの中心までのバックセットを測った後、丸穴の径を測ります。径の中心の大きさは 20mm です。円を表面材に書きます。

11

木工用ドリルで表面材に穴を開けます。ドリルビットは丸穴と同じ径 20mm のものを選びます。

装飾のデザインを決めて加工する

1

表面材に平面窓の 4 つのデザインをペンでラインを引きます。凹凸の立体感を出すために、窓枠は内側に 30mm のラインを引きます。

2

外側のラインに沿って、ノコギリでカットします。先端部に切り込み用の刃が付いていると、板の途中から切り始めることができます。

3

平面窓の加工で注意することは、切り込みがラインを越えないことです。上手く切るコツは、ノコギリを垂直に立てて角で止めるようにします。

4

カットした平面窓の内側のラインをノコギリでカットします。胴付きノコギリの刃は細かいため、薄い板を切るときの精密な細工に適しています。

5

表面材の切断面をサンダーで磨きます。切断面のバリを取り、丸みを持たせます。同じように、カットした平面窓の切断面もサンダーで磨きます。

6

平面窓を切り出した状態の表面材です。窓枠は、左右対称になるようにしましょう。見栄えも良く、美しいしるし象に引き立ててくれます。

7

切り出した平面窓はあとでドアに取り付けます。そして平面窓を切った際の外側の切れ端は、取りつけるときにガイドとして使うので捨てないようにします。

8

ドア本体に張り合わせる表面材の接着面に、木工用接着剤を塗ります。接着剤はたっぷり塗ってください。

9

表面材の全体にたっぷり塗った接着剤を、くしベラを使って延ばします。ヘラの代わりにハケを使っても OK です。接着剤は薄く均等に伸ばすときれいに張れます。

10

表面材をドア本体に張ります。このとき、ドア本体の丸穴と表面材に開けた穴の位置を合わせるようにします。ズレた場合は、接着したまま微調整します。

11

表面材とドア本体を張ったときに、はみ出してしまった接着剤は、ぞうきんやウエスなどを水に濡らしてきれいに拭き取ってください。

張り合わせを補強し、ペイントで仕上げる

1

張り合わせの補強で使うクギは、クギ跡が目立たない隠しクギを使用します。金づちで打ち込み、プラスチック部が少しつぶれる程度まで打ち込みます。

2

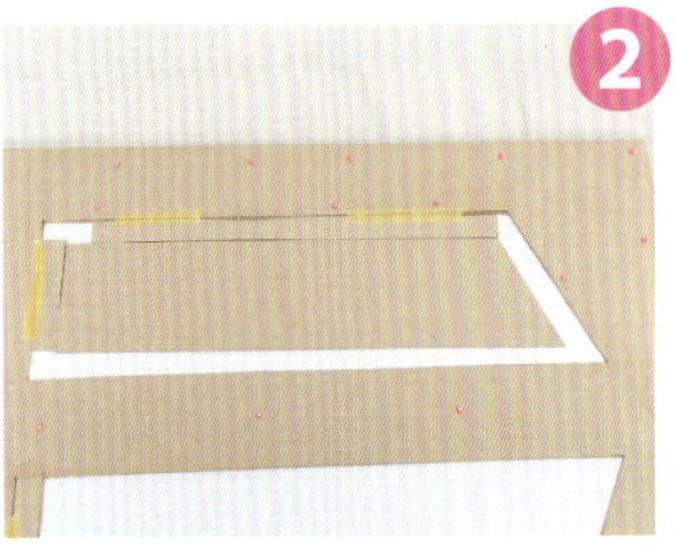

カットした窓枠の切れ端をマスキングテープで張り、ガイドにします。平面窓を仮置きして張る位置を確認し、木工用接着剤を塗って張ります。

3

平面窓にも金づちで隠しクギを打ち込み、補強します。隠しクギは接着の強度を高めるため、全体にまんべんなく打ちます。そして接着剤を乾かします。

4

乾燥後、金づちでプラスチック部を横から叩いてクギの頭を飛ばします。あて木を使って叩けば、頭部を飛ばしやすくなり、表面材が傷つくのを防げます。

隠しクギは曲がりやすいので要注意

隠しクギは、一般のクギに比べてクギの太さが細いため、金づちで打ち込んだときに隠しクギが斜めになって、曲がったり折れたりすることもあります。このようなケースは、ペンチなどで隠しクギをつまんで引き抜きます。上手に打ち込むコツは、金づちをクギの頭部に垂直にあてて打ち込むことです。また、キリで少し穴を開けてから打つと、クギが打ちやすくなります。クギの長さは板の厚さから2～3倍がオススメです。

5

ドアの枠木にペイントがつかないように、マスキングテープをまっすぐに貼って保護します。テープの上から指でしっかり押して隙間をなくして密着させます。

6

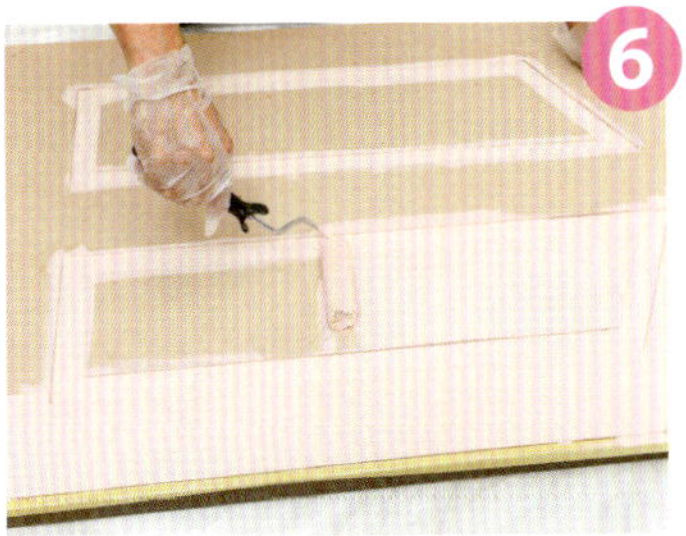

ローラーバケットに木工用塗料を注いで塗装します。はじめに窓枠部分をハケで塗り、その後にローラを使って全体を塗ります。ムラが出ないように均等に塗りましょう。

7

塗料が乾く前に、マスキングテープをゆっくりとはがします。

8

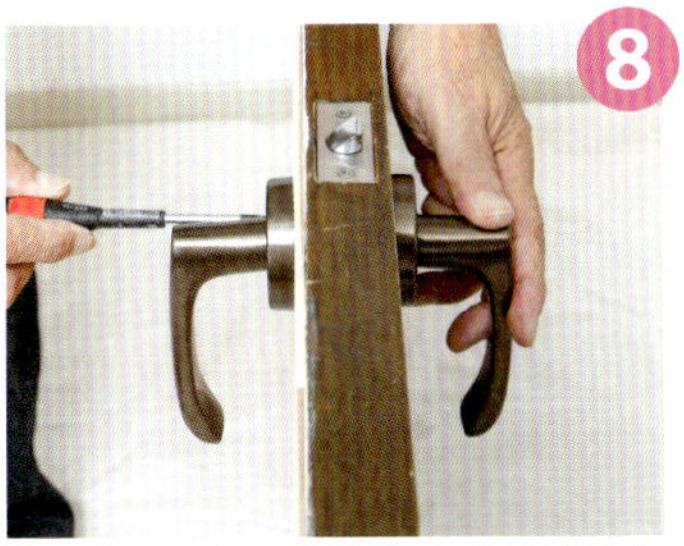

ハンドルレバーを戻します。ハンドルレバーは水平の位置に合わせて内側と外側に取り付け、丸座のネジを締めます。詳しくは、P107を参考にしてください。

9

ドアの上下に丁番を合わせ、ドライバーを使ってネジを締めて固定します。ドアにがたつきがでる場合は、ネジを緩めて調整してください。

10

ドアの開け閉めが、スムーズにできるのを確認して完成です。カラーリングは部屋の雰囲気に合わせて、ナチュラル、モダンなど好きな色で塗ってください。

室内ドアの作り方

フラッシュ構造で、軽くておしゃれなドアパネルを作る

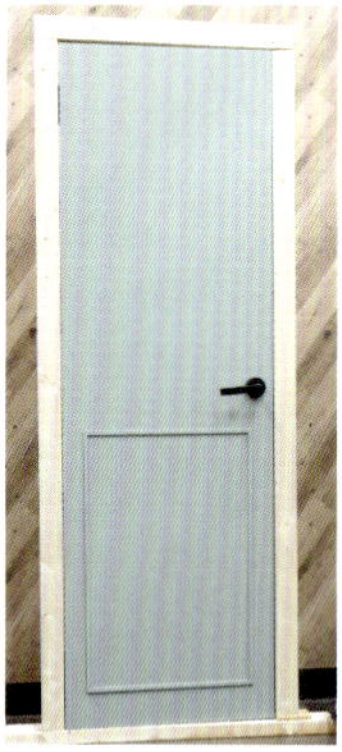

室内ドアを自作する際におすすめなのが、フラッシュ構造と呼ばれるタイプです。これは角材で組んだ骨組の両面に、合板を接着するもので、内部が空洞の軽いドアを作ることができます。実用性を重視し、あまり費用をかけずに作りたいドアに適しています。

フラッシュドアの主な製作工程は、「骨組の組み立て」「パネル材の接着」「部品の取りつけ」となり、特殊な工具や難しい加工技術は必要ありません。

既存ドアに付け替える場合は、取り外すドアの各部の寸法を測ります。ドアの幅、高さ、厚さのほか、ハンドルや丁番の取り付け位置を測り、同じ寸法で新しいドアを作ります。

ドアを新設する場合は、取りつける枠の内寸を測り、その寸法をもとにドアの幅、高さを決めます。幅や高さは、ドア枠より7～10㎜程度小さくするのを目安に作りましょう。

道具

■電動ドリルドライバー
■サンダー
■金づち
■ノコギリ
■ノミ
■メジャー
■さしがね
■木工用接着剤
■ローラーバケット
■ローラー

材料

完成サイズ：（約）幅600×高さ1820×厚さ36mm

■ツガ材（厚さ30×幅40mm）
枠材：長さ1820mm/2本、長さ520mm/6本、力板：長さ200mm/2本
■ラワン合板（厚さ3mm）：幅600×長さ1820mm/2枚
■ヒノキ材（厚さ４×幅10mm）　装飾材：長さ1820mm/2本
■室内ドア錠　1セット
■木ネジ90mm
■隠しクギ
■室内用水性塗料

枠を作ってパネルを取り付ける

長短２本ずつの枠材を使って外枠を組み立てます。木材の割れを防ぐため、まず1820mm の枠材の上下に２か所ずつ下穴を開けます。

ネジで固定したときの接合強度を高めるために、520mm の枠材の木口に木工用接着剤をつけます。木材の接合面はすべて同様に処理しておきましょう。

枠材の面をぴったりあわせ、90mm の木ネジで固定します。位置がずれるときれいな長方形になりません。必ず広い平らな作業台の上で行いましょう。

まん中よりの２本の内枠を固定します。枠の下側から 910mm を測ってしるしをつけ、そこから上下に 100mm ずつあけて 520mm の枠材を固定します。

ドア錠を取り付けるところに、枠材と同じ厚さの力板という補強材を入れます。今回は２枚並べて使いますが、大きい板を１枚入れてもＯＫです。

３本の枠材との間にすき間ができないように、力板をきっちりはめ込みます。きつくて動かない場合は、金づちで叩いて端まで寄せます。

内枠のほうから 90mm の木ネジを打って、力板を固定します。木ネジは上下に４本ずつ打って動かないようにしましょう。

上下端からそれぞれ 400mm のところに木ネジを打って、520mm の枠材を固定します。これでフレームの組み立てが完了しました。

すべての枠材の上に木工用接着剤を塗ります。

枠と位置をあわせて、パネル材のラワン合板をのせます。

枠材の位置がわかるようにパネル材に線を引き、約 100mm 間隔で隠しクギを打ってパネル材を圧着します。反対の面にもパネル材を取りつけましょう。

接着剤が硬化するまで２～３時間待ち、材料を傷つけないようにあて木をして、隠しクギの頭を折ります。これでドア本体のできあがりです。

ドア錠の取り付け部分を加工する

ドア錠は、ハンドル（ノブ）、ハンドルに連動して出入りするラッチ、ドア枠に取り付けるストライクといった部品がセットになっています。パッケージや説明書には、ドアを加工するために必要な以下の情報が書かれているので、必ず確認してください。

■バックセット
　ドアの端からハンドルの中心までの距離。
■フロントサイズ
　ラッチをドアに固定するため、側面につける金具の寸法。
■本体穴、ラッチ穴のサイズ
　レバーやラッチを取り付けるためにあける穴のサイズ。

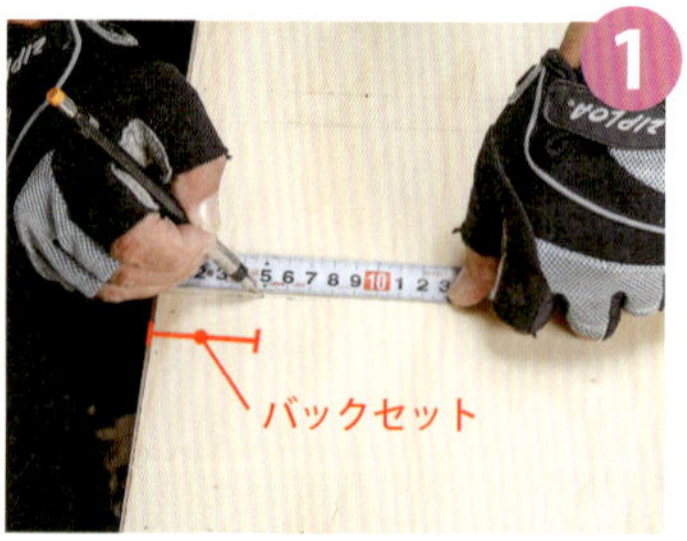

ハンドルを取りつける高さ（今回は中心が下端から910mm）で、ドアの端から垂直に線を引き、バックセットの距離を測ってしるしをつけます。

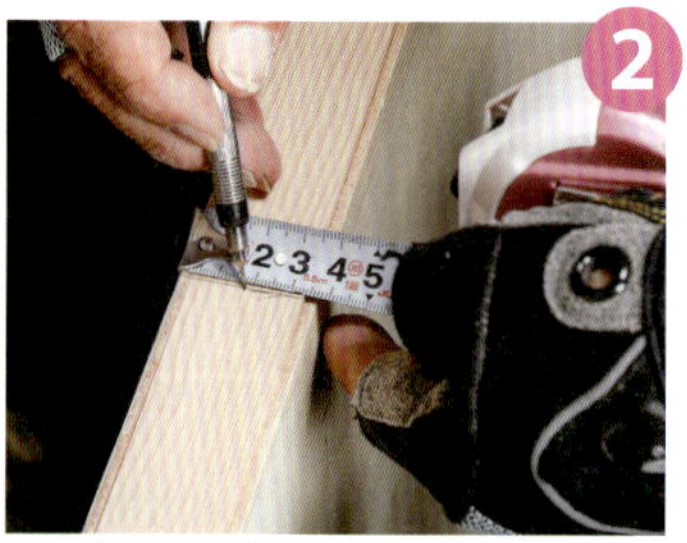

同じ高さ（下端から910mm）のところで、ドアの厚みのまん中にあたる位置にしるしをつけます。

ハンドルの取り付け位置に穴をあけます。反対側まで達する貫通穴を一気にあけるので、下に捨て木をあててドアとともに固定しておきましょう。

本体穴用に指定されたサイズのドリルビットを取り付け、ドリルビットを垂直に立てて、反対側まで貫通する穴をあけます。

ドアを横向きに立て、ラッチ穴をあけます。製品に指定のあるサイズのドリルビットを使い、指定された深さのラッチ穴を垂直に開けます。

本体穴、ラッチ穴の穴あけ加工が完了しました。念のためラッチを差し込んで、まっすぐに奥まで入ることを確認しましょう。

フロントの金具を収めるくぼみを彫るため、ラッチ穴を中心に指定されたサイズで線を引きます。

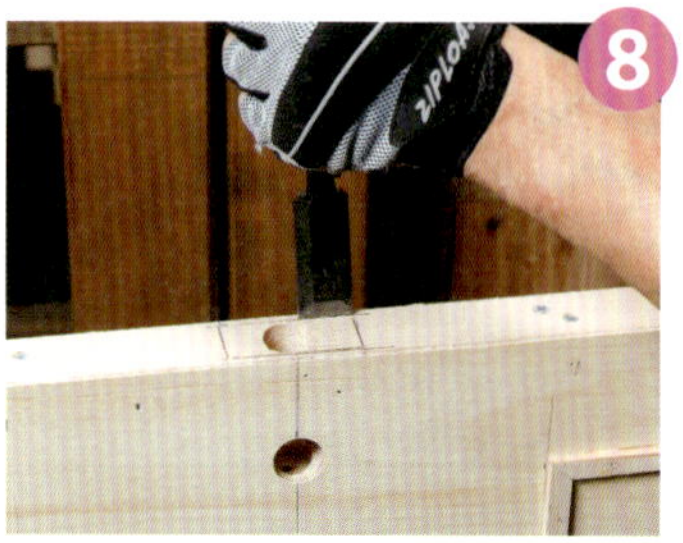

ノミを使って、フロントをはめ込むためのくぼみを彫ります。最初はノミの刃を内側に向け、刃を立てた状態で線のやや内側に刻みを入れます。

続いてノミの刃でさらうように、線の内側を少しずつ彫ります。指定された深さまで、全体を均等に彫っていきます。

最後に縁や底をていねいに整えておきましょう。以上でハンドルとラッチを取り付けるための本体加工は完了です。

ドア錠を取り付ける

外観が単調にならないように、好みで縁飾りのモールディングを施します。市販のモールディング材などを、自由なデザインで接着して取り付けてください。

室内用水性塗料でドア全体を塗装します。広い面はローラーバケを使うと、ハケ跡が残らずにきれいに塗ることができます。

既存のドアについている丁番の高さと大きさを測り、ドア側の取り付け位置がわかるように線を引いて、ノミで同サイズのくぼみを彫ります。

ドアの側面からラッチを差し込んで、付属のネジで固定します。ドアを閉める方向にラッチの丸い方が向くように、取り付け方に注意しましょう。

ハンドルの角芯をラッチの穴に通し、両側からドアをはさむようにハンドルを固定します。ハンドルとラッチが連動して動くことを確認しましょう。

ドア枠の丁番に、ドアをネジどめして取り付けます。先に位置をあわせてネジの下穴をあけておくとよいでしょう。

お好みで窓を作る

作りたい窓の位置と大きさを決めて線を引き、目の細かい細工ノコギリなどを使って、線に沿ってパネルと内側の枠材を切り取ります。

開口部の周囲に、窓枠を固定するための補強を入れます。枠材と同じ厚さの材料を周囲の寸法にあわせてカットし、パネルの上から細ネジを打って固定します。

開口部の寸法にあわせて木材で窓枠を組み立て、その内側に幅10mm程度の木材を接着します。これがアクリル板を支える内枠になります。

塗装した窓枠は、補強材にネジを打って固定します。内枠に両面テープを貼り、窓枠の寸法にあわせてカットしたアクリル板を貼って取り付けます。

両面テープで桟をつけるとおしゃれなアクセントになります。装飾とネジを隠す目的を兼ねて、窓枠の周囲にモールディングを貼って作業は完了です。

難易度 ★★★★☆

タイルテーブルを作る

タイルを使ったリメイクで存在感を放つ

Before

タイルといえば、一昔前は主に浴室や台所の水回りで使われていて、昭和の雰囲気が漂うレトロなしるし象が強いアイテムでした。

そんなイメージも今や昔で、最近は形や大きさのほか、質感やポップなデザインなどバラエティに富んだタイルが登場し、DIYリメイクのおしゃれアイテムとして注目を集めています。特に人気なのが、難度の高いタイルの貼り付けが簡単にできるモザイクタイルです。裏面がシート状になっているのでDIY初心者でも広いスペースをきれいに貼ることができ、サイズを合わせるのもハサミで簡単にカットできます。

モザイクタイルを使えば、従来の壁に貼るのはもちろん、インテリア雑貨や家具などにもデコレーションをして、オリジナルテイストのおしゃれなしるし象に変えることができます。

材　料

- ■スクエアテーブル（550×550mm）
- ■モザイクタイル
  45.5mm角（目地4.5mm）×5シート（18枚）
  22mm角（目地幅3mm）×5シート（72枚）

道　具

- ■電動ドリルドライバー
- ■サンドペーパー（80番台）
- ■ペインターズピラミッド
- ■タイル用接着剤
- ■タイル目地材
- ■ゴムベラ
- ■クシ目ゴテ
- ■ハサミ
- ■ウエス
- ■スポンジ
- ■カップ
- ■バケツ
- ■ビニール手袋

便利グッズ

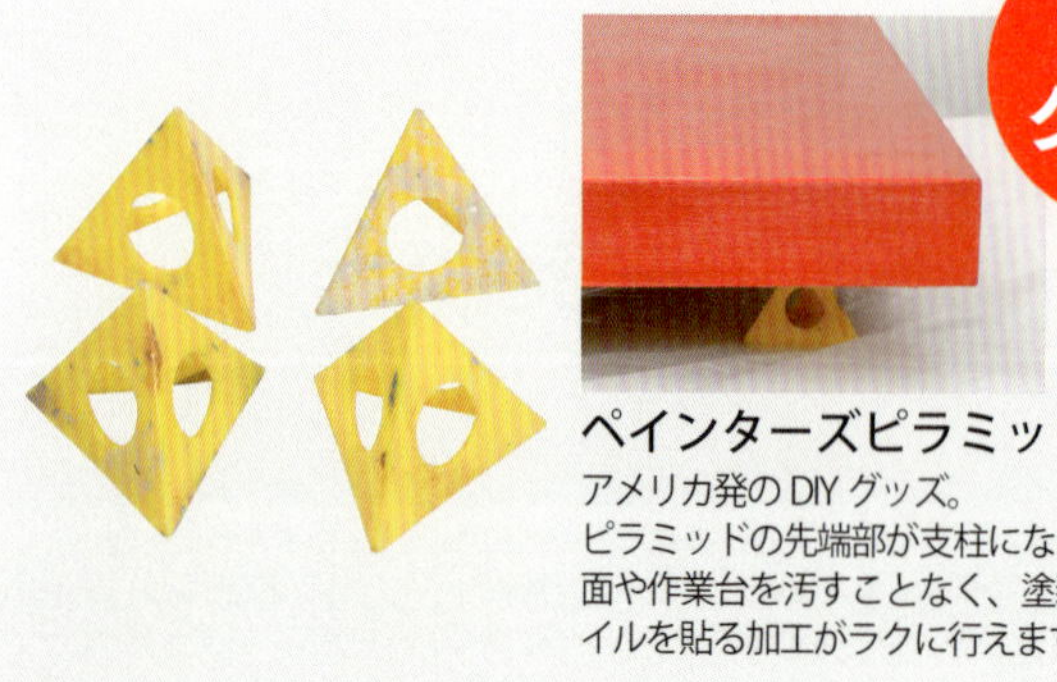

ペインターズピラミッド
アメリカ発のDIYグッズ。
ピラミッドの先端部が支柱になり、床面や作業台を汚すことなく、塗装やタイルを貼る加工がラクに行えます。

モザイクタイルを貼り付け、目地詰めをする

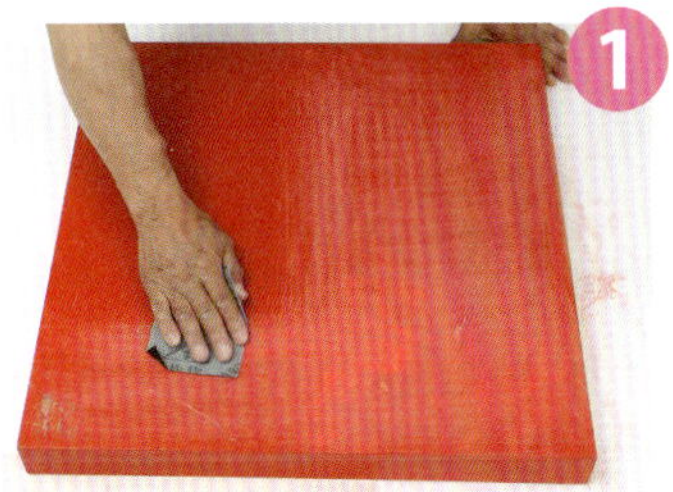

1
電動ドリルドライバーでテーブルの脚を外します。接着剤が密着するように、80番台のサンドペーパーで天板を荒します。

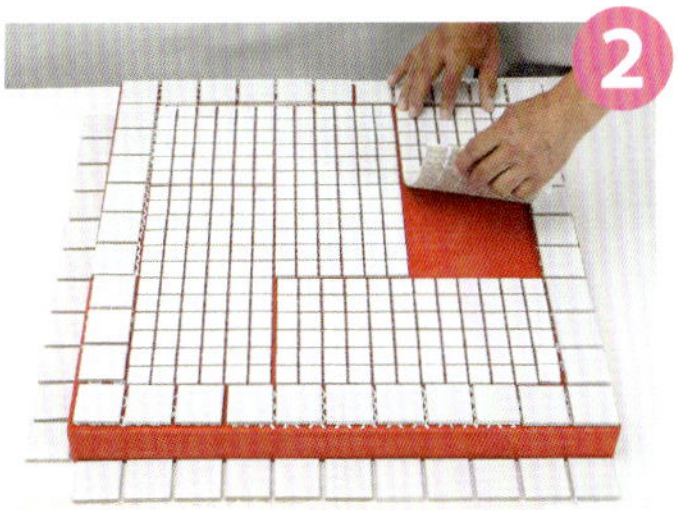

2
細かい削りカスを取り除き、天板に貼り付けるタイルを仮置きしてレイアウトを決めます。タイルはハサミでカットします。

3
作業がしやすいようにペインターズピラミッドで天板を浮かせます。天板側面に接着剤を塗り、ヘラで均等に伸ばしていきます。

4
接着剤を均等に塗った後、45.5mm角のモザイクタイルを貼ります。側面から貼ると、天板を貼る際のガイドの役割を担います。

5
天板側面にモザイクタイルを貼り終えたら、クシ目ゴテを使って天板に接着剤を均等に伸ばしながら塗っていきます。

6
四隅に45.5mm角のモザイクタイルを指で押さえて圧着させながら、貼り付けていきます。

7
22mm角のモザイクタイルの裏面のシートを天板に貼ります。側面と目地を合わせながら貼り、浮かないように指で圧着させます。

8
天板を貼り終えたら、目地材を準備します。水を少しずつ加え、しっかりと練り込みます。固さの目安は歯磨き粉程度です。

9
練った目地材をタイルの上にのせます。ゴムベラで伸ばすようにして広げて塗り、目地に埋めていきます。

10
角の部分にもしっかりと目地を詰めていきます。タイル表面はできるだけ目地材を残さないように埋めていきます。

11
目地が固まる前に水を切ったスポンジを使い、タイルの表面に付いた目地を拭き取ります。タイルの輪郭が見えるようにします。

12
固く絞ったウエスで全体をきれいに拭き取って仕上げた後、脚を取り付けて完了です。

難易度★★★★★

収納棚を作る

スペースを有効活用してスッキリ収納

DIYを始めて誰もが一度は製作したくなるのが収納棚です。基本的な工具を使うことができれば、簡単に作れることから人気の家具です。

製作する前に大事なことは、収納棚を使う目的です。本棚、写真などを飾る棚、趣味の模型のディスプレイを飾る棚など、収納するものによってデザインが変わります。そして、部屋に置く場所でサイズや木材、カラーなどが決まり、理想の収納棚が固まります。今回は収納棚のなかでもスタンダードな〝見せる収納棚〟。スペースを有効活用できる便利な家具なのでチャレンジしてください。

道　具

- ■電動ドリルドライバー
- ■サンダー
- ■ダボ穴ビット
- ■下穴ビット
- ■ノコギリ　■金づち
- ■ダボ切りノコギリ
- ■クランプ
- ■メジャー
- ■さしがね
- ■木工用接着剤

材　料

■枠材
縦枠（45 × 45 × 910mm）4 本
横つなぎ材（30 × 30 × 910mm）3 本
■ SPF 1 × 10 材
側板（38 × 235 × 910mm）2 本
■メラミン化粧棚板
天板（18 × 250 × 900mm）1 枚
■ L 字金具
■ダボ：径 8mm 丸棒
■木工用塗料　■木工ネジ

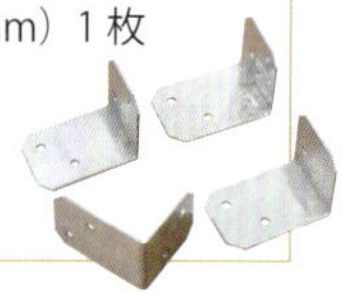

展開図

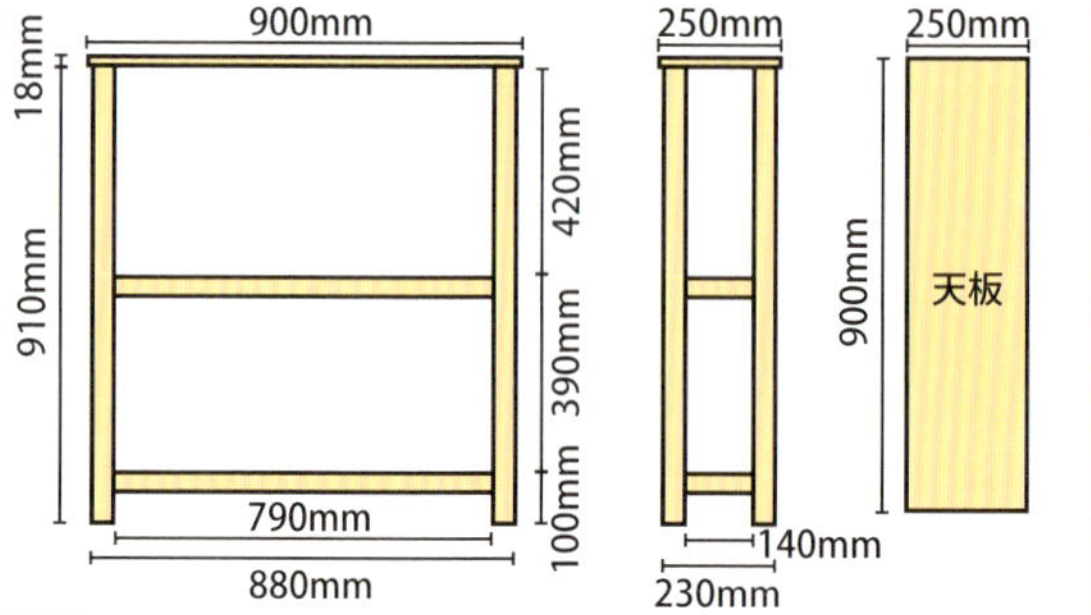

フレームを組み立てる

1

横つなぎ材を 140mm の長さを測り、しるしを付けたらノコギリでカットします。側面部分のつなぎとして、同じ長さのものを 4 本カットします。

2

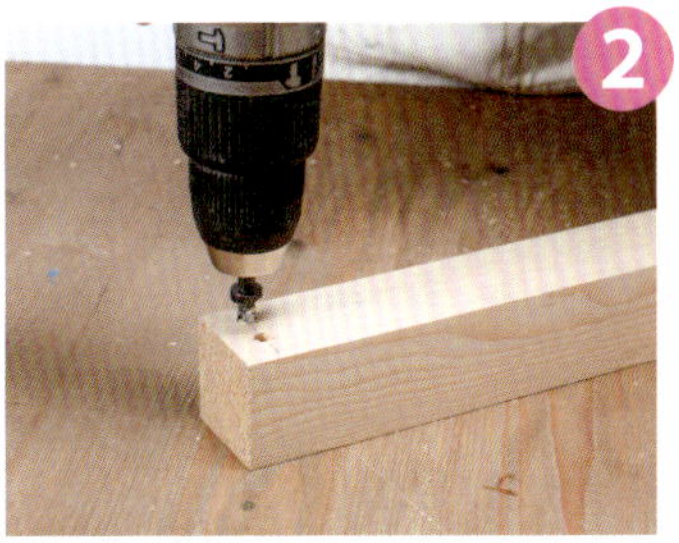

8mm のダボ穴ビットで、縦枠の上から 15mm の位置に 2 カ所ずつダボ穴をあけます。次に下穴ビットで、ダボ穴の中心に下穴をあけます。

3

上側は横つなぎ材が縦枠の中心にくるようにベニヤ板をおいて、65mm の木ネジを打ち込んで固定します。下側も同様に調整をして固定させます。

4

2 組の側面のフレームを組み立てた後、ネジ頭を隠すダボ埋め処理をします。丸棒をダボ穴に打ち、余った部分をダボ切りノコギリでカットします。

5

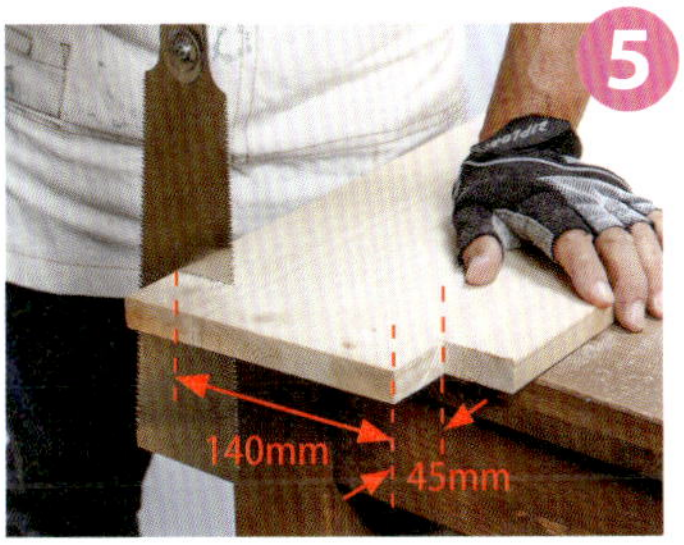

棚板の長さを 880mm にカットした後、写真の寸法で線を引いてカットします。切り終わりのところでのこぎりを立てて使うのがポイントです。

6

❺の工程で棚板をもう 1 枚加工して 2 枚仕上げます。次に棚板とフレームを塗装します。塗装する前に、サンドペーパーで磨くときれいに塗れます。

棚板を取り付ける

1

側面のフレームに、上端から 420mm の位置にしるしを付けます。電動ドリルドライバーで 20mm のネジを打ち込み、L 字金具を取り付けます。

2

下段の棚板を側面のフレームのつなぎの上にあて、電動ドリルドライバーで 35mm のネジを打ち込みます。上から 2 カ所ずつ留めて固定します。

3

側面のフレームを立たせて、中段の棚板を L 字金具の上に乗せます。そして、下から 15mm の細軸ネジを打ち込み、固定します。

4

天板を取り付けるため、長さ 790mm にカットしたつなぎ材を、枠の上端に合わます。65mm 木ネジを打ち込んで固定した後、ダボ処理をします。

5

天板を 4 辺とも 10mm ずつはみ出すようにセットし、クランプで固定します。下から 45mm 木ネジを 2 カ所ずつ打ち込み、固定させます。

6

天板を取り付けると完成です。使用したカラーはシックなしるし象が特徴のウッドワックスで塗っていますが、部屋のインテリアに合わせて選んでください。

難易度 ★★★☆☆

キッチンワゴンを作る

調理スペースを兼ね備えた実用的なワゴン

普段は部屋の隅に置き、使いたいときに傍に置いておけるワゴンは、さまざまなシーンで活躍する、とっても便利な収納アイテムです。

この魅力を最大限に引き出せるのが、自分のライフスタイルに合わせてサイズやデザインを決めるオリジナルのワゴン。特に作業スペースを備えたワゴンは、作業に必要なアイテムを手元に置くことができるので、ストレスなく作業がはかどります。

なかでも人気を誇るのが台所で活躍してくれるキッチンワゴンです。サブの調理台として使え、配膳用やサイドテーブルとしても使えるので大助かり。引き出しを備えた実用的でおしゃれなワゴンの製作にトライしてみましょう。

展開図

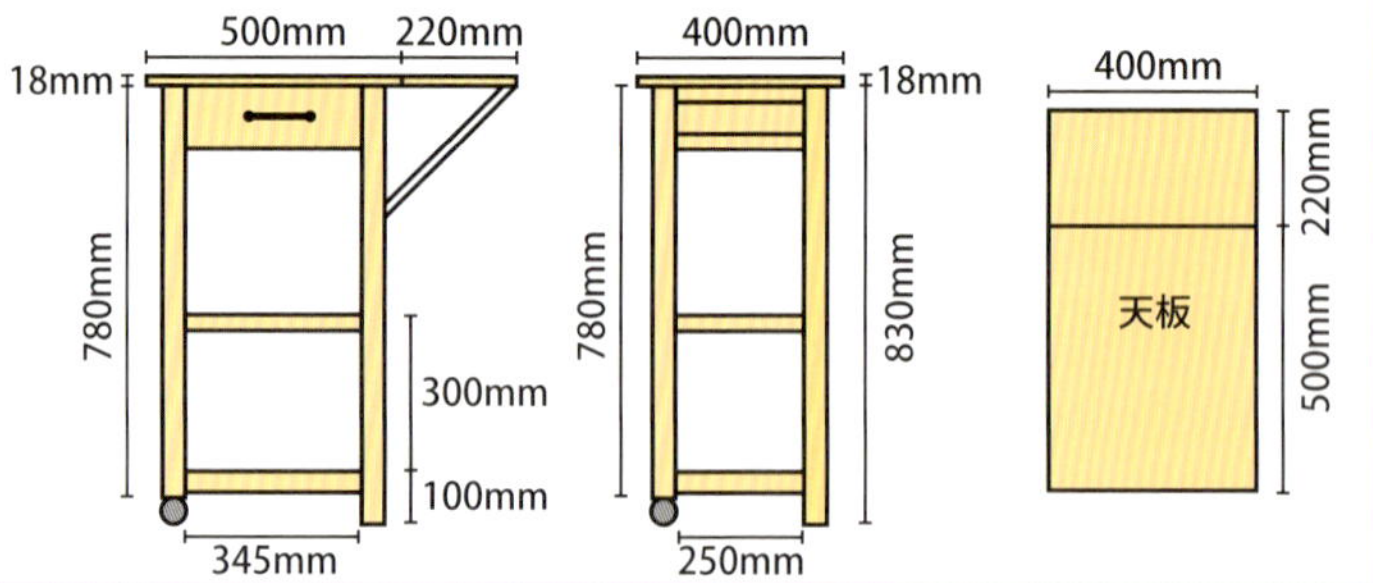

道　具

■電動ドリルドライバー
■ノコギリ　■金づち
■ドライバー■タッカー
■クランプ　■さしがね
■メジャー
■サンドペーパー
■木工用接着剤
■マスキングテープ

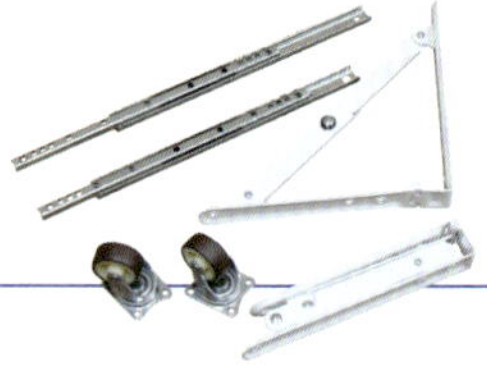

材　料

■集成材（厚さ18mm）
天板：400×500mm/1枚、天板延長部分：400×220mm/1枚
棚板：300×395mm/2枚
■加工材（厚さ45mm）　脚：45×830m/2本、45×780mm/2本
■加工材（厚さ30mm）　脚つなぎ材：40×250mm/4本、40×345mm/4本
■合板（厚さ9mm）　引き出し側板：100×370mm/1枚100×300mm/2枚
引き出し底板：300×305mm/1枚
■加工材（厚さ9mm）引き出し補強：9×90mm/4本,9×290mm/2本
9×305mm/2本
■径8mm丸棒　■折りたたみ式棚受け金具：200mm/1セット
■キャスター：38mm/2個　■スライドレール：246mm/1セット
■取っ手/1個　■L字金具/4個　■木ネジ

脚を組み立て天板を取り付ける

脚の上部と下部のつなぎ材を組み合わせる位置に、深さ 20mm のネジ穴をあけます。下部のつなぎ材は、長い方の脚の下端から 14mm の高さにします。

90mm のビスを打ち込み、2 本の脚とつなぎ材を固定します。つなぎ材の下に厚さ約 8mm のスペーサーを置いて、位置を調整しながら取り付けます。

250mm のつなぎ材で、スペーサーを使って取り付ける位置を調整し、2 組の脚枠を組み立てます。上部を取り付けた後、下部をネジを打ち込んで固定します。

脚の組み立てができたら、短い方の足に 30mm の木ネジでキャスターを取り付けます。ネジを打ち込んだところは、8mm 丸棒を使ってダボ穴処理をします。

クランプを使って天板を固定し、折りたたみ式棚受けをネジどめします。棚受けの金具は長い方を脚に付け、下側から 30mm のネジで天板を固定します。

スムーズに開閉できるよう、天板から 5mm くらいの隙間を開けて延長天板をネジでとめます。天板との間にスペーサーを挟んで、隙間を均等にします。

棚板と引き出しを取り付ける

棚板を脚に取り付けたときの角の間隔を測って調整します。ちょうどよく収まるように 2 枚の棚板の角を切り落とし、サンダーで磨きます。

棚板を脚に取り付けます。最初に下段の棚板を取り付けるため、つなぎ材の下側から下穴をあけ、30mm の木ネジを打ち込み固定します。

下段の棚板を取り付けたら、中段の棚を取り付けます。棚の高さを決めて、脚に L 字金具をそれぞれネジどめをし、上に棚板を固定します。

引き出しは 90mm の補強材を四隅に入れて、タッカーで側板を組み立てます。次に下側に補強材を固定して底板を入れ、正面に取っ手を取り付けます。

付属の指示書に従って取り付け位置を決め、スライドレールを本体にネジどめします。詳しくは、P132 を参考にしてください。

引き出しの取り付けができたら完成です。キャスターが付いてない脚が、ストッパーの機能となり、少し持ち上げると移動できるので便利です。

スライドレールの取り付け方

取り付けることで引き出しの開閉をスムーズにしてくれる

引き出しの側面に取り付けると、引っ掛かりのないスムーズな開閉が可能となる便利なパーツがスライドレールです。

スライドレールがあれば、引き出しのガタつきを抑えることもでき、大きな引き出しや重たいものが入った引き出しでも、軽い力でスムーズな開閉が可能になります。

既製の机やチェストなどの家具には、はじめからスライドレールがついているものも多いですが、DIYで棚などに引き出しを作った場合、スライドレールの取り付けを考慮されていないということもあるのではないでしょうか？

スライドレールの種類の違いや仕組みを理解していればDIY初心者でも、取り付は難しくありません。基本的な取り付け方を紹介します。

スライドレールの種類

安価で丈夫なスライドレールがローラータイプです。ベアリング式は軽い力でスムーズな開閉が可能で取り付けも比較的簡単なのでおすすめです。

道　具

- ■定規
- ■電動ドリルドライバー
- ■下穴キリ
- ■鉛筆
- ■スペーサー（5ミリ程度の板）
- ■メジャー
- ■両面テープ

材　料

- ■三段引きベアリング式スライドレール
- ■取り付け用ビス
- ■引き出しを取り付ける収納棚
- ■引き出し用の箱

棚と引き出しにスライドレールを固定する

1

扉や引き出しが付いていない棚や箱に、スライドレールを取り付けて引き出しを設置してみましょう。まずは棚に合ったサイズの引き出しを用意します。

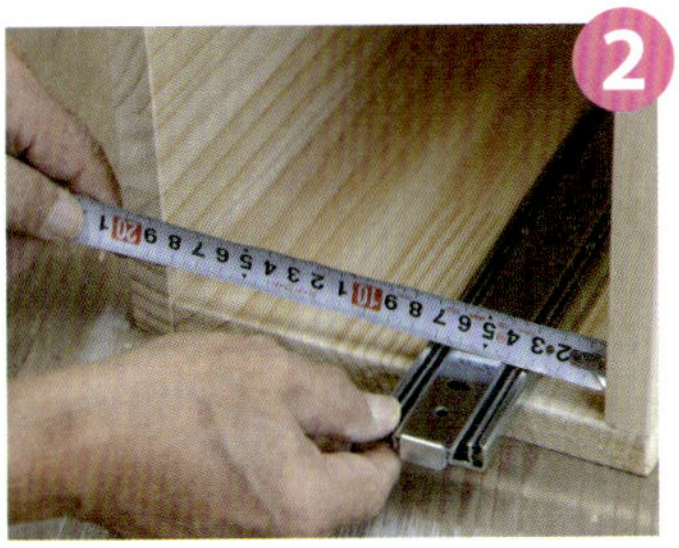

2

棚の内側面の、スライドレールを取り付ける位置にしるしを付けます。ここでは棚底から30㎜上に線を引きました。寸法は必ず底面から測ってください。

3

棚の奥側から、開口部となる手前まで鉛筆で墨線をまっすぐに引いておきます。ずれないように定規を使って正確に引いてください。

4

スライドレールの前端を棚の開口部前端に合わせます。少しでも出っ張っていると、引き出しがきっちり閉まらなくなるので注意しましょう。

5

スライドレールの下端を、引いておいた墨線に合わせ、レールをずれないように注意しながら、手前側の丸穴からビスで固定していきます。

6

うまく墨線に合わない場合は、楕円形の丸穴にビスを仮どめしてから下端を墨線に合わせ、固定用の丸穴で本締めします。両側同じように取り付けます。

7

引き出しを用意しスペーサー用の板を底に置いたら引き出しを入れます。スペーサー用の板は5mm程度の薄い板を使っています。

8

スペーサーは適度な隙間を確保するために仮置きしています。こうしておくことでスライドレールを取り付けても引き出しの底が棚の内側面と擦れません。

9

引き出しとスライドレールを10㎝ほど引き出し、前端を合わせてビスで固定します。固定したら引き出しをまた少し引き出して、次のビスをとめます。

10

スライドレールにはたくさんのビス穴があいていますが、全てをとめる必要はありません。手前、まん中、奥と3カ所ほどとめておけばいいでしょう。

11

スペーサーを抜き、引き出しがスムーズに開閉するか確認します。スムーズでない場合は本体側、引き出し側それぞれ左右のレールの高さが水平か確認しましょう。

12

スライドレールが取り付けられたら引き出しの前面に、取っ手を取り付けた前板を、両面テープで仮止めし、最後にビスで固定したら完了です。

ふすまを洋風に張り替える

デザイン豊富な壁紙を使って大胆にチェンジ

Before

典型的な和柄のふすま紙を、明るい洋柄の壁紙に貼り替えます。

『和』のイメージが強いふすまを洋風にアレンジするには、色や柄が豊富な壁紙での貼り替えがおすすめです。壁紙のサイズは、国産壁紙の幅が約92㎝なのに対して、輸入壁紙は約52㎝になり、一般的なふすまに輸入壁紙を貼るにはつなぎ合わせる必要があります。1枚の幅で貼れる国産壁紙なら、ラクに作業できます。

ふすまには、伝統的な『本ふすま』のほか、下地にベニヤ板を張ったタイプ、芯に発泡スチロールや段ボールを使ったタイプなどがあります。発泡スチロールや段ボールのふすまの場合は、のり貼り以外の両面テープ貼りやシールタイプの壁紙を選びましょう。

ここがポイント!

ふすまらしい部分はできるだけ隠す

洋風の壁紙を貼っても、枠や引き手が残っていると、和のイメージが抜けきりません。そこで今回は内側に合板を張って、枠との段差がない平面を作ってから、全面に壁紙を貼っています。細い縁取りとおしゃれな取っ手も、イメージチェンジに効果を発揮しています。

道　具

- ■電動ドリルドライバー
- ■ノコギリ
- ■金づち
- ■サンディングペーパー
- ■ジョイントローラー
- ■木部用パテ
- ■木工用接着剤
- ■サンダー
- ■ドライバー
- ■なでバケ
- ■カッター

材　料

<ふすま片面>

- ■生のり付き壁紙　90 × 2000mm　1枚
- ■合板（厚さ 3 × 910 × 1820mm）
- ■ヒノキ材（厚さ 10 ×幅 20mm）長さ 1800mm　3本
- ■取っ手
- ■ステンレスクギ　10mm
- ■木ネジ　25mm

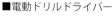

板ふすまを洋風壁紙でリメイクする

1 マイナスドライバーやペンチを使って引き手を取り外し、古いふすま紙をはがします。合板を張るので、浮いている部分を取っておけばＯＫです。

2 枠の内側の寸法を測り、それにあわせて合板をカットします。枠が歪んでいることがあるので、縦横ともに数ヵ所を測っておくとよいでしょう。

3 合板を貼る面に木工用接着剤を塗ります。枠の内側に沿ってぐるりと塗るほか、内側の面にも多めに塗っておきましょう。

4 ふすまの枠の内側に合板をのせて接着します。これにより枠との段差がなくなって、壁紙を貼るための平面を作ることができます。

5 合板の縁に沿って、20cm 程度の間隔でクギを打ち、確実に固定します。枠との隙間は、木部用パテで平らに埋めておきます。

6 左右が均等にはみ出すように、ふすまの上に壁紙をのせます。上から 30cm ほど保護フィルムをはがし、なでバケで押さえて上部を貼ります。

7 残りの保護フィルムをすべてはがし、壁紙全体を貼ります。なでバケは外側に向けて空気を追い出すように動かし、シワができないように貼りましょう。

8 枠の縁に沿ってカッターの刃を入れ、はみ出した壁紙をすべてカットします。カッターの刃はこまめに折って、よく切れる状態で使いましょう。

9 ジョイントローラーを使って、壁紙の端をしっかり押さえます。

10 縁取りのヒノキ材を用意します。枠の外側にあわせて寸法をとり、4 辺分をノコギリでカットます。モールディング材を使うのもおすすめです。

11 カットしたヒノキ材をふすまの縁に 25mm の木ネジで固定し、木部用パテでネジの頭を埋めます。ヒノキ材は壁紙にあわせて塗装してもよいでしょう。

12 下から 900mm 程度の高さのところに、付属のネジで取っ手を取り付けてリメイク完了です。枠と引き手がなくなって、洋風の引き戸に生まれ変わりました。

押し入れをクローゼット風に改造

目的に合わせた空間にリメイク！

布団の収納を目的とした押し入れは、奥行きが深くて広々したスペースなのに、それが逆効果で収納したものを取り出しづらいなど、使い勝手が悪いと感じる人も多いのではないでしょうか。しかも、中段が邪魔して何を収納していいか分からず、物置状態になりがちです。

　そんな悩みを解消してくれるのが、ＤＩＹでクローゼット風に改造するリメイク術です。ポイントはおもいきって中段を取り外すこと。収納アイテムも利用できて、スペースを有効活用できます。一般的な押し入れの広さは、間口と高さが１８０㎝、奥行きが90㎝です。アイディア次第でこの空間を、目的に合わせて自由に改造することができるのです。初心者でも取り掛かりやすいＤＩＹの一つなので、チャレンジしてみてください。

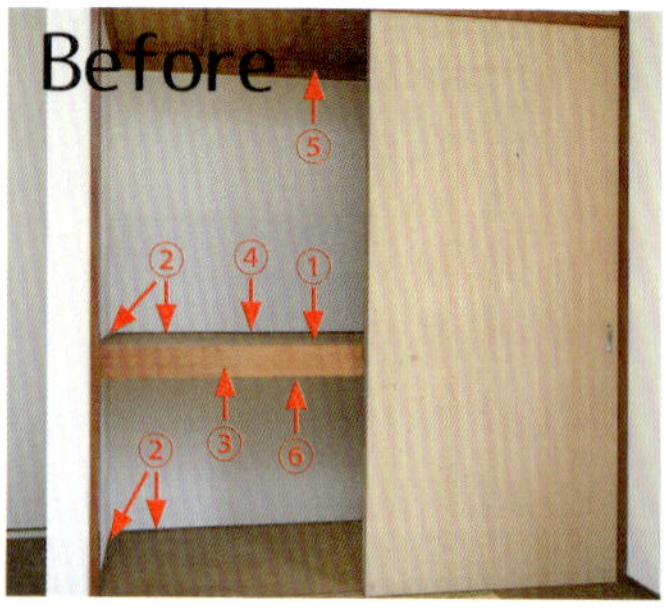

押し入れの構造を理解しましょう。
①中段　②ぞうきんずり　③前かまち
④後ろかまち　⑤かもい　⑥根太

道　具

- ■電動ドリルドライバー
- ■バール
- ■金づち
- ■ノコギリ
- ■木工用接着剤
- ■ぞうきん
- ■軍手

材　料

- ■角材 30x30 1800mm 8 本
- ■化粧ベニヤ　2 枚
- ■木口テープ
- ■コーナーアングル
- ■フローリング材
- ■木ネジ（35mm）

中段を取り外す

1

ふすまを外し、中段を固定している左右、奥に取り付けられた板のぞうきんずりを外します。隙間にバールを差し込んでてこの原理で持ち上げます。

2

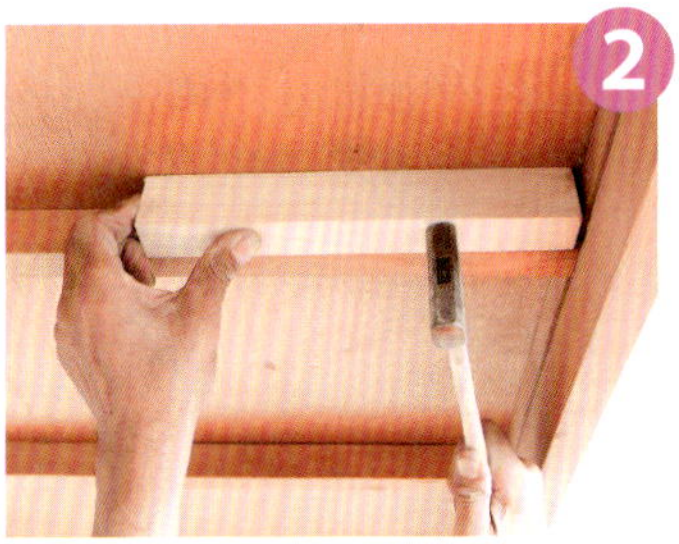

ぞうきんずりのクギを抜いた後、中段の板を外します。下から根太に沿ってあて木をあて、かなづちで叩きます。中板が浮かせる程度の強さで叩きます。

3

金づちで下から叩くと、中板と同時にクギが浮いてくるので抜きやすくなります。浮いているクギはバールで抜いておきます。

4

ある程度浮いたクギを抜いたら、浮いた隙間にバールを差し込んで、中板を持ち上げます。ぞうきんずりを外したときと同じ、てこの原理を利用します。

5

中板を外します。残ったクギや板をめくる際に手をケガするかもしれないので、初心者の人は軍手などをして作業を行うようにしましょう。

6

残ったクギをバールで抜きます。床は強度が弱いので足元の作業に気を配るようにしてください。

7

クギを抜いて中板を取り外した状態です。中板を支える数本の根太と、前かまち、後ろかまちの太い木材が残った状態になります。

8

根太にあて木をあてて、かなづちで下から叩いて根太を外していきます。根太のかまちに近い部分から、かなづちで叩いてください。

9

中央の根太を取り外した後、残りの壁際の根太も同様に、かなづちで下から叩いて外します。根太に付いているクギをバールを使って必ず取り除きます。

10

前かまちにあて木をあてて金づちで叩いて外していきます。クギでとめている方向を、押入れの内側から一旦確認して叩くようにします。

11

後ろかまちを外します。後ろかまちは両端に太いクギで打ち付けられているので、バールを差し込んで外します。

12

中段が外れた状態です。前かまちに太いクギが打ち込まれて、かなづちでは外せない場合は、ノコギリや電動ノコギリで切断すると作業がはかどります。

仕切り板を取り付ける

仕切り板を設置する場所を決めます。床と天井に横、高さ、奥行きを測り、しるしを付けます。テープの上から付けると見やすくなります。

天井の高さに合わせて、仕切り板のフレームの角材をノコギリでカットします。次に仕切り板の支柱や横木などを同様にカットします。

天井部分に取り付けるフレームは、前後のかもい部分に組み合わせるようにします。かもいの高さと奥行きのサイズに合わせてカットしておきます。

床部分のフレームは、巾木を避けるようにして組み合わせます。巾木の長さや高さに合わせてカットするようにしてください。

電動ドリルドライバーを使って、フレームを組み立てます。カットした角材に35mmの木ネジでとめます。床と天井部を間違えないように組み立てます。

組み立てたフレームを設置する場所に仮置きします。そしてフレームの強度を高めるための支柱を取り付ける位置を決めます。

電動ドリルドライバーでネジを打ち込み、支柱を取り付けます。次にフレームをネジでとめて設置します。斜め打ちをしてしっかりとめるようにします。

壁紙できれいに見せる

中段を取り外したところを目立たなくしたい場合は壁紙を貼ります。初心者でも扱いやすい「生のりタイプ」がおすすめです。裏に生のりが塗られており、保護フィルムを剥がして壁に貼ります。

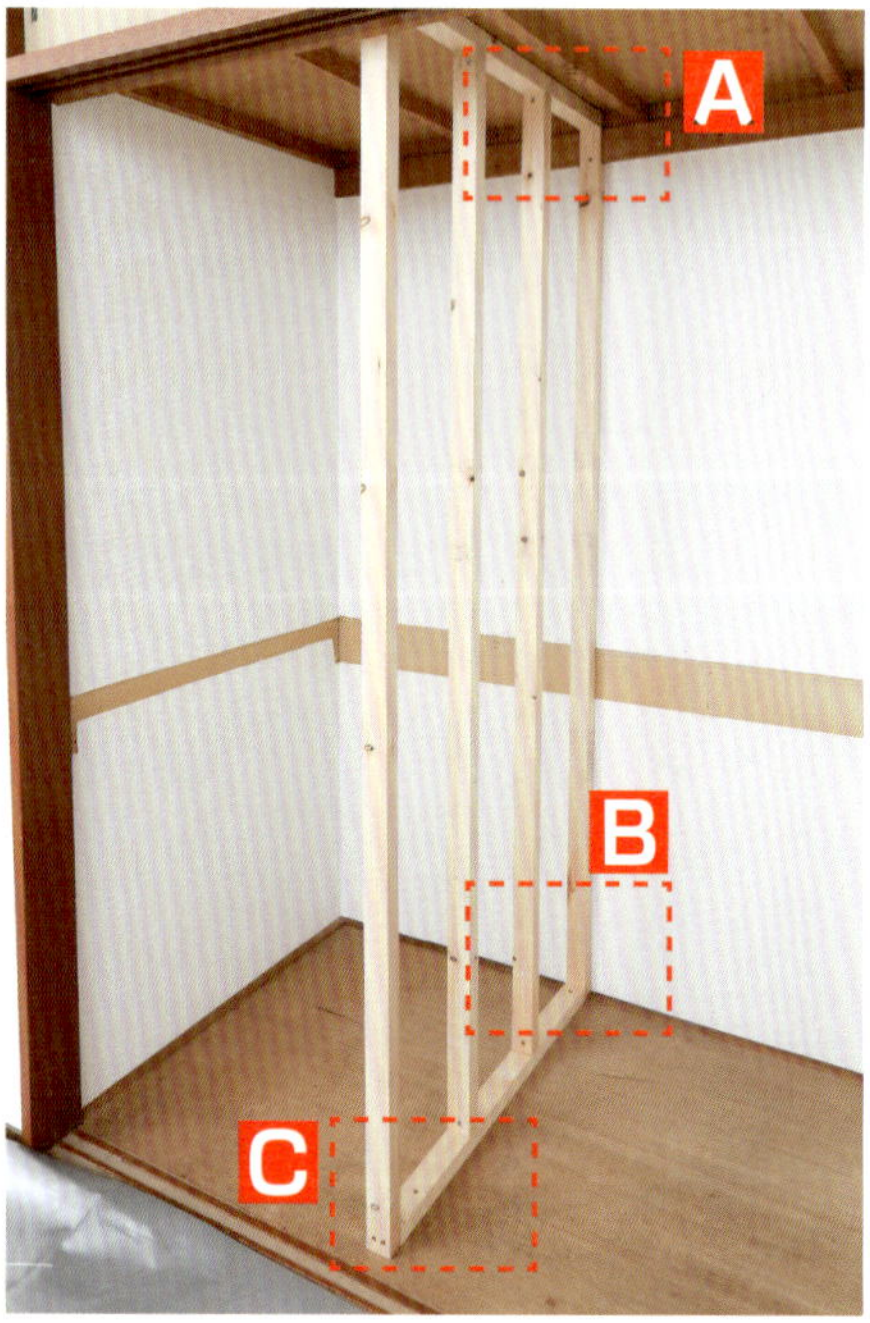

フレームを設置する場所は、天袋の根太を避けるようにします。また、床面は強度が弱いのでネジでとめるところに注意してください。

A根太にあたる部分は切欠く。Bぞうきんずりにあたる部分は切欠く。Cフレームの接合は木ネジを 2 ヶ所でとめる。

仕切り板を仕上げて、床を補強する

取り付けたフレームの接着面に、木工用接着剤を塗っていきます。ヘラなどで均等に塗ると、張り合わせがきれいに仕上がります。

フレームに化粧ベニヤを張ります。上からフレームに合わせて張っていきます。指でこすってしっかり接着するようにします。

反対側のフレームにも同じ方法で、化粧ベニアを張っていきます。木工用接着剤がはみ出た場合は、ウエスなどできれいに拭き取ってください。

フレームの正面に見える断面に、化粧ベニヤと同色の木口テープを貼ります。貼る前に 400 番台のサンドペーパーで断面を磨くと、きれいに貼れます。

フレームの角の部分に、同色のコーナーアングルを貼ります。天井と床付近は隙間のないように貼ります。余った場合はカッターでカットします。

仕切り板ができあがりました。化粧ベニアが、剥がれないように、10 分ほど乾かしてしっかりフレームと接着させるようにします。

電動ドリルドライバーで角材にネジを 2 カ所に打ち込み、棚板をのせる受け木を取り付けます。棚の高さはお好みで調整してください。

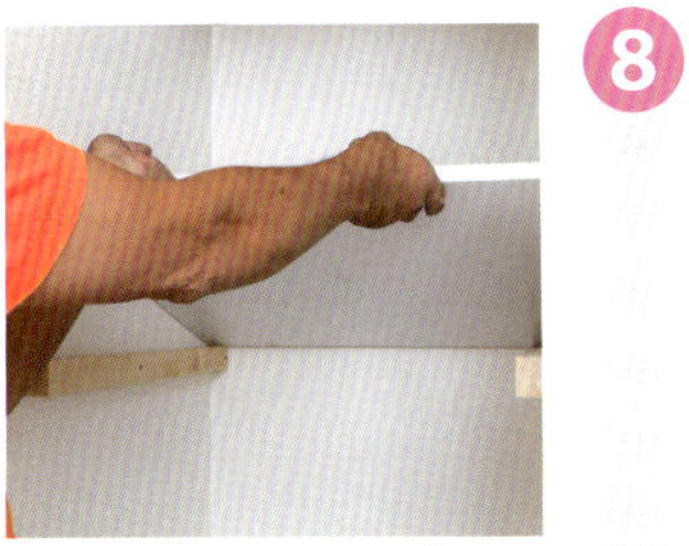

押入れの壁側にも高さを合わせ、電動ドリルドライバーでネジを打ち込んで、受け木を取り付けます。取り付けた後、棚板をのせます。

棚板をのせた状態です。棚板の取り付けは受け木の他に、L 字金具などを使った方法があります。棚板を増やしたい場合は同じ手順で取り付けます。

床にフローリングと同色の床材を張ります。隙間をなくすように差し込んで張るのがポイントです。床材は、床の強度を高める効果もあります。

床材をすべて張り終えたら完成です。見せる収納にしたい場合は、床材の色や柄を代えて、部屋の雰囲気に合わせましょう。

銘木《めいぼく》でテーブルを作る

天然木の魅力をリビングで楽しもう

木目、色、木肌など、樹齢を重ねた木ならではの美しさや重厚さを、楽しむことのできるのが銘木のテーブルです。銘木の板は産地や樹齢にこだわらなければ、手ごろな価格で入手できます。素敵な一枚板を見つけて製作してみましょう。

作業のポイントは、いかに木の表情を引き出せるかです。磨き残しや傷は、ツヤの様子や塗装のムラにつながります。本来の美しさを引き出すために、サンディングペーパーの目を細かくしながら、ていねいに磨いて下地を整えましょう。

道具

- ■電動ドリルドライバー
- ■サンダー
  （80 番、180 番、240 番）
- ■ハケ
- ■ウェス

材料

- ■杉銘木
  （樹種、サイズはお好みで）1 枚
- ■丸脚：径 80 ×長さ 300㎜　4 本
- ■径 80mm 座金、ネジ
- ■オイルフィニッシュ塗料
  （ナチュラル）

1 天板に向くように製材された銘木の無垢板はまさに一点もの。樹種を決めたら木目や形、色味を見比べて、ほれ込んだ 1 枚を選びましょう。

2 下地の処理は、目の荒い 80 番から順に番手を上げて研磨し、240 番で仕上げます。塗装のムラになるので、磨き残しがないかよくチェックしましょう。

3 木材の反りを予防するため、裏面も塗装します（裏面は 1 回塗りでＯＫ）。木口、裏面、表面の順に塗ると、表面にゴミが付着しません。

4 15 ～ 30 分浸透させて余分な塗料を拭き取り、1 時間程度乾燥させてから 2 回目を塗ります。1 回目より薄く塗り、同様に拭き取ってください。

5 テーブルが不安定にならないように、バランスを考えて脚の取り付け位置を決めます。ネジ穴の位置に下穴をあけ、天板に座金をネジどめします。

6 座金に脚をねじ込んで、銘木テーブルを作る作業は完了です。浸透性の塗料を使う場合、塗装を保護するため表面にクリアワックスを塗っておきましょう。

シーリングライトの交換

LEDシーリングライトへの交換で省エネ効果が期待できる

部屋の天井などに、直接取り付けることのできる照明器具がシーリングライトです。すっきり取り付けられる上に、部屋全体をまんべんなく照らすことができ、さらにLEDタイプならば消費電力も抑えられます。

LEDタイプのシーリングライトは構造もシンプルで、軽量なので交換作業も比較的簡単。

ポイントは部屋の天井に、シーリングライトが取り付けられる配線器具が取り付けられているかどうかです。

もしあれば、配線工事なしで、DIYで簡単に取り付け可能です。ない場合は資格が必要なので電気工事店に依頼して配線器具を設置してもらってください。

天井の配線器具を確認

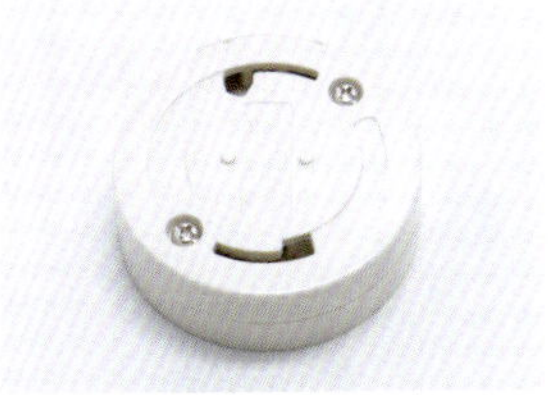

天井の配線器具を確認します。このような丸形引掛シーリングや角型引掛シーリング、引掛ローゼット、引掛け埋込ローゼットならば配線工事なしでLEDシーリングライトが簡単に取り付け可能です。

1

照明のスイッチを切り古いシーリングライトをはずし、説明書を確認して、取り付け可能な配線器具かどうかチェックします。違う場合は工事を依頼しましょう。

2

シーリングライト本体、もしくはアダプタを取り出し、天井の配線器具にカチッと音がするまで回しながらはめ込みます。製品によって一体型と別体型があります。

3

例として取り付けたものはアダプタ別体型です。最初にこのアダプタだけを天井の配線に取り付けます。通常はめ込むだけでドライバーなどの工具は不要です。

4

一体型は接続不要ですが、別体型はアダプタと本体を固定してから、双方を配線で接続します。その後からカバーを取り付けてください。

5

天井の配線器具に取り付けたアダプタ、または本体にシーリングライトのカバーのロック位置を合わせ、天井に向かいカチッと音がするまで押し上げます。

6

カバーがしっかり固定されていることを確認したら部屋のスイッチを入れ、付属のリモコンなどで点灯や調光機能などを確認して完了です。

難易度 ★★☆☆☆

突っ張り柱で収納スペースを作る

空間をおしゃれなスペースにアレンジ

自由に空間を施工できるDIY アイテム

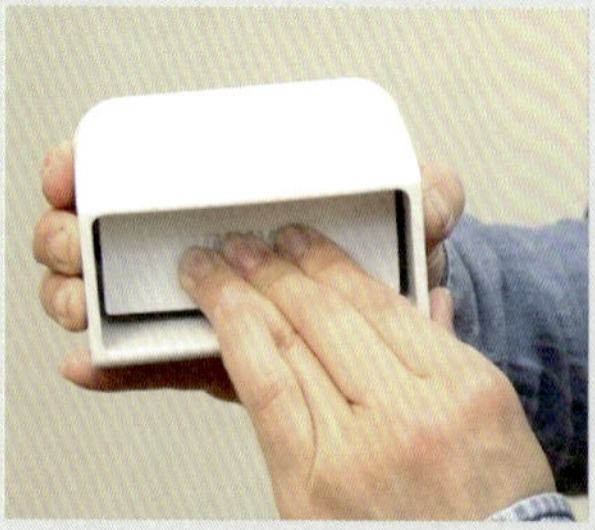

ホームセンターなどで購入できるディアウォールは、2×4材の両端にセットすると、内部にある強力なバネが天井と床を突っ張り、固定され、木材が支柱とし使えるようになります。専門の工具を必要としないので誰でも簡単に施工できます。

天井の高さまで、空間を有効利用した棚やラックなどの収納スペースを作ってみたい。そんな希望をかなえてくれるのが、2×4材を突っ張り柱にした収納スペースです。

頑丈な木材を床から天井まで突っ張って固定してくれるDIYアイテムと組み合わせれば、壁や空間を自由にレイアウトできます。棚やフックを取り付ければ、おもいどおりにアレンジできて活用の幅も広がることからDIY愛好家に人気のリメイク術の一つです。

このリメイク術の魅力は、壁や天井を傷つけない点です。現状復帰を心配し、DIYができないと悩む賃貸に住んでいている人にもおすすめです。工具や脚立などを必要とせず、誰でも簡単に施行できるので、いろいろな場所で活躍してくれます。

道具

- ■電動ドリルドライバー
- ■ノコギリ
- ■メジャー
- ■水平器
- ■軍手
- ■ビニール手袋

材料

- ■ SPF2×4材
- ■有孔ボード
- ■棚受け
- ■飾り棚
- ■有孔ボード用金具
- ■ディアウォール
- ■専用棚受け

支柱を立てて棚を付ける

1

構造材が入っていて、しっかり突っ張れる強度の天井を選びます。床から天井までの高さを、メジャーで測ります。

2

支柱にする2×4材を天井の高さより45mm短く、ノコギリでカットし、両端にディアウォールを取り付けます。もう1本の2×4材も同じように加工します。

3

バネが入っている上側を天井に押しつけながら、2×4材を垂直に立てます。設定した幅に合わせてもう1本の2×4材も垂直に立てます。

4

支柱の前面と側面に水平器をあてて垂直を確認した後、板厚を計算して棚受けの高さを決めます。専用の棚受けは両端の支柱にネジでとめます。

5

両端にネジでとめた棚受けの上に棚板を載せて、下からネジで固定します。プラスチック製の棚受けの耐荷重は2個で5kgまでなので注意してください。

6

電動ドリルドライバーでネジを打ち込み、有孔ボードを取り付けます。

7

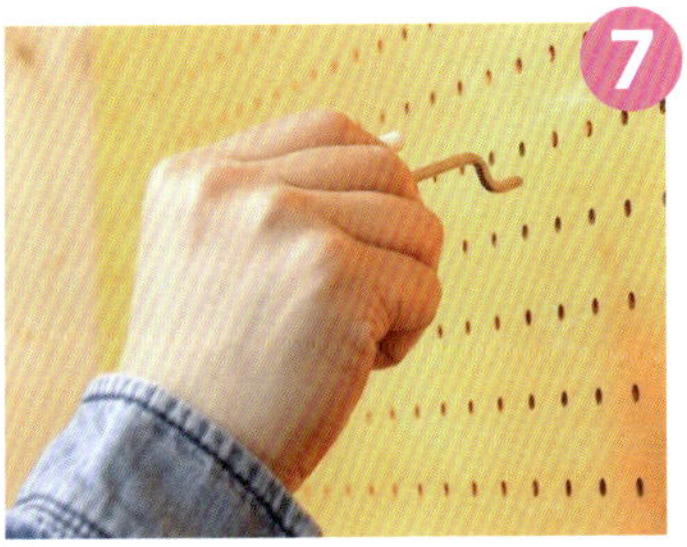

有孔ボードに取り付けられる専用のバーやフックなどの金具を取り付けます。金具のレイアウトの組み合わせは、自由なので収納するものを決めましょう。

8

帽子やバックを掛けるのに便利なフックの金具を飾り棚に取り付けます。支柱に飾り棚を、クギで打ち込んで固定させたら完了です。

2×4材を1本立ててラックを作る

2×4材を突っ張り柱にしたウォールラックのなかで、シンプルで簡単にできるのが突っ張り柱を1本立てたラックです。ちょっとした小物やアイテムを収納できるので便利です。掛け時計や写真を飾るなど、お好みにアレンジして使い勝手のよい素敵なウォールラックにしましょう。

天井の高さをメジャーで測った後、ディアウォールを取り付けた2×4材の面を正面にして垂直に立てます。

▼

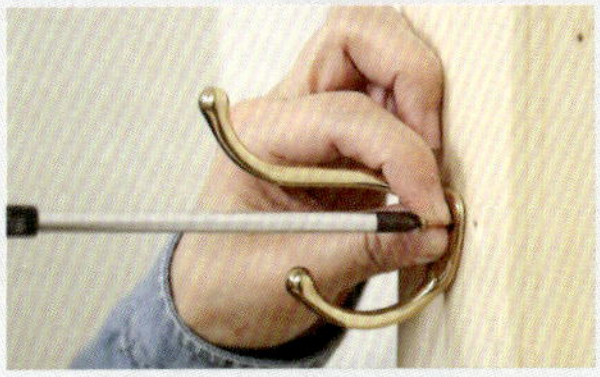

掛けたり吊るしたりするアイテムの大きさを考えて位置を決め、棚やフックをネジでとめたら完了です。

ドアクローザーの取り付け方

室内ドアの開閉を静粛かつ安全に

ドアが閉まるスピードを一定にしたり、開けたまま止めておけるドアクローザー。室内ドアに取り付けると、勢いよく閉まることがなくなるため、そのときに発する音に驚くこともなくなり、小さい子供のいる家庭では安心感も高まります。また、開け放しがなくなり、冷暖房の使用中は省エネにつながります。

住宅の木製ドア用としては、ＤＩＹでの取り付けに配慮した製品がおすすめです。使用する工具はドライバー1本だけでよく、下穴あけとネジ締めで簡単に取り付けることができます。

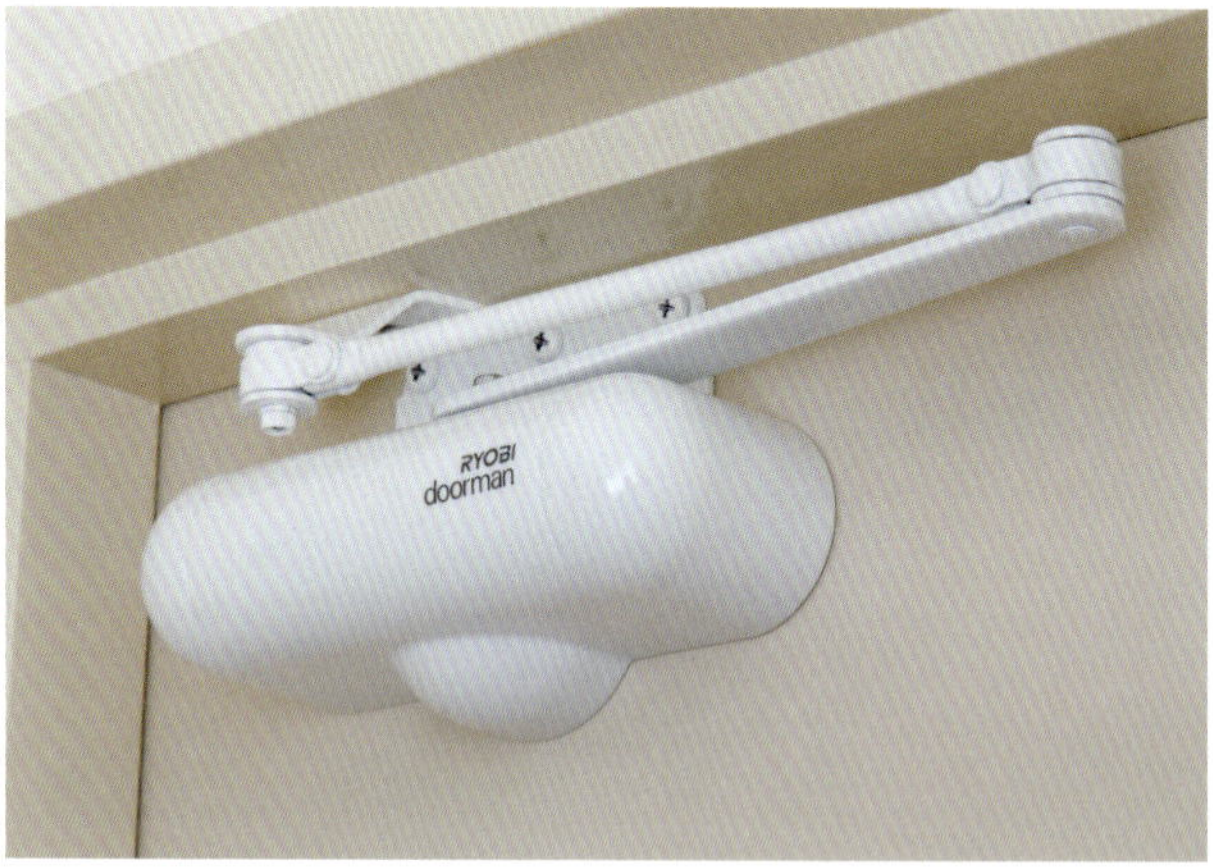

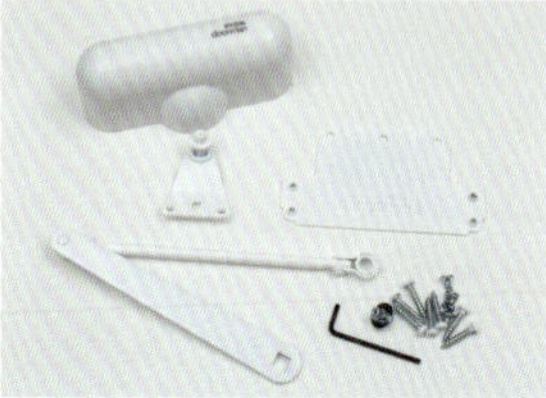

DIY 向け商品を選べば、家庭にある工具を使ってひとりで取り付けが可能です。

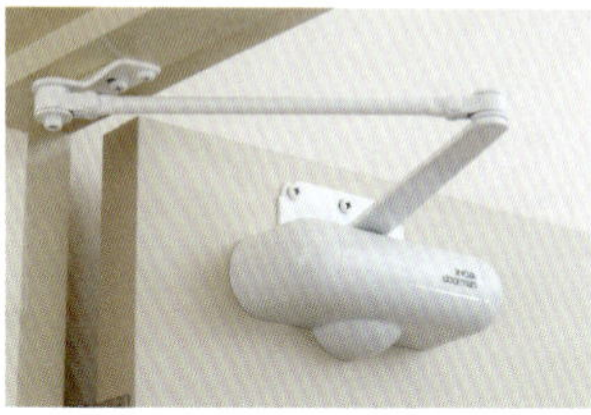

ストップ機能のある機種なら、風を通すとき、荷物を運ぶときに便利です。

1

金具のネジ穴にあわせて下穴をあけます。ドアにあう型紙を切り取って、ドア枠とドアにテープで貼り、指定の位置に付属のネジで穴をあけましょう。

2

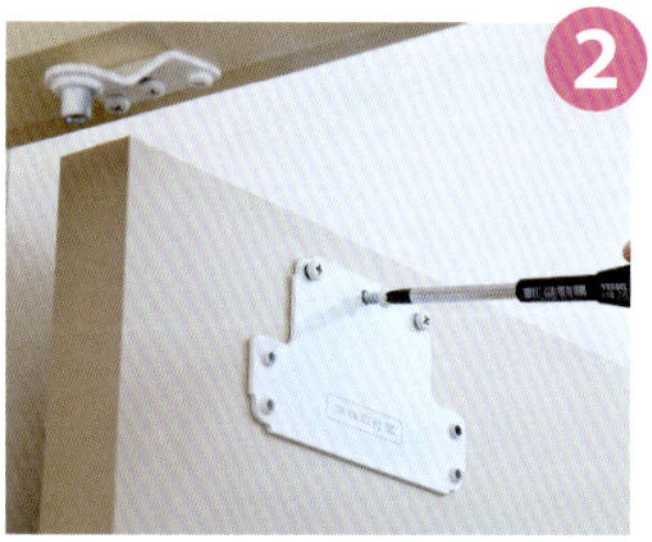

ドア枠側にブラケットを、ドア側に本体取り付け板をネジで固定します。木割れしそうな場合は、キリやドリルで下穴をあけ直しましょう。

3

本体をネジで取り付け板に固定します。続いてアームの先端を速度調整弁の方に向けて本体上部に取り付け、連結用のネジを締め付けます。

4

アームを手前に強く引きながら、先端のリンクをブラケットに差し込んでネジで固定します。以上でドアクローザーの取り付けは完了です。

5

機種によっては閉じ速度や開閉力（重さ）の調整機構が付いています。ドアを開閉してみて、安全で快適に使える加減に調整してください。

6

本体にカバーを取り付けます。使っていて速度や重さがあわないと感じたら、そのつど微調整をするのが、快適に使い続けるコツです。

06

第6章 建具・家具のメンテナンス

難易度★★☆☆☆

網戸の張り替え

気になる破れ、汚れをすっきりきれいに

アルミサッシについている網戸なら、道具をそろえれば簡単に張り替えることができます。

張り替え用のネットは、網目の大きさと色を意識して選びましょう。小さい虫の侵入が気になるお宅には、目の細かいタイプがおすすめです。

色はグレーが一般的ですが、黒は室内から外をきれいに見通せます。銀面と黒面がある２色コンビのネットは、外からは見えにくいのに、室内からはすっきり見やすい特長があります。

材　料

■網戸ネット
■網押さえゴム

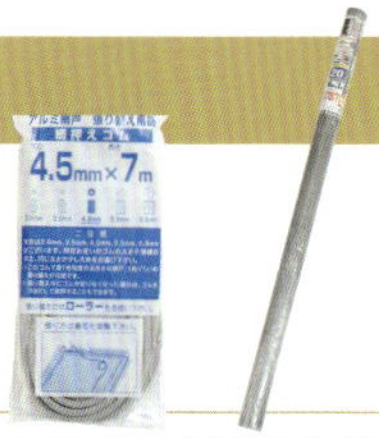

道　具

■マイナスドライバー
■クリップ
■ハサミ

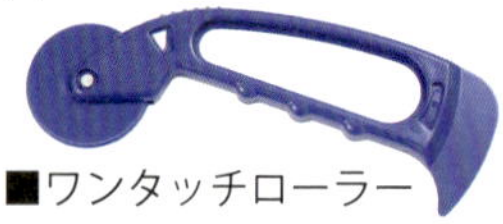

■ワンタッチローラー

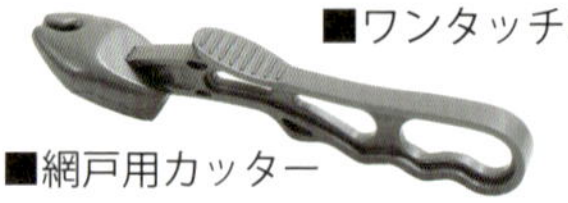

■網戸用カッター

■網目の大きさ

網戸用のネットには、目の細かさの違いでいくつもの種類があります。目が細いほど虫は侵入しにくくなりますが、風通しが悪くなったり、ホコリがつきやすくなるなどのデメリットがあります。せっかく交換するのですから、ご自宅の環境を考えて、室内をより快適にできる網目のものを選びましょう。

■網押さえゴムの太さ

網押さえゴムの太さは、一般的に3.5mm、4.5mm、5.5mm、6.8mmの４種類です。溝のサイズを測るか、ゴムの切れ端を持参して、適した太さのものを購入しましょう。網押さえゴムが細すぎると使えませんが、太い場合は細く伸ばして使うことができます。迷ったときは太めのものにするか、太さを変えられるタイプを選んでください。

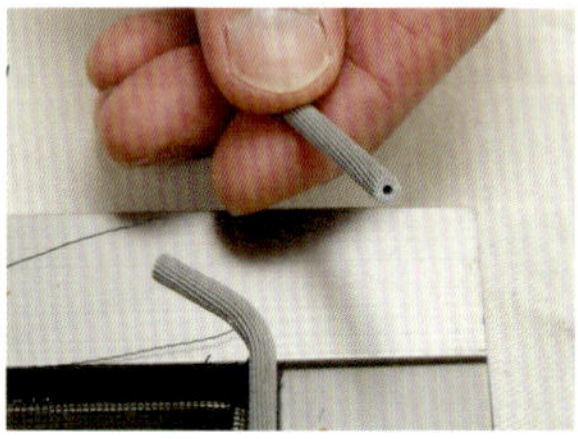

古いゴムはやせていることが多いので、切り取ったサンプルを持参して、それに近くて太めのものを選びましょう。

■網戸の付け外し方法

網戸には脱落防止のために「外れ止め」がついています。網戸をレールから取り外すときには、側面上部の両側についている外れ止めを解除してください。また、網戸を取りつけた後は、忘れずに外れ止めを再セットしておきましょう。

固定ネジをプラスドライバーで緩めて外れ止めを下げ、再びネジを締めておきます。

戸車のメンテナンス

ガタつきやすき間の原因である傾きを修正するには、側面下部の調整ネジを回して、戸車を上げ下げしてみましょう。

網戸の動きが悪い場合は、レールと戸車の周辺を掃除し、戸車の軸の部分にシリコンスプレーを吹きかけて回りをよくします。

専用の道具を使って網戸を張る

1

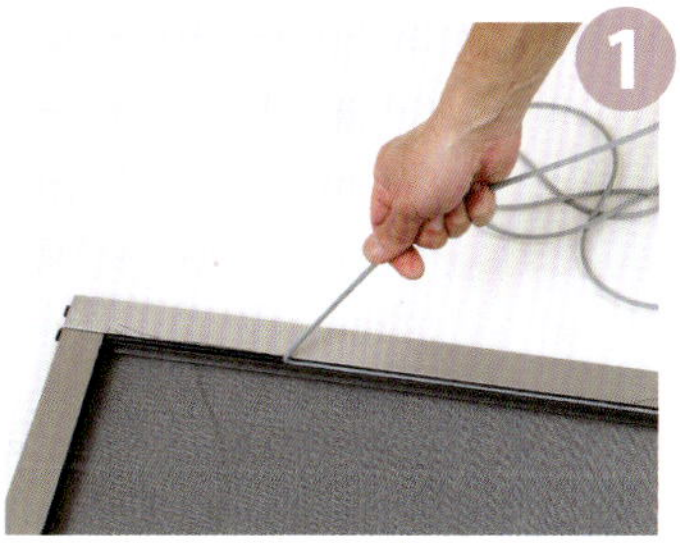

ネットを固定している押さえゴムの端を、マイナスドライバーなどで起こしてはずし、古いネットを取り除きます。

2

押さえゴムが入っていた溝をブラシで掃除し、ゴミやホコリを取り除きます。

3

上下を均等に余らせてネットを裏へ折り込み、クリップでとめます。裏表のあるものは面の向きに注意してください。

4

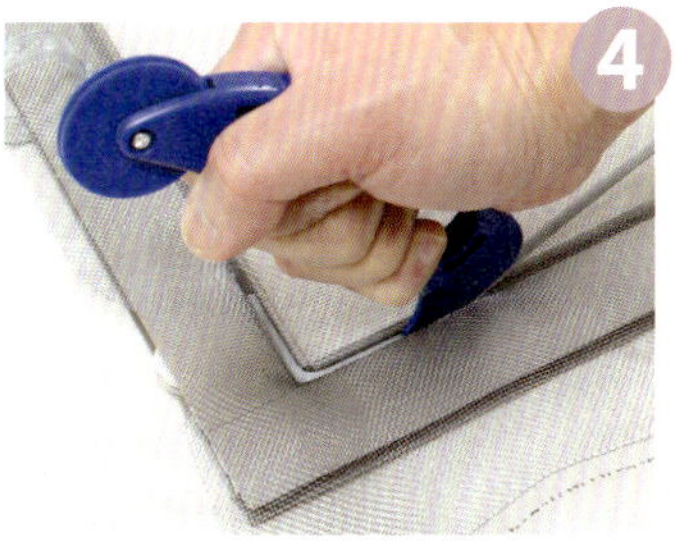

短い辺の終わり3cmのところに、ヘラの部分でゴムの先端を押し込み、そのまま角の先までしっかりと固定します。

5

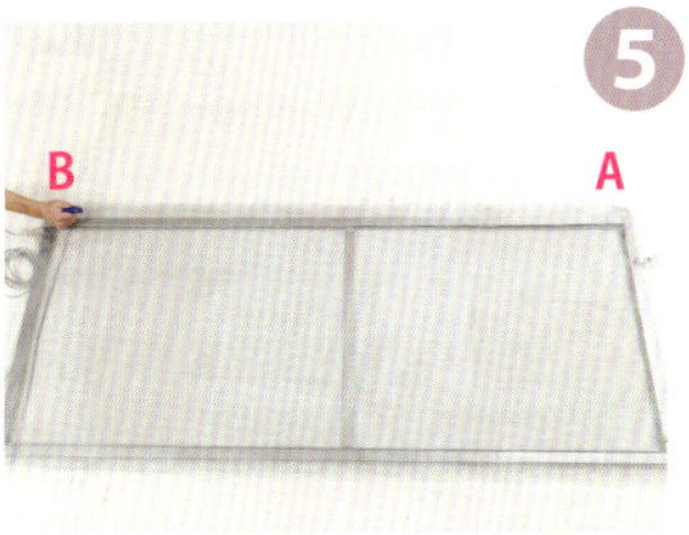

張り始めたAの角からBの角までまっすぐにゴムを置き、Bの手前のところでゴムを押し込んで仮どめします。

6

AからBに向けて、ローラーを使って直線部分のゴムを押し込みます。初めの2辺は手でネットを押さえずに作業します。

7

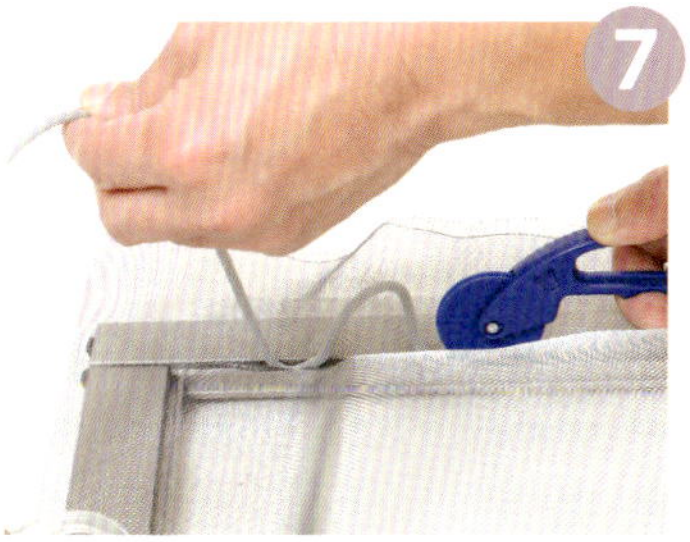

Bの手前までできたら、仮どめしていたゴムをはずしてヘラで角を押し込みます。同様に次の角までゴムを固定します。

8

残りの2辺は、ネットが枠の内側に落ちないように、片手で押さえながらゴムを押し込みます。

9

ゴムが一周したら少し短くカットし、ローラーで押し込みます。ネットにたるみができていないかを確認しましょう。

10

底が浮かないように網戸カッターを滑らせて余分なネットをカットします。飛び出した線はハサミでカットします。

ここがポイント！

たるみを修正する

余分なネットを切り落とす前であれば、修正が可能です。作業手順8のところで気になるたるみを見つけたら、その部分のゴムをはずして張り直してください。

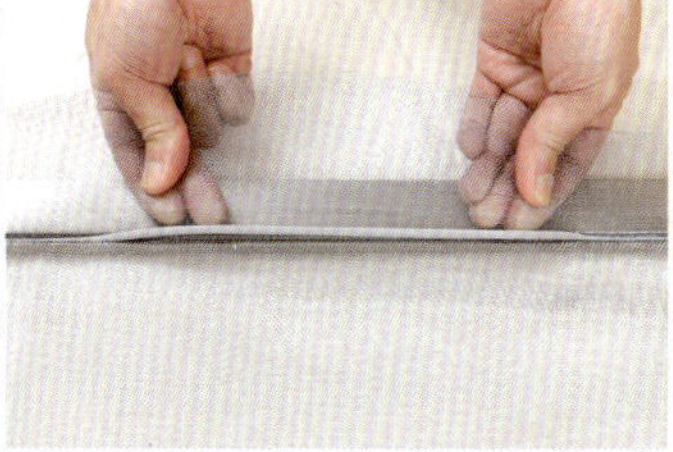

ネットを引っ張ってゴムを持ち上げ、張った状態で再びゴムを押し込みます。

網戸の戸車交換

網戸の開閉がスムーズにできない、動かすたびにキーキーと音がする、レールからすぐに外れてしまう、という場合、網戸の戸車が破損している可能性が考えられます。交換は簡単なので網戸の張り替えで、網戸を外したついでに、戸車も一緒に交換してしまうのがおすすめです。

まずは網戸を外します。網戸は通常強風などでレールから脱落しないよう写真のようなはずれ止めが両サイドについています。解除には＋ドライバーが必要です。

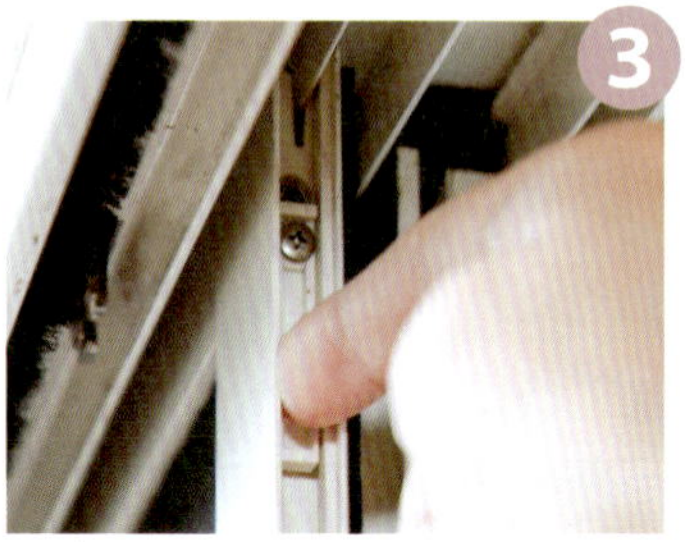

はずれ止めの奥にある、組み立てネジと間違えないようにしながらはずれ止めネジをドライバーで左に回しゆるめ、はずれ止めを指で下にスライドさせます。

このはずれ止めを下げるだけで外せる網戸もありますが、最近の網戸は、さらに網戸のフレームの下部に、操作ツマミがあるものも少なくありません。その場合ははずれ止めと合わせてその操作つまみをマイナスドライバーなどで引き出してください。あとは網戸を持ち上げ、サッシ枠のレールから網戸を取りはずします。

網戸が外れたら戸車を確認します。明らかに傷んでいたり摩耗が進んでいる場合は交換します。簡単に交換できる構造となっているので作業は簡単です。

戸車を固定しているネジをドライバーではずします。戸車の樹脂製ストッパーが引っ掛かっている場合はマイナスドライバーで爪部押し込みながら外します。

ネジがはずれたら戸車を引っ張り出します。外れにくい場合、古い戸車は破棄するのでフレームに固定している爪部をカッターなどで切り落としてもかまいません。

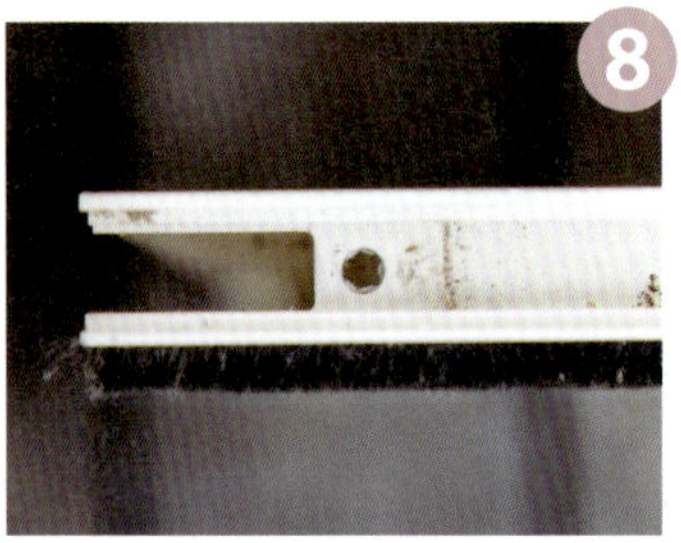

古い戸車が取りはずせました。溝にホコリや砂などの汚れがある場合はこの時に掃除しましょう。またフレームのゆがみなどがないかも確認してください。

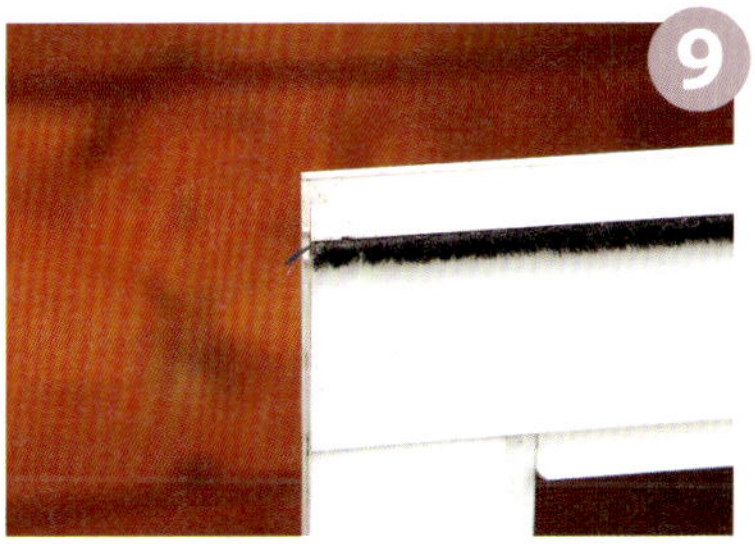

網戸のフレームを掃除したら新しい戸車を取り付けます。同じ規格の戸車に交換してもいいですが、ここではより簡単な汎用タイプの交換用戸車を使います。

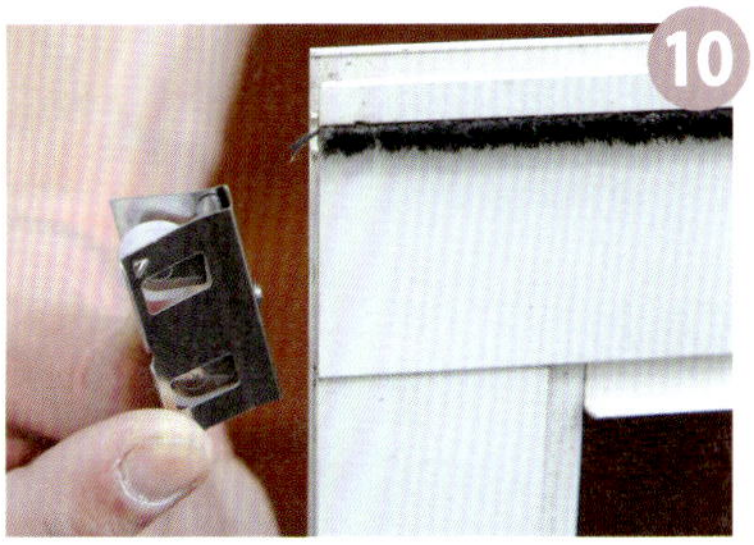

こちらは、サイズさえ合えばどのメーカーの網戸にも付けられる便利な戸車です。フレームの溝にはめ込むだけと取り付けも非常に簡単です。

ハの字の金属板がスプリングのようになっているので、溝にはめ込むだけでこのように簡単に取り付けることができました。戸車は2つでワンセットになっているので同様にもう片方の戸車も新しい物に交換します。古い戸車がどうしても外れない場合は、古い物を残したままその隣に交換用の歯車を取り付けるという方法もあります。

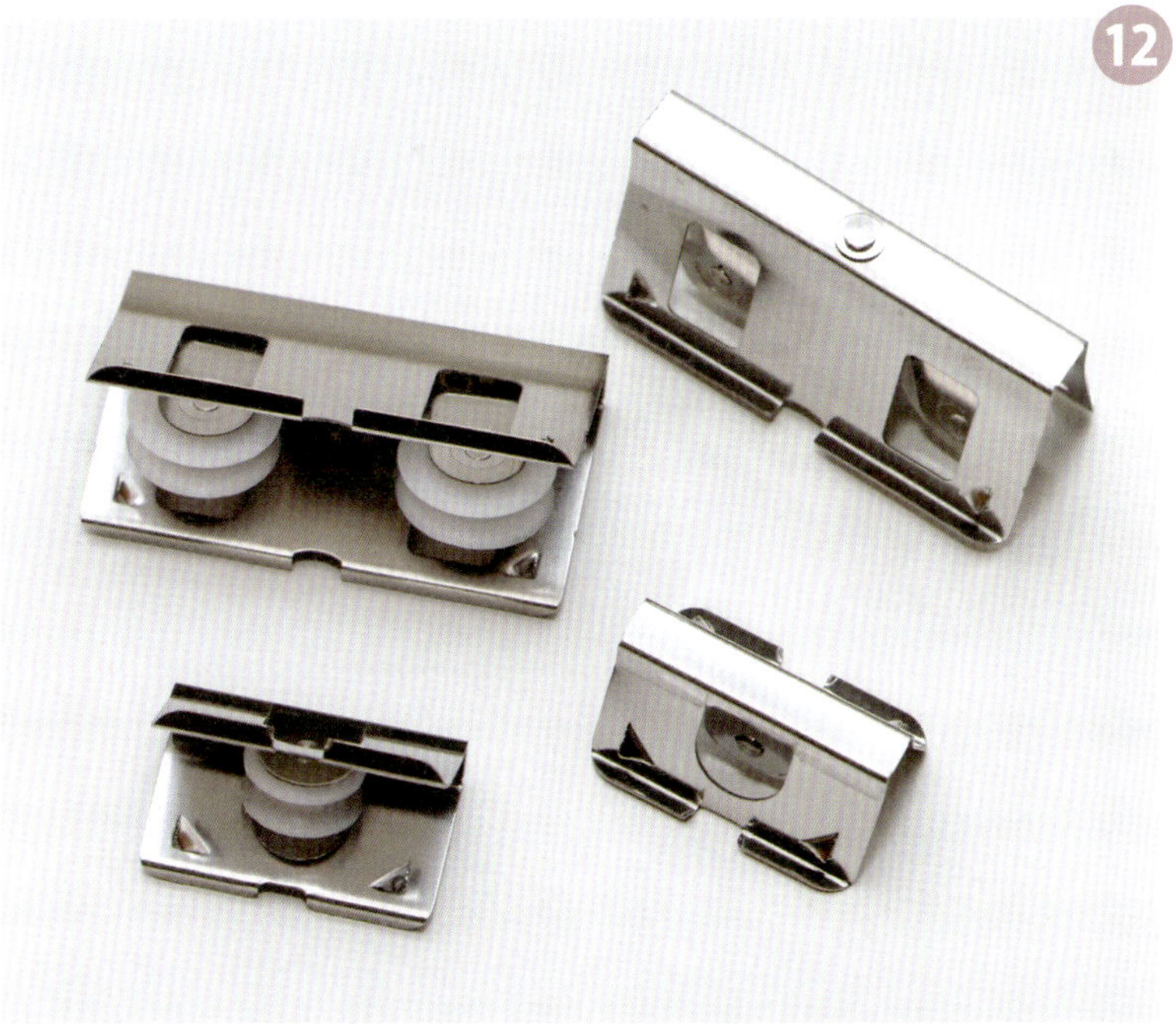

網戸の戸車は、メーカーによって形だけでなく取り付け方法にも違いがあります。また古いものだともう製造されていないこともあります。その場合におすすめなのがこのような汎用タイプの交換用戸車です。購入の際は、網戸の溝の幅、深さなどを測りそのサイズに合うものをホームセンターなどで購入してください。

戸車の交換ができたら、網戸を戻します。取り付け前に、サッシ枠のレール部分も掃除しておきましょう。枠にはめたら忘れずにはずれ止めを戻します。

はずれ止めを上にスライドさせたら、＋ドライバーでネジを締めてずれないように固定します。さらに操作つまみがあるものは戻しておきます。これで完了です。

障《しょう》子《じ》の張り替え

半紙判の障子紙を使い、手早く作業する

障子紙は、日焼けで黄ばんだり、ホコリで黒ずんだりするだけでなく、うっかり穴を開けてしまうこともあります。小さな損傷なら部分的な補修で済みますが、障子紙全面を張り替えるとなるとつい尻込みしてしまう人もいるでしょう。ただ、張り替えのポイントさえ掴めば、比較的手軽にまっさらな障子を復活させられます。障子の張り替えのポイントは、古い障子紙を残さずきれいに取り去ること。そして、新しい障子紙をシワができないように焦らず丁寧に貼ることです。何度かに分けて貼る半紙判の障子紙を使えば、張り替えに慣れていなくても簡単に作業を進めることができます。

半紙判の障子紙

扱いやすく、使い勝手のいいサイズの障子紙を使用。

小さな破れの補修

全体を張り替えるまでもない小さな穴や破れは、障子紙を適当なサイズにカットし、貼り付けて補修します。

道　具

■スポンジ
■ウェス
■霧吹き
■プラスチックヘラ

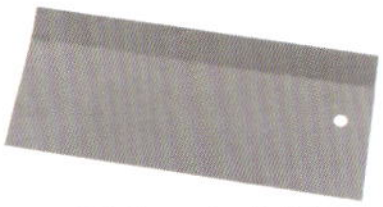

■カット定規

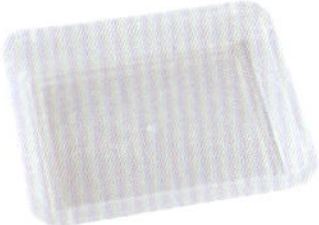

■のり用トレイ

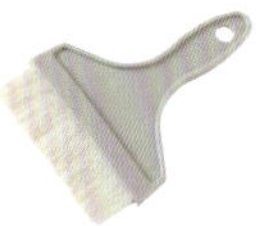

■のりバケ

■カッター

材　料

■障子紙（半紙判）
■マスキングテープ
■はがし液

■障子のり

障子の張り替え工程

1

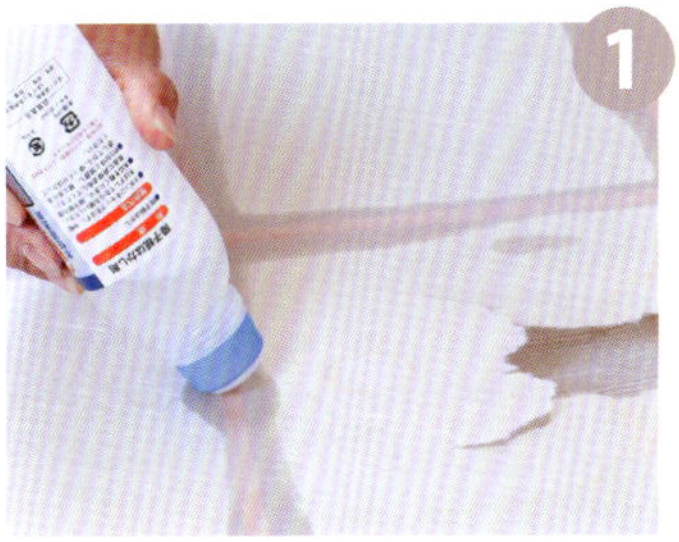

ビニールシートや新聞紙を敷いて床を養生し、紙が貼ってある側を上にして障子を寝かせ、桟に沿ってはがし液を塗ります。

2

桟に紙がのり付けされている部分すべてにはがし液を塗り終えたら、5分ほど放置し、液を浸透させてのりを十分に溶かします。

3

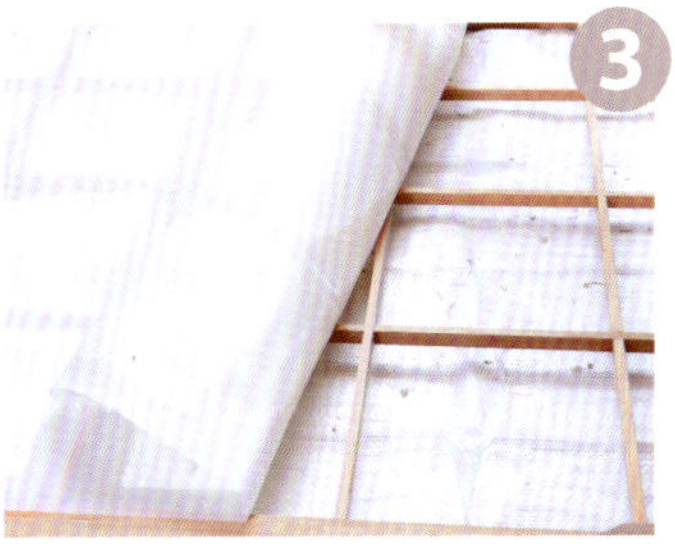

障子の端から、巻き取るように紙をはがしていきます。溶けたのりが乾いて再び固まってしまう前に、手早く作業しましょう。

4

紙を完全にはがしたら、桟にところどころ残っている固まったのりを、プラスチックヘラでこそげ落とします。桟が傷つかないよう注意しましょう。

5

さらに、桟に付着している溶けたのりや、落としきれなかった固まったのりは、水に濡らして固く絞ったスポンジで残さず拭き取ります。

6

ここまでの作業で障子枠全体が濡れているので、乾いたウェスを使って乾拭きします。水気を取ったら、1～2時間陰干しして乾燥させます。

7

枠に沿って新しい障子紙を広げ、片側をマスキングテープで留めておくと作業しやすくなります。

8

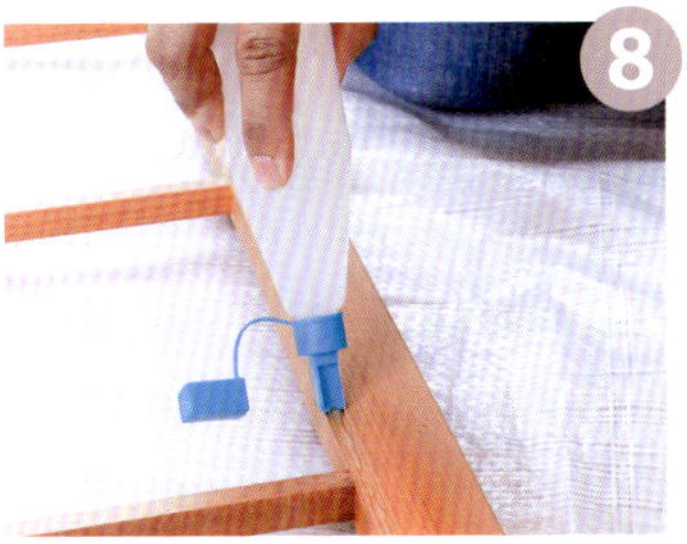

フチには、紙の位置を決めるための段差（紙じゃくり）が設けられています。まずはそのラインに沿ってのりを塗ります。

9

続いて、本体内側の桟にものりを塗っていきます。まずはカットした障子紙、1枚で隠れる部分の桟に塗ります。

10

のりを塗り、紙を貼るという作業を繰り返し、すべての桟が覆われるように新しい障子紙を貼っていきます。

11

周囲のフチに沿ってカット定規を当て、カッターで余分な部分を切り落とします。カッターは極力寝かせて使い、刃はこまめに折って切れ味を保ちます。

12

最後に障子枠を立て掛け、霧吹きで紙全体にまんべんなく水を掛けます。陰干しをして乾けば紙がピンと張り、シワなく仕上がります。

アイロン貼りの障子紙を張る

1

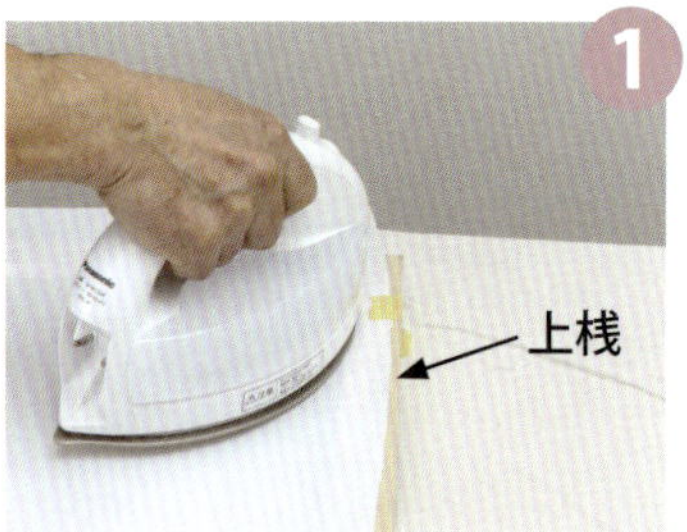

アイロン貼りの障子紙は、アイロンの熱でのりが溶けて接着します。障子紙の端を上桟にあわせ、２～３か所にアイロンの先をあてて仮どめします。

2

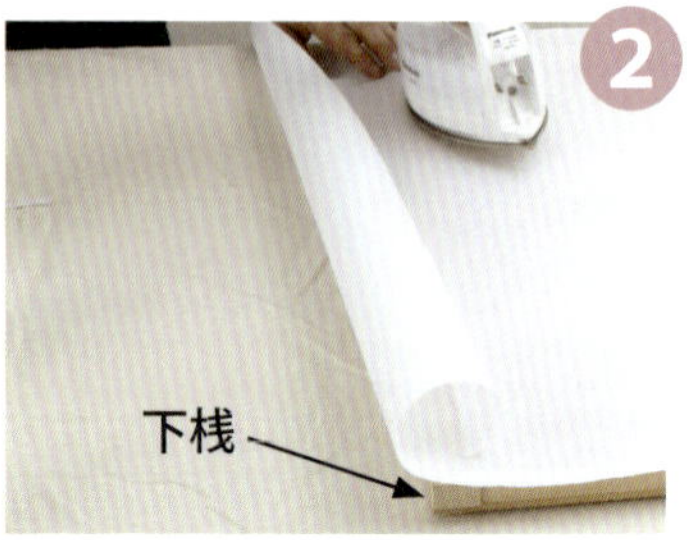

枠に対して平行になるように障子紙を広げ、下桟よりも少し長くカット。下桟でも２～３か所にアイロンをあてて、全体に広げた状態で仮どめします。

3

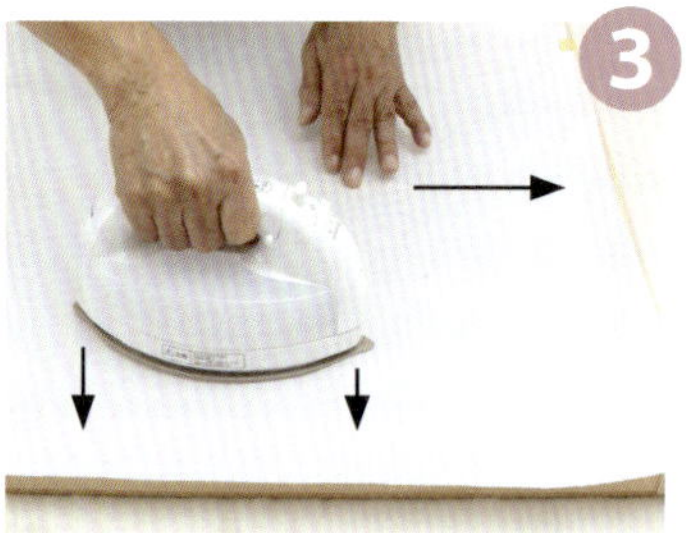

枠の真ん中から周囲に向けて、桟の上をゆっくりアイロンを動かし、くまなく接着します。シワができないように、ていねいに作業しましょう。

4

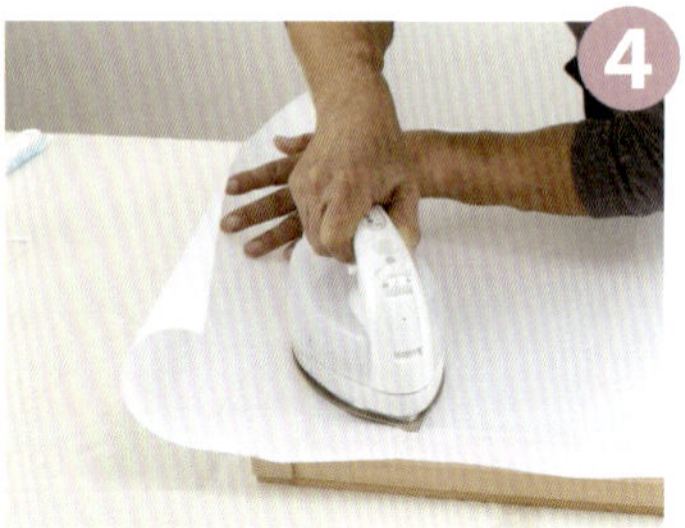

最後に周囲の枠にアイロンをあてて接着します。枠の内側にヘリ（一段低い段差）がある場合は、アイロンの先を使ってヘリのところで接着しましょう。

5

枠の接着部分を１cm 程度の幅で残し、カッターで余分な障子紙をカットします。切り落としたところは、アイロンをあてながら取り除きましょう。

ここがポイント！

アイロンのあてすぎに注意

一度接着したところにアイロンをあて直したり、一か所に長くあてすぎたりすると、のりが溶けてはがれてしまいます。うまく接着できなかったところは、障子用のりで貼り直してください。

プラスチック障子紙を張る

1

プラスチック障子紙は巻ぐせが強いので、始める前に反対に巻いてくせを緩くしておくと作業がしやすくなります。

2

障子紙の左右が均等にはみ出すように枠の上に置き、付属のシールやマスキングテープで上側の一か所を仮どめします。

3

縦方向の枠と桟にはみ出さないように両面テープを貼り、裏のはくり紙をはがします。続いて横方向にも両面テープを貼って、はくり紙をはがします。

4

平行がずれないように注意し、障子紙を少しずつ転がしながら貼っていきます。下まで貼れたら、桟のあるところを押さえてしっかり接着しましょう。

5

両面テープが貼ってあるところよりも外側のところで、枠にカット定規をあてて周囲の余分な障子紙をカットします。

6

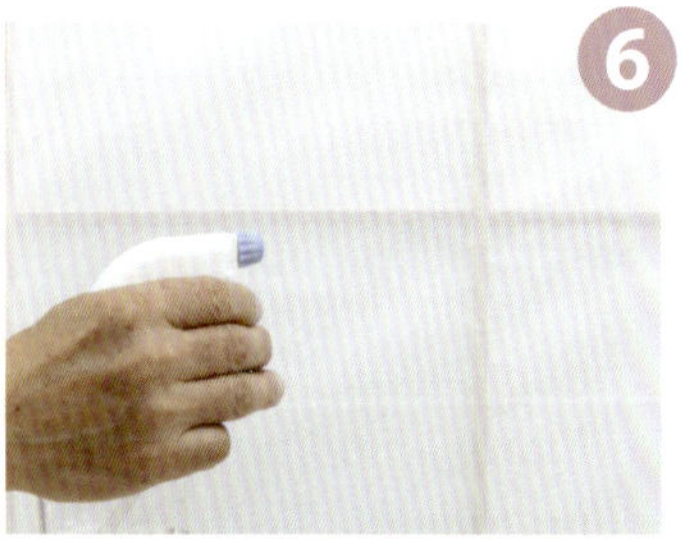

新しい障子紙を貼り終えて、１～２日たってもたるみが取れない場合は、全体に霧吹きをします。そのまま日陰で乾かすと、しっかりと張りが出ます。

クレセントの交換方法

クレセントの経年劣化が窓のガタつきや隙間風の原因に

クレセントとは窓のサッシに取りつけてある締め金具のことです。

このクレセントはシンプルな構造で壊れることはあまりありませんが長期間使用していると少しずつ締まりが悪くなり、窓のガタつきや隙間風の原因となってしまうことがあります。

そんな場合にはクレセントの修理や交換が必要です。クレセントはいわゆる錠に当たるものなので専門的な知識や道具が必要と思われがちですが実はポイントを抑えればＤＩＹでも交換することは難しくありません。

また、古いタイプのクレセントで、同じものが手に入らないという場合でも、様々なサッシに取り付け可能な万能クレセントを使うことで代替も可能です。

そんなサッシのクレセント交換方法についてご紹介します。

古いサッシ窓でも大丈夫 万能クレセントとは

クレセントが古く、交換用のクレセントが用意出来ない場合は、万能クレセントで代用しましょう。万能クレセントは様々なタイプのクレセントと互換性があり、既存のネジ穴に取り付けられる交換用クレセントです。

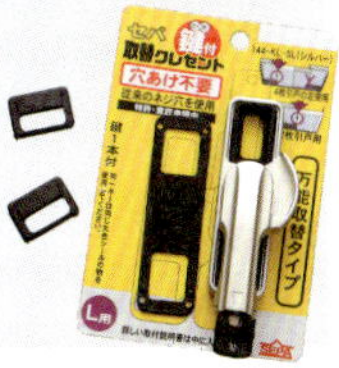

ビスの取り付けピッチや、金具がサッシとサッシを引き寄せる距離（引き寄せ寸法）などを測り、純正もしくは代替可能な万能クレセントを用意します。

クレセント錠の取り替えは基本的にドライバー１本で可能です。ドライバーでカバーを外したら、クレセント錠本体のネジを取り、古いクレセントを外します。

次に用意した新しいクレセントをサッシに仮止めします。ネジはクレセントの下側から取り付けます。微調整をするのでネジはまだ本締めしないでください。

クレセント上側のネジも同様に仮止めします。これで大まかなクレセントの取り付け位置が決まりました。この時点ではまだ完全に固定されていません。

金具を回し、鍵をかけた状態にしてみて問題がないか確認します。動きがスムーズでない場合やサッシが密閉されない場合は高さや引き寄せ幅を調整します。

最後にビスを下側から本締めしてクレセント錠を固定します。再度鍵をかけてみてガタつきがないか、施錠解錠がスムーズかなどを確認したら完成です。

ふすまの張り替え

板ふすまへの重ね貼りなら手間なく簡単

部屋を彩るふすまに、汚れや色あせ、やぶれが目立つようでは、和室の雰囲気が台なしです。劣化が気になりはじめたら、張り替えでリフレッシュしましょう。昔ながらの本ふすまの場合は枠をはずす手間がかかりますが、ベニヤ板などを下地に張った板ふすまと呼ばれるタイプであれば、枠を触らずに作業できるので簡単です。

張り替え用のふすま紙には、簡単に貼れるアイロンタイプ、シールタイプなどもありますが、仕上がりがきれいな再湿タイプがおすすめです。2枚程度までであれば、古いふすま紙の上に重ね貼りができます。

道具

■なでバケ　■ハサミ　■カッター
■かなづち　■スポンジ　■クギ締め
■マスキングテープ　■ビニールシート
■ピンチ（大）

■カット定規

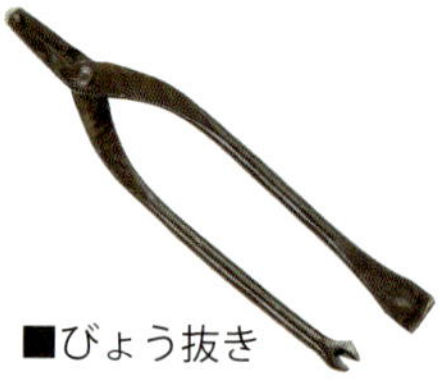

■びょう抜き

材料

■ふすま紙
（再湿タイプ）

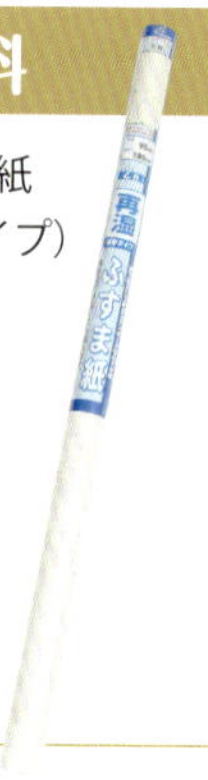

■穴を補修しておく

破れをそのままにして新しいふすま紙を貼ると、その部分が浮いてきれいに仕上がりません。先に下貼り紙や茶チリで補修しておきましょう。

■巻きぐせを取る

1枚分のサイズにカットしたふすま紙は、作業しやすいように巻きぐせを取っておきます。角の部分から斜め方向に逆巻きすると、シワにならずにくせを取れます。

ここがポイント！

裏面につける水はたっぷり400cc

ふすま紙の裏面についているのりを戻すには、水をたっぷりつける必要があります。水の量は、ふすま1枚分につき約400cc（コップ2杯分）が目安です。強くこするとのりが取れるので、スポンジで軽く叩くようにして全体を濡らします。その後は紙が伸びきるまで3～5分待ち、指で触ってぬるぬるしてきたら貼りごろです。

板ふすまを張り替える

びょう抜きのヘラを引き手金具の下に差し込んで少し持ち上げ、浮いたクギの頭をびょう抜きでつかんで引き抜きます。

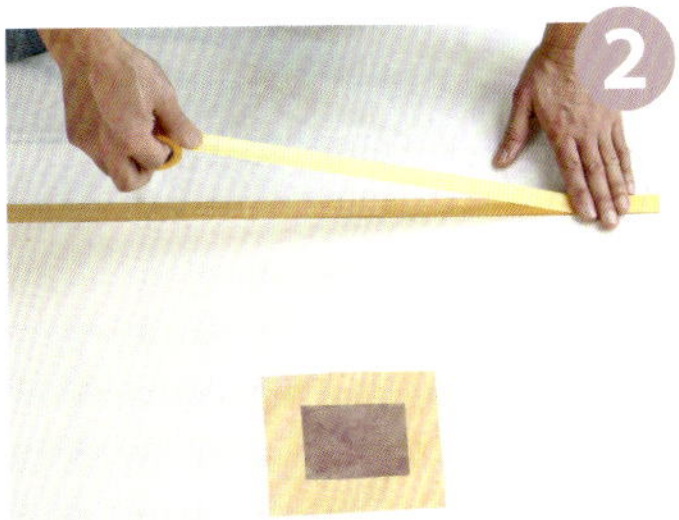

作業中、枠にのりがついて、汚れないように、枠の幅より太いマスキングテープを貼って養生します。

ふすま紙の端をふすまの上端にピンチで仮どめし、軽く引っ張りながら下まで伸ばします。

伸ばしたふすま紙の下側を、枠の外側に沿ってハサミでカットします。ふすま紙が短いと作業しにくいので注意します。

たっぷりと水を含ませたスポンジで、ふすま紙の裏面を叩くようにして濡らし、のりを戻します。

端の余りが均等になるように、ふすま紙をふすまの上にのせ、上端を縁に沿ってなでバケで押さえて位置決めします。

なでバケを使って真ん中から下へ、さらに左右へ空気を追い出すようになでます。シワができたときは、一度はがして押さえなおしてください。

縁の部分はなでバケで叩きながら押さえて、隅まできちんと貼ります。浮いているようなら、ヘラで押さえてください。

縁にカット定規をあて、カッターの刃ができるだけ奥に入るようにして余りをカットします。途中でカッターをはずさず、定規をずらしながら１辺を切ります。

浮いた縁の部分をなでバケでなでて押さえなおします。張ったあとにできたたるみは、乾燥とともに張って消えます。

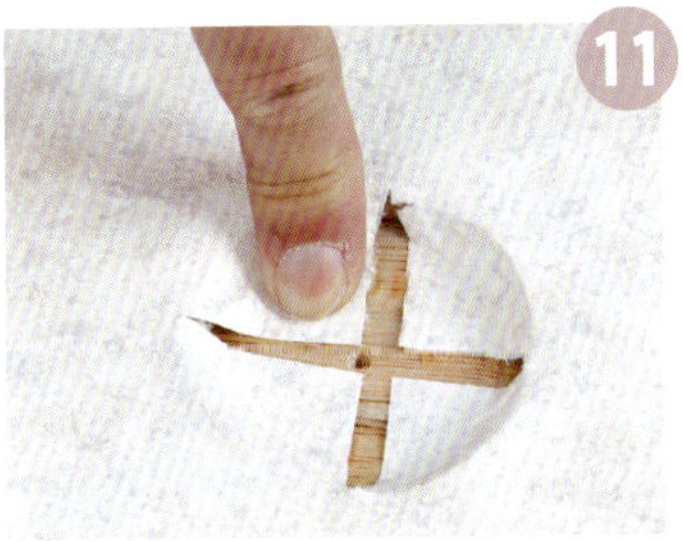

ふすま紙の上から引き手の穴を探し、カッターで十字に切り込みを入れて指で押さえます。

クギ穴の位置が上下になるように引き手金具をはめ込み、クギ締めでクギをしっかりと打ち込んで固定します。

玄関扉、ドアクローザーの調整

日常的なお手入れ

■ドアの動きを軽くする

可動部についたホコリなどが原因で、気づかないうちにドアの動きが重くなっていることがあります。ドアクローザーのアームや丁番には、定期的にシリコンスプレーを噴いて滑りをよくしておきましょう。

■鍵の作動を改善する

鍵の抜き差しがしにくくなったときは、住居用鍵専用のクリーナーを使って鍵穴の洗浄と潤滑をしてください。一般用途の潤滑剤は作動不良の原因になる場合があるので、使わないようにしましょう。

■扉の保護とツヤ出し

扉掃除の仕上げには、専用ワックスを使います。乾拭きしてホコリを取り除いたあと、乾いた布にスプレーして全体に塗り広げます。表面のツヤ出しと色あせを防ぐ保護効果があります。

■可動部にはシリコンスプレーを

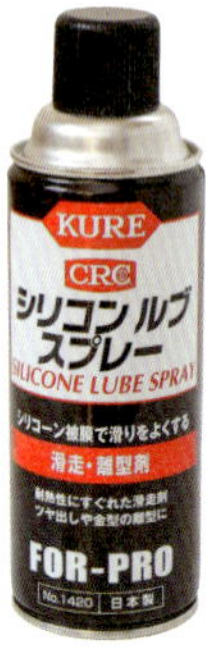

シリコンスプレーは表面にシリコン皮膜を形成し、滑りをよくする潤滑剤です。潤滑オイルのように臭いがなく、ホコリがつきにくいので、室内での使用に最適です。カーテンレールや敷居、引き出し、キャスターなど、さまざまなところのメンテナンスに使えます。

ドアクローザーの調整

ドアクローザーがついている玄関扉は、閉まる速度の調整が可能です。扉が勢いよく閉まると、危ないと感じたり、閉まるときの音がうるさくなります。反対に、ゆっくり過ぎるとイライラしたり、風が強いときに閉まりきらないことがあります。小さいお子さんやお年寄りのいる家では、安全性も考えて適切な速度に調整しましょう。

速度調整弁は本体の側面にあります。調整弁を時計回りに回すと閉じる速度は遅くなり、反時計回りに回すと速くなります。

■速さの調整方法

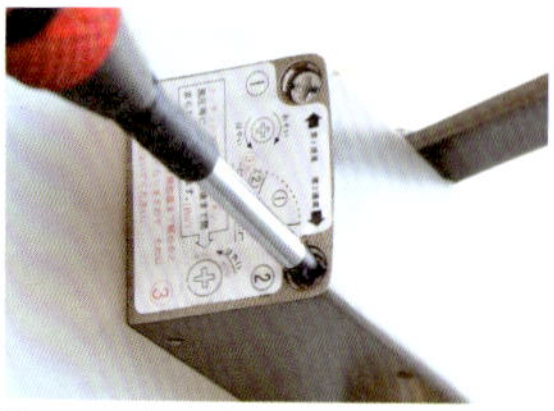

「2」の表示がある第二調整弁で、閉まりきる直前の速度を調整します。ゆっくり静かに閉まるように調整してください。

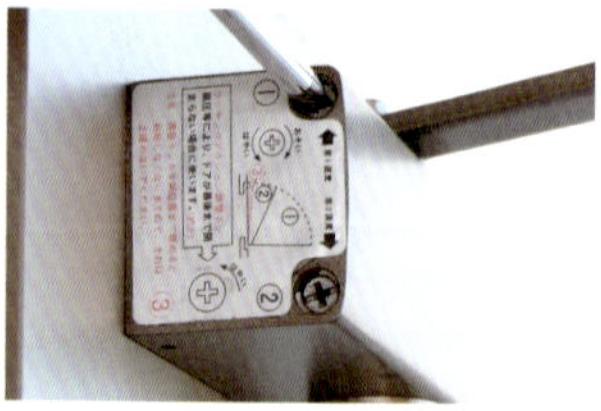

「1」の表示がある第一調整弁で、閉まり始めからの速度を調整します。ドアの動きを見ながら調整してください。

ガタつきのチェックもお忘れなく

開閉や操作のときの振動で、各部のネジが緩んでいることがあります。動く頻度が高い丁番やよく操作する内鍵、U字ロックは、ガタつきやネジの緩みがないかをチェックし、緩んでいる場合はドライバーで増し締めをしておきましょう。

スライド丁番《ちょうばん》の調整

扉を閉めたときに丁番が見えず、見栄えが良いのが特徴で、システムキッチン、キャビネットなどで多く採用されています。種類により、扉の開き、角度、扉側にあける穴のサイズ、側板に対する扉のかぶせ具合が異なります。丁番は大別すると3タイプです。長い期間使用すると起きてしまう扉の隙間は、丁番を調整することで解決できます。

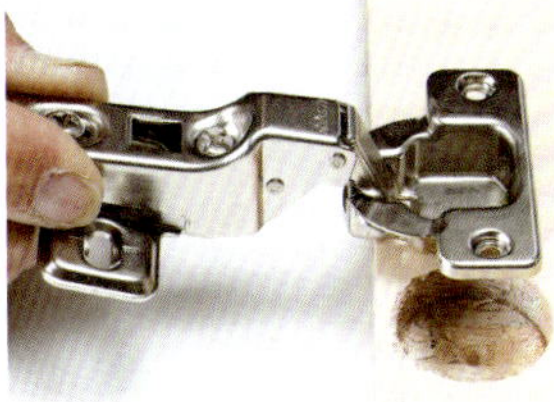

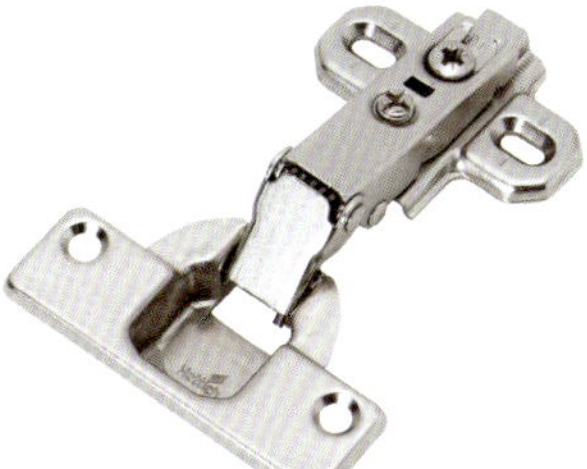

■**スライド丁番 全かぶせタイプ**

側板をすべて覆うように扉を取り付ける。

■**スライド丁番 インセットタイプ**

側板内に扉が収まる。

■**スライド丁番 半かぶせタイプ**

側板を半分程度覆うように扉を取り付ける。隣に接して扉をつける際、互いを干渉しないための仕組み。

丁番の調整方法

丁番の調整はドライバーでネジを調整するだけでOK

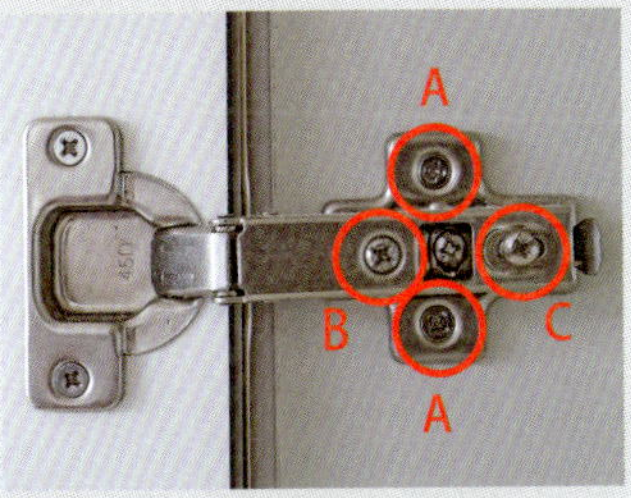

写真の丁番は全かぶせタイプです

■扉の上下のズレの場合

ドライバーでネジAを反時計回りにゆるめます。扉の正しい位置を調整した後、扉の高さを揃えた状態でネジAを時計回りに回して固定します。

■扉の合わせ目に起きる隙間の場合

ネジBを回すと扉が動くようになるので、微調整できるようになります。隙間をなくす正しい位置に戻したら、ネジBを回すのをやめます。

■扉と本体に起きる隙間の場合

ネジCをドライバーで反時計回りに回してゆるめます。扉を軽く押しながら正しい位置に戻し、固定したまま、ネジCを時計回りに回して締めます。

難易度★★☆☆☆

椅子の塗り替え

愛着のある家具は、きれいに使い続けたい

Before

木製家具に汚れが目立ってきたら、塗り直してきれいにしてあげましょう。古い塗料をきれいにはがして、ステイン塗料やワックスを塗れば、アンティーク調に変えることもできます。

木製家具を塗り替えるときに気をつけなければならないのが、使用する塗料の種類です。木部に使える室内用塗料には、使われている溶剤の違いで、油性塗料と水性塗料の2種類があります。新旧の塗料が水性同士であれば、重ねて塗ってもしっかりと密着しますが、油性塗料の上に水性塗料を塗ると、弾いてしまって馴染みません。古い塗料をすべてはがしてから水性塗料で仕上げる必要があります。古い塗料の種類がわからない場合は、目立たないところで試し塗りをして、密着するかどうかを確かめましょう。

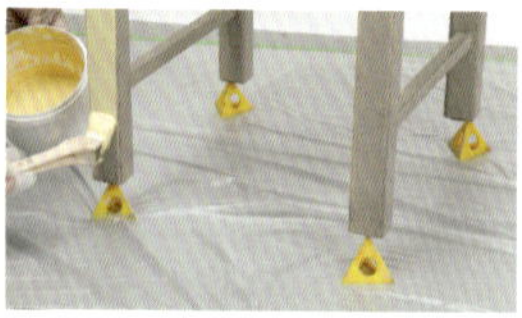

作業台や床に家具を置いて塗装すると、接地面は塗りにくくなります。この『ペインターズピラミッド』を使うと、家具を安定した状態で持ち上げておくことができます。

材　料

■室内用水性塗料

道　具

■サンダー　■サンドペーパー　■サンディングスポンジ　■ハケ　■マスキングテープ　■木部用パテ　■布　■塗料容器

傷をあえて残す補修もあり

愛着のある家具では、年月を経てついた傷やへこみも味わいのうち。塗装前にそれらをきれいに補修するのもひとつですが、あえて傷を残しながら塗装で仕上げる方法も、エイジングの効果がありおすすめです。

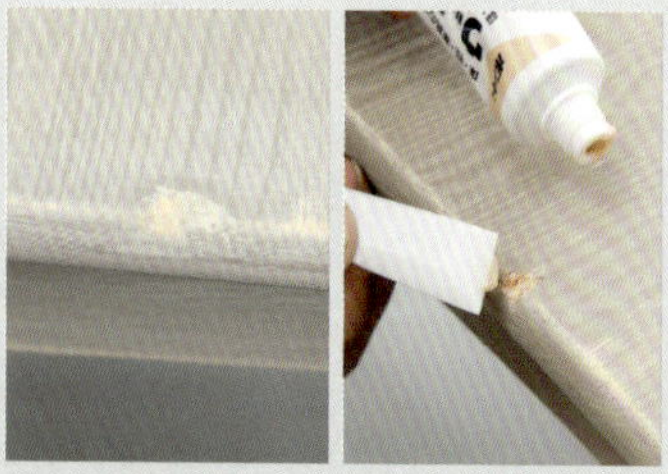

傷を消すときは、木部用パテで埋めてサンディングします。塗装をすれば、傷跡はわかりません。

傷を残すときは、サンディングして角を滑らかにしておくと、柔らかい印象になります。

水性塗料で2トーンに塗り分ける

1

サンダー（240番程度）などを使って古い塗膜を削り、塗料の浮きや荒れを落とします。水性塗料同士の塗り替えなら、表面を整えれば十分です。

2

濡らして固く絞った布で、表面についた削り粉をきれいに拭き取ります。気になる傷があれば、この時点までに補修しておきましょう。

3

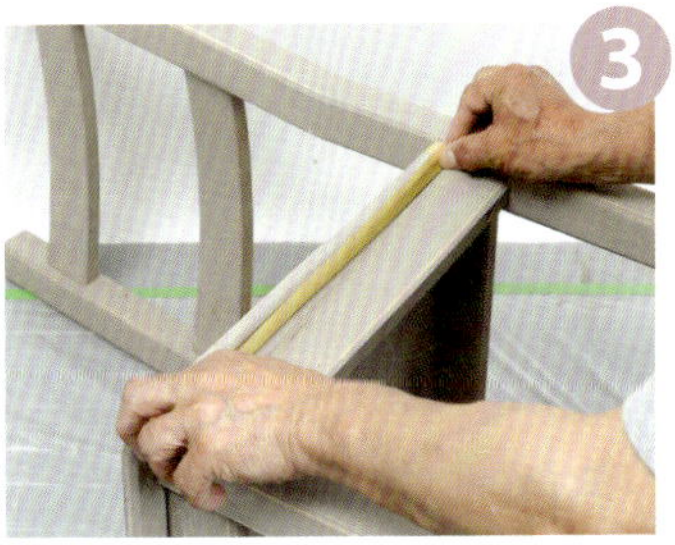

２色以上を使って塗り分ける場合は、１色塗るごとに色の切り替え部分をマスキングテープで養生します。薄い色から塗るのが基本です。

4

塗料はよく振って撹拌してから塗料用の容器に移します。塗料のつけ方は毛先から３分の１程度までにし、全体につけないようにして塗りましょう。

5

厚塗りはダマやハケ跡が残りやすいので、薄く２度塗りするのが基本です。１度目は下地が透けても気にしないで、塗り残しがないように気をつけましょう。

6

イスのように角の多い家具は、写真のようなタレができやすいので注意。塗ったあとは反対側からもチェックし、タレていたらハケでのばしておきます。

7

最初の色を１回塗り終えたところです。下地が透けてムラになって見えますが、この時点では全体にしっかり色が入っていれば問題ありません。

8

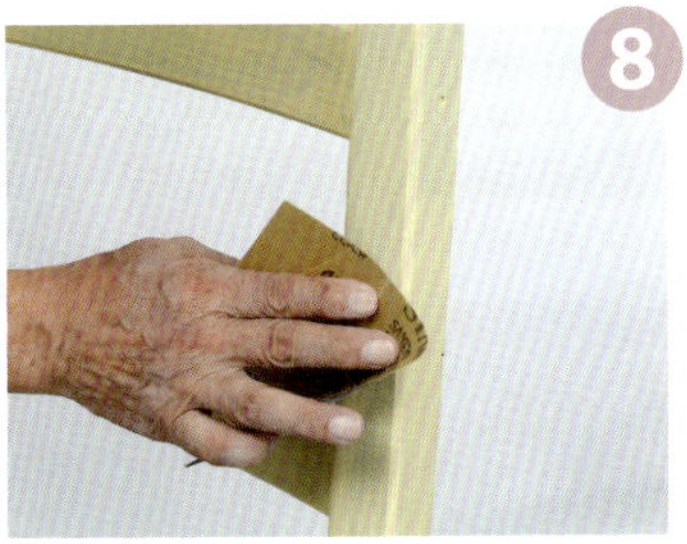

１度目が乾いたら、塗料が粒になった表面のザラつきを落とします。400番程度のサンドペーパーで、全体を軽く磨くだけで仕上がりの滑らかさが違います。

9

２度目も同じように薄く塗ることを心がけて、色を重ねていきます。透けやムラが気になっても、厚塗りをしないで、重ね塗りをして色を整えてください。

10

塗料が生乾きのうちに、マスキングテープを取ります。乾いてからテープを取ると、塗料を一緒にはがしてしまうことがあるので注意しましょう。

11

２色目以降を１色目と同じ要領で塗っていきます。１色目が完全に乾いたら、次の色に備えてマスキングテープで養生しなおしてから塗りましょう。

12

全体を２度塗りし終えたら、最後にもう一度、塗り残しや気になるムラがないかをチェックします。つなぎ材の下側など、見落としやすいところは入念に。

椅子の張り替え

傷んだ座面の印象と座り心地を一新

ダイニングチェアなどのクッションつきの座面は、長年使っていると、張り地の汚れや色あせ、すり切れなどが目立つようになります。そのころにはクッションもへたってきます。傷みが気になるダイニングチェアは、座面を張り替えてリフレッシュしましょう。

もとと同じ素材や色でリフォームしてもよいですが、まったく異なる張り地でリメイクすると、ダイニングの雰囲気を変えることもできて一石二鳥です。

長持ちさせるために、擦れや引き裂きに強い生地を選ぶことが、リメイクを成功させるポイントです。気に入った生地を見つけて、センスよく作り変えましょう。

張り替えの場合は、取り外した座面を裏返し、ステープル抜きやマイナスドライバー、ペンチを使って針を抜いてください。

左ページで紹介しているように、木製座板の椅子を座り心地のよいクッション座面にリメイクすることもできます。

Before

一般的にはクッションつき座面の張り替えを行うことが多いですが、硬い木製座面をクッションつきにすることも可能です。

材　料

- ■クッション材：チップウレタン(3cm厚)
- ■張り地(透けないもの、伸びないもの)

道　具

- ■六角レンチ(またはプラスドライバー)
- ■ハサミ
- ■油性ペン
- ■両面テープ
- ■金づち
- ■タッカー

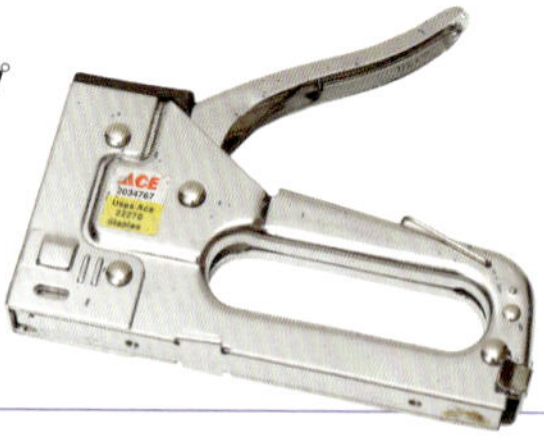

ウレタン選びで好みの座り心地に

7～10年使用しているダイニングチェアは、クッションもへたっているので、ウレタンを交換することをおすすめします。ここでは、やや硬めでつぶれにくい3cm厚のチップウレタンを使用していますが、2cm厚のチップウレタンの上に、2cm厚の軟質ウレタンや低反発ウレタンを重ねると、よりソフトな座り心地になります。

クッション材を加工する

1

脚や枠に固定しているネジを緩め、座板を取り外します。クッションつきの場合は、古い張り地とウレタンをはずします。

2

ウレタンの上に座板を置き、周囲がひと回り大きくなるように、油性ペンで型を取ります。

3

線に沿って、ハサミでチップウレタンをカットします。切り口が凸凹になったところは、できるだけ整えておきましょう。

4

チップウレタンがずれるのを防ぐために、座板の上面に両面テープを貼ります。端と真ん中は必ず貼ってください。

5

下にチップウレタンを置き、周囲のはみ出しが均等になるように、位置をあわせて座板を貼り付けます。

6

クッション材の加工が完了しました。はみ出したウレタンは、張り地が座板に当たって擦り切れるのを防ぎます。

張り地を張る

1

裏返しに広げた張り地の上に座板を置き、×印の4か所にタッカーを使って張り地をとめます。

2

先にとめた2か所の真ん中あたり（四角い座面の場合は角）を、張り地を軽く引っ張りながら、タッカーでとめます。

3

丸い座面や四角い座板の角は、ヒダを作りながらタッカーでとめます。タッカーはヒダの山の部分に打ってください。

ここがポイント!

最後に、針が連なるくらいにすき間なくタッカーでとめておくと、張り地が破れにくくなります。浮いた針がないように、金づちでしっかり打ち込んでおきます。

4

タッカーでとめたところから1cm程度を残して、あまった布をハサミで切り落とします。

5

必要に応じて、裏面に合わせてカットした不織布をタッカーで張ってください。座板をフレームに取り付けて完成です。

カラーボックスのリメイク

カラーボックスを素材として使い自由な形にリメイクしてみよう

カラーボックスは、汎用性が高く、使い勝手の良い収納グッズです。サイズのバリエーションも豊富で、ちょっとしたスペースにも置くことが可能です。

しかし、実際に色々なものを収納してみると、その微妙なサイズから思ったよりも効率的に物が収納できないこともあります。では、そんな場合どうすればいいのか？　そのまま使うのではなく、収納のための一つの素材として考え、ＤＩＹでアレンジを加えてあげればいいのです。少し手を加え役立つ収納グッズにリメイクしましょう。

例えば、扉や脚を付けてミニチェストにしてもいいですし、開口部を上に向け、そこに座面を加えて、収納ベンチにしてもいいでしょう。

そこでカラーボックスをつかった2タイプのアレンジ術をご紹介します。

ミニチェストにリメイク

扉となる板材（9㎜厚）をカラーボックスに合わせカット。切断面をサンドペーパーで仕上げ、ドリルで穴を開けてつまみを取り付けます。

扉板をカラーボックスの上段部に合わせ、丁番2個で取り付けます。扉板はマスキングテープなどで仮止めしておくと作業がしやすいでしょう。

取り付けた扉がキチンと開閉できるか、また丁番部分にずれがないかなどをチェックして問題なければ扉の取り付けは完了です。

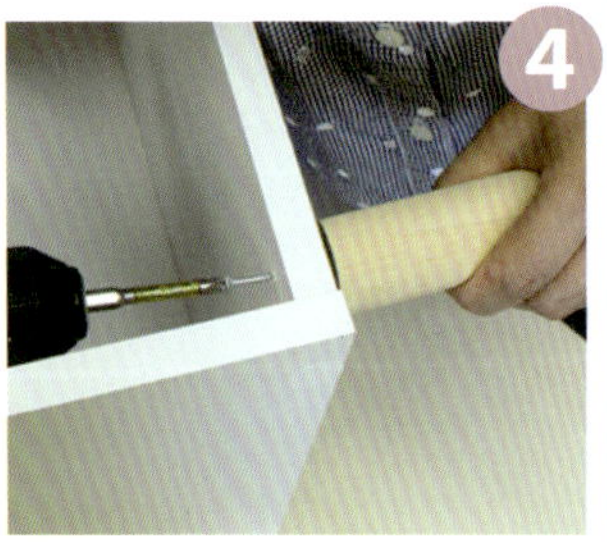

カラーボックスに脚を取り付けます。底面に脚を取り付ける下穴を開け、用意した4本の丸棒を、4つの角にネジで取り付けます。

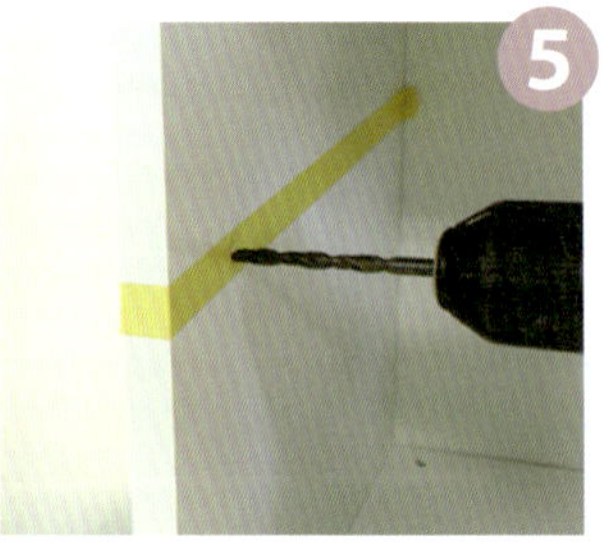

棚板を一枚追加します。側板の内側にマスキングテープを貼り、高さの目印付けたら、計4か所のダボ穴を内側からドリルで開けます。

左右の高さにずれがないことを確認したら、開けたダボ穴に用意しておいたダボを取り付けます。そこに棚板を取り付けたら完成です。

収納ベンチにリメイク

1

まずはカラーボックスと、座面となる木材、さらにクッション用のウレタンチップスポンジ、クッションカバー用のテーブルクロスを用意します。

2

座面用の板をカラーボックスの大きさに合わせてカットします。ここでは2枚使用します。体重が支えられるよう強度のある10mm厚以上の板を用意しましょう。

3

足が当たると痛いので、座面板の端は丁寧に面取りしてください。座面用の板がずれないよう、ずれ止めとなる角材を、木工用接着剤で裏面に仮止めします。

4

座面板を裏返し、表となる側（クッションがつく側）からドリルで下穴を開けて、ビスで、仮止めしていたずれ止めの木材をしっかりと固定します。

5

ウレタンチップスポンジを座面板のサイズに合わせてカットします。スポンジは座面板より周囲10㎜ほど大きめにカットしてください。

6

大きめにカットしたスポンジが座面板の角をカバーし足当たりがやわらかくなります。スポンジがカットできたら両面テープで固定します。

7

次にクッション材の上にカバーを取り付けます。今回はビニール製のテーブルクロスを使用しました。座面板よりも5cmほど大きめにカットします。

8

クッションカバーは、クッション材と一緒に座面板の裏側に巻き込むようにして端から包みます。一辺ずつタッカーを使って固定していきましょう。

9

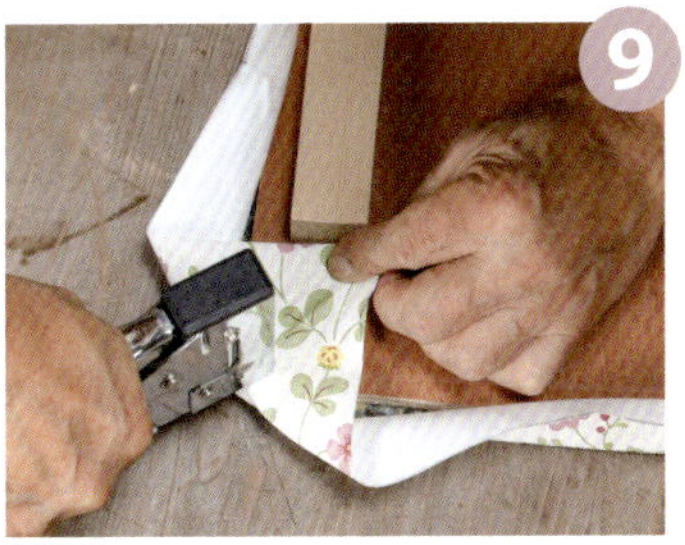

コーナー部分は、角の頂点部分を先にとめ、次にその左右を内側に巻き込むようにして、少しずつとめていきます。タッカーは多めにとめてください。

10

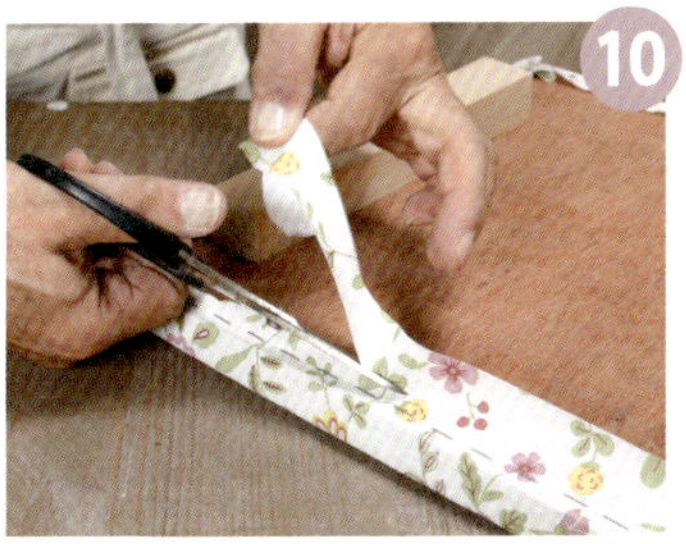

カバーをタッカーで全てとめたら、余った部分をハサミで切り取ります。同じようにもう一つの座面板にもクッションとカバーを取り付けます。

11

これで、2つの座面板ができました。タッカーが飛び出していないか、板の角がカバーからはみ出していないかなどを確認してください。

12

開口部を上に向け倒したカラーボックスの上に座面板を並べて置きます。これで収納ベンチの完成です。座って強度を確かめましょう。

塗装のテクニック

飾る、変える、遊ぶ

塗装の役割は、塗膜による素材の保護や塗り替えによる再生だけではありません。塗料を使いわけたり、特殊な塗装方法を使うことで、さまざまな演出を加えることができます。すぐに活用できる代表的なテクニックを紹介しましょう。

水性ウッドステイン

臭いが少なく、付着しても水洗いできるなど、扱いやすい木部用塗料。木目をいかしたカラフルな塗装ができます。

オイルステインよりも色数が豊富で、発色が鮮やかなのが特長です。好みの色を選んで、塗装を楽しみましょう。

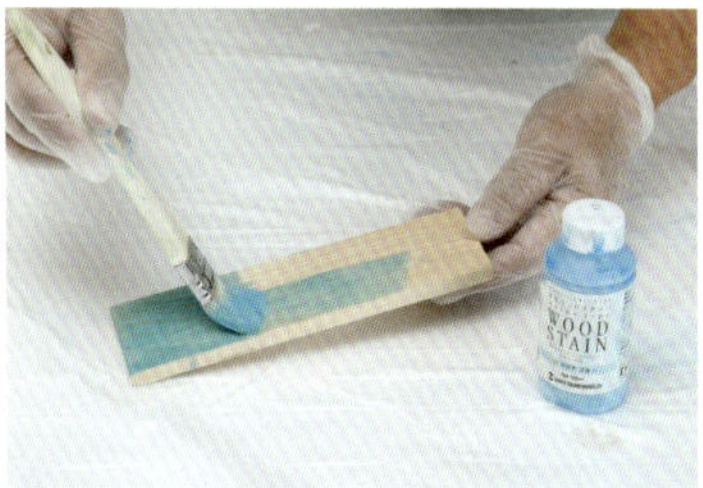

着色用の顔料が底に溜まりやすいので、容器を振ってよく撹拌してから、ハケや布につけて木材を塗ります。

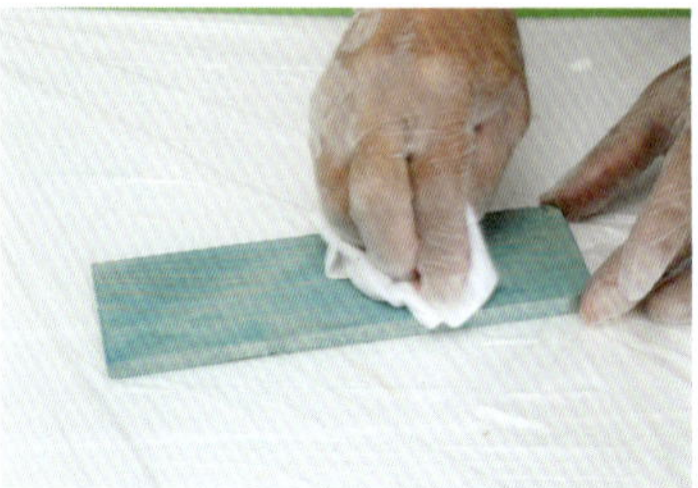

1～2分以内に全体をならすようにふいて乾燥させます。ステイン塗料は塗り重ねると、色を濃くすることができます。

木の風合いを残しながら鮮やかな色に塗ることができ、ペンキやオイルステインとはまた違った仕上がりを楽しめます。

オイルステイン

木材の表面に塗膜を作らず、内部に浸透する塗料です。木目をいかしてナチュラルにしたい、家具や木部に最適です。

初心者におすすめのオイルステインは、浸透させて余分をふき取るタイプ。失敗がなく、きれいに塗装できます。

240番のサンドペーパーで下地を整えた木材に、布やハケを使ってオイルステインを塗り広げます。

15～30分、浸透させて、表面に残った塗料をふき取ります。乾燥したら、１回目より薄く２回目を塗ります。

塗料が乾く前に400番の耐水ペーパーで研磨すると、表面がより滑らかになります。最後によくふき取って完了です。

西海岸風の白板塗装

白い塗料の下に木目が透けて見える塗装で、カリフォルニアのビーチハウスのようなさわやかさを演出します。

使用するのは白色の水性塗料とヘラだけ。表面にカンナをかけていない杉荒材を材料として使います。

240番程度のサンドペーパーで表面の毛羽立ちを取った杉荒材の端に、塗料を一筋に置きます。

ヘラを使い、表面をこするようにして塗料を広げます。薄いところと濃いところ、塗りムラができるようにします。

ところどころに木肌や木目が透けて見えることで、さわやかでナチュラルな雰囲気が感じられます。

黒板塗料

木材、金属、プラスチック、壁紙など、塗ったものが黒板になります。連絡版やお絵かきボードの製作に最適です。

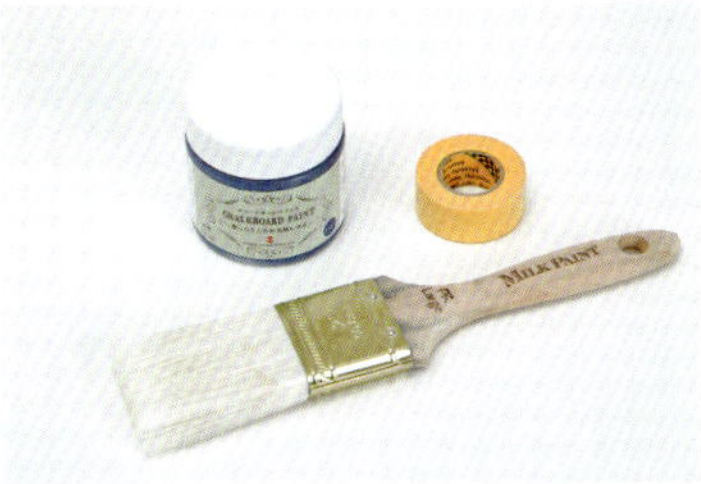

黒板塗料は、黒や緑のほかに茶色やピンクなども選べます。表面のなめらかな材料が適し、木材ならMDFがおすすめです。

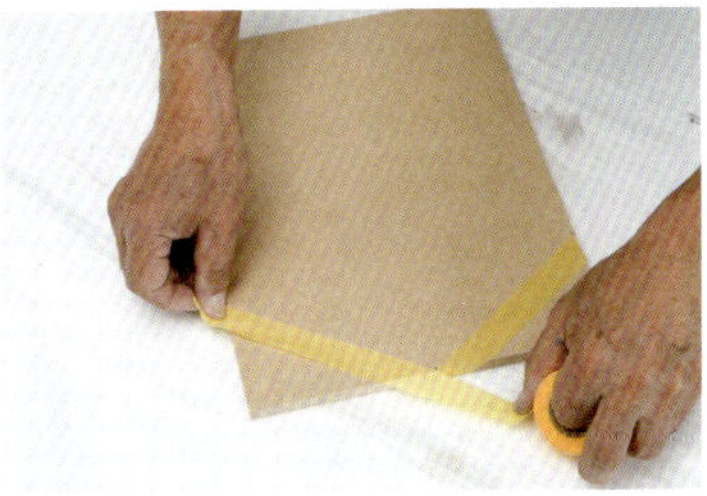

面の一部を黒板にしたい場合は、お望みの大きさ、形になるように、マスキングテープで縁にそって養生します。

塗料のタマができないように、ハケで一方向に塗り伸ばすのがポイント。乾燥させて、２度塗りをします。

塗料が乾く前にマスキングテープをはがし、しっかり乾燥させれば、オリジナル黒板のできあがりです。

高耐久ウレタンニス

塗膜が硬く、保護力が高いウレタンニス。なかでも熱に強い高耐久タイプは、テーブル天板に安心して使えます。

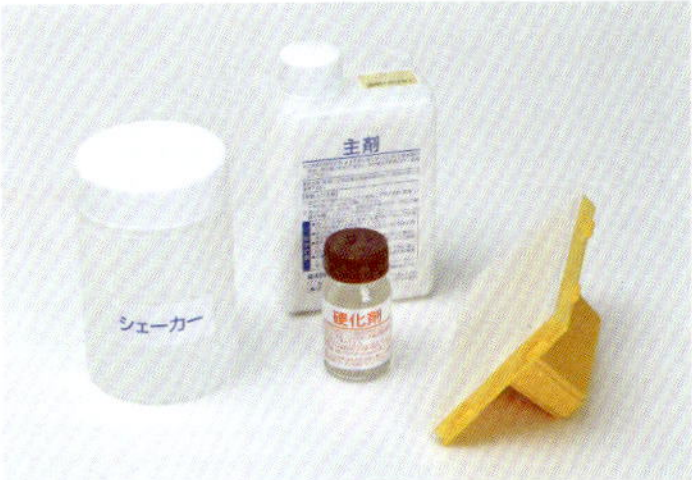

主剤と硬化剤を反応させる２液タイプ。耐熱性、耐摩耗性に優れ、木質の床面にも使うことができます。

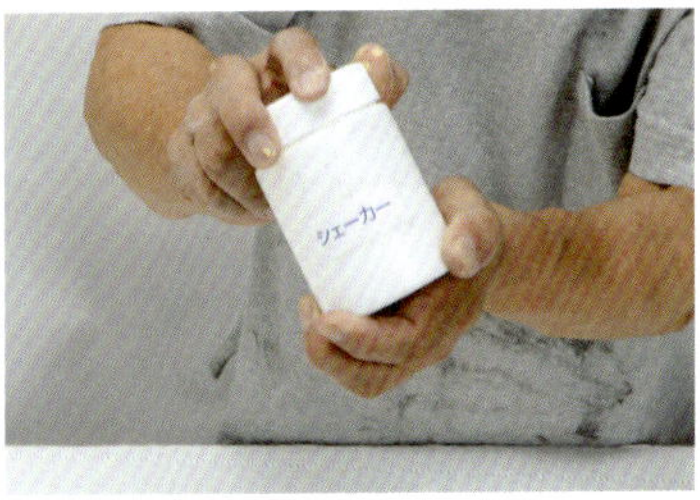

主剤と硬化剤をシェーカーに入れ、よく混ぜます。木材の表面は、400番のサンドペーパーで研磨しておきます。

混合液を塗装用の容器に移し、コテバケなどを使って、薄く均一に塗り伸ばします。ホコリがつかないように注意。

乾燥すると、表面に透明の塗膜が形成されます。２度目の塗りの前にも、サンドペーパーで研磨しましょう。

アイアン調塗装

木材や樹脂などを、塗るだけで鉄、その他金属のような質感に見せられる塗料です。家具の脚や雑貨のリメイクなどに。

アイアン調塗料、プライマー（下塗り塗料）、小さく切った台所用スポンジを使って塗装します。

プラスチックなど、滑面で塗料ののりが悪い素材に塗るときは、密着性を高めるためにプライマーで下塗りをします。

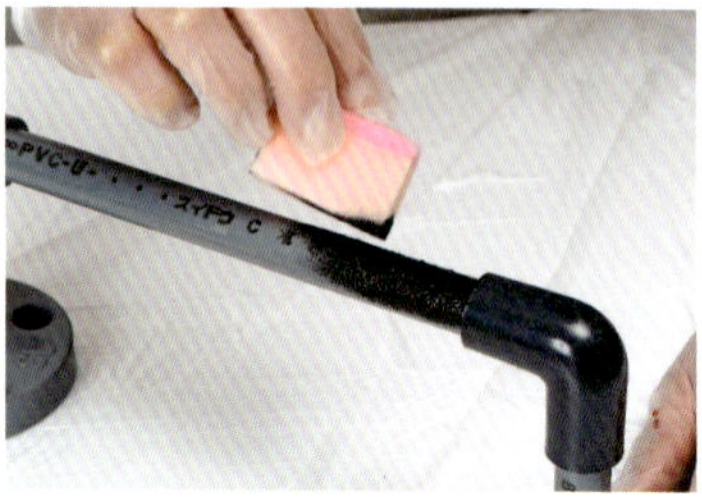

アイアン調塗料をつけたスポンジで、たたくようにして塗っていきます。一度に厚く塗らず、薄く塗り重ねましょう。

乾かしながら厚く塗ると、ぽってりと鋳物のような質感が出ます。ゴールド、シルバー、ブロンズなどの色もあります。

アンティーク塗装

塗装がはげたり、汚れたりしたようすは、使い込んだものの味わいになります。その風合いを再現する方法です。

塗装済みの木材、アンティーク調塗料、ウッドワックスを用意。事前の下塗りの色が明るいほど効果的です。

ハケの側面を使い、木材の角部分にアンティーク調塗料をこすりつけます。濃淡があるほうが、自然な汚しになります。

ハケにつけた塗料を布などで軽く落とし、毛先を使って板の表面全体にカスレを表現します。塗り過ぎに注意。

ウッドワックスを布につけて薄く塗り、表面に軽くツヤを出します。布で余分な塗料をふき取って完了です。

サビ風塗装

缶やブリキにできたサビは、朽ちかけた金属の風合いを出す絶好のアクセント。サビを描き込んで、それを表現します。

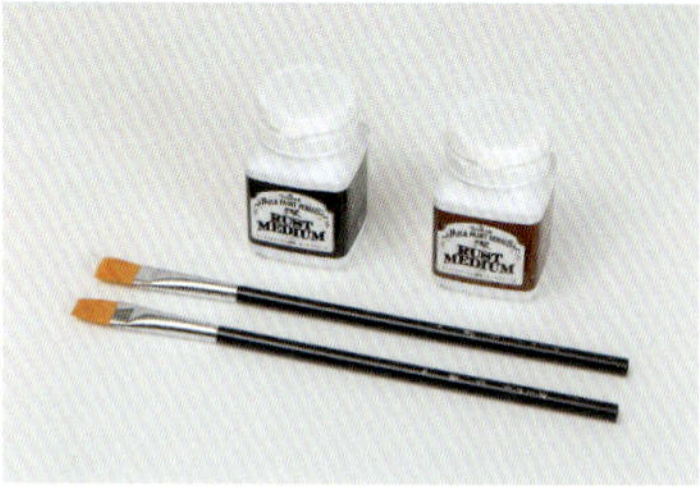

ラストメディウム（サビ風塗料）のレッドブラウン、ダークブラウンの２色を使って塗装します。

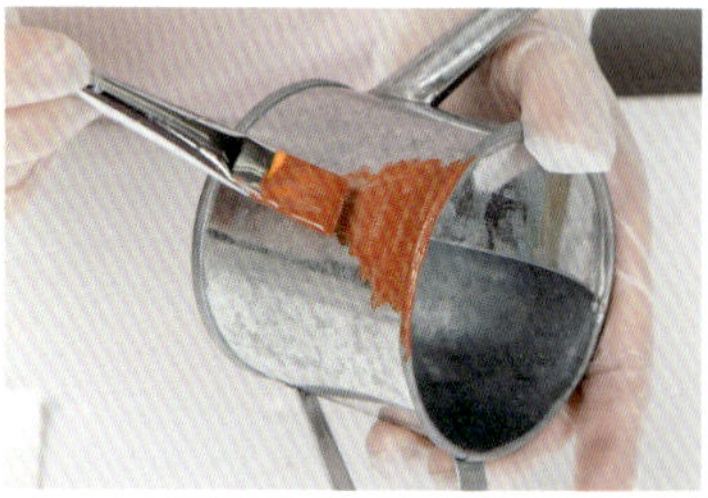

サビができやすい縁やつなぎ目などを、筆の毛先でトントンたたくようにして、レッドブラウンを塗ります。

乾いたら、２色を混ぜて中間色を作り、下の色の周辺部分を残すように、部分的に重ねて塗っていきます。

最後にサビのまん中や縁などを、ダークブラウンで濃く塗って変化をつけ、リアルに仕上げて完成です。

浮造り＋塗装

浮造りとは、木の柔らかい部分を焼いて削り、木目を浮き上がらせる方法。さらに塗装して洋風に仕上げます。

ガスバーナーであぶって木材の表面をじっくりと焼きます。木質の柔らかい部分ほど、炭化が進みます。

木目に沿ってワイヤーブラシで強くこすり、炭化した部分を削り落とすと、燃え残った部分が浮かび上がります。

削って出た粉を布でよくふき取り、白やベージュなどの明るい色の塗料を、スポンジで軽くこするようにして塗ります。

塗料が乾いたら、80 番程度のサンドペーパーでこすり、塗装がはげかけたようすをセンスよく演出しましょう。

ダメージ加工

道具を使って木材に傷やへこみをつけてから塗装することで、古道具のような使用感を出す加工方法です。

水性ステイン塗料のほか、傷をつける道具として金づちやクギ抜きを用意。ノコギリなどを使ってもよいでしょう。

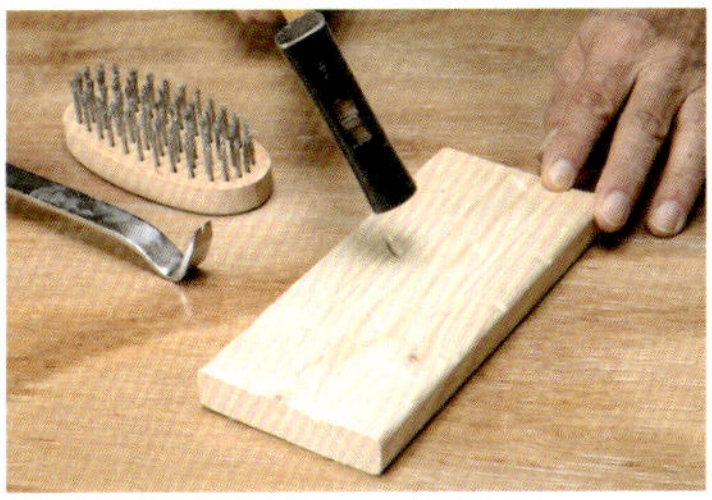

道具を使って木材に傷をつけます。向きや間隔、道具を変えて、規則的にならないように傷をつけるのがコツです。

布を使って水性ステイン塗料を塗ります。傷を入れたところは塗料の吸い込みがよく、そこだけ色が濃くなります。

80 番程度の目の荒いサンドペーパーで緑の部分を木材ごと削って、長く使い込んだ感じに演出します。

ひび割れ塗装

塗装のひび割れは、長い年月、放置されていた風合いを表現します。専用塗料を使うと、簡単にひび割れの演出ができます。

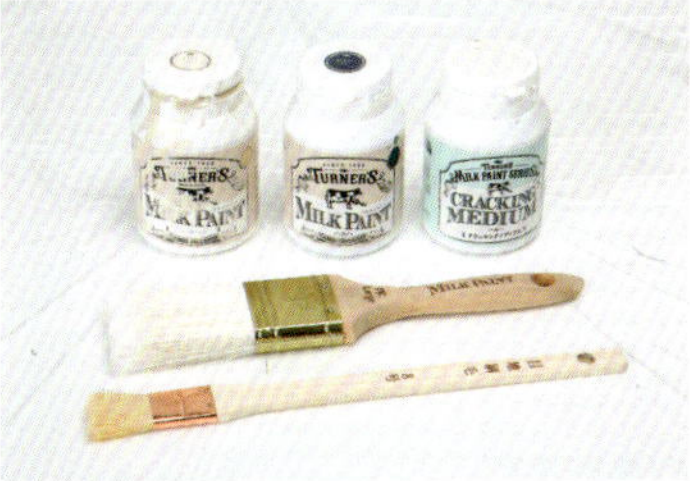

クラッキングメディウムと、２色のミルクペイントを使用。２色の色味の違いが大きいほど、ひびがはっきり出ます。

下塗りの色で、全体をまんべんなく塗ります。完成時には、この色がひび割れから見える色になります。

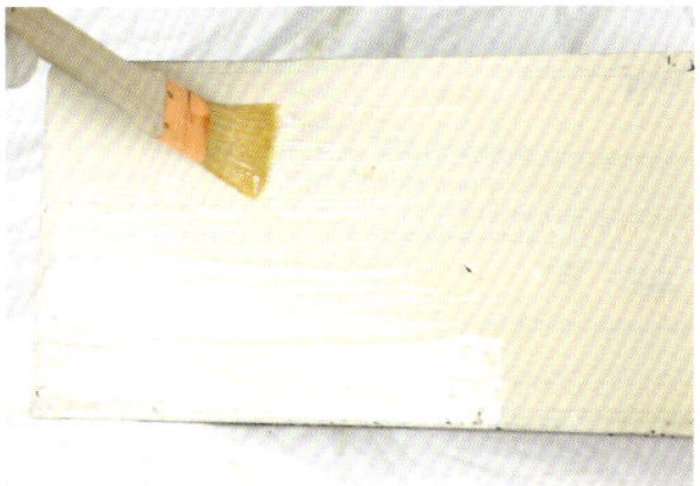

下塗りが乾いたら、クラッキングメディウムを塗ります。厚塗りしないように、一方向にできるだけ平らに伸ばします。

粘着感はあるが指につかない程度に乾いたら、上塗りします。一筆で伸ばすように塗ると、すぐひび割れが起きます。

難易度★★☆☆☆

リメイクシートでキッチン扉をオシャレに

北欧スタイルの洗練されたオシャレなキッチンに変身

キッチンは日々の生活に欠かせない大切な場所です。また、キッチンでダイニングルームの印象が決まるといっても過言ではありません。見た目だけでもオシャレにしたい人にオススメなのが、リメイクシートを使ったDIYです。

リメイクシートは簡単に貼れてデザインのバリエーションが豊富なことから、さまざまなインテリアのリメイクに使われている人気のアイテムです。しかも、100円ショップでも購入できるお手ごろさも大きな魅力。リフォームをすると大掛かりなキッチンもアンティーク調のウッドテイストに、華麗に変身させることができます。

Before

道　具

- ドライバー
- ローラー用バケット
- ハケ
- スキージー
- カッターナイフ
- ハサミ
- ドライヤー
- 定規
- ビニール手袋
- マスキングテープ
- ウェス

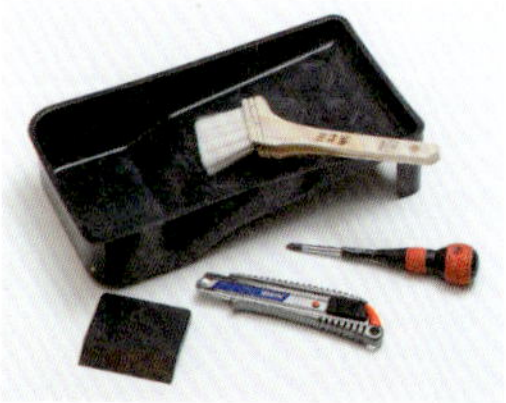

材　料

- リメイクシート
- 専用プライマー

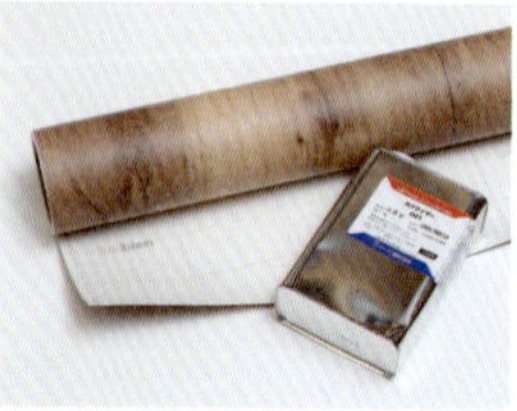

リメイクシートを貼る準備

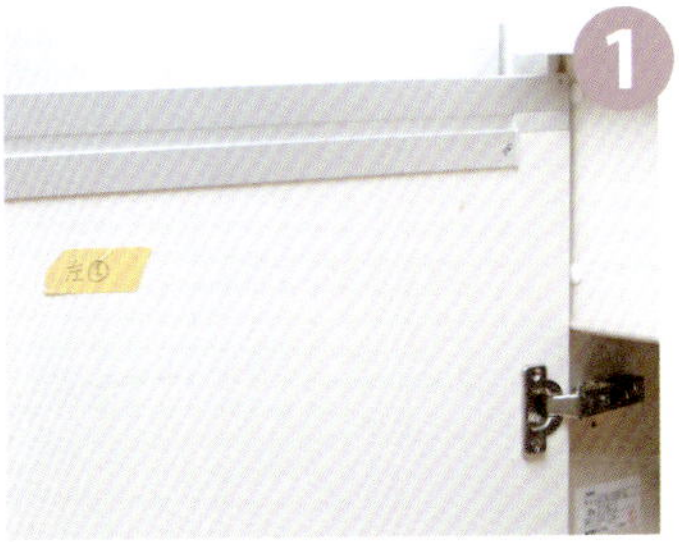

収納扉や引き出しの裏面に扉位置の印を付けておきます。扉を外してリメイクシートを貼り終えた後、取り付ける順番の間違えを防ぐためです。

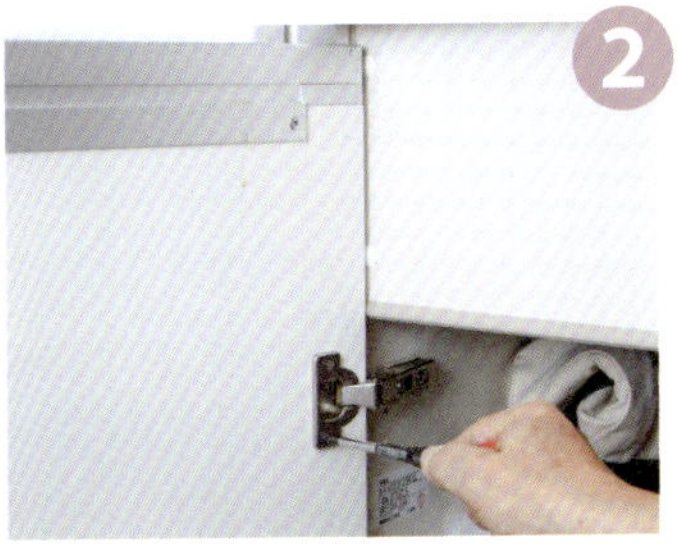

ドライバーを使って収納扉側のネジを外します。扉のネジは下部から外すようにします。取っ手が付いている扉の場合は、先に外すようにします。

扉を外した後、引き出しも取り外します。引き出しに入っている食器類も取り出します。そして扉と引き出しに貼るリメイクシートのサイズを測ります。

ローラーバケットに専用プライマーを入れます。プライマーはリメイクシートを表面にしっかり接着させ、はがれや浮きを防止してくれます。

プライマーには粘着性があります。そのため、裏面にプライマーが付いて汚れないように、マスキングテープで養生を行います。

表面の金具やネジ穴に加え、側面の密着性を高めるゴムパッキン部などにも、裏面と同じようにマスキングテープを貼りましょう。

リメイクシートを貼る扉や引き出しの表面の汚れやホコリを拭き取ります。油などが付いている場合は、洗剤などでしっかり落とします。

扉表面にハケでプライマーを塗ります。ハケに垂れない程度にプライマー含ませ、ムラがでないように均一に素早く塗るようにします。

引き出し表面にも同じようにプライマーを塗ります。何度も塗らずに一気に滑らかに塗ります。塗った後、乾くまで2時間程度乾燥させせます。

リメイクシートをカットします。裏面が方眼紙なので、ラクにカットできます。カットする際、実寸よりも4cm程度大きめにカットします。

シートのフィルム面をはがします。はがれにくい場合は、裏紙にセロテープを貼り、シートを指で押さえてシートの角を爪で起こしながらはがします。

シートは、1/3程度はがすようにします。貼ってはがせるタイプは、何度も貼り直しできますが、粘着力が落ちる場合もあるので注意してください。

リメイクシートを貼る

貼る位置を決めてシートを貼り、スキージーで外に向かってシワや空気を取り除きます。そして剥離紙をすべてはがして同じ工程を行い全面に貼ります。

角の処理はシートにハサミで切り込みを入れてシートを折り返して貼ります。角が丸みのある場合は、切り込みを2～3カ所増やすと上手に貼ることができます。

側面の折り返しや表面の余った部分をカッターナイフでカットします。慣れない場合は金属ヘラを押し付けてカットするときれいに仕上がります。

引き出しも扉と同じ工程でシートを貼ります。シワや空気の取り除きを忘れないように。引き出しの側面を貼るのが難しい場合は前面だけでもOKです。

シート表面にドライヤーで熱を当てます。熱を加えることによってシートが密着し、きれいに貼ることができます。折り返しや角にも効果的です。

最後にマスキングテープをはがし、取り外した扉や引き出しを戻して完成です。木目を合わせて貼ると、見た目の印象も引き締まります。

接着剤の種類

シート貼りなどの補修に使える接着剤

酢酸ビニル樹脂エマルジョン系

水性なのでにおいが少なく、溶剤タイプより硬化時間がかかる。乾燥すると透明になり、硬化後に切削加工できるため主に木工作業によく使われる。

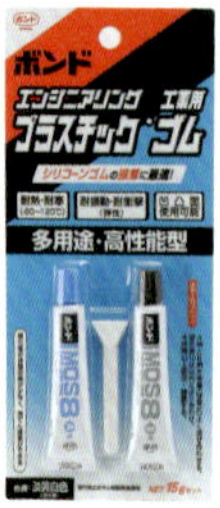

エポキシ樹脂系

2液を混ぜると、化学反応して硬化するタイプ。プラスチックとゴムの接着に適している。耐熱性・耐水性がある。

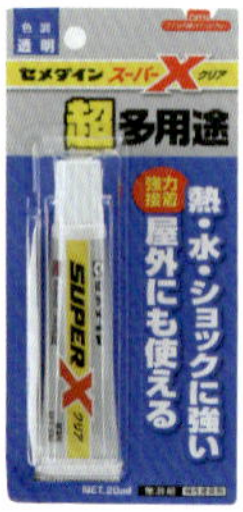

多用途タイプ

これ1本でさまざまな素材に対応。ただし、ポリエチレン、ポリプロピレンなど、接着できない素材もあるので注意。

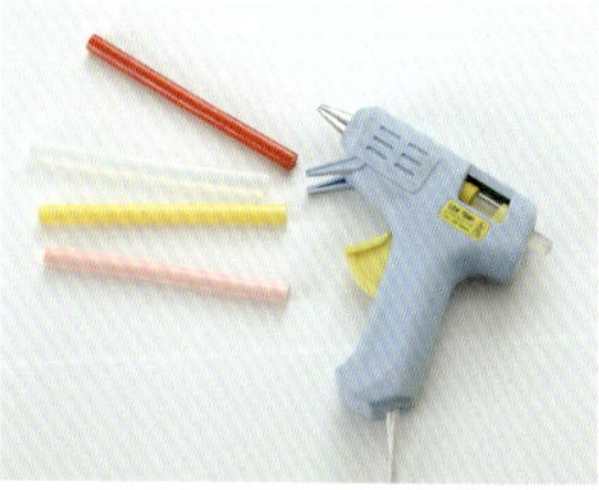

ホットメルト系

水や溶剤は含まず、固形状。加熱して、冷えるときに固化して接着する。透明以外にさまざまな色もある。

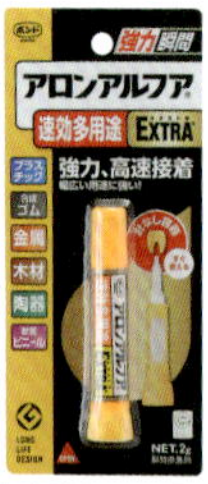

シアノアクリレート系

空気中のわずかな水分と化学反応して硬化するタイプ。接着スピードが速く、瞬間接着剤ともよばれる。

プラスチック用

付属のプライマーでポリエチレン、ポリプロピレンの素材も接着できる。

07

第7章
補修テクニック

フローリングのキズ、えぐれ補修

へこみ、キズを専用キットで埋めてリペア

へこみの補修

表面の色がはげていないへこみの場合は、透明スティックで埋めるだけで目立たなくできます。

電気ゴテを十分に加熱したら、充填剤スティックを溶かして先端部分にのせます。

床面から少し盛り上がる程度まで、へこみに充填剤を繰り返し流し込みます。

充填剤が硬化したら、スクレーパーのギザギザの面で大まかに削り、先端部分を使って平らにします。

最後にスチールウールで軽くこすってテカリを取り、補修部分を自然に仕上げます。

道　具

■電気ゴテ　■充填剤スティック
■木目ペン　■スクレーパー
■スチールウール

深いキズの補修

キズの輪郭部分にできた盛り上がりを、先が丸くて硬いものを使って内側に押しつぶします。

床と同じ色の充填剤がない場合は、少し明るい色を選び、電気コテで溶かしてキズに流し込みます。

１色で色が合わない場合は、複数の色をキズのなかで溶かしながら混ぜ合わせて調整します。

硬化したらスクレーパーとスチールウールで表面を整え、木目ペンを使って木目を点描します。

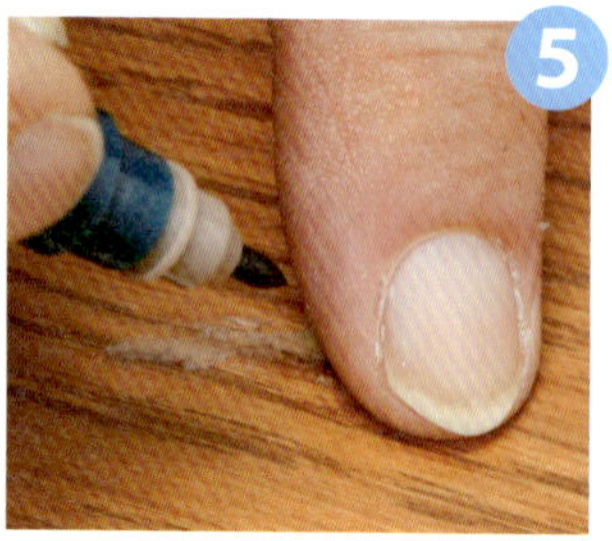

インクが乾く前に、木目の流れに沿って指で擦ってなじませると、線で描くよりも自然になります。

近くで見れば修復痕はわかりますが、離れると気づかないほどきれいに補修できます。

クッションフロアの部分補修

塩化ビニール製のクッションフロアは歩きやすくて防水性にも優れていることから、浴室やキッチンなどの水回りの空間でよく使われている床材です。

しかし、クッションフロアは継ぎ目の部分が弱く、長年使っていくと継ぎ目が浮いてめくれたりします。また、防水機能が低下するとはがれやすくなり、家具の移動や物を落として傷や破れの原因になります。

こうした症状で全面を貼り替えると、大掛かりで費用も高くなりますが、部分補修で十分に対応が可能です。見た目も気にならないクオリティーです。小さな損傷でも放置しておくと、水が入り込み床下地を傷めてしまうので、きちんと補修して対応するようにしましょう。

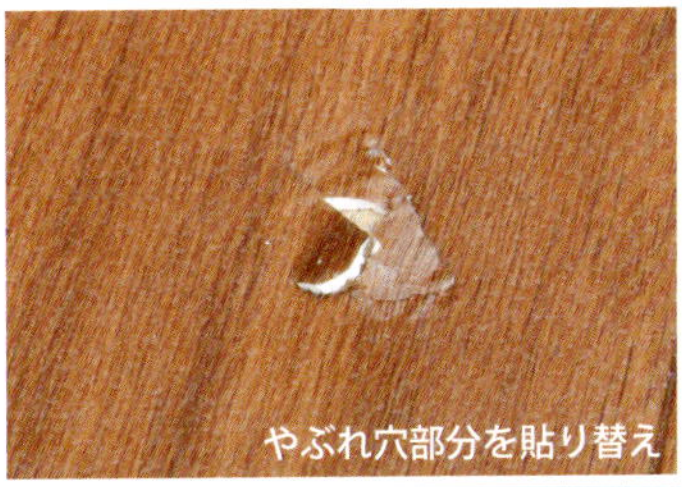
やぶれ穴部分を貼り替え

継ぎ目の浮きを補修

部分貼り替え補修の場合

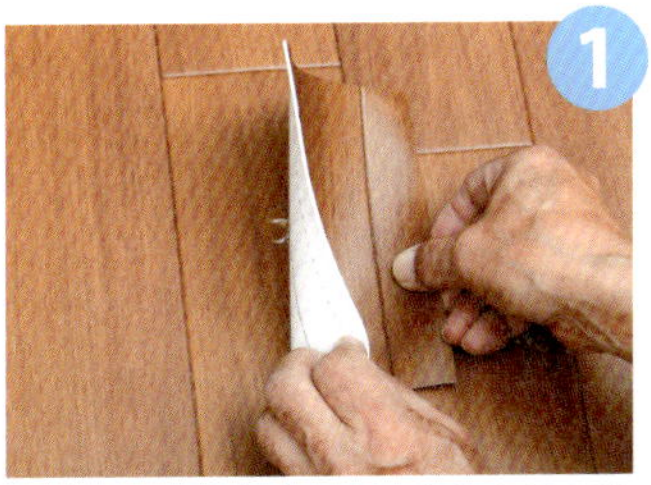
1 穴が隠れる大きさにカットした同じ色柄な端材を重ね、隠れるように重ねて貼ります。

2 マスキングテープを四方に貼ります。カッターで２枚を同時にカットできるように切り込みを入れます。

3 切り込みを入れた２枚を取り除きます。マスキングテープと重ねて貼ったのこりをはがします。

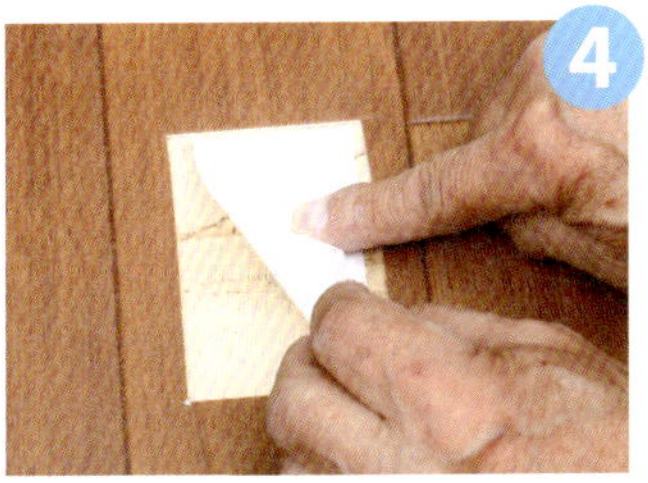
4 クッションフロアを取り除いた下地にしっかり貼れるように、専用の両面テープを貼ります。

5 カットしたクッションフロアを下地に貼ります。ジョイントローラーで押さえてしっかり圧着させます。

6 継ぎ目にシームシーラーを塗って溶着し、ホコリなどを入らなくさせたら完了です。

継ぎ目の浮き補修の場合

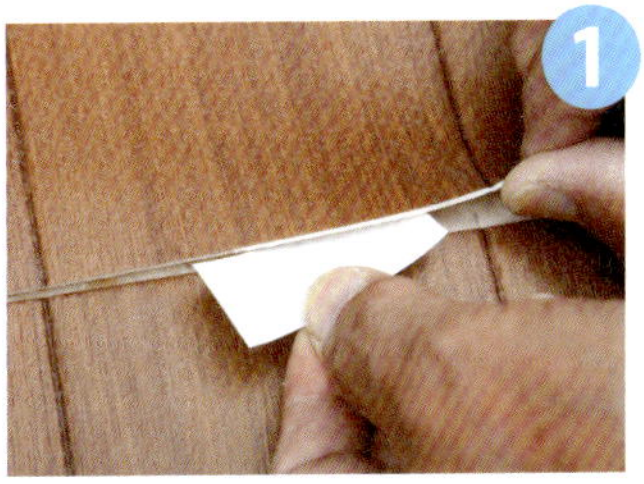
1 めくれて浮き上がったところにクッションフロア用の両面テープを差し込んで貼ります。

2 ジョイントローラーでしっかり抑えて、クッションフロアを両面テープにしっかり圧着させます。

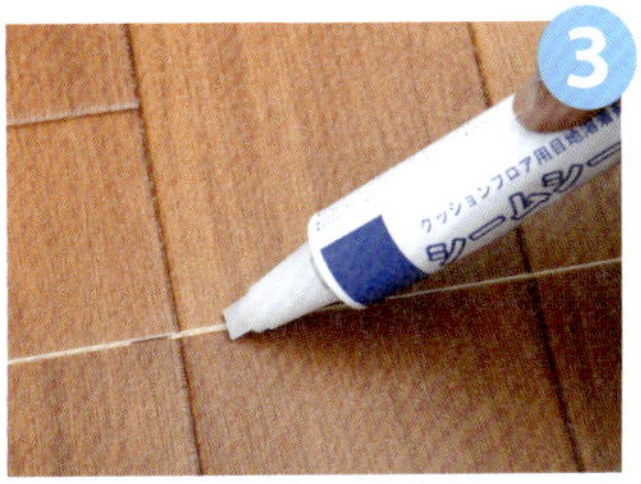
3 継ぎ目部分に専用の接着剤・シームシーラーを塗って、継ぎ合わせたら完了です。

畳の補修

日常のお手入れ

畳の手入れをするときは、畳表やへりを傷めないように気をつけましょう。通常の掃除は、畳の目に沿ってやさしく掃除機をかけ、乾いた雑巾で拭くのが基本。どうしても取りにくい汚れがあるときだけ水拭きにして、変色を防ぎましょう。

皮脂や食べこぼし、ペットのおしっこなどで畳を汚したときは、畳専用の掃除シートを使うのも有効です。

専用掃除シートは、アルコール成分のウェットシートなので、畳表を濡らさずにさらっと拭けます。

床下からのすきま風を防ぐには

床下からの湿気やすきま風を防ぐために、以前は畳の下に新聞紙を敷く習慣がありました。しかし、定期的に畳を干さない環境では、湿気を吸った新聞紙がかえって畳を傷める原因になるとして、最近は推奨されていません。床下からの冷えが気になる場合には、防虫・防湿効果のある畳保護シートを使うとよいでしょう。

汚れや小さな傷みは市販品を上手に活用

こげ跡やシミをカバー

畳表のこげ跡やシミを目立たなくする方法として、簡単なのに効果的なのが畳補修シールです。耐久性はさほどありませんが、表替えをするまでの汚れ隠しカバーと考えれば十分でしょう。

畳と色合わせができるように、数色がセットになっています。

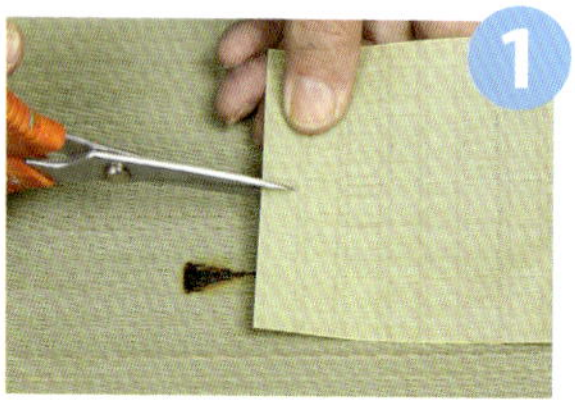

畳の色に近いシールを選び、隠す部分より一回り大きくカットします。

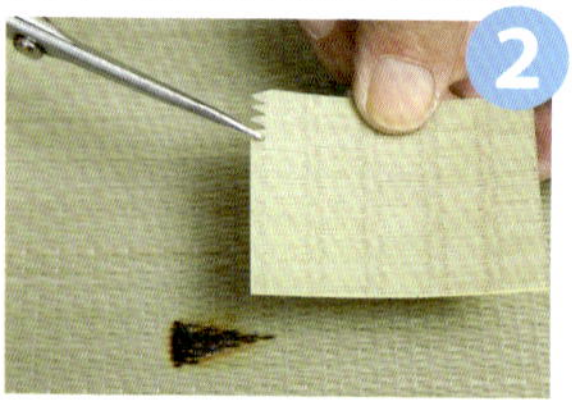

畳との境目が目立たないように、シールの端をギザギザにカットします。

畳と柄の目がそろうようにシールを貼り、しっかりと押さえます。

近い距離ではわかるものの、遠目には目立たなくなります。

へりのすり切れやほつれに

畳のへりがすり切れるなどして傷んだときに、重宝するのが、い草上敷き（ござ）用のヘリテープです。シールなので補修効果は一時的ですが、似た色柄のものを選べば、傷んだ部分を簡単に隠すことができます。

真ん中で折りやすいように、剥離紙は二分割されています。

畳のへりの傷んだ部分をハサミでカットします。

切り取った部分よりも少し大きいサイズに、ヘリテープをカットします。

剥離紙の片方をはがし、真ん中を畳の角にあわせて貼ります。

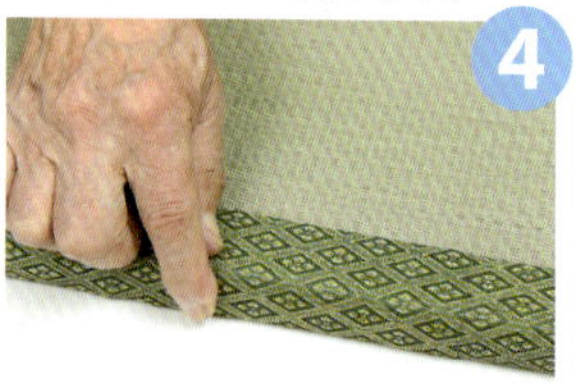

残った剥離紙をはがして側面に貼り、しっかりと押さえれば目立ちません。

カーペットの部分補修とお手入れ

大切に長く使えるメンテナンス

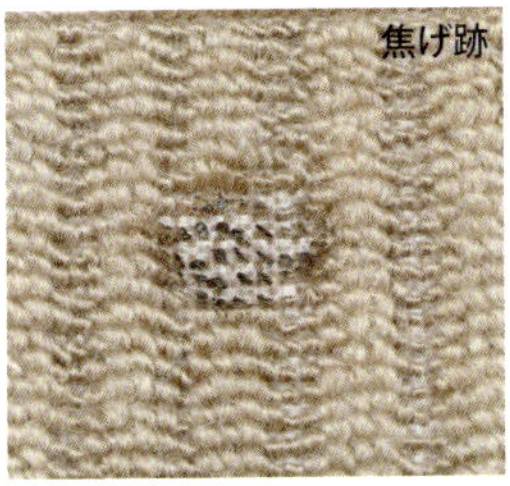

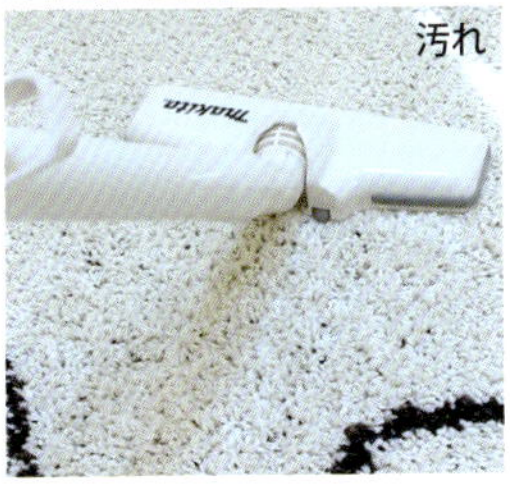

多種多様な素材でどれも肌触りがよく、お部屋のインテリアとしても重宝されるカーペット。特にリビングや子供部屋などの使用頻度の高いフローリングに敷かれています。

普段のお手入れは、掃除機を毛並みとは逆にかけたり、粘着ローラークリーナーなどで髪の毛やペットの毛を取り除いて清潔にしているはずです。しかし、長年使っていくとひどく汚れ、時には傷や焦げ跡などのトラブルが発生し、目立ってしまいます。

こうしたケースは普段のお手入れでは元に戻りませんが、ちょっとした補修やお手入れで解決できます。お気に入りのカーペットを少しでも長く使うため、きちんとした対処法できれいにしましょう。

用途に合わせたお手入れ

うっかり付けてしまったシミはすぐに対処すれば、簡単に落とせます。また、嫌な匂いや汚れを入念に落としたい場合は、重曹を使ってカーペットを洗浄しましょう。

シミを除去する

シミとりスプレーを吹きかけます。布で包んだ歯ブラシなどで軽くこすり、固く絞ったぞうきんで拭き取れば完了です。

頑固な汚れを洗浄する

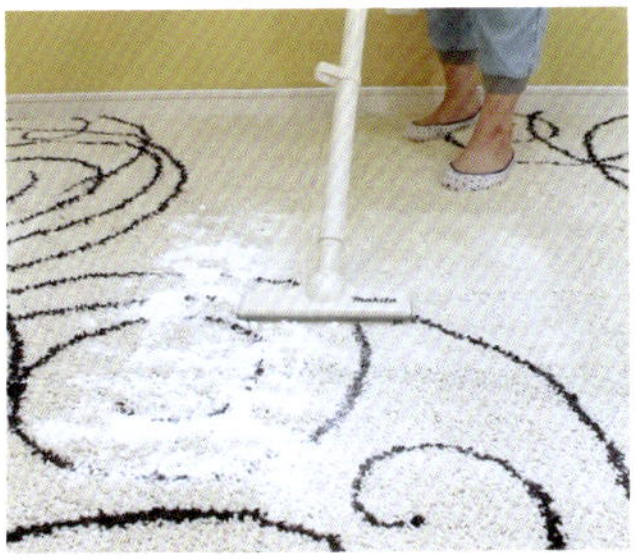

重曹をカーペットに撒いて15分ほどおきます。その後、掃除機で粉を残さないように吸い取れば完了です。

カーペットの部分補修（焦げ跡）

カッターの刃を使って、カーペットの焦げた部分を削り落とします。カッターがない場合は、ハサミやピンセットで代用してください。

家具の裏など目立たないところを選び、長く出したカッターの刃を立てた状態で、カーペットの表面を軽くなぞり繊維を集めます。

焦げを取り除いた穴に、布用接着剤を注入します。少し多めに塗るようにします。木工用接着剤でもかまいません。

削り取って集めた繊維を毛玉にして、穴に埋め込みます。軽く指で押さえて、周囲と馴染むように調整します。

接着剤が乾いたら完了です。補修した部分が小さければ、焦げ跡も分からないほどに目立たなくなります。

穴があいた場合の補修はできる？

カーペットに下地の床材が見えるほどの穴があいた場合は、部分的に切り取って同じ大きさのカーペットを重ね貼りして補修します。補修方法は、p173「クッションフロアの部分補修」と同じ手順に沿った作業で、きれいに目立たなくなります。

難易度★☆☆☆☆

窓ガラスに目かくしフィルムを貼る

プライバシー保護以外に、省エネ効果に一役買う

外からの視線が気になる窓は、カーテンを閉めっぱなしにするのではなく、窓ガラス用の目かくしフィルムを貼りましょう。

目かくしフィルムは室内を見えにくくする他に、紫外線対策や省エネ効果の役割を果たします。しかも、外からの光を抑えることで透明ガラスよりも室内が明るくなることもあります。

フィルムは既存のガラスに貼り付けるだけなので簡単です。機能性だけでなく、デザイン性の高い柄も多いことから模様替えを兼ねて楽しめるはずです。

材料

■目かくし効果の窓ガラス用フィルム

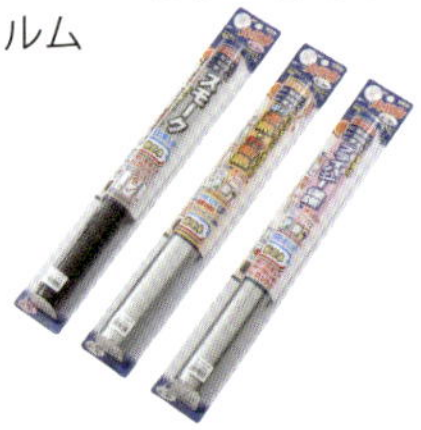

強い日差しをカットする効果もあり、主に冷暖房費の節約にもなります。

道具

■ゴムベラ
■はさみ
■カッターナイフ
■霧吹き
■中性洗剤
■窓掃除用ワイパー
■メジャー
■ウエス

中性洗剤などで掃除をして窓枠のサイズを測ります。縦と横など、数カ所の長さを測ると正確に測れます。窓ガラスと窓枠の間にパッキンがある場合は、ガラス部分のみを測ります。

実際の数値より5mm程度小さく、フィルムをカットします。カットした後、裏フィルムをはがし、霧吹きで水をたっぷり吹きかけます。角にセロテープを貼るとはがれやすくなります。

フィルムをガラス面に貼ります。水や空気を抜くため、窓枠とフィルムは3mm前後あけておきます。大きいサイズを貼る場合は、上部10cm程度はがして少しずつ下に向かって貼るようにします。

フィルムの表面にも裏面と同様に霧吹きでたっぷりと水をかけかます。ガラス面とフィルムの間に溜まっている水と空気を抜く作業で、ゴムベラの滑りを良くするためです。

中心から上下左右の順に、ゴムベラで水と一緒に空気を押し出します。力をいれず、なでる感覚でゆっくりゴムベラを滑らせます。気泡が残ってしまった場合は、針で穴をあけて逃がします。

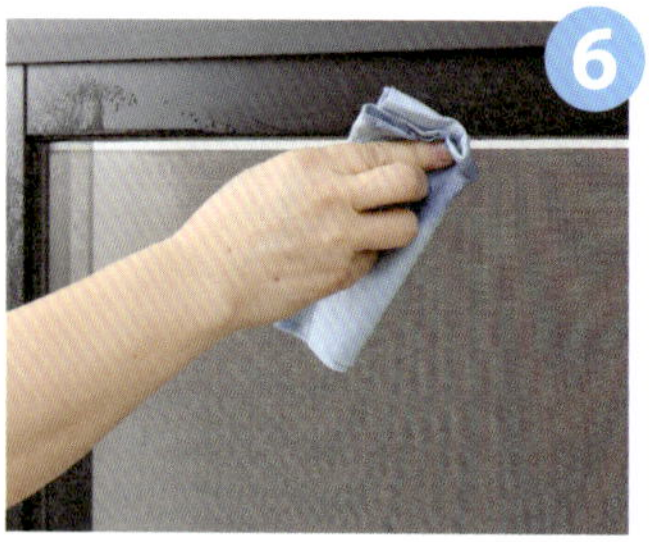

水抜きやシワの空気が抜けたら、乾いたウエスで窓枠に残っている水滴を拭き取れば完了です。フィルムを貼って1週間はフィルムがはがれやすいので窓拭き掃除は避けてください

タイルの目地補修

ヒビ割れや劣化を簡単に補修できる

目地材とは、タイルやコンクリートブロック、レンガなどを並べたときの隙間や繋ぎ目を埋めるものです。目地材は、素材や室内外の壁や床など、使用する場所や用途などに合わせて、さまざまな種類があります。

なかでも、特によく使われている場所が、バスルームやキッチンです。水回りの環境だけに、タイルが欠けたり水が染み込んで、タイルの下地が汚れることがあります。小さな損傷なら、目地材を使ったＤＩＹで、簡単に補修することできます。

補修の必須アイテム

タイル用目地材
水を加えて練り、ヘラで目地に埋めます。欠けた目地の補修に使えます。

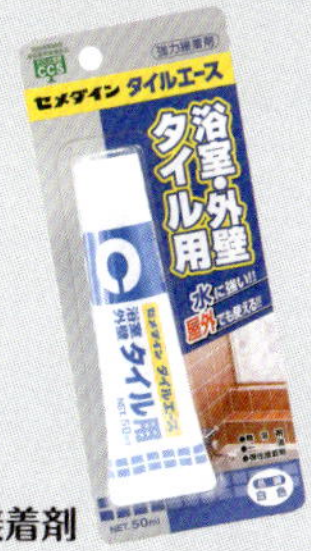

タイル用接着剤
チューブタイプの専用接着剤。くしベラで塗り広げて使います。

材料

■目地材

道具

■くしベラ
■マスキングテープ
■プラスチック容器
■スポンジ
■ウエス
■ビニール手袋

粉末の目地材の場合、取り扱い説明書に書かれた分量の水で練ります。少しずつ水を加えて、固さを確認しながら練り込むのがポイントで、歯磨き粉くらいの固さが目安です。

壁際や補修しない場所を、マスキングテープで養生をします。大きな部分を補修する場合は飛び散りを防ぐため、床や壁にマスカーを貼って養生します。補修する部分の目地を軽く濡らします。

目地材はくしベラを使って埋めていきます。ヘラは弾力性のあるゴムやシリコン製を使うと上手に塗れます。上からヘラでしっかり密着させるように下地まで目地材を押し込んで塗ります。

タイルの表面に残った目地材は、水に濡らして固く絞ったぞうきんや、スポンジなどで補修の目地部分まで取らないよう軽く拭き取ります。目地材が乾く前に拭き取るようにしてください。

拭き取り後、マスキングテープをはがします。目地が固まったら、乾いたウエスできれいに拭きあげて完成です。練り状のタイプは、直接目地のひび割れに塗り込むようにします

玄関タイルの補修

はがれ、割れ、かけは早めに対処を

タイル仕上げの玄関土間や階段は、上り下りでよく乗る縁のタイルが、はがれたり、割れたりしやすいものです。1枚でも放っておかず、破損が連鎖的に広がる前に補修を行いましょう。下地のモルタルがしっかりしていれば、接着剤でタイルを張りなおすだけと簡単です。

道具

■左官コテ
■ブラシ
■ヘラ

材料

■インスタントモルタル
■コンクリート用接着剤

1 縁のタイルのはがれは、玄関でよく見る破損です。はがれたタイルを放っておくと、破損箇所が広がります。

2 モルタルのかけらを取り除き、平らにならします。モルタルが使える場合は、砂を取り除きましょう。

3 表記された分量の水で練ったインスタントモルタルを、左官コテでならしながら敷きます。

4 モルタルは残っている目地の高さにそろえます。上に乗らないように注意して、丸1日乾燥させましょう。

5 はがれたタイルの裏面に、コンクリート用接着剤を筋状につけ、隣りのタイルと高さをそろえて接着します。

6 タイルがずれないようにマスキングテープを貼って圧着し、接着剤が乾燥するまで1日おきます。

7 タイルのかけらが紛失しているところは、インスタントモルタルやコンクリート用パテで成型します。

8 目地を入れるときに汚したくないタイルの縁を、マスキングテープを貼って養生します。

9 コンクリート用接着剤か目地補修材を目地に充填し、2日ほど乾燥させて補修は完了です。

08

第8章
水まわりのメンテナンス

水栓の構造と種類

基本がわかれば、水まわりリフォームも簡単

一般的に「蛇口」や「水道」と呼ばれているものは、正式には「水栓（水栓金具）」といいます。家庭の水道のトラブルでもっとも多いのは、水栓からの水漏れです。原因のほとんどはパッキンの劣化によるもので、パッキンやコマを交換するだけで直すことができます。

水栓金具には、水かお湯だけが出る単水栓と、一台で水とお湯の両方が出る混合栓があります。ツーハンドルの混合栓は、単水栓とほぼ同じ構造です。単水栓のしくみを知っていれば、おおかたの水漏れトラブルに対処できます。

■単水栓のしくみ

水栓の内部は隔壁で仕切られた2つの部屋からできています。隔壁には水が通る穴があり、ハンドルを締めているときはコマのパッキンが穴をふさいで水を止めています。ハンドルを緩めるとスピンドルが上がって、水圧でコマが押し上げられ、できたすき間から水が流れ出ます。

■単水栓の構造

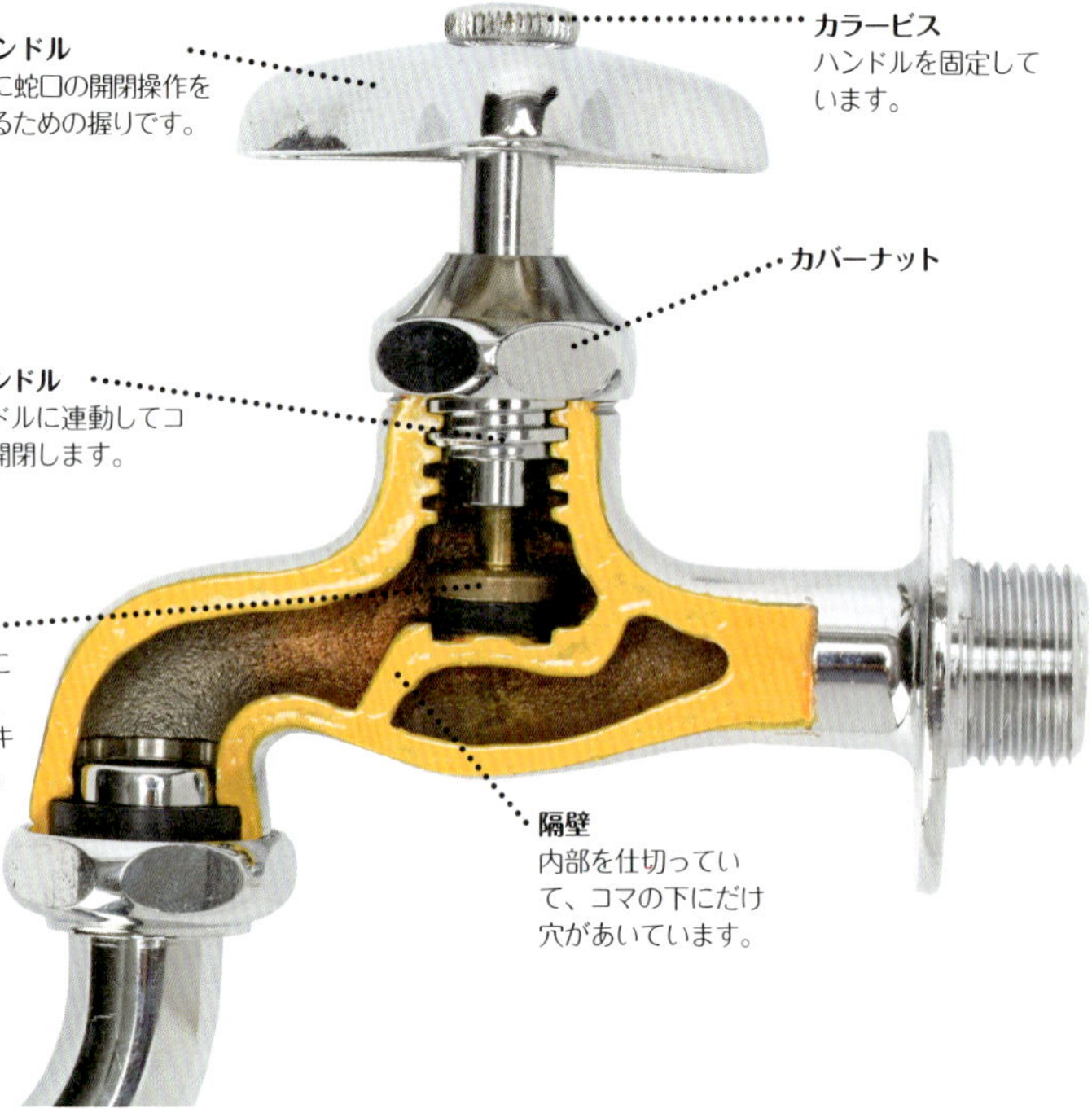
ハンドル
楽に蛇口の開閉操作をするための握りです。
スピンドル
ハンドルに連動してコマを開閉します。
コマ（ケレップ）
スピンドルの内穴に差し込まれていて、先端についたパッキンで水を止めます。
内部を仕切っていて、コマの下にだけ穴があいています。

■止水栓を閉める

コマやパッキンの交換修理を行うときは、止水栓を閉めて水を止める必要があります。流し台や洗面台の場合は、台の下に止水栓があります。住宅全体の水を止める場合は、屋外の水道メーターボックス内か、独立した止水栓ボックス内にある止水栓を操作します。

■水栓修理に使用する工具

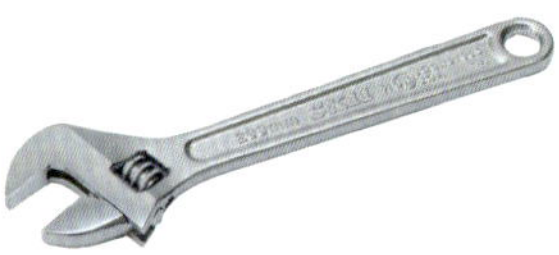

モンキーレンチ

開口幅を調整できる、ボルト・ナット回しに便利な汎用工具です。22mm 以上に開口する大きなものは、水まわりのナットを回すときに使えます。

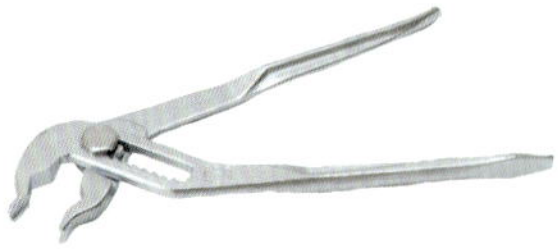

カランプライヤー

ウォーターポンププライヤーの改良版です。つかむ部分が角型になっていて、4面でしっかりと力を伝えます。先端はカラービスやコマをつまむ作業に適しています。

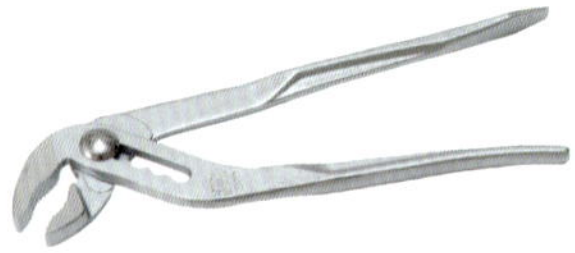

ウォーターポンププライヤー

開口幅が変わり、大きなナットから、小さなビスまでつかむことができます。つかむ部分がギザギザになっている場合は、金具を傷つけないように布をあてて使います。

主な単水栓の種類

立水栓
洗面台などの天板に取り付けるタイプ。デザイン性の高いもの、センサー内臓の自動タイプなどもあります。

自在水栓
台所でよく使われます。横方向に回転するのが特長で、パイプが逆U字型になったツル首タイプも選べます。

万能ホーム水栓
学校や公園など、公共の場でよく使われます。吐水口を上向きにすると、直接水を飲むことができて便利です。

散水栓
主に屋外の地面やコンクリート面に設置され、散水ホースを取り付けやすい上向きタイプの水栓です。

カップリング水栓
ゴムホースを差し込みやすく、抜けにくいように、吐水口に斜めの段（カップリングと呼ぶ）がついています。

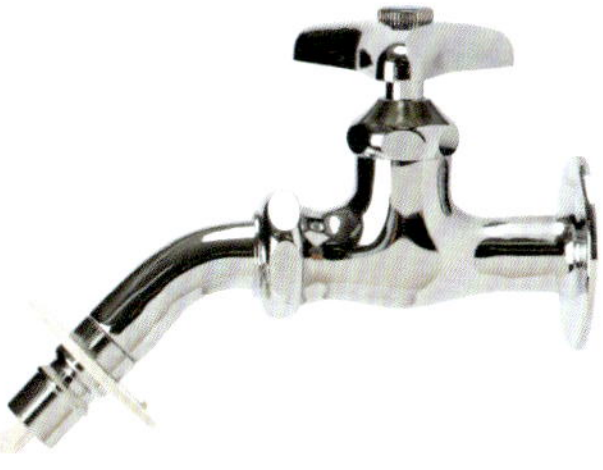

洗濯機用水栓
洗濯機の給水ホースをカチッとつなぐことができます。アタッチメントを使わないので、水もれの心配が減ります。

食洗機用分岐水栓
新しく食器洗い乾燥機を設置するために必要なホース用の分岐が、一体になったシングルレバー混合栓です。

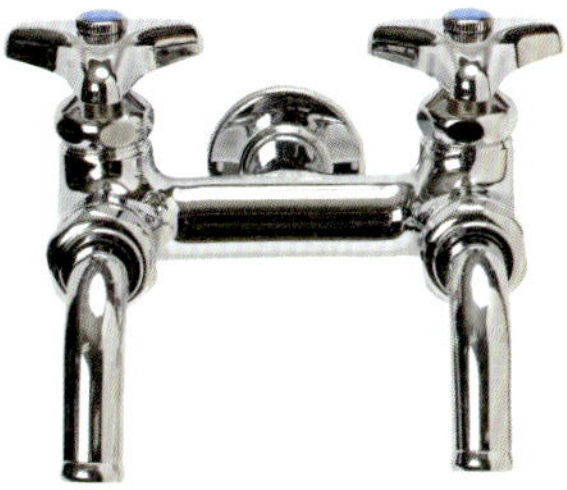

二口ホーム水栓
万能ホーム水栓を２つ横並びにしたタイプ。ホースを取り付けたまま、もう一方の水栓を利用することができます。

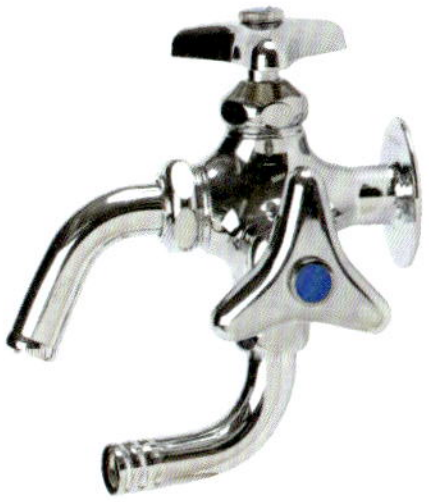

二口横水栓
狭いスペースで２つの水栓を利用することができます。洗濯機の給水用と一般用途を使いわけたい場合に便利です。

水栓はデザインと機能をあわせ持つ、重要度の高い水まわり部品です。せっかくリフォームするのですから、同じ形、機能のものだけでなく、いろいろな種類を比較検討することをおすすめします。

　水栓には、普段よく目にするキッチンシンクや洗面台に取り付けるもののほか、洗濯機置き場や屋外で便利なものなど、さまざまな種類があります。取り付ける場所や用途にあわせて選べば、使い勝手をよくすることができます。

　このページで紹介しているのは、単水栓の基本的な種類です。屋内用のものは、さらにパイプやハンドルの形状が異なるもの、シャワー内蔵やセンサー方式採用のものなど、いくつものバリエーションが用意されています。家族の使い方を考えながら、最適なものを選んでください。

水まわり部品の交換

水栓やシャワーは自分で簡単にリフォーム

単水栓金具（壁付けタイプ）の交換

水栓金具は、取り付け方によって種類があります。水栓金具が壁に取り付けられているものは「壁付けタイプ」、キッチンや洗面台のカウンターに取り付けられているものは「台付きタイプ」と呼ばれます。

どちらも国内の大手メーカーの製品は、湯水管の間隔や取り付け穴のサイズに共通の規格を採用していることが多いですが、輸入品には異なる規格でつくられているものもあります。水栓金具を交換するときは、必ず取り付け可能であることを確認して新しい金具を選びましょう。

■水栓金具用の専用工具

止水栓を閉め、古い水栓金具を反時計回りに回して取り外します。手で回せないときは、ウォーターポンププライヤーなどでつかんで回してみましょう。

壁付けタイプ専用の水栓取り外しレンチを使うと、固く締まった水栓を小さい力で回すことができます。

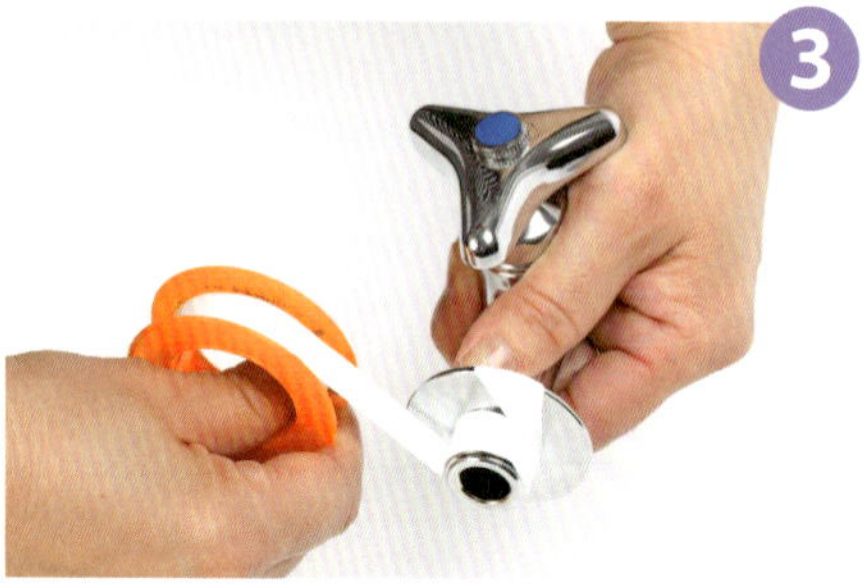

新しい水栓金具のネジ部分に、時計回りにシールテープを5～6重に巻きます。テープを引っ張りながらネジに食い込むように巻くのがコツです。

水栓金具を手で回して止まるていどの固さまで締め込みます。斜めになった場合は、一度取り外してテープの巻数を調整してつけ直してください。

台付きタイプの交換方法

洗面台などのカウンターに取り付けられた水栓を交換するときは、台の下にある止水栓で水を出し・止めすることができます。作業スペースが狭いときは、台付き水栓用レンチを使うと、作業しやすく便利です。

ウォーターポンププライヤーなどで連結ナットを緩めて給水管をはずし、さらに固定ナットをはずして水栓金具を付け替えます。

蛇口から水が漏れる場合

コマ（ケレップ）の種類

ゴムつきケレップ
コマ本体にナットでパッキンが固定されていて、パッキンだけを交換できます。

一般型のコマ
コマとパッキンが一体になっているもので、コマごと交換します。

節水コマ
蛇口が半開のときの流量を少なくすることができます。

コマ、パッキンのサイズ
コマには、水栓サイズ 13（1/2）用、20（3/4）用の 2 サイズがあります。一般家庭ではサイズ 13 がよく使われています。

コマパッキンの交換手順

1

ウォーターポンププライヤーなどを使い、カバーナットを反時計回りに回して緩めます。

2

カバーナットをはずし、手でハンドルを緩めてスピンドルまでの上部をまとめて取り外します。

3

水栓の内部にあるコマを、ピンセットなどで上部をつまんで取り出します。

4

新しいコマパッキンを入れ、逆の手順で戻します。カバーナットの締めすぎに注意しましょう。

ハンドル下から水が漏れる場合

単水栓

カラービスを反時計回りに回してはずし、ハンドルを上へ抜きます。抜けないときは下から軽くたたきます。

カバーナットを緩めて取り外し、内部にある三角パッキンとパッキン受けを交換します。

混合栓

マイナスドライバーなどでハンドル上部のキャップをはずし、ドライバーを使ってネジをはずします。

カバーナットをはずして三角パッキンとパッキン受けを交換し、逆の手順でもとに戻します。

パイプの根元から水が漏れる場合

パイプナットを反時計回りに回して緩め、パイプを引き抜いて古いパッキンを取り外します。

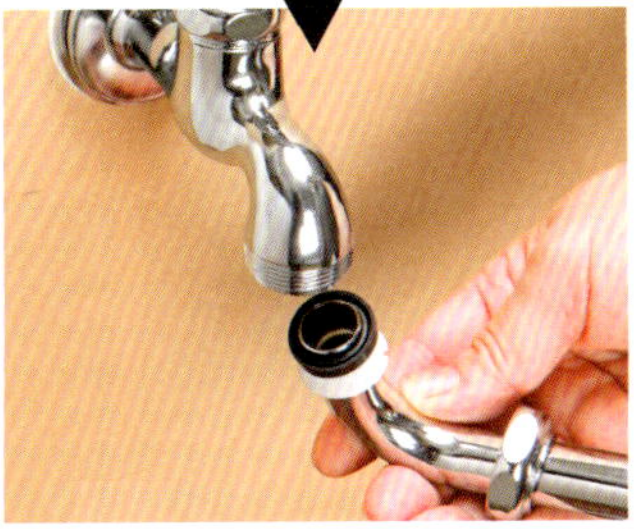

パイプに新しいリングとパイプパッキンをはめ込み（溝が上向き）、逆の手順でパイプを取り付けます。

浴槽シーリングの補修

簡単な補修で浴室の防水を復活

道具

■カッター
■スクレーパー
■マスキングテープ
■ヘラ

材料

■防水シール剤

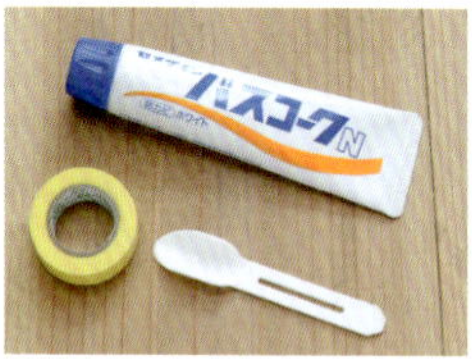

シール剤とマスキングテープ、ヘラがセットになった商品は、部分補修に最適。

外壁材と外壁材のすき間、窓のサッシと外壁のすき間、浴槽と壁のすき間など、住宅にあるすき間を埋めるゴム状のパッキンをシーリングやコーキングといいます。シーリングにはクッションになったり、防水をしたりと、建物を保護する役割があります。

浴室に使われているシーリングは、壁裏や床下に水が入るのを防いでいますが、劣化していると防水効果が落ち、カビが生えやすくなって汚れてきます。建物を守るために、早めにシール材を打ち直す補修をしておきましょう。

水まわりには、はっ水性、防カビ性のあるシール剤を使います。小さい範囲の補修なら、使い切りサイズのチューブタイプのものが、手軽に使えておすすめです。浴槽、鏡、キッチン配管など、使用箇所にあわせて目立たない色を選べます。

古いシール剤に、壁と浴槽の縁に沿って両側からカッターの刃を入れて切り離します。刃を壁や縁と平行にして、削ぐようにカットしましょう。

指で摘んでひっぱると、シール剤がゴムひも状になってはがれます。劣化が進んでいると、ボロボロになって取れる場合があります。

スクレーパーやマイナスドライバーを使って、残ったシール剤のカスをできるだけきれいにこそげ落とします。削りカスはふき取っておきましょう。

すき間の両側を1～2mm程度あけてマスキングテープで養生しておき、チューブからシール剤を絞り出して埋めていきます。

付属のヘラで、シール剤を押さえるようにスーっとなでてならします。穴があいたところは、乾く前にたして再度ならしておきましょう。

ならし終えたら、マスキングテープを取り外します。乾くと、テープと一緒にシール剤をひっぱってしまうので注意。1日程度、触らずに乾かしましょう。

シャワーヘッドの種類と交換

シャワーヘッドの交換

シャワー散水板が目づまりしやすくなったり、落として欠けてしまったりしたら、シャワーヘッドを新しいものに交換しましょう。古くなったシャワーヘッドを、節水やマッサージなどの機能を備えたタイプに取り替えて、リフレッシュすることもおすすめです。

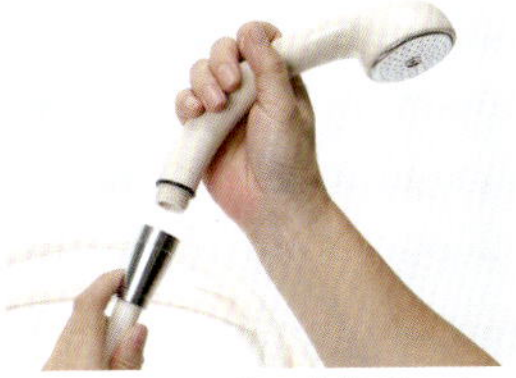

シャワーヘッドの交換は、ホースとの接続金具をしっかり押えて回すだけと簡単です。パッキンの劣化は水もれの原因になります。忘れずに新しいものに付け替えましょう。

■散水板の掃除

シャワーの水の出が悪いときは、水アカなどで散水板が目づまりしている可能性があります。歯ブラシでこすったり、安全ピンなどで刺してつまりを取り除いてください。

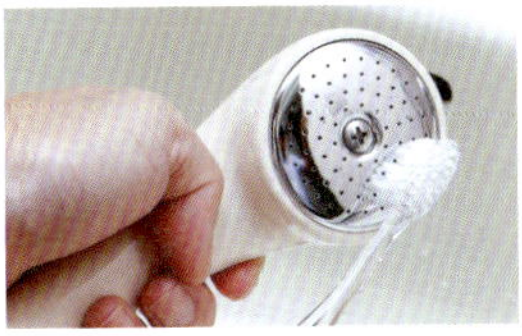

■シャワーヘッドの種類いろいろ

交換用のシャワーヘッドには、さまざまな機能のついたタイプがあります。

水の勢いを落とさずに流量を減らせる節水タイプ

数種類の水流を切り替えて使えるマッサージタイプ

浄水カートリッジを内蔵した、肌や髪に優しい塩素除去タイプ

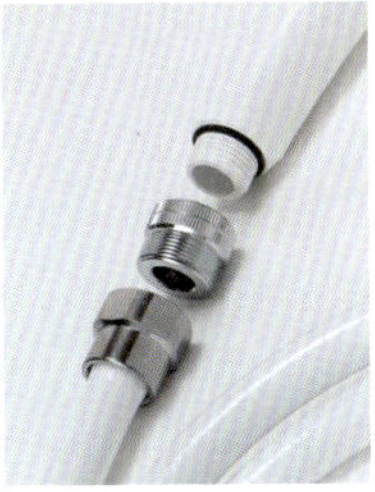

新しいシャワーヘッドとホース側接続金具の口径があわないときは、アダプターを使って取り付けます。

シャワーホースの交換

新しいシャワーホースを選ぶときは、混合栓のメーカーと使用中のシャワーヘッドのメーカーを確認し、対応しているものを選んでください。たいていのシャワーホースは、付属のアダプターで複数のメーカーに対応しています。

混合栓とシャワーヘッド、それぞれのメーカーを調べておくか、使用中のホースやアダプターをお店に持参して、サイズや必要なアダプターを確認すると確実です。

ホースを混合栓に接続しているナットを、ウォーターポンププライヤーなどで緩めて取り外します。

接続部分に、ホースに付属している新しいパッキンを入れます。

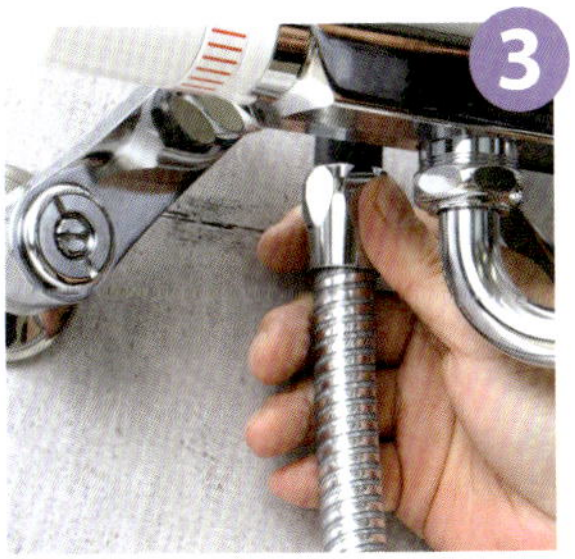

新しいホースを混合栓に取り付けます。口径があわないときは、アダプターを使ってください。

長さは 1.6 mが一般的ですが、ご家庭での使いやすさを考えて長短の種類も選べます。樹脂製とステンレス製があります。

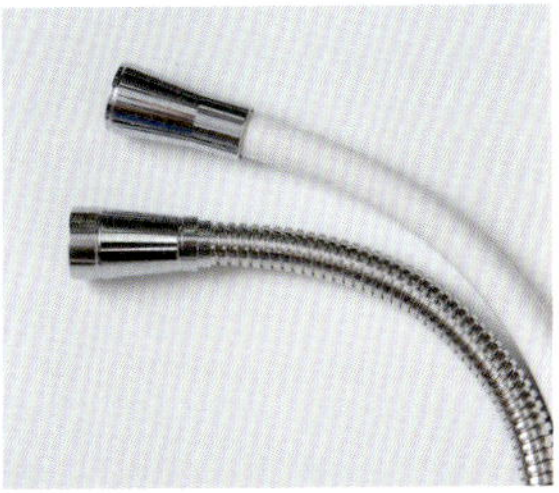

壁付きシングルレバー水栓に交換

ワンタッチで止水が可能
交換で節水効果も期待できる

蛇口（混合栓）は使用に伴い徐々に劣化してきてしまいます。今使っている蛇口もサビが浮いていたり、ハンドルなどにガタつきがありませんか。

　もし気になることがあるのならば、より使いやすいシングルレバータイプの混合栓に交換してみてはいかがでしょう。

　ハンドルが２つある古いツーバルブタイプに比べると、一つのレバーで水やお湯の量と、温度調節が一度にできるシングルレバータイプは、使い勝手に優れています。またワンタッチで止水もできるので節水効果も期待できます。

　とはいえ、水まわりのＤＩＹは難しいのではないか？　と思うかもしれません。しかし、正しい手順を守り丁寧に作業すればさほど難しくはありません。

　そこで、ツーバルブタイプの混合栓から、シングルレバータイプの混合栓に交換する手順をご紹介します。

止水栓を閉めてから作業を行いましょう

水栓を交換の際は止水栓を必ず締めましょう。水まわりの器具には、多くの場合止水栓というバルブが付いています（単水栓や一部の２ハンドル混合栓にはないものもあります）。止水栓はハンドルを回すことで閉められるものと、マイナスドライバーで、栓を回し閉めるタイプがあります。止水栓がない場合は元栓を閉めてください。

道　具

■水栓レンチ
■シールテープ

材　料

■壁付けシングルレバー混合栓

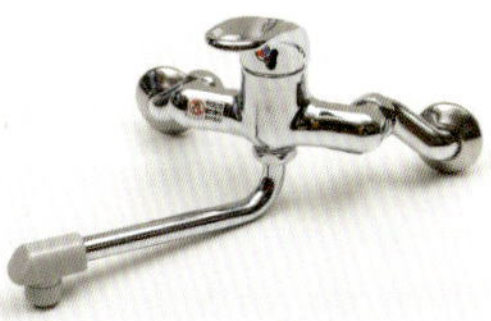

古い水栓を外し新しい水栓を取り付ける

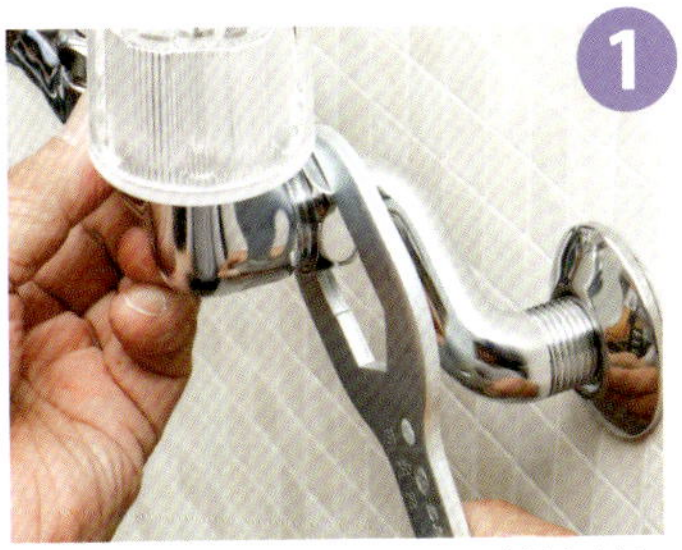

止水栓を締めたらまずは古い水栓を外します。水栓レンチを使い、水栓本体の後ろ側にあるナットをゆるめて本体を外してください。

次に水栓に繋がっていた取付脚を外します。取付脚そのものをくるくると回し外します。無理に回すと、配管が傷つくこともあるので慎重に外してください。

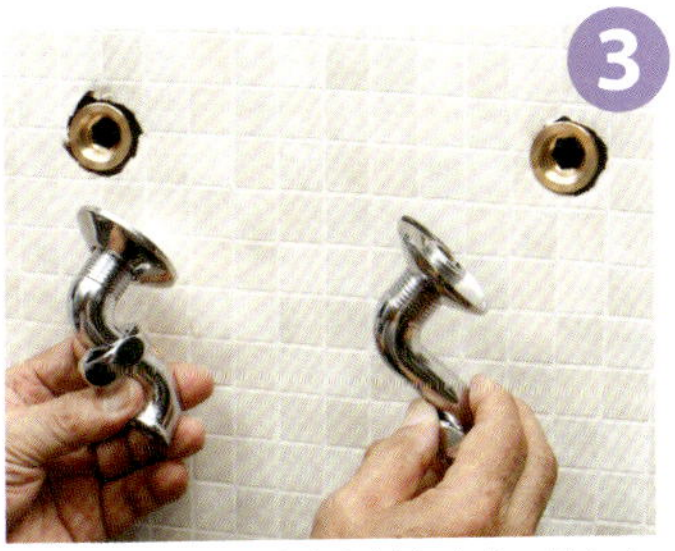

左右二本とも取付脚を外します。外れたら配管側をチェックします。配管側にシールテープや汚れがあるようなら、歯ブラシなどで掃除しましょう。

あらかじめ用意しておいたシングルレバー混合栓から取付脚を取りはずします。先にこの取付脚を配管に接続します。

取付脚の配管につながる側のネジ部分にシールテープを巻きつけます。シールテープは時計回りに軽くひっぱりながら6~7回転ほど重ねて巻きつけてください。

新しい取付脚を壁側の配管に取付けます。時計回りにネジこみますが逆回転はNGです。その場合シール効果がなくなるのでテープの巻きつけからやり直します。

左右の取付脚を配管に繋ぎました。2本の取付脚の角度は、シングルレバー混合栓につなぐことを考えて大まかに合わせておいてください。

取付脚と本体の間にパッキンを入れます。左右両方に入れてください。パッキンを入れ忘れると水漏れの原因となるのでくれぐれも忘れないようにしましょう。

取付脚に本体のナットを回して仮固定します。ただし、この段階ではまだ本体である水栓と、取付脚を完全には固定しないでください。

仮固定した状態で、水栓の位置を微調整します。両手で水栓を持ち、ゆっくりと動かして、混合栓が水平になる位置に合わせましょう。

水栓の位置が決定したら、ナットをレンチでしっかりと締めつけて水栓と取付脚を完全に固定します。左右共に忘れずに締めつけてください。

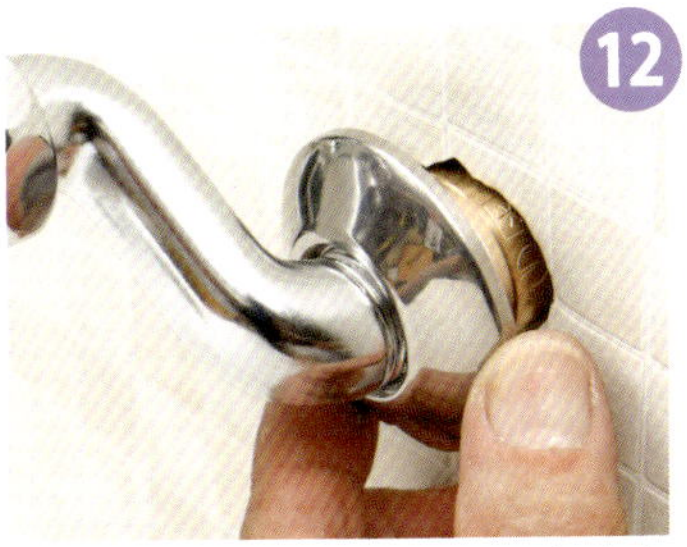

取付脚と配管接続部分を隠すカバーをかぶせます。止水栓を開けて、レバーを操作し、水もれがないか確認して問題なければ完了です。

台付きシングルレバー水栓の取り付け方

一つのレバーで水やお湯の量と温度を簡単に調節可能

一つのレバーハンドル操作だけで、水やお湯の水量を調節できたり、温度の微妙な調節をすることができるのがシングルバー水栓です。

二つのハンドルを、くるくると回すことで水量や水の温度を調節する、従来の混合栓に比べてシングルレバー水栓はデザイン性が高い上、片手で操作することが可能です。例えばキッチンなら、料理を作りながらでも、簡単に水栓の操作ができ、食材などを水洗いするのもスムーズ行うことができるでしょう。

さらに、水の出し止めなども、レバーによりワンタッチで行えるので、使いやすいだけでなく節水効果にも優れています。そのため現在では多くの家庭で、キッチンなどの水栓として使用されています。

そんな便利な台付きシングルレバー水栓の取り付け方をご紹介します。

キッチンの下にもぐらなくても本体を固定できる

ワンホール水栓の固定方法として現在主流となっているのが上面施工です。これは取付け時のほとんどの作業でカウンター下にもぐる必要がなく、楽に水栓を取付けられる施工方法。初めての方でも簡単に取り付けが可能です。

道　具

- ■六角レンチ（付属）
- ■モンキーレンチ
- ■バケツ
- ■ぞうきん

材　料

- ■台付きシングルレバー混合栓

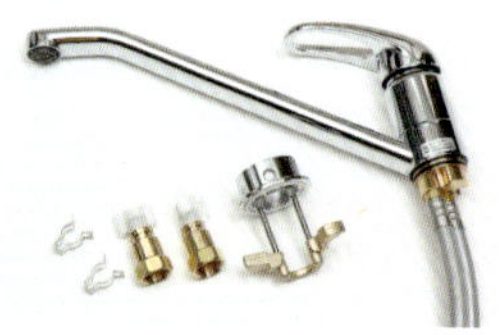

止水栓を閉め、適合する混合栓を設置する

作業前にまずは止水栓を必ず閉めてください。キッチンの場合カウンターの下などに止水栓があるはずです。ない場合は元栓を閉めてください。

止水栓に繋がっている配管ホースのナットを、モンキーレンチなどを使ってゆるめます。水がこぼれるのでバケツやぞうきんなどを用意しておきましょう。

ナットがゆるんだら配管ホースを外し抜き取ります。取りはずす際はお湯側の配管ホースの残り湯による火傷などに気を付けてください。

カウンターの取り付け穴にフランジを取り付けます。ツメ部分を内側に折りたたんだ状態で穴に差し込みネジ穴が正面を向くようにしてください。

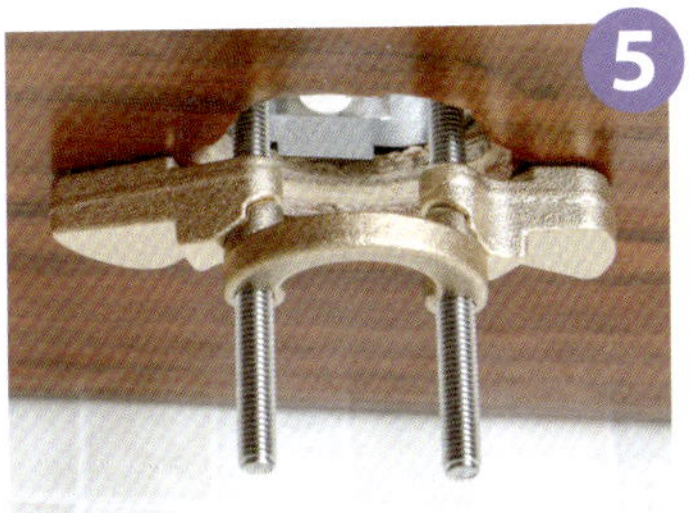

穴にフランジを差し込んだらフランジの中から指を入れ、ツメを開きます。写真のようにツメが取付金具にはまり動かなないことを確認してください。

フランジの位置がずれないようにしっかりと手で押さえたら六角レンチを使ってフランジの内側左右にあるボルトを交互に、均等に締めつけます。

水栓本体をフランジに取り付けます。本体から伸びる２つのホースをフランジに片方ずつ通したら、本体とフランジのねじ穴が合うようにはめ込みます。

フランジと水栓本体をビスで固定します。正面側のネジ穴から六角レンチを使ってネジをとめたら、ビスキャップを取り付けてネジ穴をふさぎます。

逆止弁にパッキンを入れたら、止水栓に逆止弁を取り付けモンキーレンチで固定します。逆止弁は水やお湯が互いの配管に逆流するのを防ぐ弁です。

逆止弁に給水、給湯それぞれのホースを逆止弁の上からまっすぐに差し込みます。ホースの金具と逆止弁のツバとの間に隙間がなくなるようしっかり差し込みます。

取り付けたホースが外れないように付属しているクイックファスナーを逆止弁のツバの下側にはめ込みます。これでしっかりとホースの固定ができました。

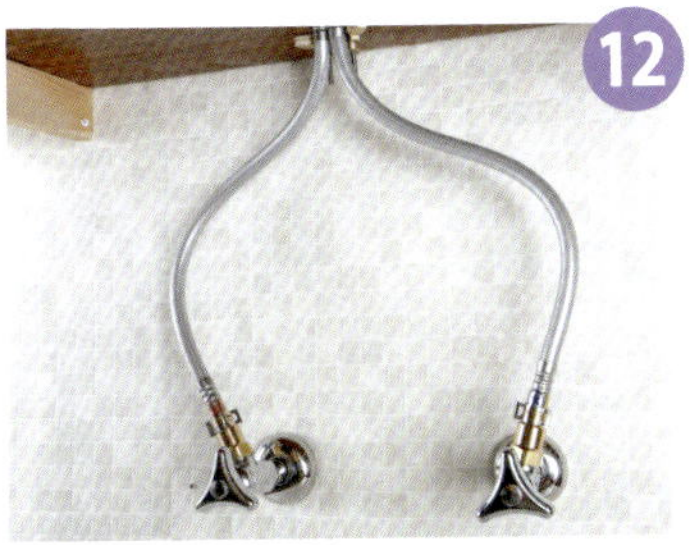

カウンター下にある止水栓か、水道の元栓を開けます。レバーを操作して水栓や配管から水もれがないことを確認したら、これで取り付け完了です。

排水管、排水トラップの種類と構造

排水トラブルの起こりやすい場所を知ろう

台所や洗面台を毎日使っていても、台の下にある排水器具を気にすることはほとんどないでしょう。どのような排水器具にも、下水管から室内に悪臭が上がってきたり、虫が侵入してくるのを防ぐために、『トラップ』という仕組みが設けてあります。排水トラップ自体に曲がった部分があったり、接続部分があるため、水もれやつまりといった排水トラブルは、このトラップまわりで起こることが多くなります。

排水口から排水管まで、また排水口から作業できる排水管内での水漏れ、つまりであれば、自分でメンテナンスをすることができます。接続部分の緩みやパッキンの劣化、内部のつまりなど、トラブルの場所と原因を特定して対処するために、まず排水管や排水トラップの構造を知ることからはじめましょう。

■排水トラップの種類

■非サイフォン式トラップ

容器内に水をためて封をするタイプのトラップです。

わんトラップ

お椀をひっくり返したような構造。取り外して掃除ができ、台所の排水口によく使われます。

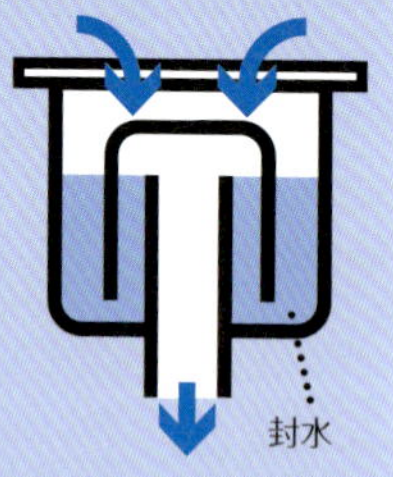

ドラムトラップ

水をためる部分がドラム型をしていて、たくさんの水をためられます。ユニットバスに多く採用されています。

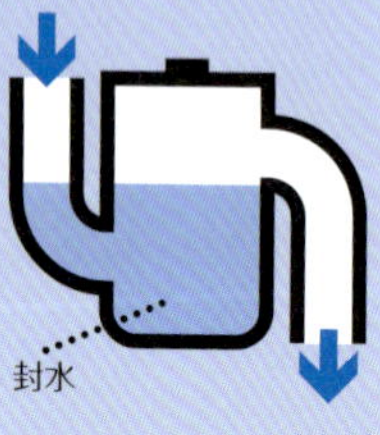

■サイフォン式トラップ

排水パイプに設けた曲がりの部分に水をため、封をするタイプのトラップです。

Sトラップ

排水が床に抜けるようにしたものです。

Pトラップ

排水が水平に壁に抜けるようにしたものです。

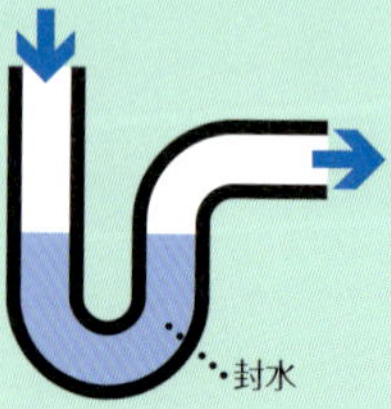

■一般的な排水の構造

洗面台に多い排水器具

ホースと排水管の接続部分から水漏れしている場合は、排水管内でつまりが発生、洗面ボウルが水であふれている場合は、トラップでつまりが発生している可能性があります。

台所に多い排水器具

ホースと排水管の接続部分から水漏れしている場合は、排水管内でつまりが発生、シンクが水であふれている場合は、ホース内でつまりが発生している可能性があります。

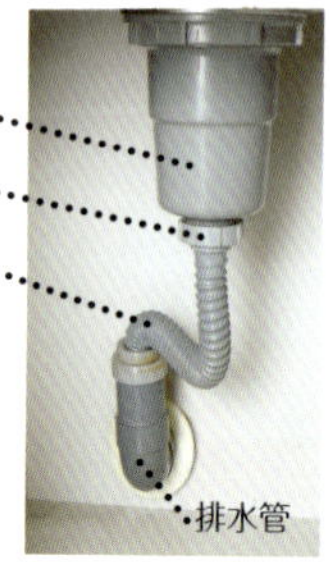

排水各部の漏れ、つまりの直し方

軽いトラブルは自力で解決

キッチンなら油や食べ物のかす、洗面台や浴室なら髪の毛や皮脂、石けんかすなどが配水管の内側に付着してたまってくると、しだいに水の流れが悪くなります。配水管の奥からボコボコと音がしたり、流れ方が遅くなってきたら要注意です。完全にパイプがつまる前に、汚れを取り除きましょう。

排水管のつまりを解消するには、洗浄剤を使って汚れを溶かす方法、水圧を使って押し流す方法、固着物を取り出す方法があります。完全につまる前であれば、入手しやすい洗浄剤を試してみて、つまってしまったら吸引式やワイヤー式のクリーナーを試してみるといいでしょう。

排水管のつまりは、日ごろの手入れで予防することができます。パイプ洗浄剤でヌメリを落とすなど、定期的にメンテナンスをしておくと安心です。

■ワイヤー式クリーナーの使い方

長いワイヤーの先端についたブラシで、固着した汚れをかき取るツール。配水管の深い場所にできたつまりを、解消するのに適しています。

ワイヤーをグリップ部分の穴に通し、バネ状やブラシ状の工具をワイヤーの先端に取り付けます。グリップの固定ネジを緩めた状態で排水口に差し込みます。

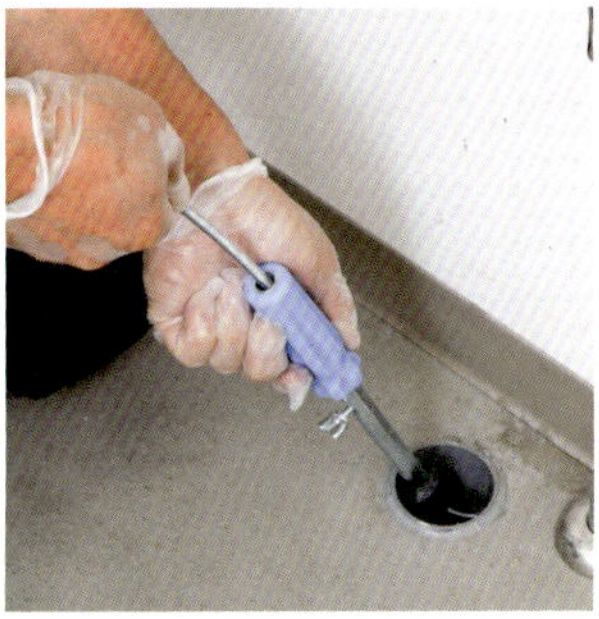

グリップ部の後ろからワイヤーを送り込み、止まったったところで固定ネジを締めて回転させます。手応えがなくなったら、布でふき取りながらワイヤーを引き抜きましょう。

■吸引式クリーナーの使い方

キッチン、洗面台、浴室、洋式トイレなどの配水管に対応し、水圧を利用してつまりを解消します。ラバーカップタイプと真空式ポンプタイプがあります。

台所の場合は、ゴミ受けバスケットやトラップのわんを取り外します。洗面台の場合は、オーバーフロー(あふれ防止の排水穴)を布などでふさいでおきます。

真空ポンプタイプは排水口にカップを押し当て、レバーを押し引きして水圧をかけます。ラバーカップタイプは、カップをゆっくり押し付けてから、一気に引いて使います。水が引いている場合は、カップがかぶる程度に水を張って作業してください。

■洗浄剤の使い方

洗浄成分でヌメリや汚れを溶かします。髪の毛を溶かす強力タイプ、内壁にとどまりやすい高粘度タイプなどは、より高い洗浄効果が期待できます。

パイプ洗浄剤は配水管に注ぎ、15～30分ほど放置したあと水で流します。放置時間が長すぎると溶けた汚れが再び固着するので、指定の時間を守って使いましょう。

排水トラップの水たまりに投入してヌメリを取る錠剤タイプもあります。そのままでは投入できない小さな排水口には、水で溶かして流し込みます。30分ほど放置したあと水で流しましょう。

漏れ、つまりが発生しやすい場所は分解して対処

■洗面台排水のメンテナンス

S字トラップの上下にある接続部分のナットを、緩めてはずします。

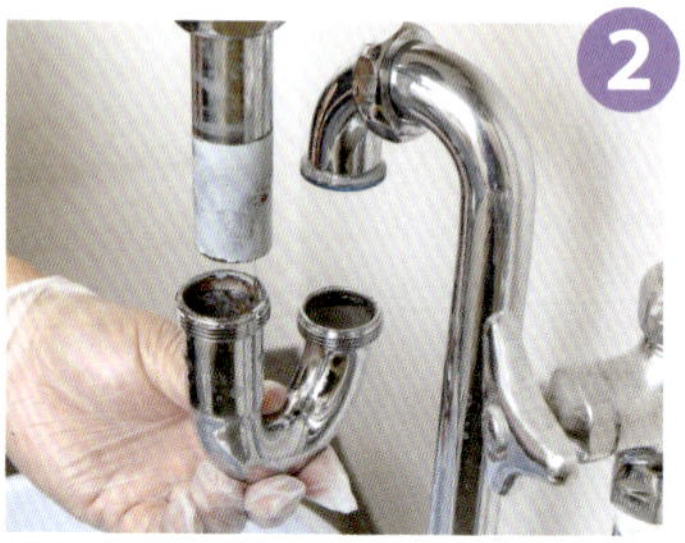

排水パイプからトラップ部分を取り外します。水がたまっているので、バケツを用意しておきましょう。

トラップ用の新しいパッキンを用意します。パイプ径がわからないときは、古いパッキンを持参して購入しましょう。

水漏れしている場合はもちろん、つまりを直したときも、パッキンを交換することをおすすめします。

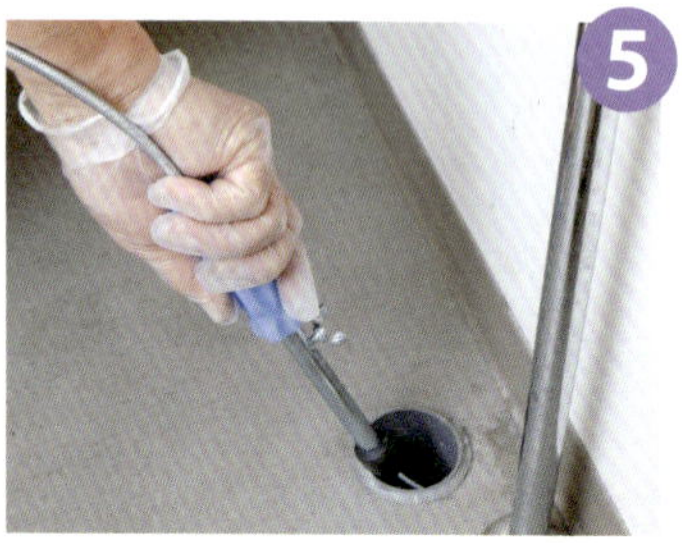

排水管がつまっているときは、ここからワイヤー式クリーナーを差し込んでつまりを解消します。

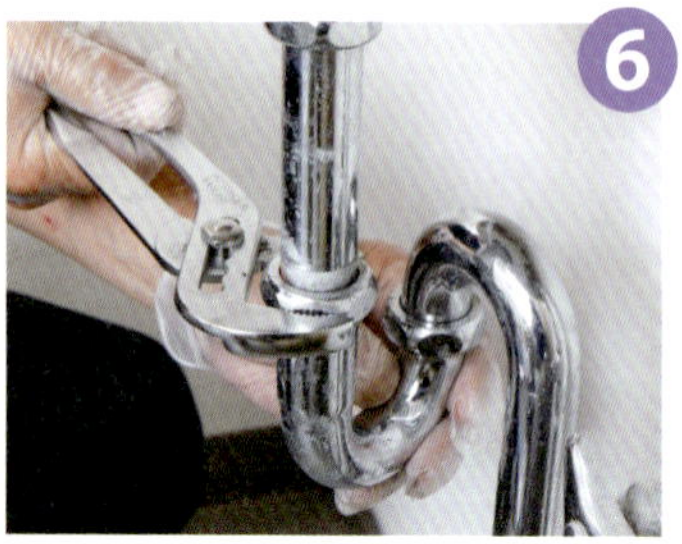

作業がすんだらトラップを取り付けます。塩ビパイプの場合は、ナットを強く締めすぎないように注意しましょう。

便器のつまりを解消

便器は、一度に多くのトイレットペーパを流したり、水に溶けないティッシュペーパーを流したりしたときに、一瞬でつまることがあります。吸引式クリーナーを使って直す場合は、カップを押し付けて一気に引き上げる動きを繰り返します。水が引いているときは、カップにかぶる程度に水をためてから作業しましょう。

■台所排水のメンテナンス

連結部分の防臭キャップを取り外し、排水ホースを排水管から引き抜きます。

トラップ下部のナットを緩め、排水ホースを取り外します。

水漏れをしているときは、連結部分のパッキンや破損したホースなどを同じサイズの新品に交換します。

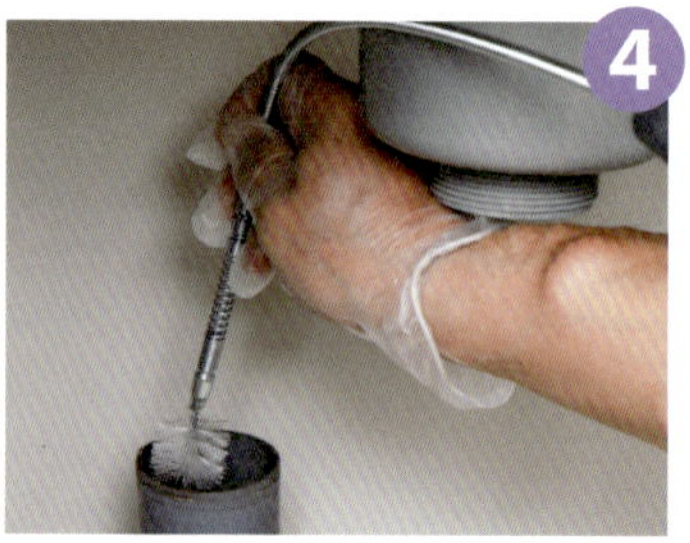

排水管がつまっている場合は、ワイヤー式クリーナーを差し込んでつまりを解消します。

水洗トイレの修理

「流れない」「止まらない」のトラブルを解決

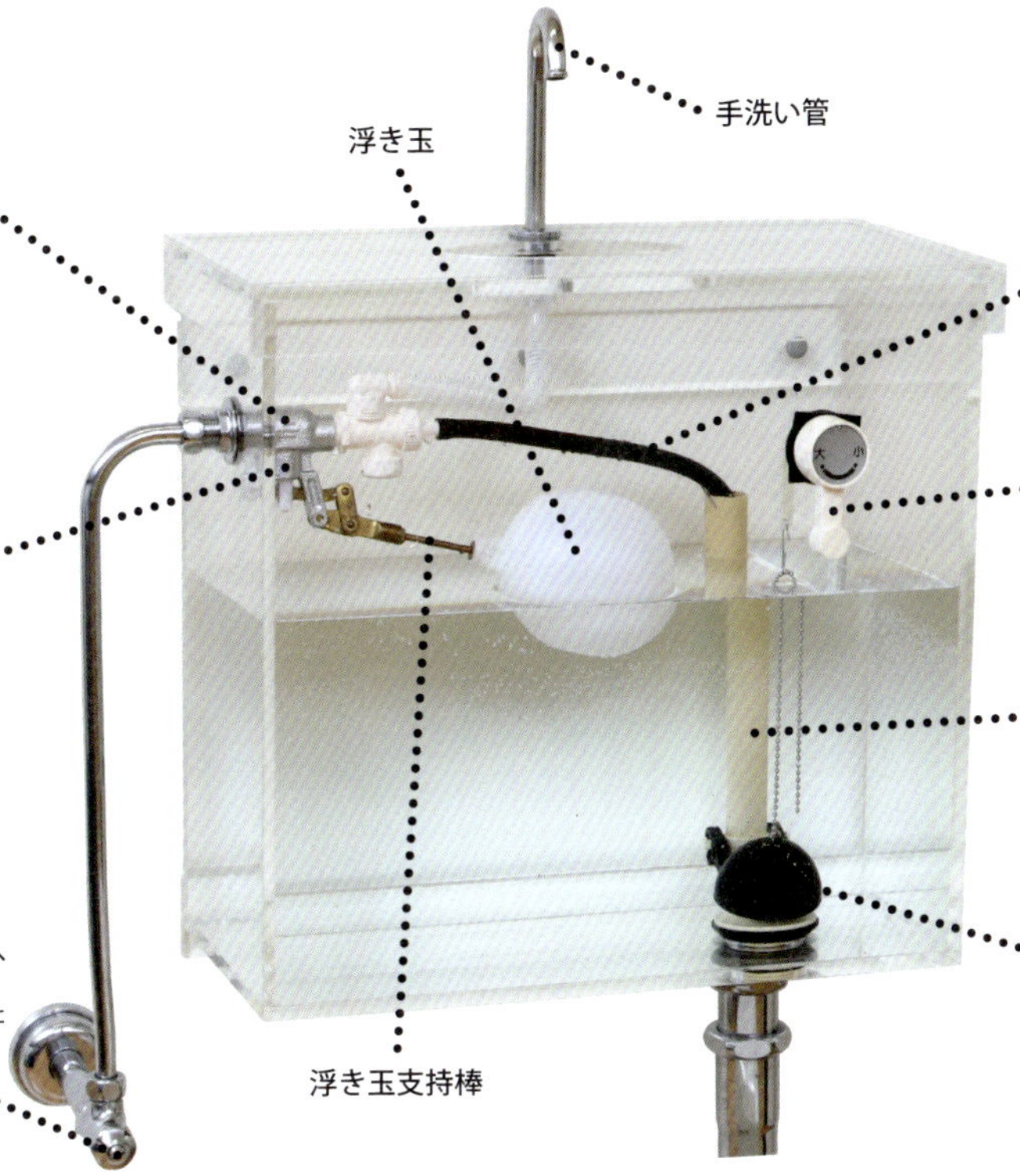
ボールタップ
浮き玉の動きにあわせてピストンバルブが開閉し、タンク内に給水したり、止めたりします。
補助水管
レバー
ピストンバルブ
オーバーフロー管
タンク内の故障によって給水が止まらなくなったときに、余分な水を便器に流し、水がタンクの外にあふれるのを防ぎます。
ゴムフロート
（浮きゴム）
レバーとつながった鎖に引き上げられると便器内に水が流れ、水位が下がると閉じます。
止水栓
水道管からタンクへの給水を止めたり、水の流量を調節したりできます。

■密結型ロータンク

洋式便器の後ろに密着して設置されているタンクを密結型といい、一般家庭にもっとも普及しているタイプです。

■フタを開けるときの注意

手洗い管つきタンクは、手洗い管にホースなどが接続されているものがあります。フタを少し上げて確認し、接続をはずしてください。

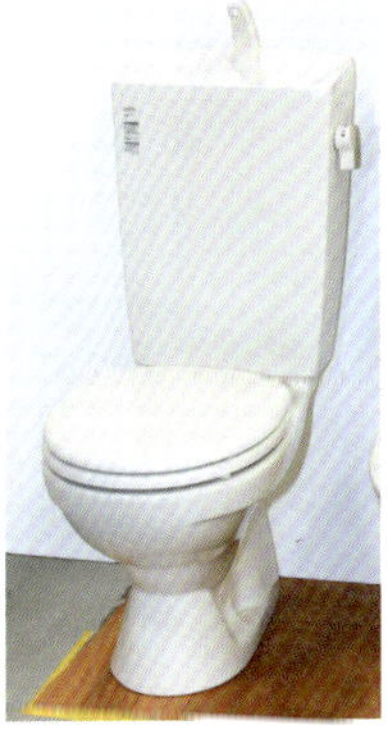

■止水栓の開閉

ロータンク内を確認したり修理したりするときは、フタを開ける前に止水栓を閉め、作業終了後に栓を開けて給水できる状態に戻します。閉めるときに回した回数を覚えておき、同じ回数だけ回して戻すと、流量の調整が簡単です。

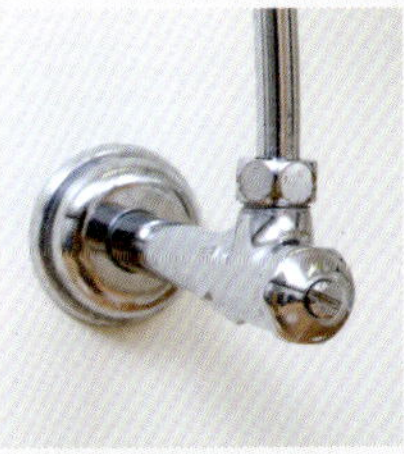

止水栓の開閉は、マイナスドライバーを使うタイプのほか、ハンドルを回すタイプがあります。

水洗トイレのトラブルは、下水への排水づまりや洗浄便座まわりの故障を除けば、ほとんどの場合は洗浄水をためておくタンク内に原因があります。

現在、一般家庭に普及している洋式トイレは、タンクが低い位置に設置されている「ロータンク」タイプがほとんどです。ロータンクは、設置場所によって形が異なるものがありますが、水を流す仕組みはどれも同じです。ロータンク内部も、メーカーや形式によって細部の違いはあっても、基本的な構造は変わりません。事前に給水と排水のしくみを理解しておくことが、スムーズな作業につながります。

故障の症状が同じでも、原因がタンクへの給水系にある場合と排水系にある場合があります。まずは症状と状態を確認しながら、原因を特定することからはじめましょう。

■水が流れるしくみ

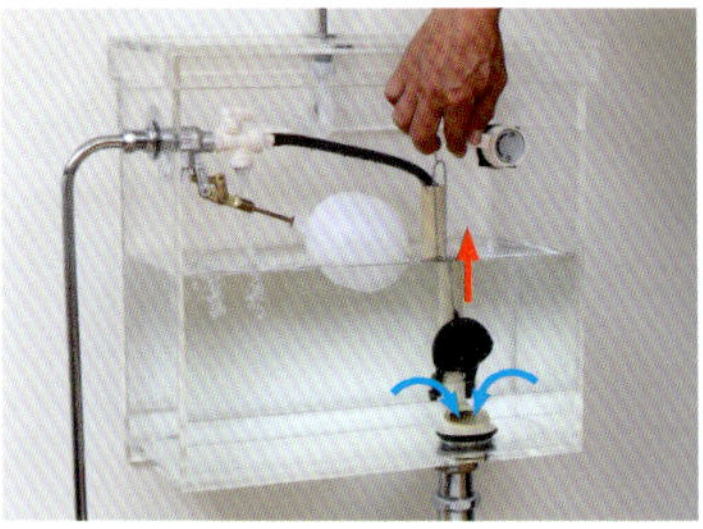

レバーを回すと鎖がゴムフロートを引き上げて、タンクにたまった水が便器へ流れ出します。

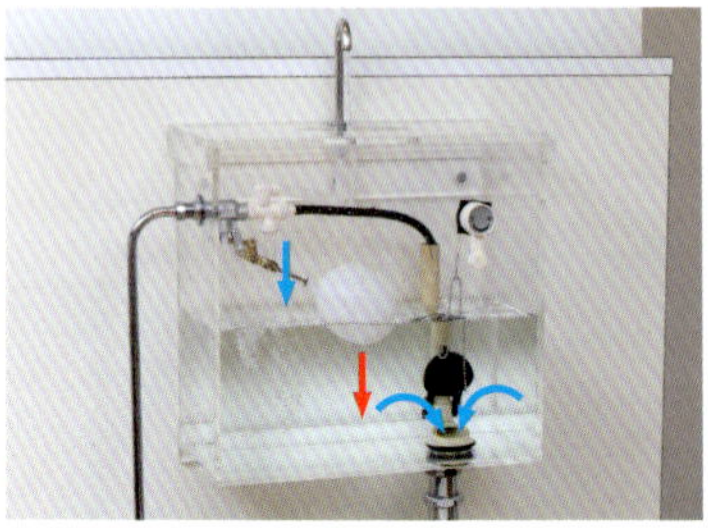

水位とともに浮き玉が下がると、ピストンバルブが開いて、ボールタップからタンクへの給水がはじまります。

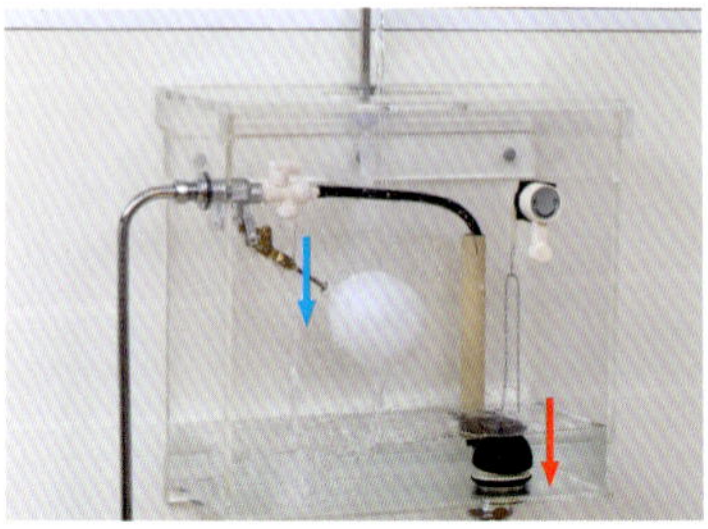

水位が下がり切ると、ゴムフロートが下りて便器への排水が止まり、タンク内に水がたまりはじめます。

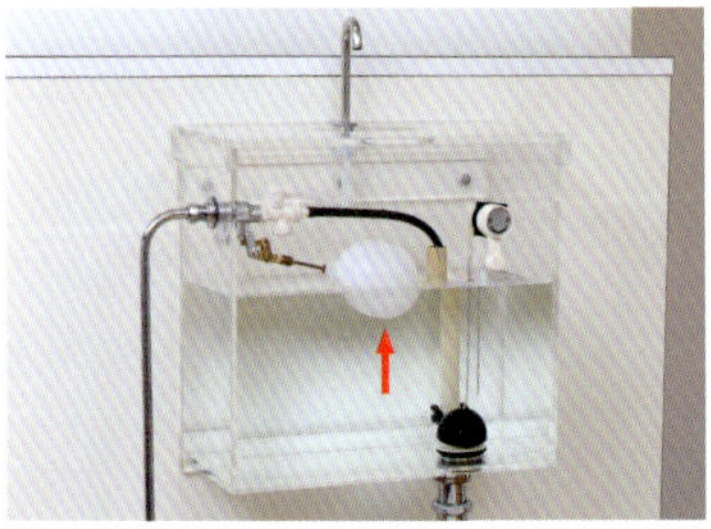

水位が上がって浮き玉が最初の位置に戻ると、ピストンバルブが閉じて給水が止まります。

水が出ないときの修理

レバーを回しても水が便器に流れないときは、タンク内の水の状態を確認します。水がたまっている場合は、レバーとゴムフロートをつなぐ鎖がはずれたか切れたかしていることがほとんどです。鎖をかけ直すか、ゴムフロートごと交換しましょう。

タンク内に水がない場合は、給水が止まっています。浮き玉が引っ掛かっているか、ピストンバルブの動きが悪くなっているので、下に紹介する方法で修理をしてください。

■浮き玉の位置調整

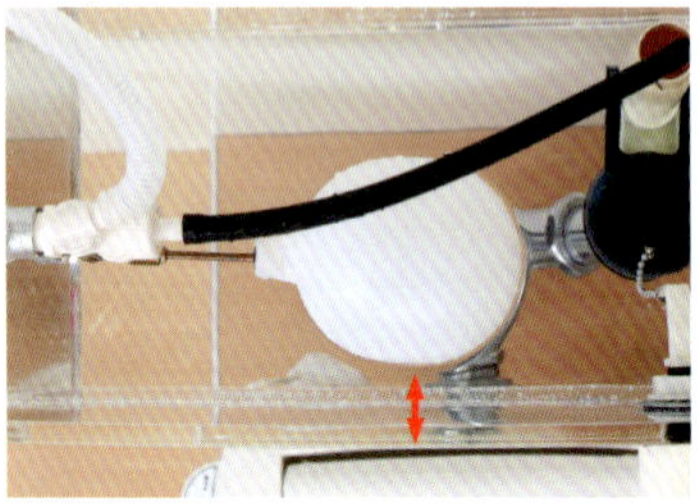

浮き玉がタンクの壁に引っ掛かって下がらないと、ピストンバルブが開かず、給水されません。

支持棒のナットを緩めて支持棒ごと浮き玉を取り外し、ペンチなどで支持棒を曲げて直します。

■ピストンバルブの清掃

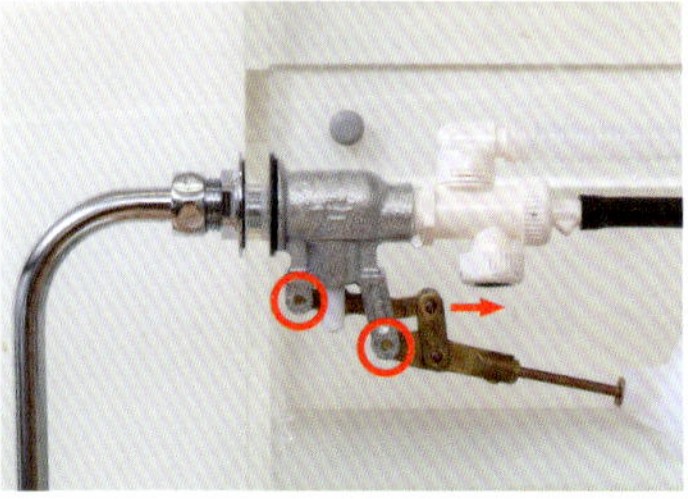

浮き玉に異常がない場合は、ピストンバルブを清掃します。固定ネジをはずし、アームを支持棒の方に引いて引き抜きます。

600番程度のサンドペーパーで、ピストンバルブの水アカや汚れを落とし、可動部分の汚れもブラシを使ってこすり落とします。

水が止まらないときの修理

便器に流れ出る水が止まらないときは、まずレバーの動きを確認します。もとの位置に戻らないようなら、タンクのフタを開けてレバーの軸に潤滑スプレーを噴きます。それで改善しなければ、レバーを分解して汚れやサビを落としてください。

レバーに異常がなければ、止水栓を閉めてようすを見ます。水が止まらないときは、ゴムフロートの摩耗や破損が疑われます。止水栓を閉めて水が止まるようなら、浮き玉とボールタップを確認します。

■ゴムフロートの修理

ゴムフロートはメーカーによって形状が異なります。念のため実物を持っていくか、メーカー名や型番を控えておきましょう。

ゴムフロートの下にゴミなどがはさまって、すき間ができているときは、持ち上げてゴミを取り除きます。また、ゴムフロートを触って手が黒く汚れるようなら、ゴムが劣化しているので、新しいものと交換してください。

■浮き玉の修理

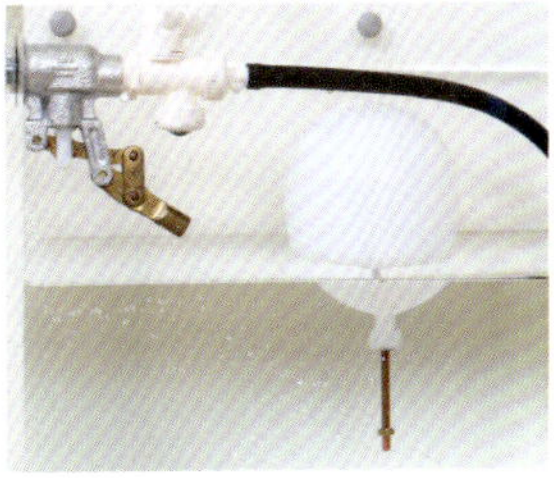

浮き玉がはずれていたり、破損して水が入ったりしていると、給水が止まらなくなります。

はずれていたときは、しっかりと固定しなおし、破損していたときは新しいものに交換します。

■ボールタップの修理

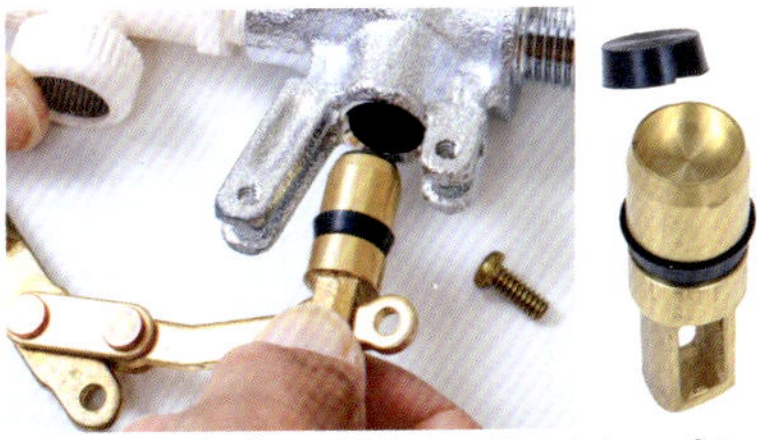

浮き玉に異常がない場合は、ボールタップの故障です。まずピストンバルブを取りはずして確認し、上部に付いているパッキンが摩耗しているときは、新品に交換します。

■ボールタップの交換

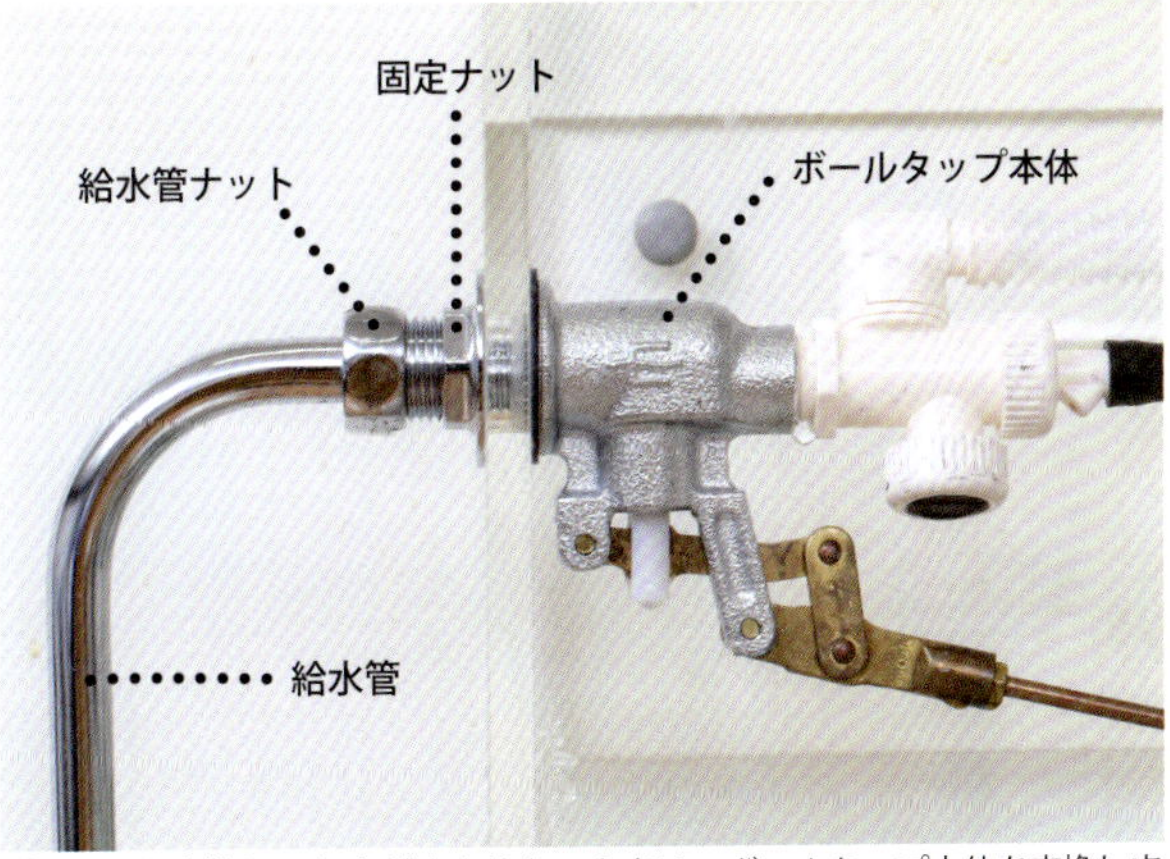

パッキンを交換しても水が止まらないときは、ボールタップ本体を交換します。モンキーレンチのほか、バケツとタオルを用意しておきましょう。

止水栓を閉め、水を流してタンク内をからにします。最初に給水管ナットを緩めて給水管を取り外します。

固定ナットをはずし、内側からボールタップを引き抜きます。取り付け時には、パッキンの入れ忘れに注意してください。

■ボールタップの種類

タンクの仕様によって、使用するボールタップの種類が異なります。本体を交換するときは、適合する同じタイプのボールタップを選んでください。タンクからボールタップをはずして持っていくと確実です。

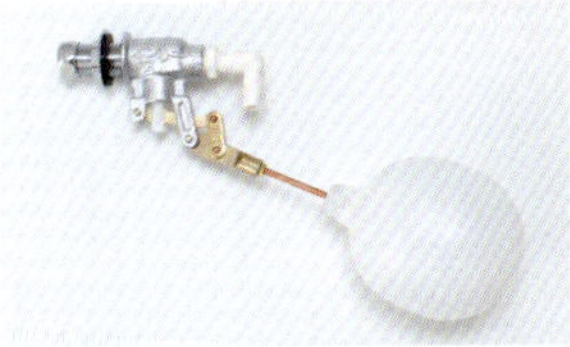

手洗い管なし

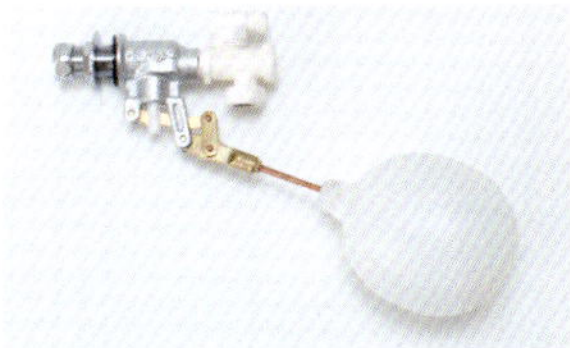

手洗い管つき

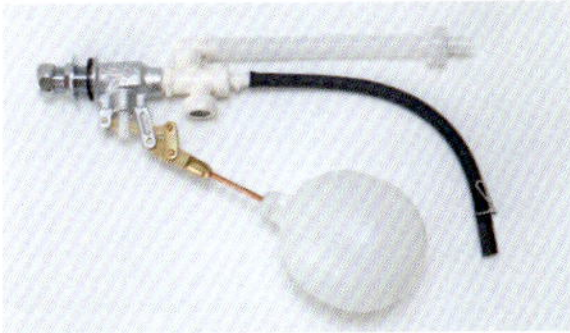

補助給水管つきのタイプ

上の２つのタイプそれぞれに、補助給水管のつくタイプもあります。

難易度 ★★★☆☆

温水便座の取り付け

便座交換だけの作業であれば はじめての方でも取り付けは簡単

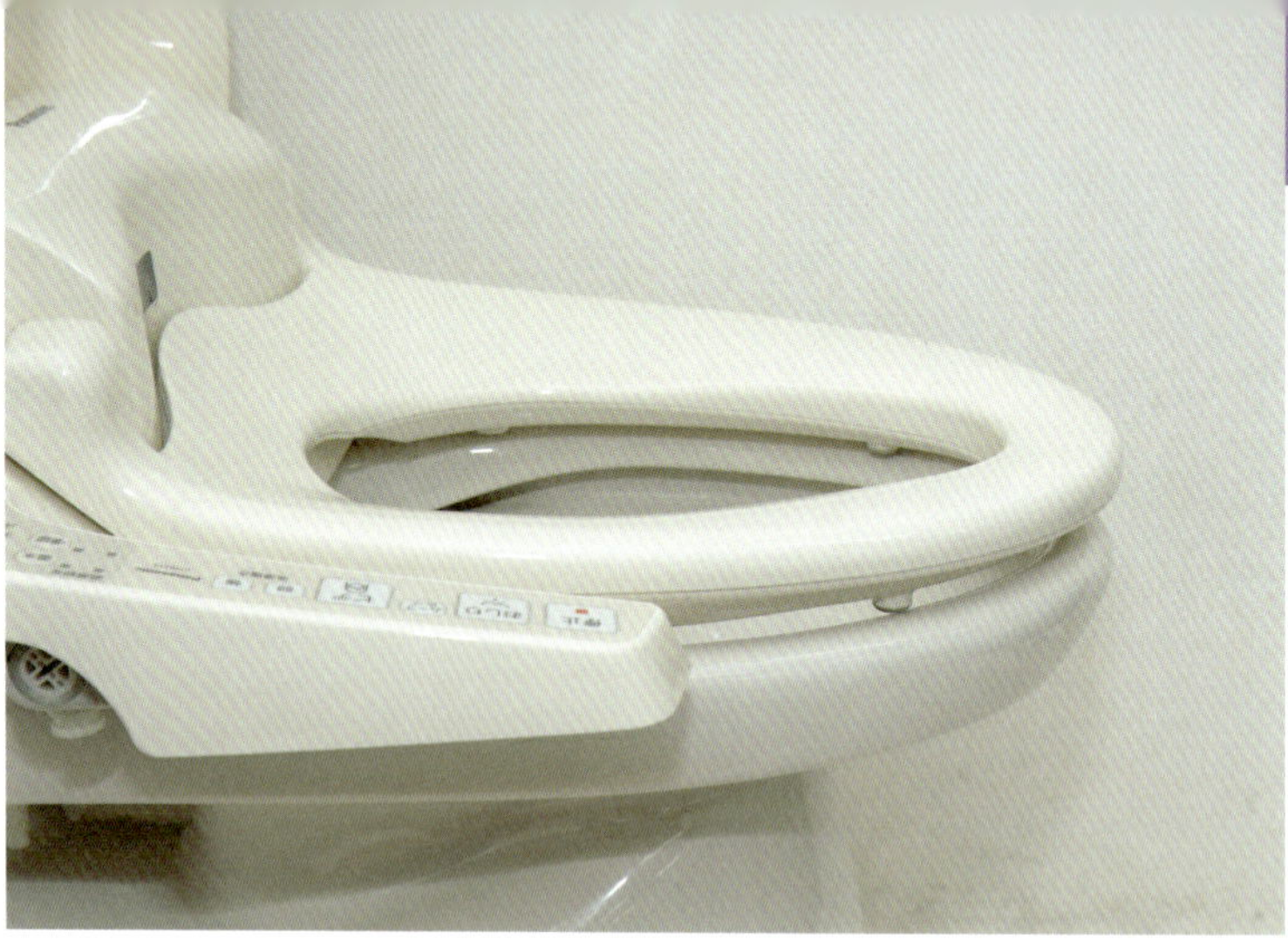

温水便座は賃貸物件でも取り付けられる？

賃貸物件の設備交換では大家さんや管理会社に許可を取るのが原則です。勝手に設置してトラブルにならないよう事前に確認を取りましょう。物件への入居後でも自費取りつけならば認めてもらえるケースは珍しくありません。ただし指定業者による工事が条件になることもあるので事前によく確認してください。

一般家庭から公共施設のトイレまで、もはやあって当たり前ともいえるトイレの設備が「温水洗浄便座」、いわゆる温水便座です。

一度使いなれてしまうと、その快適さに手放せなくなってしまうともいわれており、今や海外でも旅行者の口コミのおかげで大人気。

そんな温水便座ですが、全てのトイレに必ずあるわけではありません。例えば賃貸物件では、築年数によっては取り付けられていない場合も少なくありません。

トイレ設備なので、「後付けは大変そう」と思うかもしれませんが、実は便座だけならば設置はそれほど難しくはありません。その取り付け作業手順をご紹介します。

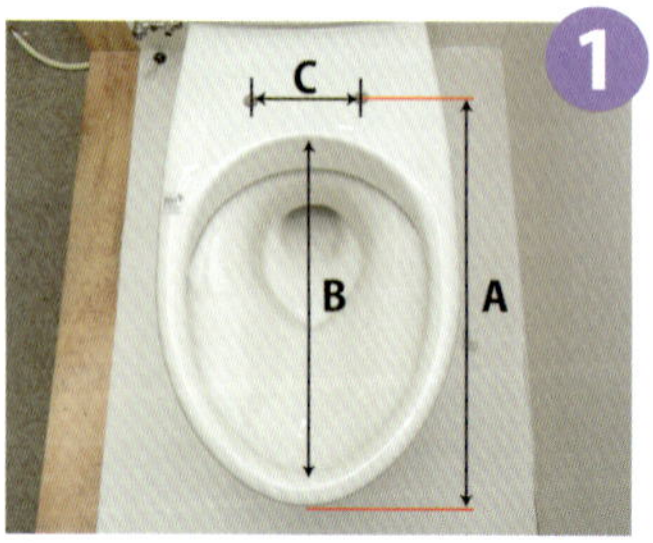

購入前に使用中の便座のAとBの寸法を測り、A＝470mm、B＝355～380mmなら大型。A＝440mm、B＝320～350mmなら標準型の温水便座を手に入れます。

止水栓を時計まわりに閉め、さらに水を流してタンク内を空にします。次にスパナやモンキーレンチで固定ナットを緩め、給水管や古い分岐金具を外します。

温水便座に同梱の分岐金具にパッキンを入れ水栓に取り付け、続いてタンクへ給水管を取り付けます。便器の下側の固定ナットを緩め、古い便座を取り外します。

新しい便座のボルトを便座取り付け穴に入れます（主にパナソニックの場合）。次に便座取り付け穴にゴムブッシュを入れ、ナットを締めて便座を仮止めします。

便座を前後にスライドさせて、便器の前端と便座の前端がそろうように位置を調整し、ナットをしっかりと締め込んでずれないように固定します。

便座と分岐金具に給水ホースを差し込んでつなぎ、外れ防止のクイックファスナーをクリップが外れないように取り付けます。アース線と電源をつないで完了です。

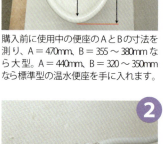

難易度 ★★★★★

換気扇の汚れ落とし

分解掃除で内部まですっきりきれいに

換気扇を放置しておくと、油汚れが固着してどんどん落ちにくくなります。定期的に分解掃除を行って、汚れが軽いうちに対処しましょう。揚げ物が多い家庭では、フィルターをこまめに交換すると、内部の汚れを軽減できます。

汚れや洗剤が落ちたときに備えて、換気扇の下にあるレンジの周辺には、ビニールや新聞紙をかぶせておきましょう。

壁付き換気扇の掃除

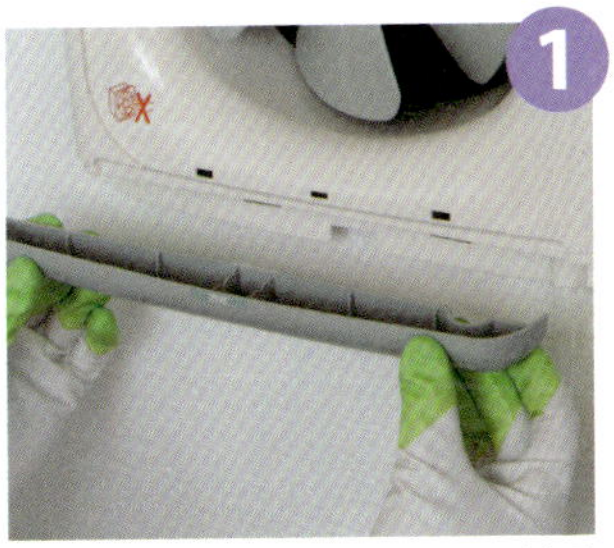

前面パネルの下部についている油受けを、引き出して取りはずします。製品によっては、油受けとパネルが一体のタイプもあります。

まん中の羽根止めを回転方向と逆に回してはずし、プロペラを手前に引き抜きます。ボタンを押しながら引き抜くだけのタイプもあります。

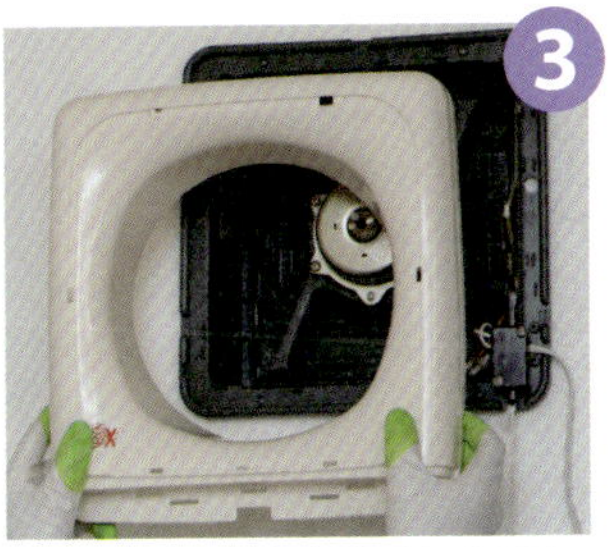

パネルを少し持ち上げてツメの引っかかりをはずし、手前に引きます。パネルがネジなどで固定されている場合は、それをはずしてください。

しつこい油汚れは、台所用洗剤か油汚れ用洗剤を吹き付けた後、ペーパータオルを貼り付け、さらに洗剤を吹き付けて汚れを浮かします。

深型レンジフードの掃除

フード内の前面フィルターを取りはずします。浮かせてはずすタイプ、ネジをはずすタイプなどがあるので、確認して作業しましょう。

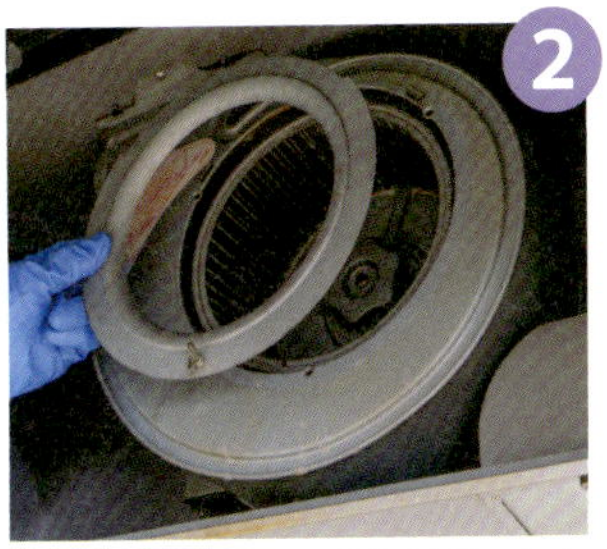

ファンの前面についているファンカバーを取りはずします。カバーを固定している蝶ネジを指で緩め、ずらしてツメをはずすと手前に引けます。

ファンの真ん中についているロックナットを、回転と逆の方向（多くの製品は、右に回すとゆるみます）に回して取り外します。

ファンを軸から引き抜きます。写真のシロッコファンのほか、ターボファンやプロペラファンも同様の手順で分解することができます。

しつこい油汚れはつけ置き洗いで

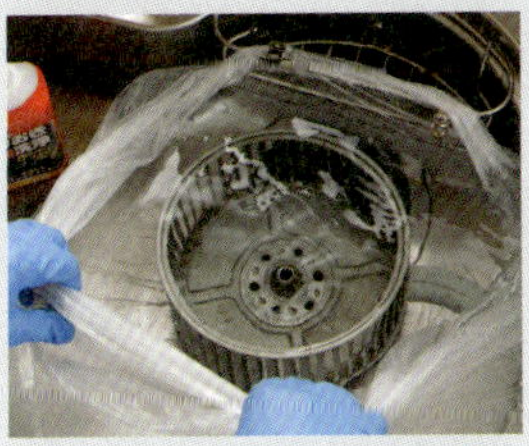

ポリ袋に 40℃前後のお湯をためて洗剤を溶かし、部品を 30 分～1時間ほどつけ置きします。

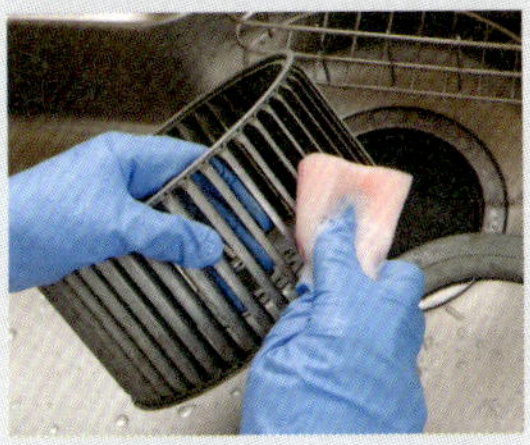

浮き上がった汚れを、スポンジでこすって落とします。細かい部分は歯ブラシや割り箸を使いましょう。

充《じゅう》てん剤の種類

すき間をふさぎ、穴埋めなど住まいの補修に活躍

壁や床、水まわりのすき間、穴などを埋めるときに使われる充てん剤。充てん材には、シーリング材、コーキング材、パテ類などがあり、それぞれ成分や用途で種類が分かれます。目地やすき間を充てんし、内部も硬化してゴムのように弾性を持つシーリング剤に対し、コーキング材は表面だけ硬化し、内部は固まらずに弾性を保ちます。パテ類は粘土状で、多くは硬化後、やすりがけして成形したり、塗装できます。シーリング材に比べ、穴やへこみなど面積が広い分野に使われます。商品には壁のすき間、床の穴埋めなど、用途がはっきりと記され、比較的選びやすいものもありますが、充てん部分の素材や使用場所などよく確認して購入しましょう。

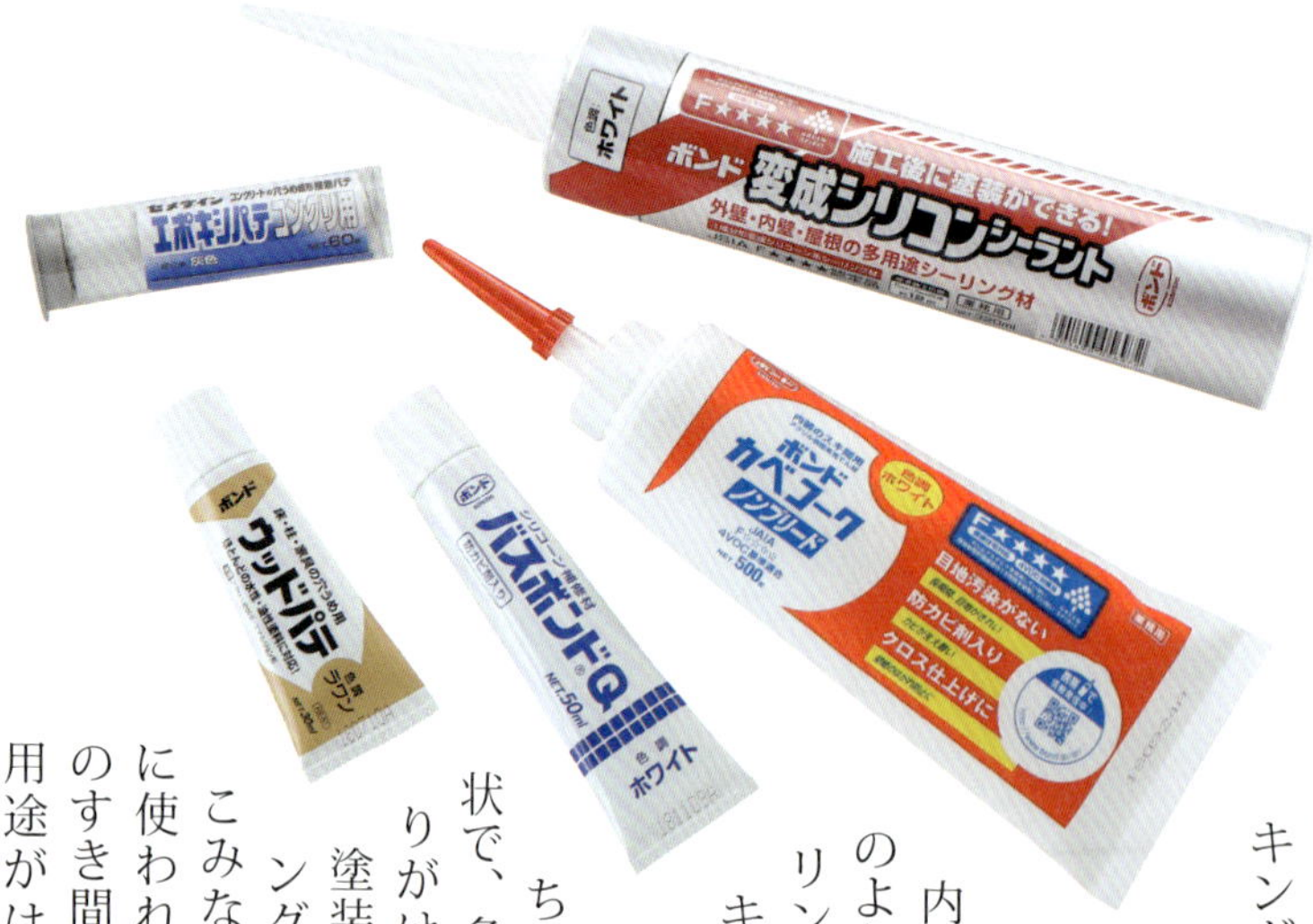

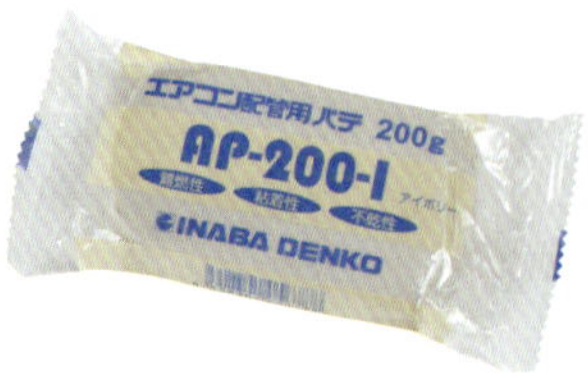

■配管のすき間

エアコンや洗面台、洗濯機などの配管と壁や床のすき間を埋める。粘土状のパテです。

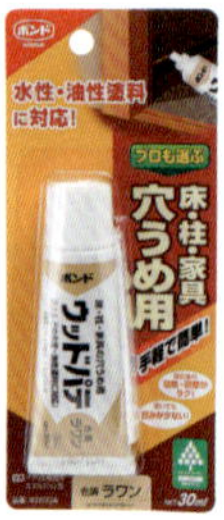

■木部のキズ

硬化後サンディングや塗装が可能。木製家具、柱、巾木などの補修にも使える。

■壁のすき間

床や柱、天井と壁のすき間を補修。色は白以外にアイボリーなどもある。硬化後塗装できる。

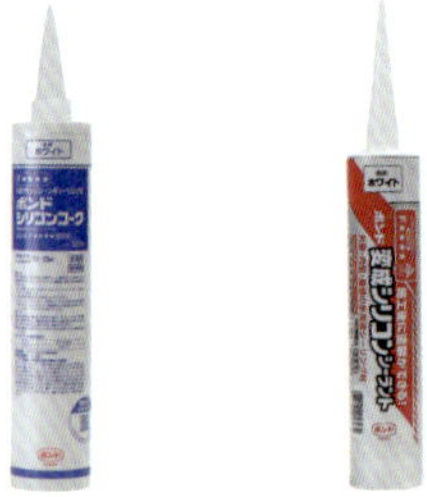

■外壁などのシーリング

カートリッジガンに装着して、長い距離でも続けて作業できる。窓枠やドア枠などにおすすめ。

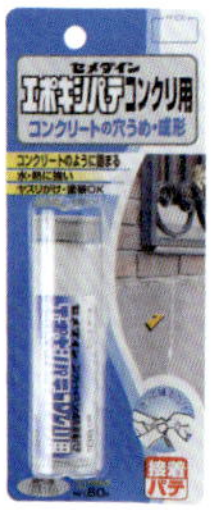

■コンクリートの穴埋め

コンクリートのように固まり、硬化後ヤスリなどで成形し塗装もできる。

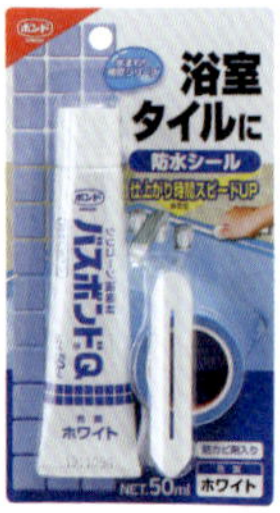

■浴槽や洗面台との壁のすき間

耐水性・耐熱性があり、乾燥後も完全に硬化せず弾力を保つ。

09

第9章
外まわりのメンテナンス

ブロック塀の塗り替え

汚れた表面をリフレッシュし紫外線や雨による劣化を防ぐ

Before

ブロック塀は砂やホコリで汚れるばかりでなく、カビやコケが発生すれば変色が進みます。ひび割れから内部へ劣化が広がるおそれもあります。年月とともに汚れたブロックの化粧直しには、表面の保護効果もある塗装が最適です。屋外用多用途や外壁用の水性塗料は、厚くて強い塗膜を作るため、紫外線や雨による劣化、カビやコケの発生をおさえます。好みの色で塗って、外観の印象を変えることもできます。塗装の持ちを良くするために、汚れをしっかり落とし、シーラーを塗布してから上塗りをするのがポイントです。

■境界線を確認する

ブロック塀を塗装するときは、土地の境界線を確認しましょう。塀が境界線上にある場合はお隣りとの共有物となり、塗装するには許可を得る必要があります。

埋設された境界標を見て、ブロック塀の位置を確認します。

ブロック塀の天面を塗りたい場合は、念のためお隣りの了承を得ましょう。塗らない場合はマスカーで養生しておきます。

道　具

■ローラーバケ（外装用）
■ハケ
■ローラー用バケット
■養生テープ
■マスキングテープ
■マスカー
■ブラシ

材　料

■屋外用水性塗料

■水性シーラー（下塗剤）

掃除と養生をする

1

ブロックの表面や目地についた砂やカビなどの汚れを、毛が硬いブラシで強くこすってかき落とします。

2

高圧洗浄機、もしくは水とブラシを使って、くぼみなどに残っている汚れをきれいに洗って落とします。

3

1日乾かし、養生テープを貼りやすいようにブロックのきわをほうきで掃いて、砂を取り除きます。

4

塗装しないところの境界部分に養生テープを貼ります。テープの浮きや曲がりがないように注意してください。

5

道具から落ちる塗料で汚さないように、作業場所のコンクリート土間にマスカーを広げて養生をします。

6

フェンスやポストなどの養生も忘れずに。建物や車が近くにある場合は、飛び散りに備えて念入りに養生しましょう。

下地を整えて塗装する

1

ハケを使い、目地や縁などの細かくて塗りにくいところに、下地剤のシーラーを塗ります。

2

残った広い面に、ローラーバケを使ってシーラーを塗ります。

3

塗料を使った上塗りも、シーラーを塗るときと同様に、作業しにくいところをハケを使って先に塗ります。

4

ローラーバケを使って広い面を塗ります。外装用ローラーは毛足が長いので、凹凸のあるブロックも塗ることができます。

5

塗料はローラーにたっぷりつけてからネットの上で軽くしごき、塗りやすい量を全体に含ませるのがコツです。

6

塗料が乾く前に養生テープをはがして完了です。乾くまで、「ペンキ塗りたて」の注意書きを貼っておきます。

難易度★★★☆☆

鉄《てつ》扉《とびら》の塗り替え

塗り替えで美しさをよみがえらせる

門扉は住まいの顔ともいえる大切な場所です。門扉には鉄製やアルミ製などがあり、さまざまな装飾で住まいの美しさを引き立ててくれます。

しかし、門扉は雨風にさらされやすいため、耐久性に優れた鉄製でもメンテナンスを怠ると、塗膜がはがれたり、サビが発生してしまいます。さらに放置しておくと、腐食が進んで破損の原因にもなります。

鉄部のサビが発生したときの対処法は、新品のような美しい仕上がりにできる塗り替えです。見た目だけでなく、サビを防止し、傷みを防いで長持ちさせる効果もあるのでメンテナンスをしてあげましょう。

道　具

- ■ディスクサンダー
- ■ワイヤーブラシ
- ■マスキングテープ
- ■マスカー
- ■軍手
- ■ビニール手袋

材　料

- ■鉄部用塗料（油性）
- ■サビ止め用スプレー
- ■サビ止め用塗料

サビを落とす

1

塗装する面の汚れやゴミを落とし、十分に乾かします。目立つサビや塗膜がはがれかかった部分を、ワイヤーブラシで取り除きます。

2

ワイヤーブラシである程度取り除いたら、塗料ののりをよくするため、ディスクサンダーを使って、鉄の表面が出るまで磨きます。

3

サビを落として鉄の地肌が見える状態です。ディスクサンダーがない場合は、サンドペーパーや台所のスチールウールなどを使って磨いてください。

4

塗装する門扉の境界部分に、マスキングテープを貼って養生をします。

5

門柱や外壁に加え、地面などに塗料が付いたら困る場所をマスカーで覆います。マスカーがない場合は、新聞紙やビニールシートで代用してください。

塗料を塗る

ここがポイント！

塗料とスプレーの2刀流でサビから守る

塗装が長持ちするように、下地にサビ止め効果の塗料とスプレーを使います。上塗りの塗料の密着性を高めてくれるタイプを選ぶようにします。

1

サビを落としたら、全体にサビ止め塗料をハケで塗り、細かな部分をスプレーで吹きかけます。スプレータイプは周囲の飛散に注意しながら使います。

2

サビ止め塗料が乾燥した後、鉄部用塗料をハケで塗ります。上手に塗るコツは、高い位置から下へ塗るようにし、全体に均一になるようによく塗ります。

3

鉄格子の隙間も同じように上から下へ塗っていきます。間隔が狭い場合は、すきま用ハケなどを使って塗ります。鉄格子の下の裏もしっかり塗ります。

4

全体を塗り終えたら塗り残しがないか確認します。塗料が手に付かなくなったら、マスカーとマスキングテープをはがします。

5

塗り終えた後、しばらく乾燥させて乾いたら完了です。乾燥時間は作業する季節や使う塗料によって異なるので、事前にチェックしておきましょう。

難易度 ★★★☆☆

雨《あま》どいの交換、補修

破損した軒《のき》どいを交換する

普段はあまり気にしない雨どいですが、実は住まいを長持ちさせるためには、たいへん重要な役割を占めています。

落ち葉がつまったり、ヒビが入ったり、何かの拍子で外れてしまうと、建物の寿命を縮めてしまいます。古くなって破損がひどいときは、おもいきって交換しましょう。

雨どいを交換するポイントは、古い雨どいを取り外す前に、どこにどのような部品が使われているのかチェックします。新しい部品を購入するときの参考にし、同じ形状のものを選んで交換するようにしましょう。

Before

軒どいを交換する場合、一般的な幅は100mmと105mmの2種類があります。古い軒どいと同じものを選ぶようにします。

道　具

- ■塩ビ用ノコ（金切りノコ）
- ■雨どい用接着剤
- ■テープ
- ■脚立
- ■メジャー
- ■油性ペン
- ■水中用エポキシパテ

材　料

- ■軒どい
- ■パッチン軒継ぎ手
- ■止まり
- ■とい受け金具

新しい軒どいに交換する

1

とい受け金具を外し、割れた軒どいを外します。割れた軒どいに合わせて正確に長さを測り、しるしを付けます。

2

軒どいがゆがまないように、しっかり固定して塩ビ用ノコや金切りノコで切断します。切るときは、硬い縁から切りはじめます。

3

軒どいをパッチン軒継ぎ手で接続する場合、雨どい用接着剤を塗り、接合するまで 30 分ほどテープで固定します。

4

軒先の高い側になる方の軒どいの端は、止まりをはめ込みます。雨どい用接着剤を塗って、しっかりと取り付けます。

5

新しい軒どいを、とい受け金具の上にのせます。水が集水器に流れるように勾配《こうばい》をつけます。勾配は 1m に 1cm 下がる程度です。

6

集水器の両側に新しい軒どいを差し込みます。差し込んだ軒どいの端にパッチン軒継ぎ手を半分に切って取り付けます。

7

とい受け金具の先端を曲げて、軒どいに固定したら完了です。金具の曲げは、軒どいの内側に折り曲げるようにしてください。

■雨どいのパーツ

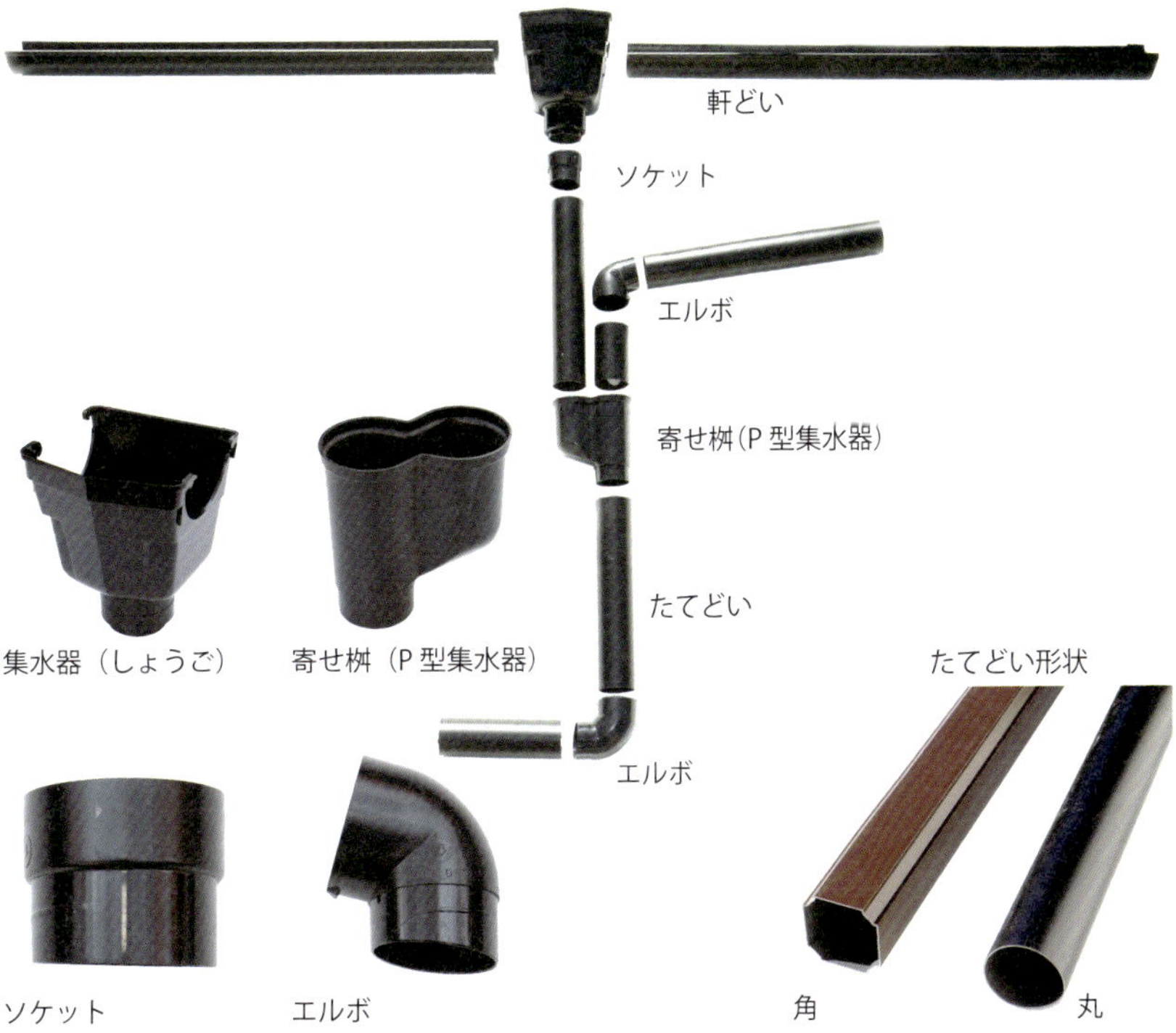

集水器からの水漏れ対策

集水器の下が水漏れしている場合は、集水器に水を注いで水漏れカ所を確認します。水漏れしているところを水中用エポキシパテで埋めて修理します。

難易度★★★☆☆

ウッドデッキの塗り替え

10年分のダメージからよみがえらせる

10年間何もしてない状態です。このままでは劣化症状が進み、傷みが酷くなります。ウッドデッキは定期的なメンテナンスが必要です。メンテナンスは、天気の良い日が続く時期を選びましょう。塗り直しは、2年を目安に行うようにします。

戸建ての憧れのウッデッキは、屋外に設置されているため、太陽の光で表面が黒ずんだり雨風にさらされて劣化していきます。使い込んだまま放っておくと木材が腐食してしまい、ケガの原因にもなります。

ウッドデッキを少しでも長持ちさせるには掃除、補修、塗り直しなどのメンテナンスが必須です。メンテナンスは専門的なことが必要だと思いがちですが、DIYで対処できます。正しいお手入れ方法で、美しさをよみがえらせましょう。

道　具

- 電動ドリルドライバー
- 電動丸のこ
- ジグソー
- サンダー
- ブラシ
- バール
- ケレン
- ローラーバケツ
- ハケ
- すきまバケ
- コテバケ
- ローラー
- マスキングテープ
- さしがね
- メジャー
- ビニール手袋

材　料

- 木部保護塗料
- SPF 2 × 4 材
- SPF 2 × 6 材

防虫・防腐効果の木部保護塗料を使う

木の品質を守る木部保護塗料は、木目を生かす「浸透性タイプ」と木目を消す「造膜タイプ」に分かれます。浸透性タイプは、防虫、防腐、防かび、防藻効果などを発揮して木材を保護します。一方、造膜タイプはペンキの特徴に近く、紫外線や雨などから木材を保護します。

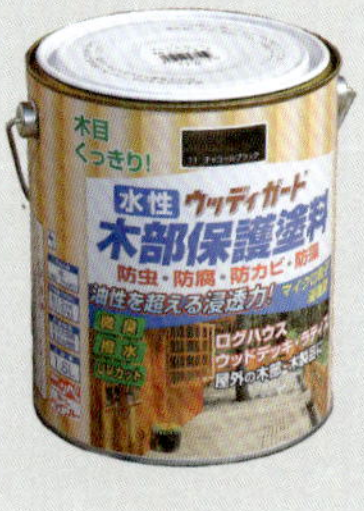

汚れを落としてきれいにする

一気に汚れを洗い流して、丸1日乾燥させる

1 高圧洗浄機で表面の汚れを落とすとともに、塗膜をはがしていきます。高圧洗浄機がない場合は、デッキブラシを使います。デッキブラシと両方使うとはかどります。

2 しっかり洗浄した後、最低1日は乾燥させます。乾燥した後、表面がケバだっているのでサンダーで研磨し、塗装する下地を整えます。

3 木割れに入り込んだ汚れや、下地処理で出た削りカスなどをブラシで取り除きます。削りカスが残っていると、塗装にムラが出るので注意してください。

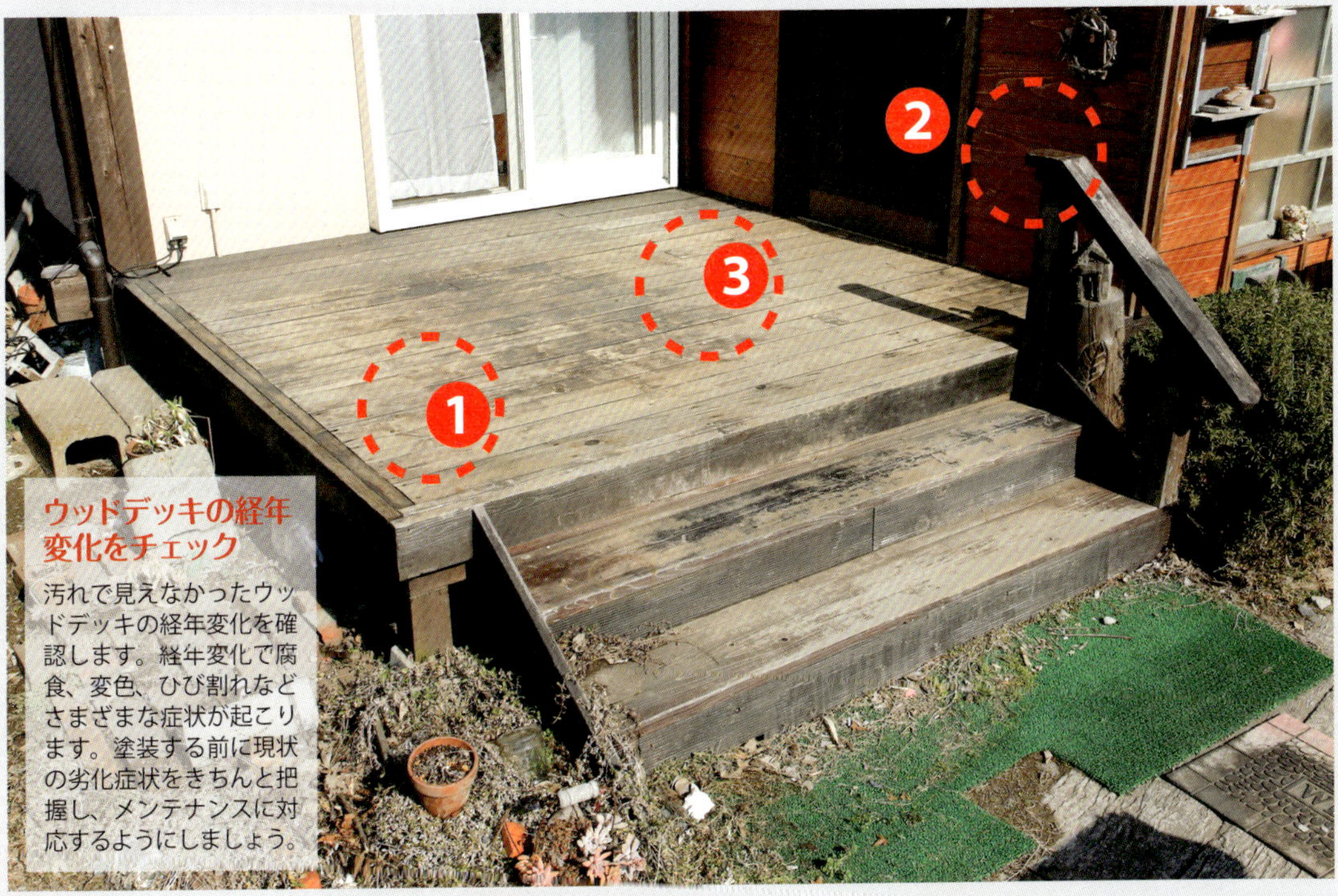

ウッドデッキの経年変化をチェック

汚れで見えなかったウッドデッキの経年変化を確認します。経年変化で腐食、変色、ひび割れなどさまざまな症状が起こります。塗装する前に現状の劣化症状をきちんと把握し、メンテナンスに対応するようにしましょう。

1 腐食

腐食の原因は防水性能がなくなり、木材が水分を吸収するためです。腐食の症状が激しい場合は、腐食した箇所の部分的な取り替えが必要です。

2 ヒビ割れ

ソフトウッド材はいろいろな場所にヒビが発生します。ビス周辺に発生するヒビ割れは腐朽が原因です。ヒビ割れが酷い場合コーティング材などで補修します。

3 木やせ

水分を含まなくなった木材は痩せてしまい、ビス周辺が痩せるとビスが抜けやすくなります。木痩せが酷い時は部分的な取り替えが必要です。

傷んだ床板をはがす

根《ね》太《だ》を傷つけずに床板をはがせる方法

1

割れて傷んだ板の隙間に、さしがねを差し込みます。さしがねが根太に当たった場所を確認し、鉛筆でしるしを付けます。

2

割れている部分だけカットします。板と板の間が狭いため、次のジグソーの作業がしやすいように、10mm のドリルビットで下穴を開けます。

3

ジグソーに木工用ブレードをセットし、下穴に入れます。ジグソーを固定させ、しるしに沿って速度を調整しながら前に切り進めます。

4

電動ドリルドライバーで、取り替える床板のビスを抜きます。ビスを外したらバールを使って、床板を持ち上げて取り除きます。

5

床板を取り除いたところの根太もしっかり掃除をします。根太の上に汚れが付着しているので、ケレンを使って汚れを削り落とします。

6

すべての根太の汚れを落としたら、取り替え前の準備が完了です。ジグソーでカットする場所は、根太が見える程度の位置がポイントです。

新しい床板と補強材を作る

大切なのは既存の材料に合わせること

1

床板をのせるための根太への補強材をSPF 2 × 4 材で作ります。取り除いた床板から見える根太の長さの約 30cm に、電動丸ノコでカットします。

2

補強材の小口をサンダーで磨きます。補強材はカットしたところの根太と、バールで取り除いたところの根太の補強が必要なため、2 本作ります。

3

ビニール手袋を装着してローラーバケットに木部保護塗料を注ぎ込みます。

4

ハケで補強材に塗っていきます。小口は染み込みやすいので軽くたたくように塗ります。表面も塗った後、30 分ほど乾燥させます。

5

新しい床板を作るため、取り除いた床板の長さを測ります。元のソフトウッド材に合わせるため、SPF 2 × 6 材を使用します。

6

電動丸ノコで床板の長さにカットします。補強材と同様に、カットした小口をサンダーで磨いてバリを取ります。

新しい床板材を張る

補強材が新たな根太の役割を果たす

ローラーにたっぷり塗料を染み込ませて新しい床材に塗っていきます。木端と小口を塗る場合は、ハケ塗りをしてください。

電動ドリルドライバーで、ビスを2本立てます。ビスは、ステンレス製の65mmを使用します。打ち込むのではなく少しねじ込む感覚です。

取り除いた両サイドの根太に補強材を取り付けてビスを打ち込みます。補強材を当てることで、新しい根太の役割を果たします。

新しい床板を補強材に乗せて取り付けます。床板の位置を微調整した後、ステンレス製の65mmのビスを打ち込みます。

ビスどめができたら床板の取り替えの完了です。とても堅いハードウッドタイプ材の場合は、硬質木材用のビスを使うようにしましょう。

ステンレス製以外のものを使用すると、すぐにサビて変色します。必ずステンレス製を使うようにし、皿取り加工のタイプをおすすめします。

ウッドデッキを塗装する

腐食やひび割れを防いで長持ちさせる

窓のサッシをはじめ扉や壁など、塗料を塗る場所以外を、マスキングテープで養生をします。また、植木などはマスカーで保護してください。

初めに塗る場所は板と板の間です。狭い隙間を塗るのに便利なのが、すきまバケです。隙間に差し込むだけで簡単に塗ることができます。

ローラーにたっぷり塗料を染み込ませ、木目に沿って表面を塗っていきます。周囲の細かい場所は、ローラーにかわってハケで塗ります。

床板などの広い平らな面は、均一に塗れるコテバケが初心者におすすめです。自分の逃げ道を確保できるように塗っていきます。

階段や手すりも同じように、ハケとローラーで塗装します。手すりが塗りにくい場所に設置されている場合は、床板より先に塗装します。

木部塗料は2回塗りが基本です。半日ほど十分に乾燥させて、1回目と同じ塗装作業を繰り返すと、すべてのメンテナンスが完了です。

難易度 ★★★☆☆

自転車置き場を作る

レンガと基本的な道具があれば自転車置き場が作れる

庭の一角に自転車を置けるだけのスペースがあれば自転車置き場をDIYで作ることはそれほど難しくありません。ポイントは、雨の後のぬかるみで自転車が汚れたり、サビないよう、対策をすることです。

比較的簡単なのは、地面にセメントを敷き、レンガを並べるという方法です。

レンガの数などはご自宅の自転車置き場となるスペースに合わせて入手してください。

また、作業中にレンガが割れたり、サイズや色見が微妙に合わないということもあるので、少し余分に用意しておきましょう。レンガの色の組み合わせや、敷き方のパターンなどは、自宅のデザインやお庭のイメージに合わせてお好みでアレンジしてみてください。

庭の一角にある自転車一台が置けるだけのわずかなスペース。このままでは雨が降るとぬかるんでしまうので、レンガ敷きの自転車置き場を作ります。

道　具

- ■ゴムハンマー
- ■ブラシ
- ■シャベル
- ■水平器

材　料

- ■エッジレンガ
- ■敷きレンガ
- ■セメント
- ■珪砂《けいしゃ》
- ■自転車スタンド

セメントを敷きレンガを並べる

1

駐輪する自転車の台数分よりも、ひと回り大きめに地面をシャベルで掘ります。深さは使用するレンガの厚み＋約2㎝くらい。掘ったら地面をならします。

2

スペースを囲うエッジレンガを固定するため、土の上にセメントを撒きます。このセメントは、土の水分と反応して固まりレンガを固定します。

3

セメントの上にエッジレンガを置いて並べます。このとき、水平器などを使って、レンガがまっすぐ水平に並ぶように注意しながら置いていきます。

4

駐輪スペースの横幅に合わせた板を用意しておき、この板をガイドにして、レンガを板に当てながら順に並べていくとズレなく正確に並べることが可能です。

5

ここではスペースの囲いの一辺に、敷地の縁石を利用したので、三辺にエッジレンガを並べました。エッジレンガの高さまで砂を敷き、平らにならします。

6

全面にレンガを敷き、並べます。レンガの高さがそろわない場合は、ゴムハンマーで軽くたたいて合わせます。低くなった場合は下に砂を足して調整します。

7

全面にレンガを敷いたら仕上げとしてレンガ全体に珪砂を撒き、ブラシで掃きながら目地をつめていきます。これでレンガが固定されます。

8

これでレンガ敷きの自転車置き場の完成です。ここでは自転車1台分の自転車置き場を作りましたが、大きなサイズも同じ要領で簡単につくることができます。

9

今回使用したレンガの並べ方は、一般的なバスケットウィーブパターンです。並べ方には色々なデザインがあるのでお好みで選んでください。

10

風などで自転車が倒れないようにしっかりと駐輪したい場合には、前輪を挟んで自転車を自立させることができる自転車スタンドを設置しましょう。

11

自転車スタンドはアンカーボルトで固定もできますが、今回はレンガの間にスタンドの脚を挟みこみ固定しました。これで完成です。屋根が必要であれば自立式で折りたたみ可能な市販の自転車ガレージや、サイクルポートを設置しましょう。

外水栓をおしゃれにする

シンプルな立水栓を装飾カバーで素敵にアレンジ

Before

屋外の立水栓は、植物への水やりや洗車などにとても便利ですが、樹脂製のシンプルなものが一般的で庭の雰囲気にあわないことがあります。立水栓を交換するとなると業者による工事が必要ですが、既存の立水栓にかぶせるカバー方式であれば、費用を抑えて簡単に好みのデザインに変えることができます。

木材を四角い柱状のカバーに組み立てて屋外用塗料で塗装するだけでもOKですが、漆喰を塗ったり、タイルを貼ったりすると、さらに素敵なアレンジができます。新しい装飾カバーにあわせて水栓金具を交換するのもおすすめです。

■立水栓を装飾するさいの注意

カバー取り付けのために水栓金具を取り外す場合は、必ず作業前に止水栓を閉めて水を止めてください。また、カバーを取り付けたあとは、水もれしないようにシールテープを使って水栓金具を取り付けましょう。

※止水栓の開閉、水栓金具の取り付けはP180、P182を参照してください。

■装飾にはシートタイルが便利

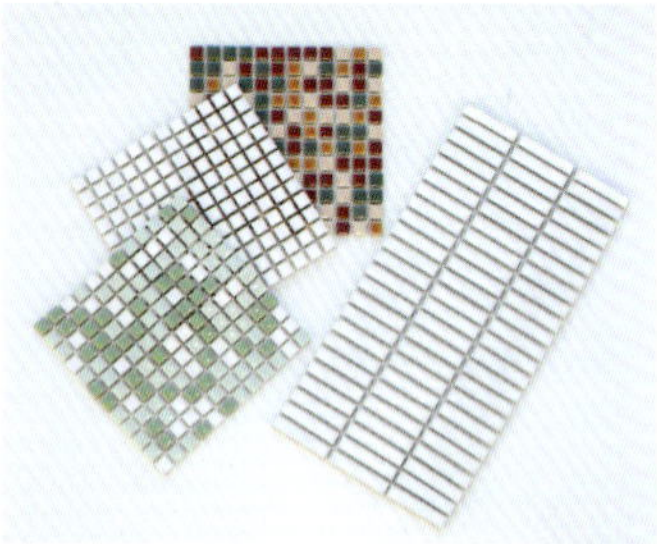

ひとつずつが小さいサイズのモザイクタイルは、一般的にはシート状にユニット化されています。サイズあわせは目地に沿ってカットすればよく、広い面に貼る場合でも作業はとても簡単です。タイルの表面に紙を貼り付けてあるタイプもありますが、写真のように裏面にネットを貼り付けているタイプは、ネットごと接着剤に貼ればよく、作業しやすくおすすめです。

道　具

- ■電動ドリルドライバー
- ■ドライバービット
- ■ドリルビット　20mm
- ■ハサミ
- ■接着剤用クシ目ゴテ
- ■ゴムベラ
- ■マスキングテープ
- ■バケツ
- ■スポンジ

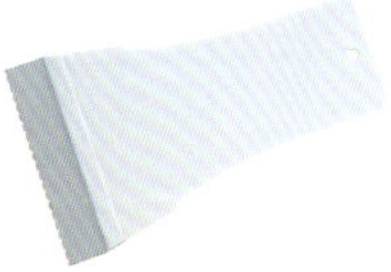

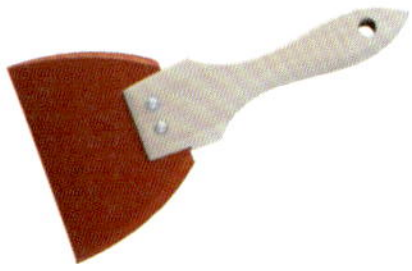

材　料

＜70mm 角立水栓用＞

- ■スギ材　(12 × 90mm)
  - 側板：600mm 4枚
  - 天板：56mm　2枚
- ■モザイクタイルシート
- ■タイル用目地材
- ■タイル用接着剤
- ■木ネジ　長さ 30mm
- ■シールテープ

タイル貼りの立水栓カバーをつくる

立水栓の水栓取り付け穴の位置にあわせて、20mm のドリルビットを使って穴をあけます。

30mm の木ネジを使って 4 枚の側板を柱状に組み立てます。まん中が正方形になるように板を組み合わせてください。

組み上がった柱の上部にフタをするように、30mm の木ネジで 2 枚の天板を固定します。

既存の立水栓にかぶせる柱状のカバーができあがりました。この箱が装飾のベースになります。

モザイクタイルのシートを仮置きして、タイルの配置を検討します。幅や長さは目地に沿ってカットして調整します。

タイルを貼る面にタイル用接着剤をたっぷりと出します。

クシ目ゴテを使って、接着剤を平らに伸ばします。

モザイクタイルを貼り、表面が平らになるように均等な力で強く押さえます。シートの間の目地幅をそろえましょう。

一面ごとにマスキングテープを貼って固定し、上面まですべて貼ったら接着剤が乾くのを待ちます。

穴をマスキングテープで養生し、水で適度な固さに練った目地材を、ゴムベラを使って目地に塗り込みます。

水で濡らしたスポンジでタイルの表面についた目地材をふき取ります。目地部分を取らないように注意しましょう。

目地が乾いたら既存の立水栓にかぶせます。水栓金具のネジ部分にシールテープを巻いて立水栓にねじ込んで完成です。

難易度 ★★★☆☆

カーポート床の塗り替え

清潔感あふれる印象にリフレッシュ!

カーポート床は、年月が経つと塗装面のツヤがなくなり、色あせして汚れが目立つようになります。そして、塗装面の塗膜がはがれたりめくれたりして見た目の印象も悪くなります。こうした症状が目に付くようになると塗り替えのサインです。

塗り替えのメンテナンスは、業者に頼むと高額な費用が発生しますが、DIYで自ら塗装してメンテナンスをすればコストを抑えることができます。塗料は塗膜が硬く、ホコリや劣化を防いで美しさを長持ちさせるタイプを選ぶのがポイントで、油性に比べて値段がお得で安全な水性タイプがおすすめです。明るいカラーリングでガレージスペースを清潔感あふれる印象にリフレッシュさせましょう。

車一台分が駐車できるスペースだと、1人でも充分に作業ができます。塗装するときは晴天が2～3日続く日を選んでください。

道　具

- ■高圧洗浄機
- ■ほうき
- ■ちりとり
- ■デッキブラシ
- ■ワイヤーブラシ
- ■ローラーバケット
- ■ローラー
- ■水性用ハケ
- ■バリケードテープ(ペンキ塗りたて)
- ■マスキングテープ
- ■ビニール手袋
- ■ゴムハンマー
- ■ペンチ

材　料

- ■コンクリート床用塗料(水性)
- ■パーキングブロック(W600×H100mm)1個
- ■コンクリート専用接着剤
- ■ガレージミラー

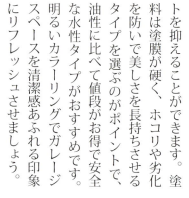

汚れを落として下準備をする

1

ほうきで床面のゴミやホコリを掃除します。床面にこびりついた土や砂の汚れは、デッキブラシを使ってきれいに除去します。

2

はがれかかった塗膜は、ワイヤーブラシやケレンなどで削り取ります。亀裂や穴がある場合は、床を塗装する前日にクラックケアをして補修します。

3

高圧洗浄機で一気に残った汚れを落としていきます。高圧洗浄機がない場合は、デッキブラシで水を流しながら汚れを落としていきます。

4

カビはカビ取り剤で、油分は、ペイントうすめ液で落とします。洗浄で隅々まできれいに汚れを取り除いたら、2時間ほど乾燥させます。

初めて塗装する場合は油性下地剤で密着性を高める

初めて塗る場合は下地を補強し、上塗り塗料との密着性を高める、シーラーと呼ばれる下地剤で下塗りをします。上塗り塗料の作業とは別に、ローラーやローラーバケットを用意してください。

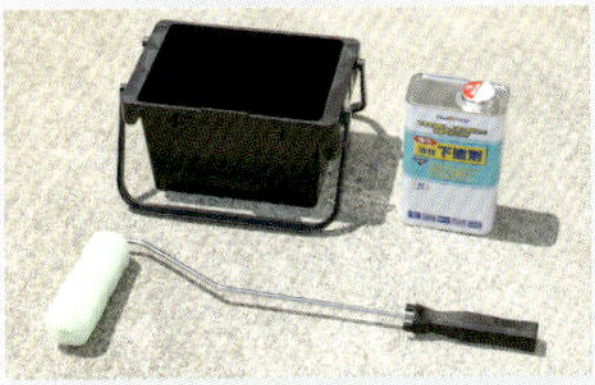

ローラーでシーラーを塗っていきます。劣化の激しいところはたっぷりと塗り、ローラーで塗りにくい隅はハケを使って塗ります。

上塗り塗装の1回目

1

道路や外壁の境界や配管など、塗りたくない部分にマスキングテープを貼って養生をします。保護したい部分が広いときは、マスカーで覆います。

2

容器の中で成分が分離して沈んでいるため、よく振って撹拌させます。角材などで充分に混ぜたら、ローラーバケットに塗料を注ぎます。

3

ローラーで塗りにくい、外壁や道路の境界などの隅からハケで塗っていきます。ハケは、使う前に抜けやすい毛を取り除いておきます。

4

ハケで周囲を塗り終わった状態です。続けて内側を塗るのでこの部分を踏まないように注意してください。

5

広い面はローラーで塗ります。はじめに軽くローラーをゆっくり転がして塗料を配り、ムラのないように同一方向で塗っていきます。

6

ローラーに塗料を付けすぎて勢いよく塗ると飛散したり溜まりができるので注意してください。すべて塗り終えたら1時間程度乾かします。

上塗り塗装の2回目（仕上げ）

1

塗装した表面を手で触り、乾燥しているのを確かめたら、ローラーで2回目を塗っていきます。1回目とは違う方向で均等に塗るようにします。

2

2回目はマスキングテープを貼った周辺を塗るときも、ローラーを使っても問題ありません。下地の色が見えなくなるように全体をしっかり塗ります。

3

全体を塗り終えたら、バリケードテープを貼ります。乾かすのに時間がかかるため、家族や近所に注意喚起をして誤って入らないようにします。

4

マスキングテープをはがし、1日乾燥させると完了です。乾燥前にマスキングテープをはがしておくと、塗膜のめくれを防げます。

パーキングブロックを取り付ける

1

パーキングブロックは反射板が付いているのがおすすめです。床面にドリルで穴をあけるのではなく、接着剤を使った手軽な設置方法で取り付けます。

2

車を駐車したときの後輪を確認します。設置したい場所にパーキングブロックを仮置きし、しるしを付けます。壁際のドアが開閉できることも確認します。

3

パーキングブロックの接地面に、コンクリート専用の接着剤を塗ります。設置したときに床面に接着剤がはみ出さない程度に塗ります。

4

パーキングブロックを設置して固定し、車を駐車して問題なければ完了です。ゴムハンマーなどで軽く叩くと、しっかり密着します。

出庫時の確認に最適なガレージミラー

駐車場から車を出すとき通行人が見えづらかったり、外壁にぶつける心配がある場所にはガレージミラーを取り付けましょう。壁やブロック塀用など取り付ける場所に合わせて、さまざまな種類が揃っています。簡単に取り付けができて駐車場周辺の安全確認や防犯に役立ちます。

1

ブロック用の金具を塀に挟み込み、アジャスターで位置を決めた後、ネジをしめてしっかり固定します。

2

ミラーに付属しているL字金具をブロック用金具に固定し、ミラーを取り付け、ペンチでネジを締めます。

3

金具が塀にしっかり固定しているか確認します。ミラーの角度を微調整したら完了です。

10

第10章
住まいの対策《たいさく》

地《じ》震《しん》対《たい》策《さく》

各地で震度5強を超える大きな地震が発生するなど、他の国と比べても地震が非常に多い国といわれている日本。そこで暮らす私たちは常に万が一を想定し、日頃からの備えが必要です。備えの一つが耐震対策です。家族の身を守るため準備を怠らず被害を最小限に抑えるよう心がけましょう。

地震が起きた時被害を最小限に抑えるには

地震発生の際、最も危険なのが家具や家電の転倒によるケガです。内閣府によると、1995年に起きた阪神・淡路大震災では建物の中でケガをした人の約半数（46％）が家具の転倒や落下が原因だったと判明しています。

また、家具の転倒で避難経路を遮断され、逃げ遅れたケースもあったそうです。万が一の際、被害を最小限に抑えるには、そのための対策が絶対に欠かせません。

一般家庭で地震対策が必要なポイント

震災発生時、家具や家電の転倒や落下、ガラスの飛散などの危険が考えられるのが下記のポイントです。このような場所には何らかの対策を講じておく必要があります。

①本棚、食器棚、タンスなどの家具
②窓ガラス
③テレビや冷蔵庫などの家電
④壁掛け時計や額
⑤照明器具

キッチンの地震対策

キッチンで地震に遭遇した場合、まずは落下物から身を守ります。キッチンには食器や調理器具などの危険が潜んでいます。食器棚が倒れてくれば確実にケガを負います。すぐにダイニングテーブルの下に潜りましょう。

また、ガラス戸を破って食器が降り注いでくる可能性もあります。割れた陶器やガラスが散乱すれば、足などに大ケガを負ってしまうでしょう。このような事態にならないために、食器棚にはあらかじめ転倒防止の器具を取り付けておきます。

突っ張り棒式のポールタイプやベルトタイプなどさまざまな種類があるので、家具や部屋の構造に合わせて使用してください。

また、ガラス戸には割れたときの飛散を抑える飛散防止フィルムを貼っておきます。加えて揺れがきた際、自動で扉が開くのをロックしてくれる耐震ラッチを取り付けておくと万全です。

揺れを感知すると、自動的に扉をロックしてくれるグッズもあります。普段は通常通りに開閉することが可能です。

ガラスを突き破って食器などが飛び出す可能性があります。食器棚のガラスには飛散防止フィルムを貼っておきましょう。

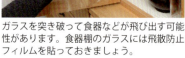

リビングの地震対策

リビングは家族が集まる空間であり、大型の家具や家電なども置かれている場所です。そのため、リスクの高い場所ともいえるでしょう。花瓶や置物など重いものは高い場所に配置するのは極力避けます。

また、大きく重いテレビは粘着タイプの耐震マットを敷きます。さらに、ベルトやチェーンなどで背面をテレビ台や壁に固定するのがベストです。

タンスやラックなどの重い家具は、食器棚と同じように転倒防止器具で固定します。家具から天井までの距離が遠く、突っ張り棒タイプの耐震グッズが使いにくい場合は、Ｌ字金具で壁にしっかり固定するのが確実です。

壁に穴を開けたくないという場合は、スロープタイプの耐震マットなどを家具の下に敷いておきましょう。これだけでも家具が倒れるのをある程度防ぐことが可能です。また、リビングには大きな窓もあるはずです。ガラスが割れれば危険な凶器に変わります。窓が多いと施工はたいへんですが、飛散防止のフィルムなどを貼ると安心です。

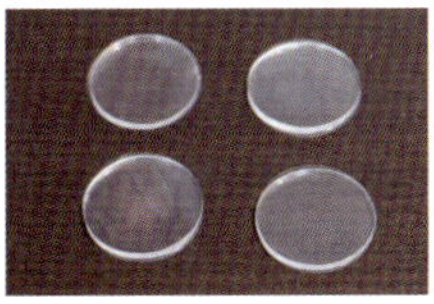

テレビやオーディオ機器などの家電には、粘着タイプの耐震マットを貼っておくと、ある程度の揺れに耐えることが可能です。

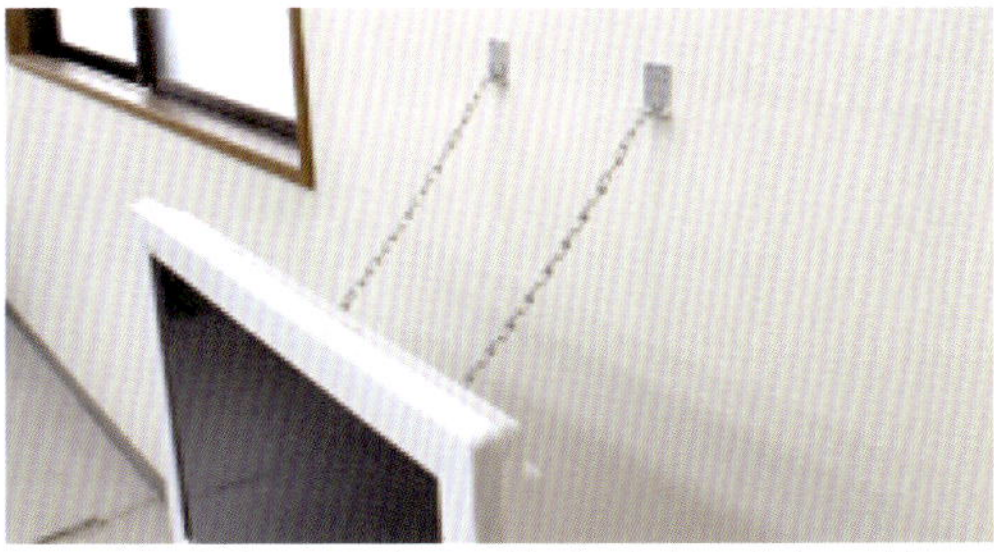

耐震マットだけでは大型テレビなどの転倒を防ぐのは難しいので、このようなチェーンで壁とつなぎ、転倒を防ぐグッズなどの併用がおすすめです。

寝室の地震対策

就寝中に地震が発生した場合、無防備な状態で家具や家電などが倒れかかってくることも想定されます。そのため特に寝室は慎重に地震対策を行う必要があります。

まず、ベッドの周囲を見回してください。万が一の際、リスクとなる家具などがないかチェックします。

転倒の可能性のある棚やラックが設置されてる場合、離れた位置にベッドを配置するように見直してください。

スペース的に無理がある場合は、家具固定用のグッズでしっかりと転倒予防を施します。特に金属製で重量のあるワイヤーラックなどは、非常に危険です。ワイヤーラックは構造上、突っ張り棒タイプの固定具の使用や、Ｌ字型の金具で壁に固定するのは難しいので、ベルトやチェーンなどを壁とつなぐタイプの転倒防止器具を使用するのがおすすめです。

また、いざという時にすぐに避難できるように寝室には靴などを用意しておくようにしましょう。

転倒の恐れのある棚などには、確実に転倒を防止できる写真のようなベルトタイプの器具の取り付けを検討しましょう。

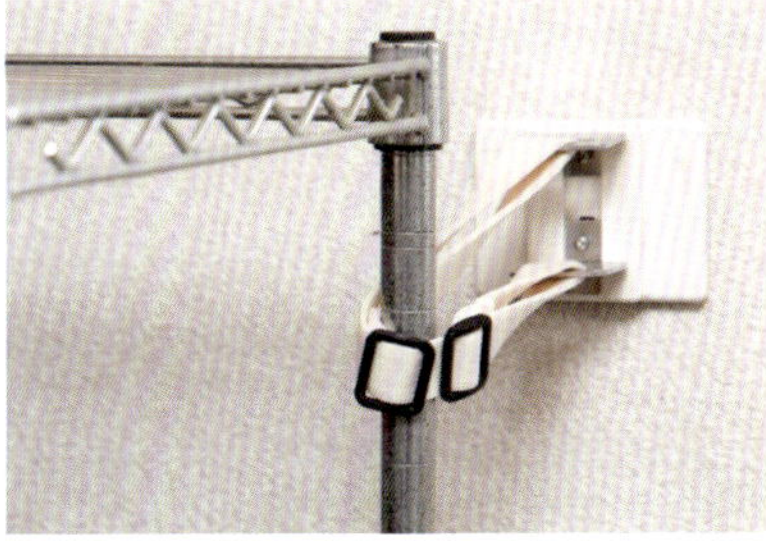

重く頑丈なワイヤーラックは、突っ張り棒やL字器具では固定が難しいのでベルトタイプの転倒防止器具が向いています。

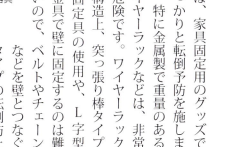

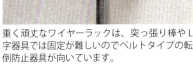

子供部屋の地震対策

子供部屋も他の部屋と同様に家具の転倒を防ぐために固定器具を使用するのが必須です。扉のない本棚やラックなどが置かれている場合は中の物が飛び出さないように重い物を下の段に、軽いものを上の段に収納するなどの工夫が必要です。

また、重量感のあるおもちゃ類を棚の上などに置かないように注意しましょう。写真や小物などは転倒防止シートや両面テープで固定しておくと良いかもしれません。

大きな引き出しのある勉強机には引き出しロックを取り付けます。揺れで引き出しが飛び出してくるのを防ぐことができます。

地震発生時に引き出しの飛び出しを防ぐことができるストッパー。通常時はレバーやボタンの操作で開閉が可能。

突っ張り棒の正しい取り付け方

家具用の耐震グッズとして幅広く利用されている突っ張り棒タイプの転倒防止器具は、正しい取り付け方をしないと十分な耐震効果を発揮してくれません。正しい取り付け方と設置方法を覚えておきましょう。

突っ張り棒を設置する場所は、家具の奥側の両端です。必ず２本セットで使用してください。

家具が倒れる時は手前側に倒れてきます。そのため突っ張り棒を家具の手前や中央に設置すると転倒防止になりません。また家具は側板部のほうが強度もあるので両端に設置するとしっかりと支えることが可能です。

天井にも注意が必要です。構造によっては地震の際、突っ張り棒が天井を貫き、家具が倒れることも。天井の強度に不安がある場合は、家具の天板と同じ幅の板を天井側に１枚挟むと効果的です。接地面積が拡大することで天井側の強度を確保できます。

家具や天井に触れる部分は必ず縦方向に向けます。天井までの距離が離れすぎている場合は使用できません。

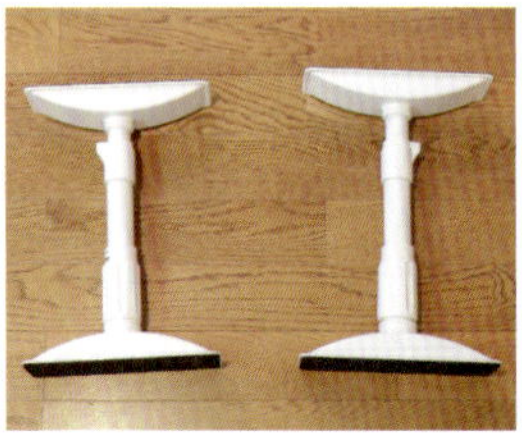

突っ張り棒タイプの転倒防止器具は必ず２本セットで使用するようにしましょう。

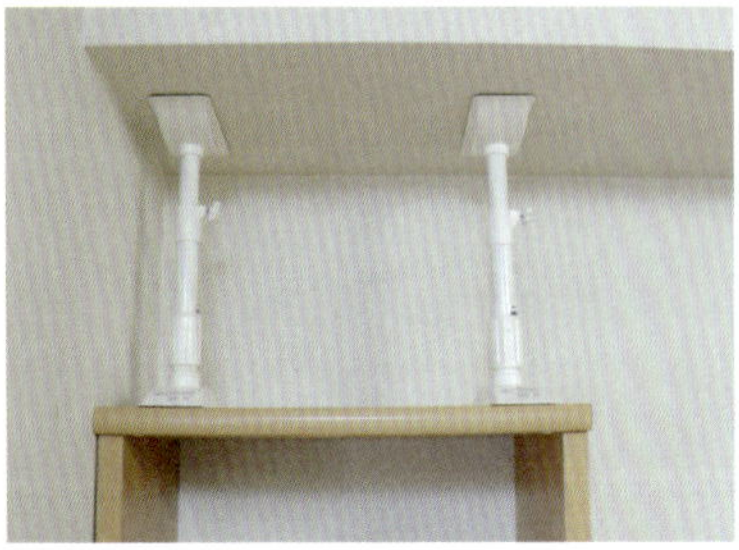

突っ張り棒がこのように棚の奥側、両端に取り付けてください。天井に強度がない場合は補強板を使用しましょう。

突っ張り棒取り付けの際の注意点

①家具の側板部、壁側奥に設置する。
突っ張り棒は設置する家具のなるべく奥、かつ壁側の両端に２本セットで設置します。
②天井に十分な強度あるか確認する。
天井を押してみて歪んだり、簡単に持ち上がらないか確認しましょう。
③強度がない場合は、補強板を使用する
天井の強度が不安な場合は補強用の板を天井に使用しましょう。
④他の転倒防止器具を併用する
突っ張り棒だけでなく耐震マットやＬ字固定金具と併用するのが確実です。

突っ張り棒は他の転倒防止器具と併用しましょう

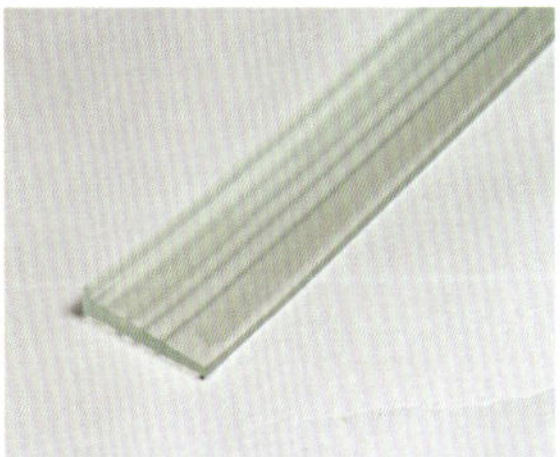

突っ張り棒だけでは転倒防止策は万全ではありません。可能であればＬ字型の固定金具や、賃貸でそれが無理な場合は家具の底に敷くスロープタイプの耐震マットなどを併用してください。

備えておこう防災用品

地震への備えとして、家具の転倒防止対策だけでなく、合わせて防災用品の準備もしておきましょう。震災後は必要なものが手に入りづらくなります。最低限3日分ほどの水や非常食、生活用品を家族分確保し、非常用の持ち出し袋などに収納しておきます。

非常用持ち出し袋は、自宅の中ですぐに取り出せる場所に置いておきます。

例えば、就寝時の緊急事態を想定して寝室や、万が一建物が倒壊したときでも取り出しやすい玄関、または庭のコンテナボックスなどに入れておくのもおすすめです。

防災用品や備蓄品は、準備しておくだけでなく年に2回は食品の消費期限や電池の使用期限などをチェックしておきましょう

さらに、家族の間であらかじめ万が一の際の避難場所や、安否確認方法なども決めておくと安心です。

食料・飲料なども備蓄しておきましょう

地震が発生すると、電気やガス、水道などといったライフラインが止まってしまう可能性があります。耐震対策で家族の安全を確保するのに合わせて、普段から飲料水や保存の効く食料などを備蓄しておきましょう。必要なものは食料や水などの飲料、生活必需品です。以下がその備蓄品の目安になります。

●飲料水／３日分（１人１日３リットルが目安）
●非常食／３日分の食料として、ご飯（アルファ米など）、缶詰、ビスケット、板チョコ、乾パンなど
●生活必需品／トイレットペーパー、ティッシュペーパー、懐中電灯、モバイルバッテリー、マッチ、ろうそく、カセットコンロ、常用している薬、保険証のコピーなど

非常用持ち出し袋や避難時の安全の確保のため、防災用のヘルメットと足元を守る靴も人数分用意しておきましょう。それらはいざという時にすぐに持ち出せるよう普段から手の届く場所に保管しておきます。小さなお子さんがいる家庭では、おむつや哺乳瓶、ミルクなども忘れずに非常用持ち出し袋に入れておきましょう。

ビルなどの多い都市部では頭上からの落下物にも要注意です。頭を守るヘルメットも用意しておきましょう。

いざという時に役立つその他の耐震グッズ

家具の転倒を防ぐ耐震グッズは、ホームセンターや家電用品店で手に入れることが可能です。その種類はとても豊富なので、部屋の作りや広さ、また持ち家か賃貸かによって適したものを選び使用してください。できれば一種類ではなく、複数の物を併用しておくと安心です。

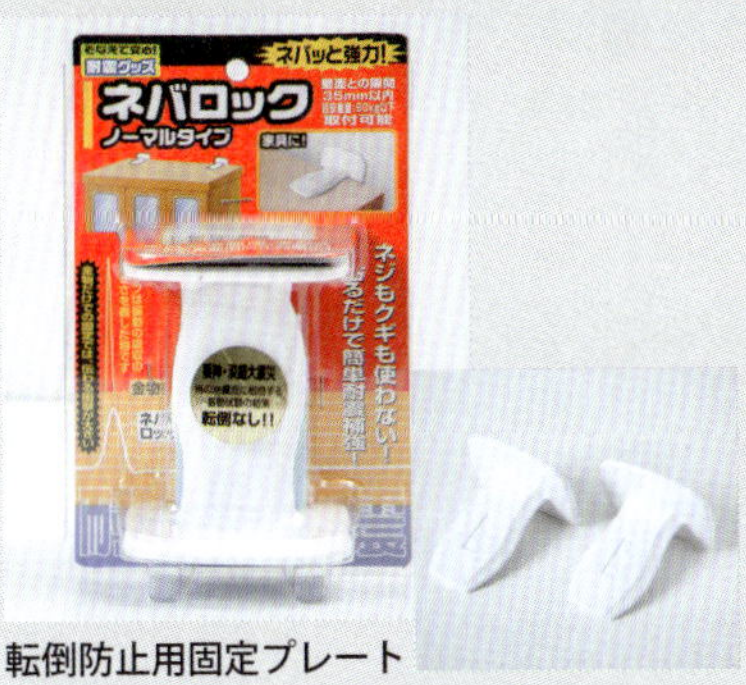

転倒防止用固定プレート

ジェル状の粘着材で壁面と家具を強力に固定し、家具の転倒を防ぐ固定プレート。ネジや釘を使うことなく家具に貼るだけ。60kg 以下の大形家具への取り付けが可能です。

飛散防止フィルム

地震などによって万が一ガラスが割れても、ポリエステルでできたフィルムが危険なガラスの飛散を防ぎます。透明なので視界を妨げず UV カット効果も期待できます。

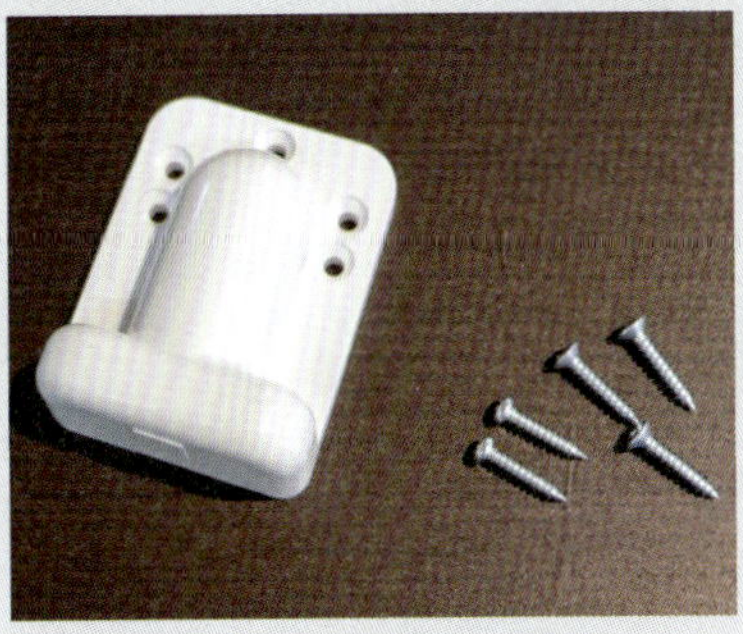

扉用耐震ロック

取り付けると、地震による揺れを自動的に感知して、ロックが飛び出し、食器棚や、吊戸棚などの扉が勝手に開くのを防ぎます。扉のロックは自動のほか手動でも可能です。

防《ぼう》犯《はん》対《たい》策《さく》

侵入窃盗の認知件数は年々減少の傾向にありますが、一戸建てやマンションなど個人宅への侵入窃盗（空き巣）の割合は今も50％を超え、いぜん油断はできません。被害を防ぐには、カギの強化や、複数の防犯グッズを導入するなどできる限りの対策が必須。犯罪者が嫌がる環境づくりを心がけましょう。

どんな家が犯罪者に狙われやすい？

犯罪者は当然ですが人の目を気にします。そのため昼間でも人通りの少ない住宅地は特に注意が必要です。

生垣や塀、見通しの悪いバルコニーがある家や周囲からの死角が多い家は危険です。外からの視線を遮ることができるので侵入されやすいのです。補助錠で鍵を強化するのに併せて防犯砂利やセンサーライトで死角に対する防犯意識を高めることが重要です。

犯罪者の心理を考えた防犯対策

効果的な防犯対策とは、犯罪者の心理を考え、侵入窃盗犯にとって犯罪のしにくい環境を作ることです。侵入しやすく、周りから見えにくく、目立たない家が、犯罪者にとってはベストな環境。つまり、その逆の環境を作るのです。

まず基本は鍵の強化です。侵入窃盗犯はピッキングやサムターン回しで鍵を開けて家の中への侵入を試みますが、補助錠を取り付ければ手間と時間が増えます。それだけで侵入窃盗犯はその家への侵入をあきらめる可能性が高まります。

また、生垣はなるべく低く刈り込み、門灯は常夜灯にして、死角になる場所にはセンサーライトを設置し、接近する物があれば光で威嚇します。

さらに家の目立つ場所に監視カメラを設置し防犯意識が高いことをアピールします。

こうした対策を複数施し、犯罪者から、「この家は面倒そうだな」と思わせることができれば、防犯対策は成功です。

犯罪者に狙われやすいポイントとは

犯罪者は侵入に時間がかかる家や、周囲の注意をひきやすい家を避けます。以下のポイントをチェックし泥棒にとってリスクが高い環境を整備しましょう。

①生垣や塀
犯罪者の隠れ場所になっていないか。

②門や入口
センサーライトやカメラなど防犯設備があるか。
しっかりした施錠設備はあるか。

③ベランダやバルコニー
2階への侵入経路になっていないか。
樋やゴミ箱など足場になるものがないか。

④街灯の有無
周囲の死角となる物影になっていないか。

⑤夜間の人通り
犯罪者が逃亡しやすい環境ではないか。

玄関の防犯対策

出入り口である玄関は当然ですが、最も狙われやすい侵入口です。鍵をかけていてもピッキングやサムターン回しなどでプロの侵入窃盗犯なら簡単に解錠してしまいます。しかし、鍵開けに5分以上時間がかかる、またはかかりそうだと思えば、犯罪者は犯行をあきらめる可能性が高いということも警察の調査でわかっています。

また、一軒家だけでなく最新のオートロックがあるマンションの玄関も安全とは限りません。大規模なマンションでは、住人同士の交流が少なく侵入者がマンション内にいても発見されにくいのです。さらに、マンションはセキュリティがしっかりしているという思い込みから、入居者の防犯意識が低い傾向もあり無施錠の部屋も見つかりやすいのです。

玄関はわずかな時間でも必ず施錠し、さらに簡単に解錠できないよう、ピッキングされにくい鍵を選ぶようにしましょう。またサムターン回しを防ぐカバーなどを導入し、補助錠を取り付けるのが理想的です。

合わせて、防犯カメラやセンサーライト、センサーアラームなどを設置すると、さらに防犯性が高まり効果的です。

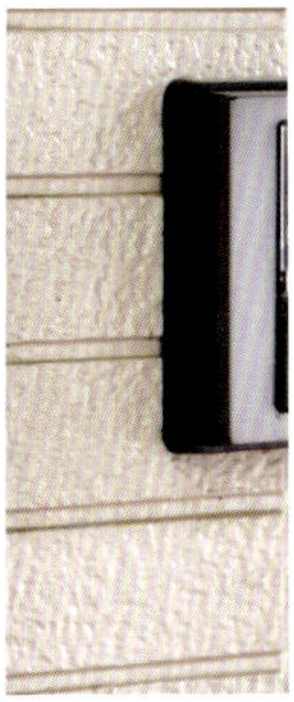

鍵穴に特殊な工具を差し込んで施錠を解くのがピッキングです。プロなら1分もかからずに解錠してしまいます。"1ドア2ロック"などの効果的な対策が必須です。

玄関用防犯対策グッズ

犯罪者が浸入をあきらめる環境を作る

防犯対策を充実させる

犯罪者は人の気配や光、音に敏感です。センサ　ライトやカメラなどを玄関まわりに設置すると、侵入を防ぐ抑止力になります。ダミーカメラでもある程度効果が期待できます。

センサーライト

人の動きを察知して自動点灯するセンサーライトは、夜間の不審者を明るく照らし、侵入者の威嚇にも効果的です。

ガードプレートを取り付ける

バールなどによる玄関ドアのこじ開け対策として有効なのが、ドアの隙間をふさぐガードプレートです。シンプルですが効果的です。

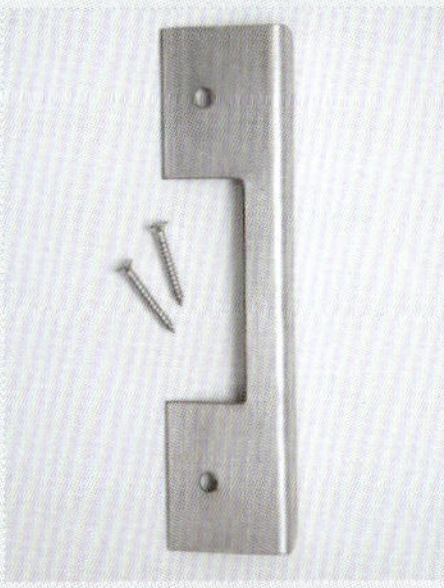

外開きドア用ガードプレート

ドアの外側からかんぬき部分が見えないようカバーし、ドア錠の破壊による侵入を防ぎます。

補助錠を取り付ける

開けるべき錠が多ければ侵入者も嫌がります。一つの玄関に2カ所以上の錠を取り付ける「1ドア2ロック」が有効です。またカギ穴を隠すことのできる次世代の電気錠も効果的です。

カード型電気錠

カードキーやリモコンキーのタイプは鍵穴自体が隠れるので高い防犯効果が期待できます。ピッキング対策に効果的です。

窓まわりの防犯対策

玄関と同様に住宅の窓も窃盗犯の侵入口として被害の多い場所の一つです。警視庁によると空き巣による侵入経路の6割以上が窓からの侵入というデータもあります。

玄関ドアなどと違って、窓はガラスを割ってしまえば、簡単に部屋へ侵入が可能です。ピッキングなどの技術がなくても容易に突破できるので防犯面の弱点ともいえるでしょう。

窓ガラスが周囲から見通しの悪い路地に面していたり、死角になっている場合は特に注意が必要です。

窓の防犯対策としてやるべきことは、まずはガラスを割れにくくすることです。防犯ガラスに交換するほか、防犯フィルムを貼るだけでも侵入を防ぐ効果が期待できます。

また、補助錠を付け解錠をしにくくしたり、アラームを付けて万が一の際、周囲に警告音を出し、目立たせるなどといったことも効果的です。

以下のようなDIYで導入できる便利なグッズも販売されているので、不安な方はホームセンターなどで購入し、ぜひ有効に活用してください。

窓ガラスに網などが入っていても防犯効果は期待できません。金づちなどで叩けば簡単に割れてしまいます。窓には補助錠やアラームなど防犯対策が必須です。

窓用防犯対策グッズ

住宅侵入窃盗の6割以上が窓からの侵入

センサーアラームを取り付ける

音による警告として窓に開閉や振動を感知してアラーム音で発するセンサーを装着するのも有効です。取り付けはすべての窓ではなく、外から死角になる窓に設置するだけでも効果が期待できます。

防犯フィルムを貼る

窓の防犯対策には防犯ガラスが効果的ですが、手軽に導入できる防犯フィルムもおすすめです。ガラスは割れてもフィルムは破れないので犯罪者の侵入を妨害することが可能です。

補助錠を取り付ける

窓の鍵として使われるクレセント錠はガラスを割れば簡単に解錠可能です。対策としてはサッシの外側から視界の悪い場所に補助錠を取り付けるのがおすすめです。サッシの上下に取り付けるとさらに効果的です。

防犯アラーム

サッシの開閉を検知し警報音が鳴るアラーム。大音量の警告音で犯人を威嚇するほか、周囲に知らせることができます。

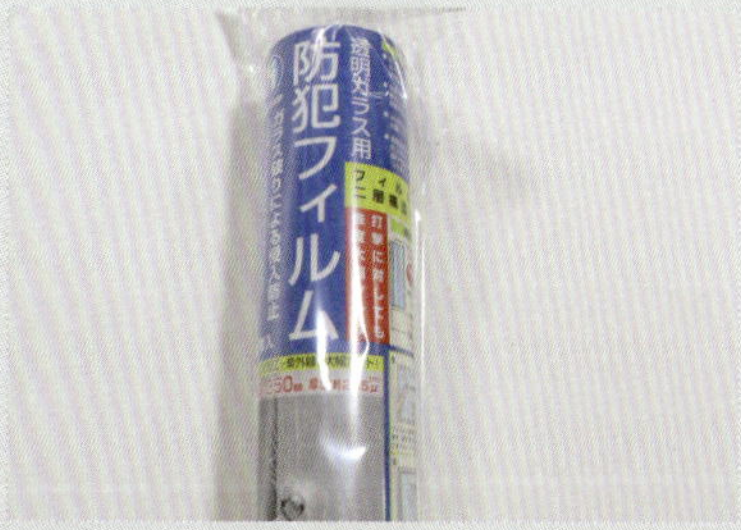

窓用防犯フィルム

フィルムによってガラスが割れにくくなるほか、飛散防止にもなります。UV カット機能付きで日焼け防止にも効果的。

サッシ用補助錠

サッシに取り付ける補助錠。ツマミを回すだけで簡単に施錠できます。取り付けも簡単で、複数の使用が効果的です。

防《ぼう》犯《はん》砂《じゃ》利《り》の敷き方

ジャリジャリという音で犯罪者に警告。家の周囲の防犯対策に効果的。

庭や自宅の周囲の防犯対策として、効果的とされているのが防犯砂利です。防犯砂利は、通常の砂利以上にその上を歩くと、大きな音を発します。

防犯砂利を敷くと、犯罪者が敷地内に侵入してきても、ジャリジャリという大きな足音が響き渡り、居住者に加え、近隣の人たちにすぐに侵入者の存在を気づかせることが可能です。

また、防犯砂利が敷かれていると犯罪者も侵入を嫌がるので、視覚的な防犯効果も期待できます。

さらに砂利を敷くことで雑草が生えにくくなり、家の外観をキレイに見せる効果にもつながります。そんな何かと役立つ防犯砂利の敷き方をご紹介します。

防犯砂利は1㎡あたり60～80kg必要

効果的に防犯砂利を敷くためには砂利の種類にもよりますが、地面からの厚み3～4cmに対して、1㎡あたり約60~80kgの砂利が必要です。庭などの面積を計算し、充分な量を用意しましょう。

1 雑草が生えるのを防止する防草シートと仕切り用の瓦などを用意します。砂利を敷く敷地の雑草を取り除き、地面をシャベルでならします。

2 次に、防犯砂利を敷くスペースと、砂利を敷かない地面の境界となる部分を、シャベルを使ってしっかりと掘り下げます。

3 用意した瓦は、境界のエッジを仕切るための素材として使用します。地面から半分程、出るくらいの深さに瓦を埋めてください。

4 境界をしっかりと仕切ることができたら、平らな木の板などを使って、防犯砂利を敷く部分の土を、丁寧に平らにならしてください。

5 ならした土をさらに足でしっかりと踏み固めます。空気や水を押し出し、地面の密度を高めることで、砂利を平らに敷くことが可能です。

6 防草シートを、隙間ができないように地面に敷きます。その上から防犯砂利を均等に撒いてください。砂利をきれいに敷きつめたら完成です。

害《がい》虫《ちゅう》対《たい》策《さく》

ゴキブリやダニ、シロアリなど住まいや暮らしに害となる害虫は不快なだけでなく、放っておくと柱や畳、床や壁などに大きなダメージを与えてしまうこともあります。また、人体にも有害。駆除や対処ができるものは自らの手で、そうでないものは専門業者に依頼して早急に対処を行いましょう。

住まいに害を与える害虫

暮らしの中で、直接または間接的に害を与える虫のことを害虫といいます。害虫にはダニやハチなど毒を持ち人体に直接被害を与えるものから、シロアリのように住まいにダメージを与えるもの、さらにゴキブリやハエのように見た目が不快な上、バイ菌を撒き散らすものなどさまざまな種類がいます。

害虫は放置しておけば被害は拡大するだけ。発見したら早急な対策が必須です。そこで、家庭でできる害虫対策をいくつか紹介します。

ゴキブリの駆除と対処方法

部屋をどんなに清潔にしていても、ゴキブリは外部からエサのある部屋の中に侵入を試みます。家の中で繁殖させないためには、まず極力侵入させない対策が必要です。窓には網戸を設置し隙間がある場合は、テープを貼り隙間をふさぎます。

ゴキブリは換気扇やエアコンのホース、排水管などをつたって侵入してくることもあるので、エアコンダクトやホースの隙間などにもネットなどを張って、侵入経路にさせないよう徹底的にふさぎましょう。

それでもゴキブリはわずかな隙間から、いつの間にか侵入してしまうことがあります。そこでゴキブリの通り道になりそうな場所には複数の捕獲器を置きます。さらに、ゴキブリ用の殺虫スプレーも噴霧しておきましょう。加えて、ホウ酸を主成分とした毒餌剤などを使うのも効果的です。

部屋では段ボールにも注意しましょう。ゴキブリにとって格好の住みかになります。貯めている場合はすぐに撤去してください。侵入を防ぎ、見つけたら徹底的に駆除して、適切な対処を行いましょう。

ゴキブリは暗くて狭い冷蔵庫の裏などを住みかにしています。駆除するためには、通り道や隙間に薬剤をスプレーしましょう。

目の前のゴキブリ駆除には殺虫スプレーが有効です。しかし、目の前のゴキブリを撃退しても駆除したことにはなりません。併用してくん煙剤なども使用してください。

捕獲器も有効です。薬剤ではなく誘引餌と粘着剤でゴキブリを捕獲するので、薬剤抵抗を持つゴキブリも捕獲が可能です。

ダニの駆除と対処方法

ダニは非常に小さく、肉眼ではほとんど見えませんが、ホコリなどハウスダストの中には確実に数種類のダニが生息しています。

数が少なければ生活にそれほど影響はありませんが、繁殖すると喘息《ぜんそく》やアレルギーを引き起こす原因になります。そうならないためには部屋からダニを追い出し、極力繁殖を抑えなくてはなりません。

ダニが繁殖しやすいのは湿気が多く、隠れやすいカーペットや畳、そしてベッドや布団などの寝具です。ダニは湿度55％以上になると活動が活発になり大量に発生します。

そのため、6月から9月の湿度の高い季節は要注意です。布団など寝具は天日干しで湿気を減らす習慣をつけましょう。

クローゼットや押入れは、乾燥剤や除湿剤を置き、すのこを敷いて、空気が通りやすくし、こまめに換気します。さらに家中に掃除機をかけ、ダニのエサとなるホコリや髪の毛、食べかすを取り除きます。

カーペットや畳などに隠れたダニの退治には拡散性に優れたくん煙剤が有効です。ダニだけでなくゴキブリやノミにも効果的です。火災報知機が反応しない霧タイプもあります。

パウダータイプはカーペットの上に散布し掃除機で吸い取るだけで、カーペットの内部に潜んだダニやノミを駆除できます。一度使用すると効果は1~2カ月持続します。

布団やソファーなどにスプレーするだけでダニを手軽に駆除でき、さらにダニの増殖を抑制する効果も期待できます。一度スプレーしておくと増殖抑制効果は1カ月持続します。

そのうえでくん煙剤やスプレー剤などを使用します。薬剤の使用後は必ず掃除機をかけて、ダニの死骸を取り除くのを忘れないでください。

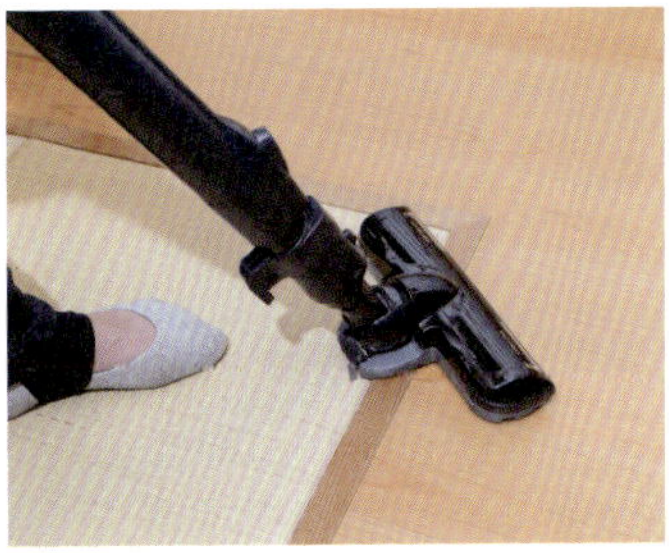

ダニは駆除した後に必ず掃除機で取り除きます。死骸が残っていると、それをエサとしてまた繁殖する原因になります。

シロアリの対処方法

シロアリは大切な家の土台や柱を食べて、家に対して大きな被害を与えるやっかいな害虫です。

しかし、残念ながらシロアリの被害は、素人が目で見て簡単に確認できません。専用の殺虫スプレーなども売っていますが、噴霧するだけでは駆除は難しいでしょう。むしろ殺虫剤を使用することでシロアリが警戒し、逃げて別の場所に新たな被害を与えてしまう可能性があります。

家の中で羽アリを発見したり、床がギシギシときしむ症状などが見られたら、速やかに専門家に相談してください。

スズメバチの対処方法

スズメバチは、ハチの中でも特に大型で攻撃性も高く、人が襲われることも少なくありません。もし刺されたら最悪の場合、死に至ることもあり、たいへん危険です。

自宅の敷地内に巣を発見したら、自分で対処しようとはしないでください。

スズメバチ専用の殺虫スプレーなども発売されていますが、素人が不用意に駆除しようとするとスズメバチに襲われる危険性を伴います。

発見したら速やかに専門家に相談するか、お住まいの自治体に相談しましょう。専門業者を派遣してもらえます。

結《けつ》露《ろ》対《たい》策《さく》

冬が近づき、部屋と外の気温差が大きくなると、窓やサッシに発生するのが結露です。結露は単なる水滴なのですが、実は思いのほかやっかいなものでもあります。発生すると家にダメージをあたえるだけでなく、それが原因で健康被害を引き起こすことも。適切な対処で早めに解消しましょう。

カビやダニの発生源「結露」

窓やサッシに、いつのまにか水滴がびっしりとついてしまうのが結露です。その結露どうせ単なる水滴、などと放ってはいませんか。

実は結露は、窓を汚すだけでなく水分によって床や壁を傷め、湿気を好むカビやダニの発生の原因になってしまうこともあるのです。

カビやダニはアレルゲンなので、結果的に家族の健康被害につながることも考えられます。適切な対処をすぐに行いましょう。

結露の原因と予防方法

結露の発生原因は、水蒸気と気温です。外気によって冷やされた窓に、水蒸気を含んだ室内の暖かな空気が触れると、空気中の湿気が水滴に変わり、その水滴が結露となるのです。

結露対策として有効なのは気温差を防ぐことです。例えば、窓に断熱効果のフィルムを貼ることで結露予防が可能です。それでも結露が発生してしまった場合、結露取りワイパーで取り除きます。また、結露を吸水してくれるシートを窓の下側に貼っておくのも有効です。

窓の結露取りに便利なワイパー。先端のスクイージー部分で一気に水滴を集め、グリップ部分のボトルに水を貯める。

結露は窓だけでなく、空気循環の悪い押し入れも対策が必要です。

布団の下にすのこなどを敷き、空気の通り道を作って頻繁に換気するといいでしょう。カビも発生しやすいので押し入れ用除湿剤なども上手に活用してください。

布団を収納している押し入れは、湿気で結露が起きやすいので、布団の下にすのこを敷き、空気の通り道を作りましょう。

断熱フィルムと吸水テープを合わせて使用するのも効果的。吸水テープは抗菌仕様ならカビの発生も防ぐことができます。

断熱フィルムの貼り方

フィルムを貼って窓を断熱にすることで、結露の発生を効果的に防ぐ！

冬場、窓ガラスに結露が発生してしまうのは、冬の寒さで冷やされた窓ガラスに、室内の暖かな空気が触れ、空気中の水蒸気が水滴に変わってしまうからです。

そんな窓の結露を防ぐのに効果的なのが、断熱フィルムを窓ガラスに貼る対策です。窓はガラス一枚で屋内と屋外を仕切っていますが、窓ガラスの室内側にフィルムを貼れば、冷えたガラス表面に暖かな空気が直接触れないよう、遮ることが可能です。

こうした理由から結露を軽減することができるのです。透明度の高いフィルムなら視界を妨げることなく、明るさもほとんど変わりません。冬場は暖房効率のアップも期待できます。

そんな冬場の結露防止に役立つ、窓用断熱フィルムの貼り方をご紹介します。

柄入りフィルムなら部屋の雰囲気も変えられる

断熱フィルムは種類が豊富。透明なものなら視界の妨げにならず、逆に半透明や柄入りならプライバシー保護効果も期待できます。柄入りはデザインが豊富なので、部屋の模様替えの気分で貼って楽しめます。

1

水や中性洗剤でガラス面のホコリや油汚れを掃除します。洗剤を使用した場合は洗剤分を完全に拭き取りましょう。

2

窓ガラスに断熱フィルムをあてて大きさを確認したら、油性ペンなどでガラスのサイズに合うようしるしを付けます。

3

フィルムの表面にホコリなどが付かないように注意しながら、ハサミやカッターでサイズ通りにフィルムをカットします。

4

霧吹きでガラスにたっぷりと水を吹きかけます。床が濡れないよう、床には新聞誌などを敷いてください。

5

フィルムは貼り付け面が決まっています。付属の取扱説明書をよく確認して貼り付ける面にも水を吹きかけます。

6

貼り付けたら表面を軽くおさえ、フィルムとガラス面の間の空気を押し出し密着させます。乾燥すれば作業完了です。

騒《そう》音《おん》対《たい》策《さく》

近隣トラブルの原因である騒音。なかでも日常生活を送る上で発生する生活音は、自分ではそうでもないと思っていても聞く人にとってはそれが不快と感じることも。大きなご近所トラブルとならないように、日頃から気を付けておくべき騒音と、その対策方法についてご紹介します。

トラブルの原因 騒音を防ぐ方法

私たちは日常生活を普通に送っているだけでもさまざまな生活音を発しています。ドアの開閉、足音、洗濯機などの家電製品の音、さらに話し声など。当人にしてみればそれは些細な音かもしれません。

しかし、近隣の人たちにとっては、時にそれが不快な騒音と感じてしまうこともあるのです。

そんな何気ない音が原因で「騒音問題」に発展してしまうのはぜひ避けたいものです。

そこで、必要なのが騒音対策です。騒音と呼ばれるものには大きく分けて2種類あり、一つが固形物を伝わる固体伝播音。そしてもう一つが空気を伝わる空気伝播音です。このうち固体伝播音は防音シートやクッションなどを使った防音＆遮音グッズを使用することである程度抑えることが可能です。

マンションなど特に集合住宅で暮らす方は、トラブルを避けるために下記で紹介しているようなさまざまなグッズをぜひ活用してみてください。

さまざまな生活音を抑える防音＆遮音グッズ

ドアの開閉音対策

ドアの開閉も騒音の発生源です。ゆっくり開け閉めしても大きな音がする場合は、戸当たりの音をやわらげるクッションテープなどを使用しましょう。

家電製品の騒音対策

洗濯機やプリンターなどを使用すると、その振動によって音が周囲に響きます。振動を吸収するマットやシートを家電製品の下に敷くことで、振動を抑えられ騒音が低減されます。

床の防音対策

足音が床に響くのを防ぐには、普段から歩き方に少し気を付けるほか、防音シートやクッション性のあるフェルトやコルクのマットをカーペットの下など敷いておくのが有効です。

家具の引きずり音対策

フローリングの床の上で、椅子やテーブルなどを引きずると階下に音が響きます。防音シートを敷いたり椅子の足にカバーを装着することで、騒音を抑えることが可能です。

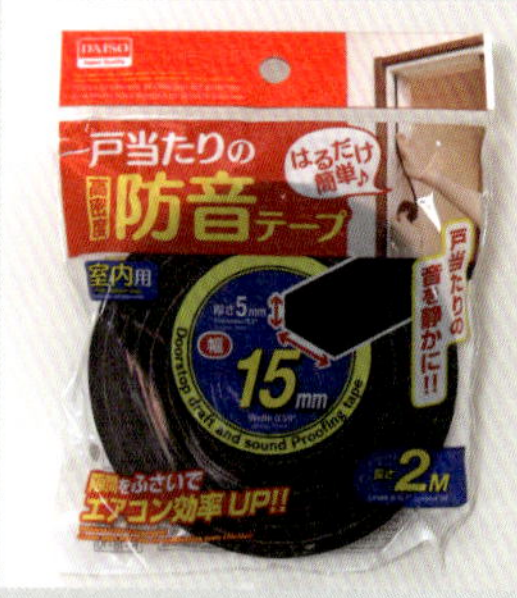

防音テープ

戸当たりの音を高密度のスポンジで低減するクッションテープ。隙間が減りエアコン効率もアップ。

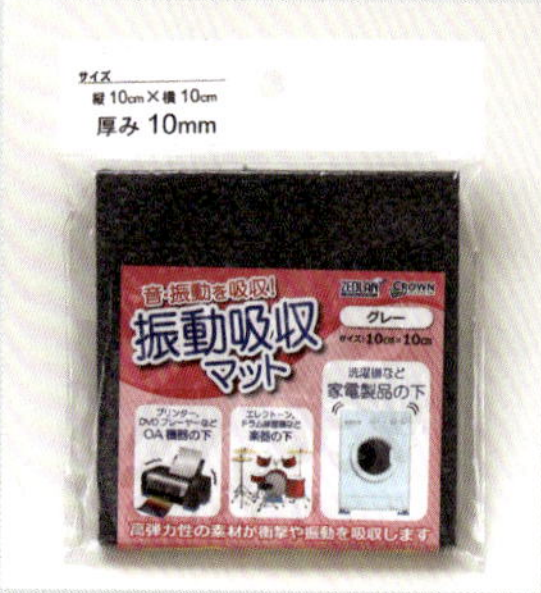

振動吸収マット

高弾力性の素材でできた振動吸収マット。洗濯機やOA機器の下に敷くことで振動による騒音を抑える。

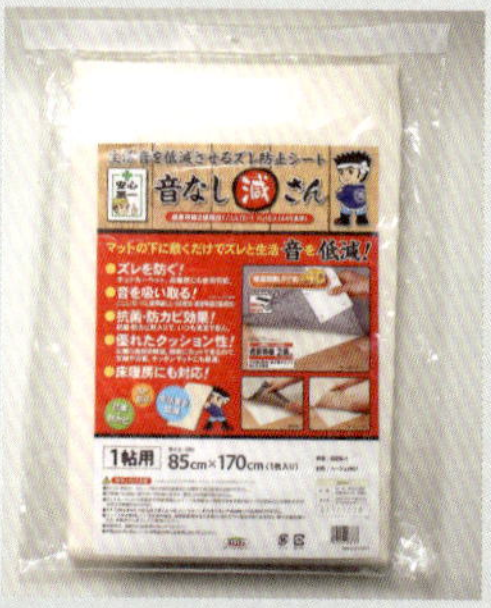

防音シート

ラグマットやホットカーペットの下に敷く防音シート。発泡PE樹脂が床に響く音を吸収し騒音を低減。

マンション用イスキャップ

イス用のゴムキャップ。二重構造の内部のスポンジと空気の層が音が床に伝わるのを防ぐ。

著　者

山田芳照《やまだよしてる》

1999年、(株)ダイナシティコーポレーションを設立し、DIY情報サイトDIYCITYを運営している。DIYアドバイザーの資格を取得し、DIY普及活動として、2005年から６年間、NHK教育TV「住まい自分流」に講師で出演した。
以後、DIYをテーマにしたTV番組（日本テレビ・シューイチ、ボンビーガールなど他多数）の講師及び監修、企画制作を行っている。2013年からは、ホームセンターに置かれているHow toシートの監修と制作を行い、社員研修やDIYセミナー、DIY教室、体験講座などの企画運営を継続して行っている。DIYパフォーマンス集団「佐田工務店」は、よしもと芸人を中心に立ち上げ、イベントやTV番組を通じてDIYをさらに普及させる活動も行っている。

スタッフ

本文デザイン	吉田デザイン事務所
	オオツカデザインルーム
編集協力	木下卓至
	那須野明彦
	大野晴之
カメラマン	鈴木 忍
	栗田 覚
	大館洋志
制作協力	山崎真希
	立野真樹子
	福島善成
	中村岳人
	山田成子
編集担当	原 智広（ナツメ出版企画株式会社）

本書に関するお問い合わせは、書名・発行日・該当ページを明記の上、下記のいずれかの方法にてお送りください。電話でのお問い合わせはお受けしておりません。

・ナツメ社 web サイトの問い合わせフォーム
　https://www.natsume.co.jp/contact
・FAX（03-3291-1305）
・郵送（下記、ナツメ出版企画株式会社宛て）

なお、回答までに日にちをいただく場合があります。正誤のお問い合わせ以外の書籍内容に関する解説・個別の相談は行っておりません。あらかじめご了承ください。

これならできる！ DIYでリフォーム&メンテナンス

2019年８月１日　初版発行
2022年９月１日　第９刷発行

ナツメ社Webサイト
https://www.natsume.co.jp
書籍の最新情報（正誤情報を含む）はナツメ社Webサイトをご覧ください。

著　者　山田芳照《やまだよしてる》

発行者　田村正隆

発行所　株式会社ナツメ社
東京都千代田区神田神保町1-52 ナツメ社ビル1F(〒101-0051)
電話　03(3291)1257(代表)　FAX　03(3291)5761
振替　00130-1-58661

制　作　ナツメ出版企画株式会社
東京都千代田区神田神保町1-52 ナツメ社ビル3F(〒101-0051)
電話　03(3295)3921(代表)

印刷所　図書印刷株式会社

ISBN978-4-8163-6686-4　Printed in Japan
〈定価はカバーに表示してあります〉〈乱丁・落丁本はお取り替えします〉